**FREEPORT
MEMORIAL LIBRARY**

Presented by

**ANHONY J. DININNO
&
JOHN WILEY & SONS**

2001

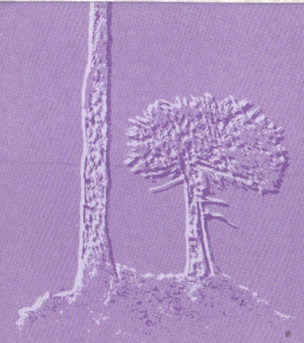

ENCICLOPEDIA DE CHILE ■ OCEANO

ENCICLOPEDIA DE CHILE

ENCICLOPEDIA DE CHILE

3

OCÉANO

Es una obra de
OCEANO
GRUPO EDITORIAL

EQUIPO EDITORIAL

Dirección
Carlos Gispert

Dirección de Producción y Subdirección
José Gay

Dirección de Edición
José A. Vidal

* * *

Dirección de la obra
Graciela d'Angelo

Edición
Daniel Torras
Carlos Sampayo

Diseño
Álvaro Elizalde

Edición gráfica y maquetación
Virginia Borra
Bárbara Brnčić
Victoria Grasa
Marta Masdeu

Preimpresión
Didac Puigcerver
Ramón Reñé

Producción
Antonio Aguirre
Antonio Corpas
Alex Llimona
Antonio Surís

Sistemas de cómputo
María Teresa Jané
Gonzalo Ruiz

© MMI OCEANO GRUPO EDITORIAL, S.A.
Milanesat, 21-23
EDIFICIO OCEANO
08017 Barcelona (España)
Tel. 34 932 802 020* – Fax 34 932 041 073
www.oceano.com

Reservados todos los derechos. Quedan rigurosamente prohibidas, sin la autorización escrita de los titulares del copyright, bajo las sanciones establecidas en las leyes, la reproducción total o parcial de esta obra por cualquier medio o procedimiento, comprendidos la reprografía y el tratamiento informático, y la distribución de ejemplares de ella mediante alquiler o préstamo públicos.

IMPRESO EN ESPAÑA - PRINTED IN SPAIN

ISBN: 84-494-1075-4 (Obra completa)
ISBN: 84-494-1078-9 (Volumen 3)
Depósito legal: B-17399-XLIII

9060200070401

COORDINADORES

José Luis Luzón
Doctor en Geografía.

Jaume Mateu Giral
Doctor en Geografía.

Jorge Ortiz Véliz
Geógrafo, Magister Scientiae.

COLABORADORES

Carmen Paz Castro Correa
Geógrafa, Magister.

Manuel Chust
Profesor de Historia Contemporánea.

Juan Carlos Luengo Peila
Licenciado en Historia, Magister.

José Luis Luzón
Doctor en Geografía.

Jaume Mateu Giral
Doctor en Geografía.

Claudio A. Meneses Bustos
Geógrafo.

Víctor Mínguez
Profesor de Historia del Arte.

Jorge Ortiz Véliz
Geógrafo, Magister Scientiae.

Raquel Pardo Armanet
Licenciada en Historia, Magister.

José A. Piqueras Arenas
Profesor de Historia Contemporánea.

Aldo Schiappacasse Cambiaso
Periodista.

Paulina Schiappacasse Cambiaso
Geógrafa, Magister.

Mauricio Wácquez
Escritor.

FOTOGRAFÍA E ILUSTRACIÓN

ARCHIVE PHOTOS
ARCHAMBEAU, OLIVIER
ARCHIVO CORBALÁN
ARCHIVO DE INDIAS
ARCHIVO DE LA UNIVERSIDAD DE CHILE
BLASSI, JAUME
CARRASCO, RICARDO
CONTIFOTO-SYGMA
CSILLAK, ILONKA
ENGLEBERT, VÍCTOR
HERETER, ROMAN
HOLANDA COMUNICACIONES
IMAGE BANK

INDEX
IBERDIAPO
MUSEO HISTÓRICO NACIONAL DE CHILE
MUSEO DE SAN FRANCISCO
MUSEO NACIONAL DE BELLAS ARTES DE CHILE
OYARZÚN, WALDO
PICTOR UNIPHOTO
QUIMERA
REUTERS
SCALA
SOSTOA & FERRER
SOUTO, NELSON
STEVENSON, PATRICIA
VAUTIER, MIREILLE
VISION

AGRADECIMIENTOS

BODEGAS ERRÁZURIZ
CENTRAL RAPEL, ENDESA-CHILE
EL MERCURIO DE VALPARAÍSO
ESCUELA NAVAL DE VALPARAÍSO
LABORATORIOS SAVAL
METRO DE SANTIAGO DE CHILE

MINISTERIO DE EDUCACIÓN DE CHILE
MUSEO DE ARTE CONTEMPORÁNEO DE CHILE
MUSEO DE LA MERCED
OBSERVATORIO INTERAMERICANO DE CERRO TOLOLO
PESQUERA NACIONAL

Sumario del volumen 3

- **ORÍGENES DE LA NACIÓN CHILENA** — 577
  - El poblamiento del país — 579
  - Los primeros pobladores de Chile — 579
  - Los pueblos australes — 581
  - Atacameños y diaguitas — 584
  - Los mapuches — 585
  - La invasión inca — 586
  - Los pueblos aborígenes a la llegada de los españoles — 587
  - La conquista de Chile — 594
  - La expedición de Diego de Almagro — 595
  - La conquista de Chile por Pedro de Valdivia — 597
  - La rebelión araucana — 604
  - La difícil consolidación de la Conquista — 607

- **PRIMEROS TIEMPOS DE LA COLONIA** — 611
  - La guerra de Arauco — 613
  - El levantamiento de 1598 — 613
  - Los avatares de la guerra — 614
  - Los parlamentos de Quillín — 619
  - Definición de la frontera — 620
  - Las instituciones civiles — 621
  - La Real Audiencia — 621
  - Los cabildos — 622
  - Los gobernadores — 622
  - La Iglesia católica — 623
  - La defensa de Chile en tiempos de los corsarios — 626
  - La sociedad colonial en el siglo XVII — 630
  - La organización de la producción. La *encomienda* y la *mita* — 630
  - La economía en la Colonia — 634
  - La sociedad colonial — 636
  - Las ciudades y el comercio — 639
  - La sociedad indígena — 641

- **EL PERÍODO ILUSTRADO** — 643
  - El territorio de la Capitanía General de Chile. Las grandes expediciones — 645
  - Expediciones por el norte chileno — 645
  - Expediciones en la costa meridional — 646
  - Los límites de la Capitanía General de Chile en el siglo XVIII — 647
  - El gobierno de Chile en el siglo XVIII — 648
  - Una nueva generación de gobernadores — 648
  - Los últimos gobernadores — 656
  - El siglo reformista: cambios en la administración colonial — 658
  - Sociedad, cultura y economía en el siglo XVIII — 662
  - Los primeros censos de población — 662
  - Las clases sociales — 662
  - La vida cotidiana y las costumbres — 666
  - Los avances intelectuales: cultura y educación — 666
  - Evolución económica de la Colonia — 669
  - Los progresos urbanos — 674

- **INDEPENDENCIA Y REPÚBLICA** — 675
  - La Patria Vieja — 677
  - La quiebra de la monarquía española — 677
  - La Patria Vieja — 679
  - El fin de la Patria Vieja — 685
  - La Patria Nueva — 688
  - Proclamación de la Independencia — 688
  - El gobierno de O'Higgins — 689
  - La campaña del Perú — 692
  - Las reformas de O'Higgins — 694
  - La caída del director supremo — 695
  - El Estado republicano — 696
  - El gobierno de Freire — 696
  - Los ensayos federalistas — 698
  - Francisco Antonio Pinto — 699
  - El régimen portaliano — 701
  - El conflicto con Perú — 704

- **HACIA LA REPÚBLICA LIBERAL** — 707
  - La década de Manuel Bulnes — 709
  - El primer gabinete — 709
  - El nacimiento de la oposición — 710
  - La obra del gobierno de Bulnes — 711
  - La lucha por el poder — 714
  - El decenio de Manuel Mont — 716
  - La labor de gobierno — 716
  - Una etapa de progreso — 718
  - Las reformas legislativas — 719
  - La crisis económica — 719
  - Nacionales y ultramontanos — 720
  - La revolución de 1859 — 720
  - La república liberal — 721
  - Los comienzos de la república liberal — 721
  - El decenio de Pérez — 722
  - La incorporación de la Araucanía — 723
  - La guerra contra España — 724
  - El gobierno de Federico Errázuriz Zañartu — 726
  - La presidencia de Aníbal Pinto — 730
  - La guerra del Pacífico — 730
  - Elección de Santa María — 734

■ DE BALMACEDA AL OCASO DEL IBAÑISMO 739

Prosperidad y quiebra del presidencialismo 741
La presidencia de Balmaceda 741
El poder del salitre 746
La guerra civil de 1891 749
La república parlamentaria 752
La organización del sistema político 752
Las seis presidencias: de Jorge Montt a Juan Luis Sanfuentes 754
La gran presencia del capital foráneo 757
Una sociedad en transición 759
El problema social 761
Populismo y militarismo 765
El gobierno Alessandri 765
La irrupción de los militares 757
Segunda dimisión de Alessandri 769
Emiliano Figueroa Larraín 770
El gobierno de Ibáñez del Campo 771
Presidencia de Montero 772
De la república socialista al autoritarismo conservador 773
Reformas y alternativas 776
El Frente Popular 776
El gobierno de Pedro Aguirre Cerda 778
Ríos y González Videla 779
La plataforma antipolítica 780
El segundo período de Ibáñez 781

■ LA HISTORIA RECIENTE 783

Del Frente Democrático a la Unidad Popular 785
Las elecciones de 1958 785
El gobierno de Jorge Alessandri 785
Las elecciones de 1964 y el triunfo democratacristiano 788
El gobierno de Allende 792
Las elecciones de 1970 y el Pacto de garantías constitucionales 793
La subida al poder de Allende 793
Del golpe de Estado a la normalización democrática 800
Las medidas de la Junta Militar 800
El camino para el retorno a la democracia 803
El gobierno de Aylwin 804
La continuación del proceso democrático con Frei Ruiz-Tagle 808

■ LAS INSTITUCIONES 811

Las Constituciones chilenas 813
La historia de los textos constitucionales en Chile 813
La Constitución de 1980 821
Los órganos del gobierno 823
El cargo presidencial 823
Los ministros de Estado 825
El Consejo de Estado 828
Los «estados jurídicos de excepción» 828
El Congreso Nacional 829
El poder judicial 832
Las funciones del poder judicial 832
Los principios del poder judicial 833
Otros organismos de carácter constitucional 834
Contraloría General de la República 834
Tribunal Constitucional 834
Consejo de Seguridad Nacional 835
Las Fuerzas Armadas 835
Banco Central 836
Gobierno y administración interior del Estado 837
Regionalización 837
Estructura orgánica regional 837

■ CULTURA TRADICIONAL CHILENA 839

Cultura mapuche en la época prehispánica 841
La identidad mapuche 841
La religión 842
La música y los bailes 844
Fiestas y juegos 845
Artesanía mapuche 846
Cultura chilena colonial y republicana 847
Música y danza 847
Los juegos 848
Otras diversiones 850
Personajes populares o típicos 851
Leyendas y tradiciones 853
El diablo 853
Piedras y rocas 853
Ciudades desaparecidas y tesoros ocultos 853
Tradiciones y leyendas locales 854
La artesanía chilena 859
Los materiales 859
Cestería 860
Cerámica 861
Textiles 863
Otras artesanías 863

Orígenes de la nación chilena

Orígenes de la nación chilena

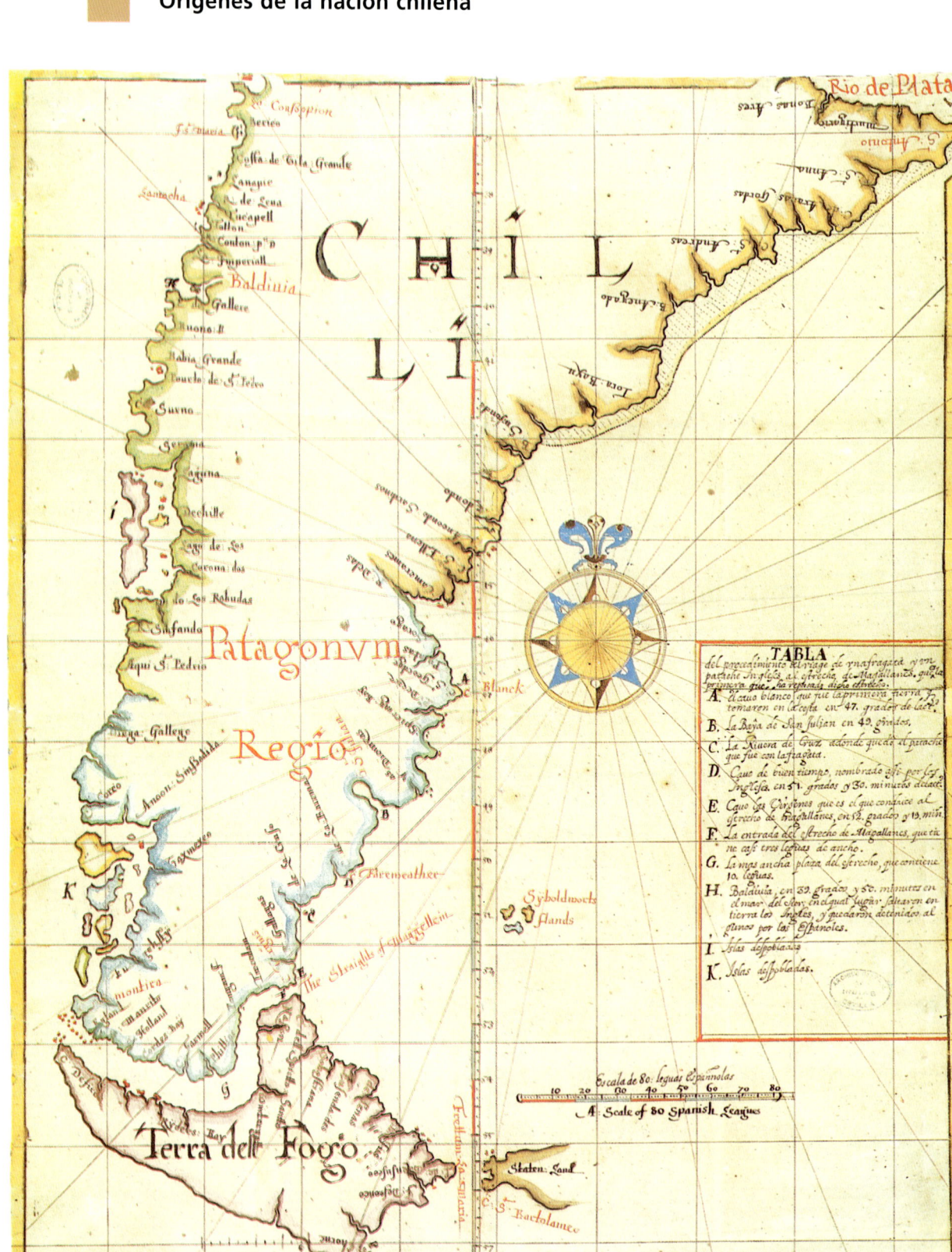

El poblamiento del país

A lo largo y ancho del territorio que se extiende, de norte a sur, desde Arica hasta el cabo de Hornos, y de oeste a este, desde la costa del Pacífico hasta las cumbres de los Andes, el curso de la historia, junto a la acción de sus pobladores, han dado en formar la nación chilena.

La conquista y administración emprendidas durante el siglo XVI proporcionaron al país una continuidad territorial y establecieron —no sin grandes dificultades— un marco progresivamente común de vida económica y social, asentado sobre las relaciones de la colonización europea, el mestizaje y la rivalidad con los pueblos autóctonos, según los casos, épocas y regiones. Este proceso culminó en el siglo XIX, cuando Chile alcanzó su definición como nación en el marco político de una república soberana e independiente, que medio siglo después de constituirse fijó sus límites continentales.

Sobre una estrecha y alargada franja de tierra —4 300 km de largo y 180 de ancho medio— que, a partir del paralelo 41°, y según se avanza hacia el sur, parece difuminarse hacia el mar en un sinfín de islas, han ido asentándose núcleos humanos desde hace más de doce mil años.

En este dilatado espacio temporal, distintas etnias y civilizaciones han coexistido, se han influido mutuamente y, en ocasiones, han llegado a ignorarse. Algunas han mantenido un relativo aislamiento, mientras que otras se han extinguido sin apenas dejar huella, pero la mayoría de ellas se han ido integrando, a la fuerza o mediante persuasión, en el substrato cultural que era hegemónico en cada momento histórico.

La adopción de rasgos culturales ajenos, el proceso conocido como «aculturación», condujo a la modificación de los rasgos propios, una forma de asimilar la civilización dominante —ya fuera inca, mapuche, española o criolla— y al mismo tiempo de influirla con el aporte de la experiencia previa del grupo integrado.

Los primeros pobladores de Chile

La colonización de América ofrece numerosas zonas de penumbra a historiadores y arqueólogos. El descubrimiento de uno u otro yacimiento en puntos distantes obliga a revisar los datos temporales y las diversas teorías sobre la llegada de grupos humanos.

A la izquierda, aspecto del Cono Sur de América, según un mapa del siglo XVII, con la Patagonia, Tierra del Fuego y el estrecho de Magallanes.

Aquí, imagen de un cazador fueguino, nativo de la región del Estrecho.

Orígenes de la nación chilena

De las cuatro especies de camélidos americanos, dos son domesticables, la alpaca y la llama, y otras dos no lo son, el guanaco y la vicuña. Estas especies fueron importantísimas en la dieta de los primeros habitantes de Chile. En la imagen, una escena alusiva a la práctica ganadera con los camélidos, en *Travels into Chile. Over los Andes in the year 1820-1821*, de Peter Schmidtmeyer.

> **EL PERÍODO DEL «HOMBRE TEMPRANO»**
>
> Durante la última de las glaciaciones, Wisconsin, el incremento de las masas de hielo en la Tierra permitió la formación de un puente natural entre las tierras asiáticas de Siberia y las norteamericanas de Alaska, actualmente ocupado por las heladas aguas del estrecho de Bering. Fue hace alrededor de cuarenta mil años cuando un cazador que perseguía sobre aquellos hielos a algún animal para su sustento alimentario se convirtió en el primer habitante del continente americano. Desde entonces hasta aproximadamente el 7 000 a.C. se extiende el arco cronológico del primer período histórico de América (período Paleoindio).
>
> Escasos son los yacimientos arqueológicos que dan testimonio de esta primera presencia humana en América y su distribución geográfica sigue una sucesión cronológica: los del norte son más antiguos que los del sur. En Chile se han hallado depósitos del Paleoindio en Monte Verde (12 000-10 000 a.C.), Quereo (11 000 a.C.), San Vicente de Tagua-Tagua (11 000 a.C.) y Cueva Fell (9 000 a.C.), entre otros.

La afluencia de pueblos asiáticos habría tenido lugar, de norte a sur y de este a oeste, hace entre veinte mil y catorce mil años. El registro de población más antiguo encontrado en Chile, el yacimiento de Monte Verde, en la boscosa región meridional próxima a Puerto Montt, ha sido datado en doce mil años y ofrece pruebas de que los cazadores-recolectores que habitaron el sur del país habían alcanzado un amplio conocimiento de la región, como lo sugiere el hallazgo de restos de diversas plantas medicinales de distinta procedencia, así como la preparación de varios instrumentos.

Este primer poblado, situado junto al arroyo Chinchihuapi, reúne una serie de chozas rectangulares en las que se emplearon troncos para el armazón, recubiertos con pieles de mastodontes, a la vez que se excavaban braseros en su interior para procurarse calor —en una región fría y húmeda al final de la era glacial— y se construían fogones colectivos.

Cazadores y recolectores

Otros restos paleoindios han sido encontrados a lo largo de la costa, en cuencas interiores y en ámbitos lacustres en una secuencia cronológica que revela la progresiva adaptación a un medio que vio cambiar el clima, la fauna y la vegetación entre el IX y el VII milenio a.C. La caza colectiva, empleando dardos y boleadoras, la recolección de frutos —preferentemente los susceptibles de ser molidos—, el faenamiento sirviéndose de arpones de hueso y anzuelos de concha o espinas, proporcionaban alimento y materia para la elaboración de diferentes útiles.

Los asentamientos serían transitorios en todos los casos, obedeciendo al carácter trashumante de estos primeros pobladores en pos de la subsistencia. La pesca pudo proporcionar una fuente de recursos más estable y no dejó de ser un complemento de las actividades cinegéticas, incluso en la región nortina, en proceso de fuerte desertización, que fue la primera en orientarse hacia el aprovisionamiento de alimento en el

mar. No obstante, hasta el 4 000-3 000 a.C. no se establecieron campamentos semipermanentes, relacionados con un mayor dominio de los elementos y el inicio de la domesticación de animales, comenzando por la llama y la alpaca andinas, posiblemente en la región atacameña.

El proceso de sedentarización

Entre el III y el II milenio a.C. se fue extendiendo el cultivo del maíz y la calabaza. La producción de alimentos se convirtió en el factor decisivo del lento proceso de sedentarización y de formación de aldeas en los territorios áridos y semiáridos, donde las condiciones y su modificación propiciaron respuestas de la comunidad basadas en la cooperación. El cultivo de la tierra pasó a sustituir a la actividad depredadora hacia el año 1 000 a.C. en el norte de Chile.

Hay constancia de la presencia estable de un pueblo en el golfo de Arauco, en Chile central, diez siglos antes de nuestra era. Levantaba rudimentarios abrigos en la desembocadura de los ríos para proveerse de agua dulce y acceder con facilidad al mar, dado que la pesca y la captura de marisco constituían su fuente básica de subsistencia; el hallazgo de depósitos de conchas de moluscos junto a restos humanos y objetos que formaron parte de sus pertenencias ha permitido establecer un punto de referencia para poder caracterizar a estos primeros pobladores. Sabían construir balsas inflando y anudando el cuero de lobo marino y entretejer redes que empleaban en su dedicación a la pesca. Sus útiles estaban realizados en piedra labrada, madera y hueso, lo que, junto al carácter depredador de su actividad, sigue situándoles en el paleolítico.

Los changos pudieron ser una evolución de los «hombres de los conchales» o una etnia similar posterior. Aparecen asentados en pequeños núcleos a lo largo de la costa entre las desembocaduras de los ríos Loa y Aconcagua. Se dedicaban también a la pesca, una actividad favorecida por el perfil del litoral, de aguas profundas y frías, empujadas por la corriente subantártica de Humboldt. Unos y otros han sido relacionados con los yaganes o yámanas, habitantes de la zona meridional de Tierra del Fuego, con los que compartirían algunas características fisiológicas y culturales, aunque, en realidad, todos responden al tipo andino sin que necesariamente deban establecerse lazos de parentesco.

Los pueblos australes

Precisamente los pueblos australes son los que, por lo inhóspito de la región que ocupan y por no ofrecer interés a conquistadores y colonizadores, siendo de los primeros, preservarían por más tiempo sus características distintivas. Debe tenerse presente que hasta 1880 no comenzó la exploración e incorporación a Chile del territorio fueguino. Este relativo aislamiento no significa que estos pueblos fueran ajenos a influencias y se cruzaran con otros, llegando a desaparecer por fusión o extinción. De los que subsistieron a la llegada de los españoles se hablará en el apartado «nómadas del mar».

En algún momento se ha planteado la posibilidad de migraciones que, procedentes de Polinesia y Melanesia, habrían logrado arribar a la costa austral del continente, e incluso se ha apuntado la posibilidad de que los tehuelches o patagones, que habitaron la cordillera andina de las actuales provincias de Aisén y Magallanes, formaran parte de estos contingentes que, en el caso de haberse

Una de las características de los pueblos del sur de Chile era su gran estatura y carácter pacífico. Es casi normal, entonces, que en el encuentro entre gente poco agresiva y conquistadores de horca y cuchillo, la primera se llevara la peor parte. Los onas, los patagones, los tehuelches, los yaganes y los alacalufes fueron extinguiéndose hasta que hoy en día sólo quedan algunas familias alacalufes en Puerto Edén. En la imagen, un indígena patagón.

Orígenes de la nación chilena

dado, nunca podían haber sido numerosos. Nada, sin embargo, ha conseguido avanzarse en esa dirección, hoy descartada. Por el contrario, abundan las pruebas del gradual y constante desplazamiento de pueblos siguiendo el eje andino o que cruzaron los diversos pasos desde la Pampa y la región nororiental.

Los tehuelches y los onas (o selk'nam)

En la región austral, desde Río Negro hasta Tierra del Fuego, se encuentran asentados diferentes pueblos: algunos, como los tehuelches, desplazados desde el norte, y otros que parecen haberse establecido allí desde antiguo.

Los tehuelches eran cazadores nómadas de la Patagonia occidental, que recorrían las estribaciones de la cordillera andina y los valles tras el guanaco y los ñandúes o avestruces. Se reunían en pequeños grupos necesarios para ejercitar la caza colectiva, en particular del segundo de los animales citados. Calzaban grandes pieles para protegerse del frío; sus enormes huellas dieron lugar a que en 1520 la expedición de Hernando de Magallanes (h. 1475-1521) registrara la existencia de una tierra austral poblada por patagones, gigantescos individuos que en el imaginario europeo alcanzarían proporciones descomunales. Más al sur, en Tierra del Fuego —nombre dado por la expedición de Magallanes al avistar continuas fogatas en la costa, mientras franqueaba el estrecho que llevaría su nombre— habitaban los onas o *selk'nam*, gente corpulenta que se procuraba el sustento con la caza del guanaco y del coruro, y con la pesca.

> **PATAGONES EN LA BOCA ORIENTAL DEL ESTRECHO DE MAGALLANES**
>
> «La gente que hallé en esta boca de este estrecho a la parte del mar del norte, es gente soberbia. Son grandes de cuerpo, así los hombres como las mujeres bastas de los rostros. Su traje de los hombres es que andan desnudos... y traen por capas pellejos de guanacos sobados, la lana para adentro hacia el cuerpo; y sus armas son arcos y flechas de pedernal, y palos a manera de macana, y tienen por costumbre untarse con la tierra blanca, como cal, la cara y el cuerpo. El traje de las mujeres es una vestidura de pellejos de guanaco y ovejas, sobados, la lana para adentro; y pónenselo a manera de las indias del Cuzco, los pellejos asidos con correas por encima de los hombros; atados por la cintura y los brazos de fuera, y que les llegan abajo de las rodillas. Traen zapatos del mismo cuero, que les cubre hasta encima de los tobillos, llenos de paja por dentro por temor al frío, y andan untadas con aquella cal como los hombres. A lo que entendí no tienen asiento... Sus casas son que hincan unas varas en el suelo y ponen pellejos de guanaco, y de ovejas, y de venados, y hacen reparo para el viento, y por de dentro, ponen paja, para que esté caliente, donde se echan y se sientan, para estar abrigados» ■
>
> Juan Ladrillero.
> «Relación del viaje al Estrecho de Magallanes»
> *Anuario Hidrográfico de Chile*. 1880

■ Hasta la década de 1960 aún vivía una familia ona, padre, madre y bebé, en los canales magallánicos. Grupo cazador emparentado probablemente con los primeros habitantes de América, los onas se extinguieron cuando sus tierras fueron ocupadas por estancias ganaderas de la Patagonia a mprincipios del siglo xx.

El poblamiento del país

Onas y tehuelches respondían a tipos humanos de gran estatura; los varones medían 1,80 m, lo que representa un fuerte contraste con los restantes pueblos aborígenes chilenos. Esta característica física avala la hipótesis del probable desplazamiento hacia el sur desde la Pampa.

Los «nómadas del mar»

En la costa austral y en los archipiélagos colindantes se encuentran tres pueblos asentados desde hace mucho tiempo: los chonos, los yaganes o yámanas y los alacalufes.

Todos compartían la dedicación a la pesca y su movilidad, buscando alimento en un medio particularmente hostil a causa del frío y la dispersión de recursos. De ahí que se haya hablado de «nómadas del mar». Para sus desplazamientos contaron con canoas construidas con tronco hueco de alerce, en las que la familia nuclear viajaba de un punto a otro; mientras el hombre pescaba, la mujer gobernaba la embarcación y los hijos se mantenían en el centro, en torno a un fuego aislado del suelo mediante un manto de piedras. Pescaban el arenque. A veces cazaban pingüinos y cormoranes; con arpones se hacían con focas y leones marinos, y el acceso a una ballena varada o enferma permitía su captura colectiva. Los mejillones o choros de la costa eran alimento diario y el principal aporte proteínico.

Las severas condiciones del medio, la necesidad de cooperación en numerosas actividades y la ausencia de acumulación de bienes hicieron que estas sociedades mantuvieran un alto sentido igualitario. Los ancianos ejercían influencia moral y habían adoptado la descendencia patrilineal, pero todavía existía un proceso de afirmación frente al pasado matriarcado que se refleja, por ejemplo, en los ritos de iniciación masculina de los alacalufes. El chamanismo estaba muy presente en estas sociedades; del chamán se esperaba que curara las enfermedades y que hiciera predicciones sobre el futuro, además de entrar en contacto en sueños con los espíritus.

Los «nómadas del mar» respondían a un tipo humano de corta estatura, en torno a 1,60 m los varones, similar al de la mayoría de los pueblos andinos. Pero la adaptación física al medio natural había desarrollado una gruesa epidermis y cierta hipertrofia muscular de las extremidades inferiores por su adaptación a la posición sedente en las balsas, donde transcurría buena parte de su existencia.

Los changos del sur aprovechaban la abundancia de peces y mariscos para enriquecer sus niveles alimentarios. Hoy, los descendientes de aquellos pescadores desarrollan técnicas de pesca muy parecidas, que nunca han pasado de ser artesanales. En la imagen inferior izquierda, indígenas changos pescando a bordo de embarcaciones hechas de piel de lobo marino.

Bajo estas líneas, arpones y puntas de lanza fabricadas de hueso de ballena.

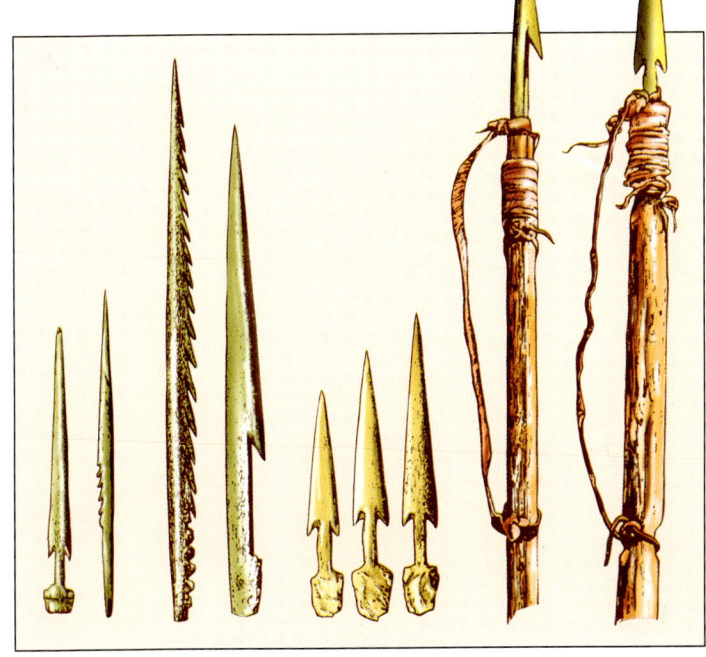

Orígenes de la nación chilena

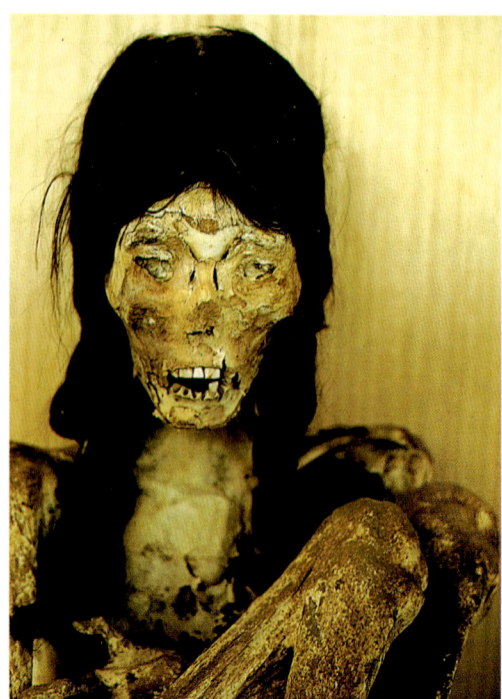

«Miss Chile». Momia de mujer joven, conservada en postura fetal con técnicas tradicionales de los rituales mortuorios. Esta interesante muestra de la cultura atacameña está datada en el siglo I d.C. y se conserva hoy en el museo de San Pedro de Atacama.

Estos pueblos cazadores, pescadores y recolectores, dispersos y sin especiales recursos, carecieron de interés para los conquistadores españoles y mantuvieron a lo largo de varios siglos una existencia separada, lo que ha permitido que algunos —aunque, ciertamente, muy diezmados— hayan podido mantener sus rasgos diferenciales hasta nuestros días.

Los chonos, tras dejar atrás el continente y la isla de Chiloé, ocupaban el archipiélago al que han dado nombre y el de las Guaitecas, hábitat adecuado para la práctica de la pesca y la busca de marisco, a la que se dedicaban en canoas con las que recorrían el litoral.

Los yaganes habitaban la costa del canal Beagle y las islas del sur. Al igual que los anteriores, practicaban el nomadismo, aunque en determinadas épocas del año construían cabañas con pieles. Los distintos grupos se dividían las aguas para acotar el espacio entre ellos, excepto en los años que la pesca era escasa, en que dejaban libre su uso. Su falta de unidad queda reflejada en la existencia de cinco dialectos favorecidos por la dispersión.

Por último, los alacalufes ocupaban el sector del litoral desde el golfo de Penas a las islas occidentales de Tierra del Fuego.

Atacameños y diaguitas

En el territorio árido del norte comprendido entre Arica y Copiapó se ubican dos pueblos relativamente avanzados, que desempeñaron un destacado papel en la aproximación y difusión de otras culturas: los genéricamente denominados atacameños y los diaguitas.

Los atacameños habitaban el salar y la puna de Atacama hace al menos dos mil años, aunque la creciente desertización fue haciendo cada vez más inhóspita la meseta y les empujó hacia los valles del Loa y de Tarapacá, hasta Arica y Tacna. Los atacameños se dedicaban a la agricultura y al pastoreo de camélidos, en particular, de la llama. Elaboraban tejidos de lana, cestería y objetos de alfarería; trabajaban las minas y la metalurgia, principalmente el cobre. Su situación les puso en contacto con otras culturas del norte y el oeste, con las que intercambiaban sus productos. Percibieron de modo directo la influencia de

El poblamiento del país

Danza de Chiliesi.

la cultura de Tiahuanaco (o Tiwanaku), de los Andes centrales, en torno al año 1 000 d.C, momento en que alcanzaron su mayor apogeo.

Al sur de los atacameños, separados por el desierto, se hallan los denominados diaguitas chilenos. Se trata de una rama sudoccidental de los calchaquíes del Altiplano, que cruzaron la cordillera de los Andes y que hacia el año 900 aparecen adaptados al Norte Chico.

Los diaguitas preincaicos consiguieron desarrollar la agricultura, sirviéndose de un sistema de riego que aprovechaba las terrazas escalonadas excavadas en las laderas. En esas tierras cultivaban maíz, papas y calabazas. Con el fruto del molle y del algarrobo preparaban chicha. Confeccionaban tejidos y fabricaban utensilios de barro decorados con motivos animales. Su conocimiento de la metalurgia les permitió hacer azadones para el cultivo, agujas y otros objetos.

Hacia los siglos XI o XII pueblos procedentes del valle de Chincha, en pleno imperio inca, se desplazaron al sur, llevando consigo los adelantos de su cultura. La fusión con las etnias del norte chileno produjo la cultura chincha-atacameña-diaguita, cuya máxima influencia se desplegó en el siglo XIV, tanto hacia el altiplano boliviano como hacia los pueblos del sur andino, a los que transmitió nuevos usos agrarios y ganaderos.

Los mapuches

Entre los siglos XIII y XIV se desarrolló una cultura evolucionada en la región central de Chile: la de los mapuches. Ocupaba una zona entre los ríos Maule y Toltén, de la costa a los valles centrales. Su irrupción, desde el otro lado de los Andes, en el valle del Cautín, desplazó a los pueblos allí asentados, menos predispuestos a combatir que estos nómadas cazadores de la Pampa.

Sin embargo, los recién llegados asimilaron la cultura agrícola y sedentaria de los conquistados y dieron lugar a una civilización más tosca que la chincha, pero que se encontraba en pleno desarrollo cuando llegaron los españoles. Secularmente ha sido considerada distintiva del indígena chileno. Además de la agricultura, tenían ganado a base de llamas y alpacas, de las que obtenían lana para sus ropas. Apenas desarrollaron la metalurgia.

Los mapuches bailaban. Era una costumbre que sorprendió a los conquistadores. Hasta que el español advirtió que bajo la mirada obsecuente y las expresiones de sumisión del indígena se ocultaba una raza bravía y un corazón inexpugnable. Grabado de L. Guiarne.

Chile está jalonado de arte rupestre: pinturas en aleros; geoglifos, enormes figuras en las lomas de los cerros (imagen central); o petroglifos, figuras grabadas en piedra.

Orígenes de la nación chilena

Los pehuenches (arriba, en una acuarela de Juan Mauricio Rugendas) vivían en una franja de los faldeos occidentales de los Andes, desde el nivel de Chillán hasta el de Valdivia.

Abajo, piezas de la supuesta «platería araucana», introducida primero por los incas y luego por los españoles.

Los mapuches desplazaron a la población autóctona hacia el norte y el sur del territorio que pasaron a dominar. Del mismo modo que a sí mismos se consideraban «gente de la tierra» (significado de *mapuche* en su lengua), denominaron a sus vecinos picunches, «gentes del norte», y huilliches, «gentes del sur». Picunches, o picones, y huilliches presentan elementos culturales comunes, aunque tuvieran una evolución dispar favorecida por la fragmentación del espacio chileno, el distanciamiento que supuso la inserción de los mapuches y la fusión con otros pueblos como consecuencia de sus respectivos desplazamientos. Ambos aparecen emparentados con la «gente de los túmulos» y conservaban rasgos de la civilización chincha-atacameña-diaguita.

Por otra parte, la denominación bajo la cual se conoce a estos pueblos autóctonos es meramente designativa y, como se ha dicho, fue empleada por los mapuches en un sentido geográfico y en una doble acepción: de un lado, designa a grupos vecinos diferentes, no mapuches; pero de otro, al identificar a la «gente de la tierra» con el clan consanguíneo que forma un poblado (su *mapu*) y que mantiene una misma filiación totémica, los otros mapuches eran también picunches o huilliches respecto al grupo del que se formaba parte.

En la zona alta andina de Chillán se establecieron los pehuenches, pueblo nómada que llegó del otro lado de los Andes. Recolectaban el fruto de la araucaria, el piñón o *pehuén*, con el que elaboraban pan, vino y condimento. El nombre por el que se los conoce se lo dieron los mapuches y significa precisamente «gente del piñón». Sin embargo, su actividad principal era la caza, que practicaban usando boleadoras, es decir, piedras cubiertas de cuero unidas por dos tiras. Intercambiaban piñones, pieles, sal y tejidos con mapuches y picunches, con los cuales, en muchos casos, acabarían fundiéndose. Los mapuches denominaron puelches («hombres orientales») a sus congéneres de la cordillera andina.

La invasión inca

Hacia el año 1460, bajo el reinado del inca Túpac Yupanqui, el pueblo incaico incorporó el territorio de los atacameños y alcanzó el valle de Coquimbo. En una segunda oleada siguió su avance hasta el río Maipo, pero luego encontró una seria resistencia por parte de los *promaucaes* (en denominación quechua «indios alzados»); derrotados por éstos, los incas establecieron en ese punto la frontera meridional de su imperio, Tahuantinsuyo. En unos veinticinco años, los incas habían ocupado la parte más desarrollada de Chile. Al sur quedaron pueblos reunidos en pequeñas comunidades, refractarios al trabajo agrícola organizado y carentes de una jerarquía establecida que pudiera ser asimilada. Un nuevo esfuerzo militar no quedaba compensado por la posibilidad de incorporar el territorio en forma productiva. El límite territorial de la expansión incaica fue prácticamente el mismo que

> **EL SECULAR CAMINO DEL INCA**
>
> «A fines del año 1400 el Inca Yupanqui, en sus anhelos de conquista, ordenó al general Chichiruca organizar una expedición al sur, hacia el valle de Chile, y agregar así otras tierras a las sujetas a su soberanía.
>
> El ejército, convenientemente equipado, atravesó los Andes abriendo un surco al paso de otros valerosos guerreros que, más tarde, habrían de repetir la hazaña.
>
> El desierto nortino era un obstáculo natural y muy grave que se oponía a los anhelos conquistadores del General, pero en aquellos tiempos el hombre poseía una voluntad capaz de los mayores esfuerzos y fue construyendo, al tiempo que avanzaba el cuadro de sus tropas, un sendero, cuyas huellas aún pueden observarse claramente en ciertos parajes de la Provincia de Atacama (...)
>
> El camino del Inca fue construido desde el salar de Atacama a las puertas de Copiapó en una extensión de 442 kilómetros. Nada pudo detener la voluntad del indio, que avanzaba siempre en demanda de una tierra considerada riquísima (...)
>
> A. Silva Campos, *Episodios Nacionales*

■ El origen del *pucará* de Quitor, junto a San Pedro de Atacama, se remonta al siglo XII. Fue una fortaleza defensiva hasta la invasión de los incas. En este punto, los *pucarás* dejaron de ser operativos. Sus restos aparecen en todo el país de Atacama.

metieron el territorio a una misma autoridad, algo desconocido hasta aquel momento; además, a una autoridad externa, lo que sirvió de precedente a los conquistadores españoles, quienes también supieron aprovechar el sentido de liberación que supuso entre los indígenas la caída del imperio de Cuzco, al que se satisfacía tributo. Porque la llegada de los incas a la zona supuso una alteración importante en la agricultura de la región, y no sólo en los métodos de cultivo, pues obligó a producir excedentes que serían recaudados para sostener las guarniciones locales, una exigencia ajena a sus usos y costumbres.

los españoles a duras penas conseguirían conservar durante más de un siglo, antes de que fuera vencida la resistencia mapuche.

Los incas construyeron una red de fortalezas (o *pucarás*) y establecieron guarniciones, a la vez que crearon numerosos *mitimaes* (colonias) con agricultores traídos de diferentes puntos del imperio. Explotaban lavaderos de oro y minas de plata y cobre. Su influencia resultó breve, pero trascendente. Contribuyeron a difundir técnicas que, si no eran desconocidas del todo, no estaban extendidas en la medida que lo estuvieron desde entonces. Los incas mantuvieron las autoridades locales y las incorporaron a sus jerarquías. So-

Los pueblos aborígenes a la llegada de los españoles

Cuando los castellanos comenzaron la conquista de Chile a mediados del siglo XVI, los pueblos indígenas presentaban tres situaciones distintas: el norte se hallaba bajo dominio del pueblo inca, que mantuvo su presencia militar hasta la llegada de Pizarro a Cuzco; la región central había recibido técnicas agrícolas incas, pero a la vez conservaba sus propias características, y en ella los mapuches destacaban por su sentido refractario y por una capacidad combativa que ya habían conocido los incas; por su parte, la región austral no presentaba variaciones significativas.

Orígenes de la nación chilena

Lo que sorprendía a los conquistadores era la diferente organización que tenían ellos respecto a los indígenas. En este grabado, atribuido a Matthaeus Merian el Joven (para la *Crónica de Brouwer*, 1643), soldados españoles contemplan a unos indígenas chilenos y a una llama que les acompaña.

La meseta y los valles del norte incaizados

Los atacameños se hallaban distribuidos en la costa y la cordillera de los Andes, donde, por encima de los 3 500 m de altitud, se beneficiaban de un provechoso pastoreo trashumante y formaban caravanas de llamas con las que se internaban con sus productos en el Altiplano.

Su agricultura dependía del riego natural, lo que condicionaba la dispersión de la población. Fruto de la aculturación inca, allí donde era factible se habían construido canales de riego junto al curso de los ríos para anegar las terrazas limítrofes. El descenso a la costa como consecuencia del avance del desierto en la meseta había propiciado la formación de núcleos de pescadores especializados que convivían con quienes trabajaban la tierra. La aridez del interior y la altitud determinaron que la agricultura debiera complementarse con la caza y la recolección de algarrobo, del que obtenían forraje para los animales y un licor por fermentación de la vaina, y chañar, del que extraían harina para elaborar pan.

Los atacameños conservaban la típica organización andina en pequeñas unidades autosuficientes que debían procurarse alimentos, ropa y útiles de cerámica. Trabajaban la plata para fabricar objetos de uso funerario y ceremonial o destinados a ser empleados como distintivos sociales. La necesidad de defenderse había llevado a formar núcleos urbanos fortificados aprovechando las zonas de altura. Los incas favorecieron una suerte de alianza entre los distintos núcleos, aunque, en ningún momento, llegaron a constituir un estado común.

Los curacas

Según la organización incaica, cada núcleo de población contaba con un señor al frente, el llamado *curaca*. Éste disponía del privilegio de poseer mayor cantidad de tierras y organizaba el trabajo colectivo que debía realizarse en determinadas épocas del año, esto es, una traslación del tributo inca. Dentro de la región atacameña vivían curacas principales, que ejercían su poder sobre varios grupos. En el siglo XVI estaban sometidos a la autoridad del imperio incaico.

Un sistema similar regía entre los diaguitas, asentados principalmente en los valles de Copiapó, Huasco, Coquimbo, Limarí, Combarbalá y Choapa. Entre este pueblo, los curacas se distinguían, además de por sus privilegios, por la ostentosidad de su aspecto y de sus usos sociales: así, vestían manta de lana de camélido, sus casas eran de mayor tamaño y llegaban a tener un elevado número de esposas, hasta diez y doce. La condición de curaca era hereditaria, pero su poder procedía de la conformidad de la comunidad expresada en la reunión de los jefes de familia. Con el tiempo, la relación casi exclusiva del curaca con los jefes incas, con quienes se comunicaban en quechua, reforzó su autoridad. La proximidad atribuida del curaca a los antepasados divinizados le confería además una naturaleza sacralizante. La influencia inca introdujo, entre los diaguitas, el culto al Sol y a la Luna, pero a la vez subsistieron creencias anteriores. La obtención de cráneos a modo de trofeo ganado al enemigo llevó a los conquistadores a atribuirles sacrificios humanos. Aunque en un principio no existían jerarquías entre los curacas, lo cierto es que cada valle acabó estableciendo dos, uno en la parte superior y otro en la costa, considerándose el de la zona alta como el más importante. La relación entre ambos curacas incluía tanto la rivalidad como la cooperación.

Entre los diaguitas no se hacía distinción de funciones, de modo que los agricultores trabajaban el campo o hacían la guerra llegado el caso. El curandero o herbolario tenía, sin embargo, un papel reconocido. El chamanismo —el mito de la metamorfosis del chamán, el cazador felino— iba unido, como en el resto del continente americano, al consumo de sustancias alucinógenas.

Mapa etnográfico del territorio chileno en el siglo XVI. En él se observa la riqueza de pueblos y culturas y la fuerte impronta que debió soportar el hombre americano frente al español. Aquí también se advierte que los llamados mapuches fueron una serie de tribus dispersas en un pequeño territorio, desde el Biobío hasta el Toltén, que sólo se unían para la guerra.

De las tres poblaciones más industriosas de Chile (atacameña, diaguita y mapuche), los diaguitas eran autores de una cerámica y, en general, de una cultura muy refinada. Conocían la metalurgia y estaban muy adelantados en agricultura, pues empleaban el riego en los cultivos de terrazas escalonadas. En la fotografía, pieza de cerámica diaguita. Jarro antropomorfo.

Orígenes de la nación chilena

Las costumbres mapuches estaban relacionadas con las necesidades vitales, como defenderse, guarecerse de los elementos, reproducirse, creer en lo sobrenatural y comer. Había labores masculinas (cazar y pescar, hacer la guerra) y femeninas (labores del campo, pastoreo, cocinar, reproducirse y criar los hijos). En el grabado, una mujer mapuche muele el grano de su pitanza.

Las familias diaguitas cultivaban en común la tierra y disponían comunitariamente de los restantes recursos naturales, como el agua, los pastos y los bosques de algarrobos. Habían desarrollado diversas técnicas de fertilización del suelo y empleaban guano de las aves marinas o estiércol de las llamas. Se calcula que cuando Almagro descubrió Chile (1536), los diaguitas sumaban 28 000; diez años más tarde, apenas eran 15 000.

Por último cabe decir que las minas de oro del valle del Aconcagua eran explotadas mediante el trabajo obligatorio que, por turnos, realizaba cada grupo bajo la organización del curaca.

La región central chilena

En la región central del país se encuentran los tres pueblos más numerosos: picunches, entre los valles del Choapa y del Itata, mapuches o araucanos, entre los ríos Itata y Toltén, y huilliches, del Toltén al seno de Reloncaví; en la isla de Chiloé, habitaban los cuncos.

A mediados del siglo XVI los picunches disponían en sus valles de grandes extensiones de tierras de cultivo regadas según el procedimiento de las acequias incas, que aprovechaban las quebradas andinas que se suceden entre el Aconcagua y el Biobío. Pese a tratarse de una zona sobre la cual Cuzco extendió nominalmente su dominio, se mantenía un bajo nivel técnico, hasta el punto de que los colonos de habla quechua enviados por el imperio los apodaron «lobos monteses» por su dependencia de la recolección; aunque es muy posible que esa animadversión se debiera a la resistencia que opusieron al tributo, el trabajo que debían prestar al inca, ya que las sementeras (plantación de semilla procedente de la cosecha anterior destinada a reproducir el ciclo agrícola) estaban plenamente extendidas.

Se ha calculado que, a la llegada de los españoles, los picunches sumaban unos 120 000; en 1540, el número habría decrecido a la mitad, y 18 años después, en 1558, el testimonio de Jerónimo de Bibar nos habla de unos 35 000.

La hegemonía mapuche

Los mapuches ocupaban la región del litoral y las llanuras entre la cordillera de la Costa y los Andes. Las altas tierras del interior estaban pobladas por los pehuenches.

En el valle Central cultivaban maíz, papas, porotos, quínoa, ají, madi, teca, etcétera. Practicaban la rotación de cultivos en campos abiertos. La zona mejor dispuesta para la agricultura se trabajaba intensivamente, lo que propiciaba un poblamiento disperso. La cría de llamas complementaba la economía de subsistencia. La agricultura de tala y roza —esto es, la basada en superficie ganada al bosque previo corte y quema de masa forestal— tenía un carácter extensivo y una densidad de población baja. La conquista de recursos fue motivo de periódicos enfrentamientos. La recolección de frutos y plantas naturales seguía desempeñando una función destacada en la civilización mapuche. En la parte seca del interior se dependía del aprovechamiento de los pastos temporales para la ganadería (guanaco).

La región, copiosamente poblada en relación a otras zonas chilenas, despertó la admiración de

El poblamiento del país

En la imagen, un *malón*, costumbre social de los araucanos que consistía en atacar un puesto español para robar las mujeres. Estas incursiones violentas terminaban con sacrificios rituales de prisioneros. Esta litografía es de F. Lehnert, según Juan Mauricio Rugendas. En *Album d'un voyage dans la République du Chili*, de Claudio Gay.

Pedro de Valdivia cuando en 1551 escribía al emperador Carlos V lo que ante sí tenían por conquistar: «Es todo un pueblo e una simentera y una mina de oro, y si las casas no se ponen unas sobre las otras, no puede caber en ella mas [población] de las que tienen».

Para esa fecha se calcula que el número de mapuches alcanzaba el millón de habitantes; en 1560, se había reducido en más del 60 por ciento como consecuencia de la guerra, la destrucción de cultivos y la epidemia de viruela que se extendió en la zona. Su descenso no se detuvo. Cuando en el último tercio del siglo XIX fueron definitivamente integrados no quedaban más de 115 000 individuos.

Los mapuches estaban organizados en unidades de parentesco llamadas *lovche*. El *cabi* reunía varias familias, y el *levo* era la reunión de siete u ocho cabis y podía reunir varios miles de individuos. Al igual que se vio con los diaguitas, la jefatura (denominada aquí *toqui*, de «distribuir», la autoridad que ordena) era hereditaria, pero el poder residía en la capacidad de hacerse respetar y de guiar a la comunidad, que varias veces al año reunía en consejo de principales o ulmenes. El *lonko* era el jefe civil en tiempos de paz; en tiempos de guerra se elegía un jefe, el citado toqui, cuya duración era temporal. El toqui asumía tres funciones: era jefe de paz (*ngenvoigue*), jefe de guerra (*ngentoqui*) y sacerdote (*voiguenvoe*); solía delegar esta última función en el hechicero. La reunión de varios levos independientes formaba la *aillarehues* o pueblo, en sentido étnico. Al estallar la guerra con los españoles, los mapuches modificaron su organización tradicional y surgieron jefes con poderes especiales:

Este dibujo representa un telar araucano. Los tejidos araucanos han gozado de una muy bien ganada reputación, pues representan lo mejor de la industria de ese pueblo.

Orígenes de la nación chilena

el mapu-ulmen (civil) y el *mapu-toqui* (militar). Se formaron también juntas de aillarehues, llamadas *vutalmapu*, con jefes militares designados por los toquis federados para conducir las huestes durante el tiempo que durase la contienda. Fue en la larga guerra sostenida contra los españoles cuando los mapuches fueron integrándose en una entidad común diferenciada y organizada como pueblo. Entre los mapuches no existía el tributo o los servicios en trabajo, de modo que la función de organizar esa actividad, tan destacada en otros pueblos, era aquí inexistente.

Los *malones* (o incursiones indígenas en los dominios españoles) fueron frecuentes entre los mapuches y concluían con sacrificios rituales de prisioneros, donde la práctica de comer el corazón de un hombre considerado importante equivalía a adquirir sus cualidades. Empleaban el arco y la macana; pero ya en el transcurso de la segunda guerra contra Valdivia usaban picas cortas y largas, hondas y mazas, así como la macana, un palo duro de tres metros de longitud, de unos siete centímetros de diámetro, muy pesado, con una maza en el extremo para darle fuerza ■

VIDA Y CREENCIAS DE LOS MAPUCHES

Los mapuches admitían la poligamia y era habitual tener cuatro o cinco mujeres. A mayor cantidad de mujeres, mayor cantidad de bienes, pues ellas cultivaban, tejían mantas, cuidaban los animales, llegando incluso hasta las diez y veinte en casos excepcionales.

Una mirada bucólica a los indígenas: tres mapuches dedicados a sus tareas junto a una *ruca* (o vivienda).

■ ■ ■ ■

La mortalidad en las continuas guerras sería la causa de la desproporción entre hombres y mujeres, así como la práctica de adueñarse de las mujeres de los adversarios derrotados. Esta estructura familiar explica también la elevada natalidad de los mapuches. Cada familia habitaba una *ruca* o vivienda, a la que se incorporaban como sirvientas o concubinas las mujeres capturadas en la lucha, sin llegar a equipararse con las que mediaba una relación de matrimonio.

Sus creencias religiosas se hallaban en un estadio dependiente de los lazos familiares y de la relación con la naturaleza. Creían en un espíritu superior y en los espíritus de los antepasados de cada clan que se encarnaban en el *Pillán*, el progenitor del grupo que vela por él y a quien todo se debe, y cuya benevolencia debía buscarse mediante rogativas y la mediación de *voiguevoes* («señores del canelo»). Era pues, una religión mágica animista que carecía de mitos y divinidades.

Al mismo tiempo, cada clan mapuche aparece unido a un animal, objeto o fenómeno natural, con el que su fundador habría realizado una alianza de sangre que le transmitiría sus cualidades y su patronímico. Ese tótem recibió de los mapuches el nombre de *cuga*. Dado que el *mapudungun* o lengua mapuche, como el resto de lenguas indoamericanas, era aglutinante, el cuga se añadía al nombre como sufijo: *huenu*, cielo; *antu*, sol; *cura*, piedra; *lemu*, bosque; *lican*, piedra pequeña; *lavquen*, mar; *milla*, oro, etcétera. La representación del cuga que distinguía un linaje era dibujada o formaba parte de los adornos así en la paz como en la guerra. El linaje era de transmisión matrilineal ■

El poblamiento del país 593

Otra mirada idílica a nuestros antepasados. Claudio Gay fue un naturalista eminente y un observador de talento. Su obra nos deja perplejos; veintiocho volúmenes y dos atlas. *Historia Física y Política de Chile*. El sabio francés fue el más grande investigador de la naturaleza de nuestro país. Sin duda padecía de la misma exultación romántica de sus contemporáneos. En la imagen, familia araucana, según Gay.

La conquista de Chile

En 1535 el adelantado Diego de Almagro (1475-1538), quien había ganado título y fortuna en la conquista del Perú realizada en acuerdo con Francisco Pizarro (1478-1541), se propuso emprender la exploración de las tierras sometidas al imperio inca al sudoeste del altiplano boliviano, más allá del desierto atacameño.

En Perú habían comenzado las disputas con Pizarro por considerarse Almagro postergado en las capitulaciones acordadas por el primero en 1529 con el emperador Carlos V, por las que se convertía en gobernador de la región conquistada. La presencia en Perú de los hermanos de Pizarro extendió las rivalidades a los capitanes de uno y otro conquistador. Motivado por el ansia de ganar su propio «eldorado», las noticias recibidas del inca Manco Cápac II (h. 1500-1544) sobre el tributo en oro percibido del valle del Aconcagua alimentaron la decisión del adelantado y la ambición de sus partidarios.

Francisco Pizarro, junto a estas líneas, fue uno de los tres adelantados, junto con Diego de Almagro (a la derecha) y Pedro de Valdivia, que coincidieron en la conquista de Chile. Murió en Lima, en 1541, a manos de los partidarios de Almagro, el mismo año que Valdivia fundaba la ciudad de Santiago. Tanto como el talento, a los tres conquistadores españoles los uniría la ambición.

La conquista de Chile 595

La frase dedicada a la expedición de Almagro, ésa de «cruzar los Andes», es un eufemismo, ya que, en verdad, el adelantado no cruzó ninguna cordillera; siguió su curso a lo largo de unos 1 300 km, entre las tormentas y el frío, que finalmente lo llevó a descender al valle, a la altura de Copiapó. En la imagen, óleo de fray Pedro Subercaseaux con el título: *Los españoles después de bajar al valle de Copiapó en mayo de 1536*.

La expedición de Diego de Almagro

Las huestes de Almagro se habían visto acrecentadas gracias a los hombres de Pedro de Alvarado (1485-1541), llegados al Perú en busca de fortuna y que quedaron allí cuando en 1534 Alvarado aceptó regresar a Guatemala después de recibir una fuerte indemnización por renunciar a seguir en las tierras incaicas. Sin embargo, encomiendas y repartimientos habían ido a parar o estaban siendo repartidas entre los primeros conquistadores, de modo que no resultó difícil reunir entre la gente de Alvarado los hombres suficientes para emprender la exploración. Tales fueron las expectativas de riqueza que la mayoría de los 132 primeros expedicionarios reunidos por Almagro se proveyó de medios empleando sus propios recursos y el resto fue equipado con la fortuna de quien les mandaba.

El inca Manco puso a su disposición abundante información sobre el país que les esperaba y se preparó la ruta que tenía que seguirse. De Cuzco se marcharía bordeando el lago Titicaca hasta Paria, donde los esperaría Juan de Saavedra con el grueso de las fuerzas, y de ahí partirían hacia el sur en dirección a Chicoana y la altiplanicie de Laguna Blanca, desde donde se cruzarían los Andes por el paso de San Francisco (a 4 726 m de altitud) para llegar a la altura del valle de Copiapó. Esto es, seguirían el camino interior del imperio inca.

En Lima, entre tanto, Ruy Díaz y Juan de Herrada armaron tres navíos que debían hacerse a la mar, con refuerzos, víveres y armamento, y aguardar a encontrarse en un punto próximo a la costa de Coquimbo.

En julio de 1535 la expedición salió de Cuzco y tres meses después llegó a Tupiza, en donde le esperaba el hermano del inca Manco, el príncipe Paulo Túpac, con instrucciones de acompañarles y presentes en oro que no hicieron sino avivar unas expectativas que, sin embargo, nunca llegarían a verse cumplidas. En enero de 1536

Orígenes de la nación chilena

Almagro decidió a los 56 años conquistar un país desconocido y protegido por tremendos obstáculos naturales. Lo extraordinario de su gesta fue el itinerario que tomó. Una epopeya: bien valdría este nombre el penoso periplo de 2 000 millas a 4 000 m de altitud. En la imagen, mapa de Sudamérica con la extensión de las gobernaciones de Diego de Almagro, Pedro de Mendoza y Simón de Alcazaba.

reanudaron la marcha. En total, con las fuerzas que se les unieron en las diversas paradas del trayecto, fueron unos doscientos cincuenta expedicionarios españoles los que se hicieron acompañar de cerca de dos mil yanaconas (los indígenas encargados del transporte y de servir a los primeros) y dos centenares de esclavos negros.

La jornada, capitaneada por Almagro, pronto reveló su extrema dureza. A la adversidad del medio físico se unía el hostigamiento de los calchaquíes y la indisciplina de los expedicionarios, alguno de los cuales había decidido adelantarse con parte de los pertrechos mientras muchos se dedicaban a ranchear a su paso entre las comunidades aborígenes, lo que infundió el rechazo entre los propios yanaconas e hizo que algunos abandonaran el grupo. El paso de la cordillera de los Andes supuso grandes pérdidas de indígenas auxiliares y caballerías, víctimas del frío, el hambre y los accidentes.

Al acceder al Copiapó, en abril de 1536, Almagro y su gente se convirtieron en la primera fuerza expedicionaria europea en descubrir Chile y acometer su conquista. La primera experiencia con la población autóctona no pudo ser, sin embargo, más adversa, pues, teniendo noticia el adelantado de que se había dado muerte a tres de sus soldados, en represalia mandó quemar varios indígenas principales de los valles de Huasco y Coquimbo, lo que a su vez infundió gran temor entre los yanaconas que llevaba consigo y propició que se dieran a la fuga a través de Atacama, siendo reemplazados con diaguitas nativos del lugar.

Llegado a Coquimbo, Almagro se reunió con Ruy Díaz, quien por mar había llegado con un solo barco de suministros después de una penosa travesía navegando contra el viento; las otras dos embarcaciones que salieron de El Callao, se habían visto obligadas a regresar. Díaz traía noticias importantes. Pudo informar al adelantado que Carlos V le había concedido la Gobernación de Nueva Toledo —al sur de Nueva Castilla, en manos de Pizarro—, aunque faltaba deslindar ambas y decidir dónde quedaría la capital inca. También en Coquimbo, Diego de Almagro recibió el homenaje del curaca inca del Mapocho, que actuaba inducido por el castellano Gonzalo Calvo de Barrientos, un antiguo represaliado del Perú que vivía pacíficamente en el valle del Aconcagua, donde finalmente llegó la expedición y fue acogida favorablemente. Desde la conquista inca, ese valle había recibido el nombre de *Chile* y a su regreso al Perú, Almagro, que lo exploró detenidamente sin hallar rastro de la riqueza que buscaba, contribuyó a difundirlo hasta denominar con ese nombre a la totalidad del país.

El primer enfrentamiento armado con los indígenas

Los expedicionarios habían alcanzado una región con suelos más ricos y clima más benigno, pero las cosas no consiguieron enderezarse. Uno de los incas que les acompañaban desde Cuzco —más tarde sería apresado y descuartizado— hizo creer al curaca que Almagro perseguía avie-

sas intenciones, de modo que la población autóctona abandonó a los españoles. Pocas cosas hasta entonces animaban a seguir la expedición. Sólo habían encontrado indígenas dedicados a la agricultura de subsistencia, apenas dispuestos a servir a los llegados. Los lavaderos de oro parecían agotados y las noticias que tenían de lo que aguardaba más al sur excluía la existencia de ciudades, y por el contrario se les daba cuenta de la presencia de pueblos muy belicosos ante los que se había detenido la expansión incaica.

Almagro decidió enviar un grupo expedicionario al mando de Gómez de Alvarado para que confirmase la información. Los exploradores no tuvieron contratiempos hasta cruzar el Maule, donde encontraron a los mapuches. En Reinogüelén disputaron una encarnizada batalla en la que pusieron en fuga a los indígenas después de que éstos ofrecieran gran resistencia y cedieran terreno, tras sufrir numerosas pérdidas. Cuando de regreso al Aconcagua relataron lo ocurrido, la mayoría se pronunció por abandonar el país y regresar al Perú, pues nada justificaba permanecer en aquel falso «eldorado», donde amenazaba una vida insegura y en guerra.

El retorno fue el de una expedición dispuesta a tomar el botín hallado a su paso, que no sería otro sino la toma de indígenas y el saqueo de sus poblados. A comienzos de 1537 Almagro abandonó Chile por Atacama ante la premura de regresar a Cuzco, una vez conoció la rebelión de Manco. Le aguardaban la guerra con Pizarro, la prisión y la muerte a garrote un año después por orden de este último.

La conquista de Chile por Pedro de Valdivia

En 1539 Pedro de Valdivia (1497-1553), maestre de campo de Francisco Pizarro en la guerra contra Almagro y experimentado soldado procedente de los tercios de Flandes e Italia, solicitó a su capitán y gobernador autorización para realizar una expedición a Chile. Era la oportunidad de probar fortuna y alcanzar hacienda y glo-

Las veleidades y animadversiones entre los conquistadores comenzaron para Almagro después de la vuelta de su difícil viaje a Chile. Él emprendió la vuelta al Cuzco a comienzos de 1537. Allí le aguardaba la guerra contra Pizarro, que lo hizo prisionero (imagen sobre estas líneas) y un año después lo ejecutó a garrote vil.

Arriba a la izquierda, Carlos V, emperador de Alemania y rey de España (Carlos I), en un óleo de Van Dyck.

ria perseguida en campos de batalla europeos y en numerosas luchas como en las que había tomado parte en América. Pizarro accedió a la petición nombrándole «teniente de gobernador», pero dejó en sus manos levantar y pagar la fuerza con la que acometer la nueva jornada, que no sería sino la finalización de la ocupación del imperio inca, tal y como sucediera en la fracasada aventura de Almagro.

Por su intervención en la guerra civil del Perú, Valdivia había sido recompensado con una encomienda en el valle de la Canela (Charcas) y una mina de plata en Porco, bienes que puso a disposición de la campaña que se aprestaba a iniciar. Sin embargo, no logró reunir los medios necesarios hasta que pudo alcanzar un acuerdo con un adinerado comerciante llegado de España, Francisco Martínez, que financió el avituallamiento de los expedicionarios a cambio de la mitad de lo que rindiera la Conquista. Las dificultades serían todavía mayores para reunir una fuerza suficiente que ofreciera garantías para la aventura. Las noticias que habían traído de Chile la gente de Diego de Almagro sobre la ausencia de grandes riquezas y la penuria del viaje desalentaron el reclutamiento. En esta ocasión se pretendía la conquista del país y la fundación de asentamientos estables, por lo que llevarían consigo semillas y animales domésticos.

Dados estos problemas, Valdivia acordó compartir jornada con Pero Sancho de Hoz, quien fuera secretario de Pizarro y estaba ansioso de hacer efectiva la gobernación que el rey le había concedido en las tierras que descubriera en la región más austral. En enero de 1540 Valdivia partió de Cuzco con apenas once soldados y mil indígenas, decidido a seguir la ruta del desierto que señalara el retorno de Almagro.

UNA DIFÍCIL EMPRESA DE CONQUISTA

En 1536 hizo su aparición en territorio chileno el segundo elemento constituyente de lo que algún día sería el pueblo chileno: el componente europeo, específicamente español durante los tres siglos siguientes.

La llegada de castellanos supuso la confrontación de dos civilizaciones radicalmente distintas, en diferentes grados de desarrollo, con una demanda de necesidades dispares y un cuadro de valores ajustado a sus exigencias, poseedoras de un sentido variable de la relación con el medio natural y sus congéneres, con una cosmogonía y un concepto de la religiosidad divergentes, con técnicas aplicadas a la guerra bastante más alejadas de lo que se hallaban otras dedicadas a la producción.

El conocimiento mutuo fue dramático para la población indoamericana y, sin embargo, sobre esa experiencia se cimentó la formación de un nuevo pueblo y, andando el tiempo, de la nación chilena.

La conquista de Chile, de otra parte, acabaría convirtiéndose en una de las empresas más largas, complejas, costosas y sacrificadas que acometieron los españoles en América. Las enormes dificultades halladas en la expansión, que siguiendo los valles andinos conducía hacia el sur, acabarían truncando uno tras otro los proyectos de dominio del país como consecuencia de la indómita resistencia que opusieron los mapuches. Al mismo tiempo que se renunció a proseguir el avance hacia la región austral, la existencia de una frontera inestable en el centro del territorio, periódicamente escenario de violentas insurrecciones, condicionó la actuación castellana, obligándola a disponer de una organización administrativa y militar inusual en la colonización americana, del mismo modo que los llamados araucanos desarrollaron un eficaz conocimiento de la guerra asumido en buena parte de su propio adversario ■

De Arica la expedición pasó a Tarapacá y allí aguardó a que se sumaran nuevos efectivos. Primero fueron los dieciséis que llegaron con Rodrigo de Araya; después la gente reunida por Francisco de Villagra, procedente de la fracasada expedición de Diego de Rojas, unos ochenta más. En San Pedro de Atacama se agregaron veinticinco españoles al mando de Francisco de Aguirre. Fue entonces cuando Sancho de Hoz pretendió asesinar a Valdivia.

Fracasado ese intento, y ante la perspectiva de ver frustrada la campaña a causa de las discordias, Valdivia, después de haber mandado prender a su rival, se limitó a imponer a Sancho de Hoz que disolviera mediante escritura la compañía que traía con él y asimismo renunciara a los derechos que habían acordado repartirse cuando se asociaron, tras lo cual, después de expulsar a varios cómplices, le permitió continuar en la expedición.

En Copiapó llegarían a incorporarse una veintena más de españoles. Y con esta fuerza, Valdivia tomó posesión del territorio que en adelante se descubriera con el nombre de Nueva Extremadura —en honor a su tierra de procedencia, en la península Ibérica—, pues a esa distancia y en esa latitud concluían los derechos de Pizarro.

Llegada al valle del Mapocho y fundación de Santiago

En el avance hacia el sur, los expedicionarios mantuvieron diversas escaramuzas con los indígenas que hallaron a su paso, cuando éstos no huían con sus pertenencias, especialmente alimentos y objetos de oro; se llegó también a ajusticiar a uno de los expedicionarios por levantisco, y se vio cómo buena parte de los indígenas auxiliares les abandonaban. Finalmente, en diciembre de 1540 alcanzaban el valle del Mapocho, primer destino de la Conquista.

Las condiciones del valle, la bondad del clima, la abundante población en términos relativos, se prestaban a escoger el emplazamiento para fundar una ciudad —la que, con el tiempo, sería la capital de la nueva provincia— y conceder en torno suyo las encomiendas que premiaran las penurias de la Conquista. Allí Valdivia consiguió dialogar con los principales caciques, dándoles a conocer su voluntad de establecerse; les comunicó la muerte de Almagro y les instó a jurar obediencia al monarca, a proporcionarles alimentos y a ayudarles en sus trabajos de construcción. Valdivia obtuvo lo que solicitó, aunque creía que los caciques tan sólo esperaban ganar tiempo para cosechar antes de emprender alguna actuación contraria.

El 12 de febrero de 1541 Valdivia fundó la ciudad de Santiago del Nuevo Extremo conforme a las ordenanzas reales de Carlos V de 1523, «a cordel y regla», comenzando por la Plaza Mayor y sacando de ella las calles hacia las puertas y caminos principales.

Los caciques del valle fueron conminados a que sus pueblos prestaran ayuda en la construcción de las edificaciones, y así lo hicieron. Una iglesia, una bodega, cuartos de armas y casas de madera y paja estuvieron en el origen de la ciudad. El 7 de marzo Valdivia instituyó cabildo con sus hombres para que, en nombre del rey, administrase justicia y proveyera y rigiera a sus habitantes.

Pedro de Valdivia llegó al valle del Mapocho en diciembre de 1540. La organización bélica y urbana lo llevó a fundar Santiago del Nuevo Extremo el 12 de febrero de 1541. Poco después Valdivia nombró a los integrantes del cabildo, el que a su vez lo nombraría gobernador de Chile. Abajo, *La fundación de Santiago*, cuadro de Pedro Lira (1888).

Orígenes de la nación chilena

> **ACTA DE LA FUNDACIÓN DE SANTIAGO**
>
> «A doce días del mes de febrero, año de mil quinientos y cuarenta y un años, fundó esta ciudad a nombre de Dios y de su bendita madre, y del Apóstol Santiago, el muy magnífico señor Pedro de Valdivia, teniente gobernador y capitán general en las provincias del Perú por SM y púsole nombre la ciudad de Santiago del Nuevo Extremo, y a esta provincia y a sus comarcanas, y aquella tierra de que SM fuere servido que sea gobernación, la provincia de la Nueva Extremadura»

GOVERNADOR PEDRO DE VALDIVIA

La planta de la ciudad de Santiago fue diseñada cuadrada o, más bien, trapezoidal. Limitaba, por el oriente, con el cerro Huelén; por el norte, con el río Mapocho; por el sur, con la cañada de San Lázaro (actual alameda Bernardo O'Higgins); y por el poniente, con la chacra de Diego García de Cáceres. En medio de la trama urbana se situó la Plaza Mayor, con la iglesia y los edificios civiles. Arriba, plano de Santiago en 1541.

Valdivia gobernador. La frontera del Cachapoal

Las noticias que llegaban del Perú sobre la posible muerte de Pizarro a manos de los almagristas despertó la inquietud de quienes temían que se reavivaran las luchas y que con la destitución del teniente de gobernador perdieran también las encomiendas efectuadas por Valdivia en Chile. Quiso el cabildo reforzar la autoridad de éste, designándolo gobernador y capitán general, y tras resistir el nombramiento —el cual suponía independizar la provincia de la Gobernación del Perú y desafiar a Pizarro, caso de que siguiera con vida—, acabó aceptando en junio.

A fin de someter a los indígenas que venían desafiando la presencia de los pobladores europeos, Valdivia dirigió una fuerza a la frontera del Cachapoal mandada por su maestro de campo, Pero Gómez de Don Benito, mientras él se enfrentaba en Aconcagua con el principal cacique del valle, Michimalongo, a quien tomó la fortaleza que había levantado y le hizo prisionero, no sin antes librar una batalla frontal. Michimalongo conservó la vida, pero a cambio tuvo que desvelar el paradero de los lavaderos de oro de Marga-Marga —que Almagro ya conocía— y proporcionar 1 200 indígenas para trabajar en ellos. En once días, según el cronista Jerónimo de Bibar, obtuvieron 25 000 pesos en oro.

Este descubrimiento colmó las ambiciones y de inmediato comenzó a explotarse el lugar bajo las órdenes de Gonzalo de los Ríos, que se quedó con una guarnición de catorce hombres. En Concón, en la desembocadura del Aconcagua, comenzó a construirse un barco con el que se esperaba establecer comunicación directa con Lima; yanaconas y esclavos negros traídos del Perú fueron puestos a trabajar junto con indígenas del lugar. Pero muy pronto, en agosto, hubieron de suspenderse los trabajos, llamado Valdivia a Santiago por su teniente de gobernador que le alertaba de la conspiración que sus enemigos estaban tramando contra él. La marcha de Valdivia fue aprovechada por los indígenas para atacar el lugar y dar muerte a españoles, yanaconas y negros. Gonzalo de los Ríos logró escapar y dar la noticia a Valdivia, quien renunció, por el momento, a emprender represalias en tanto no hubiera deshecho la conjura que anidaba en sus propias huestes. El proceso abierto por tal motivo llevó a prisión al síndico procurador, a Sancho de Hoz, al regidor Martín de Solier, presunto cabecilla, y a cuatro más, dos de los cuales fueron sometidos a tormento hasta que confesaron los preparativos de la rebelión promovida por antiguos almagristas. A Sancho de Hoz se le mantuvo en prisión; por su parte, Solier fue degollado por privilegio de hidalguía, mientras los restantes, menos uno que fue indultado, fueron ahorcados en público.

Después de resolver la cuestión, Valdivia salió con la mayor parte de los soldados hacia el Cachapoal con la intención de disolver la concentración de nativos que se estaba formando con hostiles intenciones. Gómez de Don Benito le había informado de la situación en la zona, donde los indígenas habían comprendido la intención de los nuevos pobladores de quedarse, a diferencia de lo sucedido anteriormente con Almagro. En consecuencia, a medida que iban recogiendo la cosecha se retiraban hacia el sur, a la vez que negaban el servicio que se les había impuesto. De esa actitud se pasó a la amenaza, y de ahí a los ataques, como en Concón.

El primer ataque a Santiago

Mientras, en la noche del 10 al 11 de septiembre numerosos indígenas del Aconcagua —entre cinco y diez mil— encabezados por Michimalongo cayeron sobre Santiago, librándose un cruento combate que acabó con el incendio de la ciudad y la destrucción de víveres, animales y enseres. El ajusticiamiento de los caciques que se tenía presos —cuyo rescate se pensó que pudiera ser el objetivo de los atacantes—, medida propuesta e incluso en parte ejecutada por doña Inés de Suárez (1507-1580), amante de Pedro de Valdivia, así como una carga de la caballería, acabaron provocando la desbandada de los nativos cuando casi se cumplía un día de combate.

Santiago volvió a ser refundada, construyéndose esta vez de adobe. En el lugar de cuatro solares se levantó una casa cercada, con torres con troneras, que sirviera de refugio a la población en caso de peligro. Comenzó entonces a librarse una lucha por la supervivencia de la Colonia. Los indígenas habían decidido dejar de servir a los españoles, abandonaron sus tierras y se retiraron hacia la cordillera andina. De modo que, sin distinción de rango, los pobladores debieron dedicarse a sembrar y cultivar, a cazar guanacos, a cuidar los escasos animales salvados de la muerte y a hacer provisión para el futuro a la vez que se extremaba la vigilancia del lugar. Dos años duró esa situación extrema.

Del Perú no llegaban refuerzos ni noticias. Faltos de hombres y abastecimiento para continuar la empresa, en enero de 1542 Valdivia comisionó a su lugarteniente Alonso de Monroy para que, con un reducido número de soldados, marchase al Perú, destino que alcanzó después

El papel de Inés de Suárez fue decisivo en la defensa de Santiago ante el primer ataque de los indígenas, en septiembre de 1541. Michimalongo atacó la ciudad, pero la amante de Valdivia supo salir airosa de la batalla. *Inés de Suárez defiende Santiago del ataque indígena*. Óleo de J.M. Ortega (1897).

En la página anterior, el gobernador Valdivia, en *Histórica relación del Reino de Chile* (1646), de Alonso Ovalle.

Orígenes de la nación chilena

Por orden de Valdivia, en 1544 se fundó, a 600 km de Santiago, La Serena, como punto de descanso antes de la travesía por el desierto. Este plano de la ciudad aparece en la *Relation du voyage de la mer du Sud aux côtes du Pérou et du Chili*, del francés Frezier (siglo XVIII).

Quilacura fue el primer combate entre mapuches y españoles, cerca del Biobío.

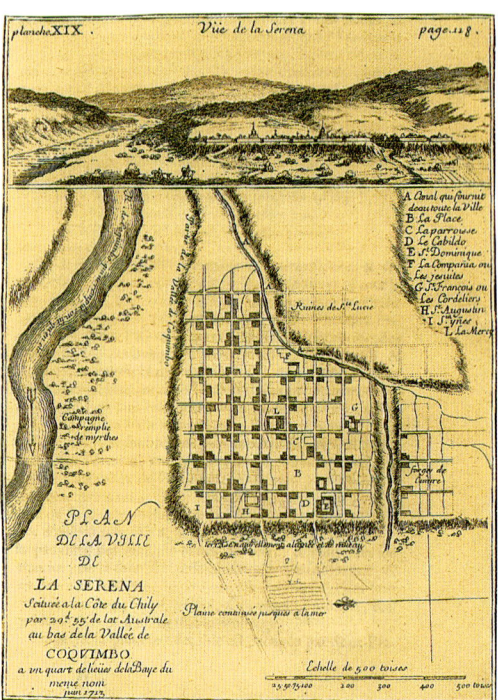

de un penoso viaje en que perecieron sus compañeros y en el que cayó cautivo de los indígenas del Copiapó, de los que logró escapar.

El socorro llegó por fin en septiembre de 1543 en el *Santiaguillo*, barco enviado desde Tarapacá por mercaderes al tanto de la situación gracias a Monroy, quien en el Perú había conseguido reunir unos setenta hombres con los que emprendió viaje de retorno por tierra para alcanzar la ciudad de Santiago días después de que hubiera arribado el navío. Con estos refuerzos y el aprovisionamiento de armas, pólvora, ropas y semillas llegado por mar, la Colonia se consideró a salvo y Valdivia preparó la Conquista del resto del territorio.

Voluntad de permanencia y fundación de ciudades

Los enfrentamientos con los indígenas continuaban tan pronto se dejaban los alrededores de Santiago, por lo que en 1544 Valdivia comisionó a Juan Bohón para que con treinta hombres fundara una nueva ciudad al norte, a mitad de distancia entre Santiago y Copiapó, donde se les haría entrega de encomiendas y demás privilegios. Fue así como se fundó, el 15 de noviembre, en el valle de Coquimbo, la ciudad de La Serena. Aprovechando la llegada de otro barco con auxilios —el *San Pedro*—, enviado por el gobernador del Perú, que de este modo hacía negocio particular, Valdivia se atrajo a su capitán, el genovés Juan Bautista Pastene, para que reconociera la costa, a la vez que se designaba Valparaíso como puerto estable de la ciudad.

Mientras tanto, sus capitanes iban recorriendo el territorio, y Villagra y Aguirre llegaban hasta el Maule. De ese modo, además de conocer nuevas regiones, se forzaba a los indígenas que habían huido a que retornaran hacia el norte, viéndose perseguidos allá donde fueran. En 1545 ya estaban de regreso a sus poblados. Se les dieron semillas de trigo y maíz, y se les dispensó por un año del trabajo en los lavaderos de oro a fin de que pudieran reponerse de la doble emigración. Los indígenas yanaconas les reemplazaron durante ese lapso de tiempo.

La conquista del sur del país había comenzado, pero pronto se tuvo la certeza de su dificul-

tad. En las proximidades del río Biobío las tropas de Valdivia libraron la batalla de Quilacura, el primer encuentro violento de importancia con los indígenas mapuches, los cuales, aunque salieron derrotados, opusieron una resistencia todavía no conocida por los españoles, hecho que llevó a éstos a abandonar el campamento y emprender el camino de retirada.

En 1545 Valdivia envió a España legados para obtener privilegios para sus hombres. Al no alcanzar resultados, en 1547 decidió ir al Perú en pos de medios con los que completar la Conquista. Sabía ya de la rebelión de Gonzalo Pizarro contra el virrey, y para reunir oro no dudó en engañar a cierto número de vecinos de Santiago, a los que hizo creer que le acompañarían. Francisco de Villagra quedó como gobernador interino y, apenas producida la partida de aquél, tuvo que enfrentarse a una conspiración promovida por los seguidores de Sancho de Hoz, que aprovechó el descontento existente entre los hombres despojados por Valdivia y por los agravios ocasionados por la redistribución de encomiendas realizada una vez se había constatado la desigual riqueza del país y del número de encomendados. Villagra se hizo con el control de la situación, ordenó decapitar a Sancho de Hoz y ahorcó a los otros conjurados. Al llegar al Perú, Pedro de Valdivia tomó partido por el representante real, Pedro de la Gasca, a quien ayudó a ganar la batalla de Xaquizaguana (1548) frente a las huestes de Gonzalo Pizarro, motivo por el cual, en nombre del rey y como presidente de la Audiencia de Lima, La Gasca le recompensaría con el título de gobernador de Nueva Extremadura (1549).

El nuevo territorio se extendería desde Copiapó, en los 27° de latitud Sur, hasta los 41°, y hasta cien leguas desde el mar a tierra adentro: esto es, unos 600 km hacia el interior, lo que suponía que la mayor parte de la nueva provincia se extendía al otro lado de la cordillera de los Andes. No obstante, antes de su regreso a Chile, Valdivia fue apresado y procesado por las denuncias presentadas contra él. Exonerado de cargos por sentencia de la Real Audiencia, pudo por fin emprender viaje a finales de 1548 y llegar al puerto de Valparaíso con doscientos hombres en abril de 1549.

Sobre estas líneas, Pedro de la Gasca, presidente de la Audiencia de Lima, quien recompensó el apoyo de Valdivia a su causa nombrándolo gobernador de Nueva Extremadura.

Arriba a la izquierda, dibujo del puerto de Valparaíso, al cual Valdivia otorgaría en 1544 el rango de «Puerto para el trato de estas tierras y ciudad de Santiago». Grabado en *Histórica relación del Reino de Chile*, de Alonso Ovalle.

Orígenes de la nación chilena

La marcha hacia el sur

La Serena fue refundada después de que los nativos la hubieran destruido y Francisco de Aguirre (1508-1581) fue designado teniente de gobernador para el territorio del norte. Éste logró el control de la zona después de someter y diezmar a los nativos, hasta el punto de despoblar en gran medida la región.

A comienzos de 1550 se dispuso la conquista del país de los mapuches: la llamada Araucanía por los españoles. Valdivia marchó con unos doscientos soldados y un contingente de picunches mandados por su cacique Michimalongo, al que había conseguido atraerse. En Andalién, pasado el curso del Biobío, se libró el primer combate. Le siguió la batalla del fuerte Penco, en la que la caballería puso en fuga al enemigo y obtuvo varios cientos de prisioneros, a los que se ordenó cortar la mano derecha y la nariz. Creyendo dominado el territorio, en octubre de 1550 fundó la ciudad de Concepción, en la bahía de Talcahuano, y en la orilla norte del Cautín, La Imperial (1551). Cuanto más se avanzaba, más interés había en proseguir, pues a cada paso se hallaban tierras más fértiles y abundante población que pudiera trabajarlas y ser encomendada, además de una tradición agraria más asentada que en el dominio mapuche.

Valdivia cruzó el río Toltén con ciento cincuenta hombres, y cuando los huilliches le presentaron batalla en Pucón, aquéllos ya habían desembarcado y estaban en condiciones de derrotarles. Los huilliches les mostraron sus minas de plata. Junto al río Calle-Calle se fundó la ciudad de Valdivia, y Villarrica en el valle de Pucón, ambas en 1552. Aún los indígenas emprendieron otros ataques masivos que se resolvieron con victorias españolas y un elevadísimo número de víctimas entre los nativos. Fueron las últimas batallas de los huilliches antes de verse sometidos. Hacia el sur Valdivia llegó al seno de Reloncaví, aunque su deseo era alcanzar el estrecho de Magallanes y proseguir la Conquista en las tierras que creía más australes, mientras sus capitanes seguían explorando y tomando posesión de la región de los Andes orientales. El descubrimiento de oro en Quilacoya generó entusiasmo. Veinte mil encomendados fueron puestos a trabajar en los lavaderos. A fin de reducir la alta mortalidad debida al trabajo y evitar una nueva huida de la población, Valdivia dispuso que los encomenderos pudieran emplear únicamente una sexta parte de sus indígenas en estas tareas.

La rebelión araucana

En la región araucana, cuyo dominio todavía se antojaba inseguro, se construyeron los fuertes de Arauco, Purén y Tucapel, con pequeñas guarniciones destinadas a vigilar el territorio, y se fundó la ciudad de Los Confines. Nueva Extremadura contaba entonces, finalizando el año 1553, con siete ciudades en la vertiente occidental de los Andes y Santiago del Estero en el Tucumán. Todas tenían su cabildo. Más de un millar de españoles estaban repartidos en lugares muy distantes entre sí en aras de consolidar la Conquista, pero también para dar satisfacción a los conquistadores que ansiaban con repartirse las riquezas y el trabajo que pudiera ser apropiado. Se explota-

■ Escudo de Concepción. Valdivia sale a completar la pacificación del sur. Villagra y Pastene convencen al gobernador de que la región estaba completamente pacificada. Los mapuches son vencidos en Penco y así Valdivia puede fundar Concepción del Nuevo Extremo el 5 de octubre de 1550.

ban minas y lavaderos de oro en cuatro puntos. Las encomiendas, a las que habían quedado sometidos los indígenas, estaban por fin dando sus primeros rendimientos.

En el norte seguía Aguirre; Villagra se dirigía al estrecho de Magallanes y Jerónimo de Alderete (1518-1556) había sido enviado a la Corte española para presentar al monarca la relación de la Conquista y solicitar beneficios. En ese momento se produjo la rebelión mapuche que detendría la expansión castellana.

La batalla de Tucapel y la muerte de Pedro de Valdivia

El ataque a los fuertes de la zona provocó el abandono de Tucapel por los españoles. Valdivia se dispuso a restablecerlo y a aplastar de paso el levantamiento que desafiaba su dominio en la región. Pero al llegar a Tucapel fue atacado por un gran número de mapuches, a los que opuso los cuarenta soldados españoles que le acompañaban y unos dos mil indígenas auxiliares.

Enfrente hallaba esta vez una fuerza que, además de su número, poseía una estrategia de combate y cierta adaptación a las condiciones del enemigo. Los mapuches habían celebrado sus juntas de aillarehues, en las que se eligió el toqui que les conduciría en la guerra, resultando escogido Caupolicán. Con él estaba Lautaro, joven araucano hijo del cacique Curiñanco que había servido entre españoles y que incluso había sido caballerizo del conquistador Valdivia.

Lautaro, hijo del cacique Curiñanco y copartícipe junto con Caupolicán, como *vicetoqui*, en la batalla de Tucapel, en la que murió Valdivia de un golpe de maza en la cabeza. Esta recreación de Lautaro aparece en la *Historia general de Chile*, de Walterio Millán.

Valdivia (en la imagen, momentos antes de su muerte) fue el último guerrero que los mapuches vencieron en Tucapel. Era el 25 de diciembre de 1553. La estrategia de la batalla era clara. Los indígenas luchaban mandando oleadas de combatientes que terminaron por aniquilar a los españoles.

Orígenes de la nación chilena

ALGUNOS COMENTARIOS SOBRE EL CAPITÁN DON PEDRO DE VALDIVIA

Varios han sido los poetas, historiadores e investigadores que han descrito y ensalzado la figura del «Conquistador». Éstos son tres ejemplos.

En su *Crónica del Reino de Chile*, Pedro Mariño de Lobera lo describe así: «Estatura mediana, el cuerpo membrudo y fornido; el rostro alegre y grave; tenía un señorío en su persona y trato, que parecía de linaje de príncipes. Juntaba con gran prudencia la afabilidad con la gravedad y el brío con la reportación; no era nada vengativo en cosas que tocasen en su persona, mayormente con quien se le rendía».

El Inca Garcilaso de la Vega, en sus *Comentarios Reales del Perú*, expresa sobre el conquistador de Chile lo siguiente: «El segundo que entró en el Reino de Chilli fue el gobernador Pedro de Valdivia; llevó pujanza de gente y caballos, pasó adelante de lo que los Incas habían ganado, y lo conquistó y pobló felicísimamente, si la misma felicidad no le causara la muerte por mano de sus mismos vasallos los de la provincia llamada Arauco que él propio escogió para sí el repartimiento que de aquel reino se hizo entre los conquistadores que lo ganaron. Este caballero fundó y pobló muchas ciudades de españoles, y entre ellas la que su nombre llamaron Valdivia; hizo grandísimas hazañas en la conquista de aquel reino, gobernólo con mucha prudencia y consejo y en gran prosperidad suya y de los suyos y con esperanzas de mayores felicidades, si el ardid y buena malicia de un indio no lo atajara todo, cortándole el hilo de la vida».

Finalmente, el poeta Luis Felipe Contardo inicia un poema dedicado a Valdivia con la siguiente estrofa:

*Paladín de la raza, pensativo y severo,
hidalgo como un príncipe, fiero como un león,
que el mar atravesaste, revestido de acero,
para traer la gloria de España a este rincón
extremo de la tierra; soldado caballero
del yelmo más erguido y más puro blasón:
¡de todos los laureles del heroísmo ibero
los de tu ruda gesta, los más gallardos son!*

Lautaro conocía el modo de actuar de los españoles, el armamento que empleaban y el uso del caballo, factores que le daban una evidente superioridad militar y deberían contrarrestarse si se aspiraba a vencerles.

En Tucapel, el 25 de diciembre de 1553, los mapuches comandados por Lautaro derrotaron a Pedro de Valdivia y le dieron muerte. En el curso del día habían mantenido el combate con sucesivas oleadas de indígenas que manejaban la macana y las lanzas largas, y podían relevarse, mientras se obligaba a los españoles y a sus aliados a combatir ininterrumpidamente hasta llevarles a la extenuación. Así fueron diezmándolos hasta extinguir el grupo, siendo Valdivia el último en ser apresado. El golpe de una maza en su cabeza le arrancó la vida. Su corazón fue repartido entre los principales jefes y comido siguiendo los ritos locales. Poco después llegaría de España la carta real por la que se le confirmaba la gobernación hecha por la Real Audiencia de Lima, sin que se accediese a sus peticiones de ampliar la provincia hasta el Estrecho ni sobre nombramientos, sueldos y privilegios.

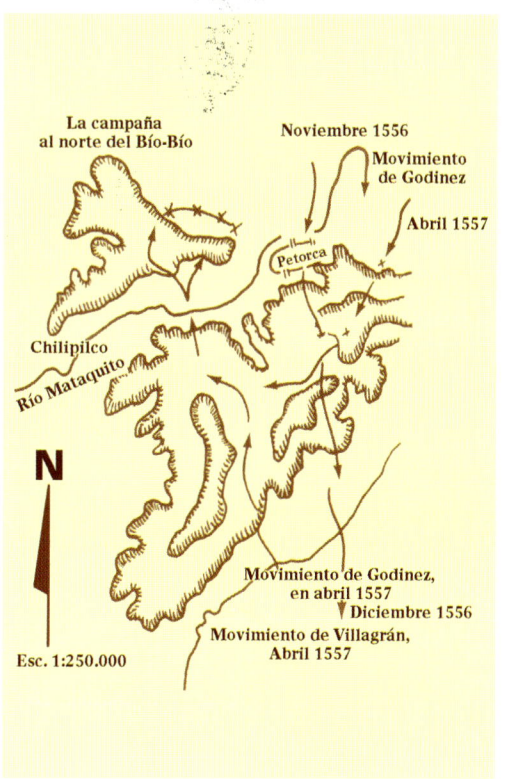

La batalla de Peteroa (aquí en un mapa tomado de la *Síntesis Histórico Militar* de A. Toro Dávila) fue decisiva; Lautaro recibió la venganza que venía de Tucapel. También Caupolicán moriría poco después empalado tras el asalto que llevó a cabo en Millarapue.

En el grabado, tres de los primeros gobernadores de Chile. De izquierda a derecha: García de Mendoza, Pedro de Villagra y Rodrigo de Quiroga.

Del fin de Valdivia a Peteroa

La guerra de Arauco duró décadas. Alonso de Ercilla y Zúñiga (1533-1594), soldado y poeta llegado a Chile en ese tiempo, escribió sobre ella el poema épico *La Araucana*, en el que además de extender este nombre para denominar a los mapuches, refirió la gesta de éstos y especialmente de sus dirigentes, elevados a categoría heroica por las cualidades que les atribuye. La situación bélica no cesó en el transcurso de los noventa años siguientes, constituyendo el principal frente de guerra con el que se toparon los españoles en América, hasta el extremo de ser calificado con razón por algunos cronistas, como Diego de Rosales, de «Flandes indiano».

Francisco de Villagra tomó a su mando la campaña contra los mapuches, pero a su vez sufrió la derrota de Mareguano (26 febrero 1554). El cabildo de Santiago, ignorando el testamento de Valdivia, designó capitán general y justicia mayor a Rodrigo de Quiroga. El temor se extendió entre los pobladores españoles, que abandonaron de inmediato las ciudades de Villarrica y Concepción, y dejaron aisladas las ciudades más meridionales. Concepción fue saqueada y destruida. Santiago quedó amenazada.

Si en el terreno militar no se obtenían victorias consistentes, la táctica de destruir las sementeras mapuches produciría en dos años una gran hambruna en las filas enemigas. En 1555 una epidemia de tifus ocasionó una mortandad catastrófica y redujo de manera considerable el número de araucanos en armas. El 1 de abril de 1557 Francisco de Villagra sorprendió a Lautaro en Peteroa y, auxiliado por picunches, derrotó a su adversario y le dio muerte. Su cabeza fue llevada a Santiago y expuesta en la picota.

La difícil consolidación de la Conquista

Muerto Valdivia, se disputaron la sucesión sus capitanes. Jerónimo de Alderete, que estaba llamado a reemplazarle, falleció a la altura de Panamá cuando regresaba de España con la misión

Orígenes de la nación chilena

> **CAUPOLICÁN**
> (Fragmento)
>
> *Es algo formidable que vio la vieja raza:*
> *robusto tronco de árbol al hombro de un campeón*
> *salvaje y aguerrido, cuya fornida maza*
> *blandiera el brazo de Hércules o el brazo de Sansón.*
>
> *Anduvo..., anduvo..., anduvo... Lo vio la luz del día*
> *lo vio la tarde pálida, lo vio la noche fría,*
> *y siempre el tronco de árbol a cuesta del titán.*
>
> *¡El toqui!, ¡el toqui!, clama la conmovida casta.*
> *Anduvo..., anduvo..., anduvo... La aurora dijo:*
>   *[¡Basta!,*
> *e irguióse la alta frente del gran Caupolicán.*
>
> Rubén Darío

■ Caupolicán fue un *toqui* soberbio; sin poseer la inteligencia de Lautaro, atacó a los españoles hasta su muerte. «Montado en un hermoso caballo blanco, con una capa grana que, sujeta en los hombros, flameaba al viento, su figura adquiría un aspecto deslumbrante» (Encina).

que Valdivia le había encargado y la carta por la que se extendía la Gobernación de Nueva Extremadura hasta el estrecho de Magallanes. Francisco de Aguirre había mostrado sus intenciones de aspirar a una gobernación cuando, sin éxito, negoció para sí una provincia formada por la región de La Serena y Tucumán, cuya administración le había encargado Valdivia.

Ninguno de ellos recibiría la herencia del conquistador. El gobernador de Perú, segundo marqués de Cañete, Andrés Hurtado de Mendoza (m. 1561), aprovechó las divisiones de los capitanes y los refuerzos que iba a enviar en socorro de las ciudades chilenas para imponer a su propio hijo, García Hurtado de Mendoza (1535-1609). En breve, el nuevo gobernador se hizo con la situación, tras llegar con casi medio millar de soldados bien armados y equipados, además de contar con embarcaciones. Hizo apresar a Aguirre y a Villagra, y los envió por mar al Perú después de imponerse al cabildo de Santiago.

García Hurtado de Mendoza pasó a controlar el país, restableciendo el dominio militar y las ciudades perdidas en la pasada contienda. Forzó la cooperación de los colonos y la entrega de las cajas reales para la adquisición de cuanto precisase su expedición, emprendió una campaña sin cuartel contra los mapuches y compensó a los suyos con las encomiendas abandonadas en la zona de Concepción, despojando así a los primeros conquistadores. A comienzos de 1558 sus capitanes apresaban a Caupolicán, toqui que comandaba las fuerzas mapuches y a quien —relata Ercilla— se le dio muerte empalándolo. Pero la gobernación estaba lejos de estar pacificada y el gobernador no dejaba de dar muestras de inexperiencia y arbitrariedad.

Los últimos gobernadores del siglo XVI

La destitución por el rey Felipe II del virrey del Perú, Hurtado de Mendoza (1561), llevó aparejada la de su hijo al frente de la Gobernación de Chile. En el ínterin de la sustitución, sus hombres fundaban, al otro lado de los Andes, las ciudades de Mendoza y San Juan de la Frontera.

El rey designaba para reemplazarle a Francisco de Villagra (1511-1563), quien tomó posesión del cargo en 1561. El antiguo lugarteniente de Valdivia no consiguió someter la rebelión ni resolver los problemas dejados por su predecesor. Si las ciudades pudieron sentirse más o menos seguras y en las principales comenzaba a prosperar el comercio, la guerra siguió en la región araucana. Las derrotas de Purén, Mareguano, Cañete y Lincoya demostraron la impotencia de los españoles en el empeño de someter a

FUNDACIÓN DE LA REAL AUDIENCIA DE CHILE

Por Real Cédula de 27 de agosto de 1565, el rey Felipe II creó la Real Audiencia en Chile, a la que otorgó el gobierno civil y militar. Con esta iniciativa se esperaba poner fin a las disputas entre los españoles que perjudicaban la conclusión de la Conquista e incluso la ponían en serio peligro. La sede de la Real Audiencia se estableció en Concepción, decisión ésta que manifestaba el interés prioritario de la Corona por alcanzar la paz en la zona de Arauco. ■

El rey Felipe II nombró a Francisco de Villagra como gobernador de Chile tras la destitución de García Hurtado de Mendoza. Pero pese a sus buenas intenciones, la guerra siguió en la Araucanía y, si puede, se enconó más todavía. En el grabado, el gobernador entre 1561 y 1563, en *Histórica relación del Reino de Chile*, de Alonso Ovalle.

la población nativa. Consumido por la enfermedad, el propio gobernador fallecía en 1563, dejando a su primo Pedro de Villagra (1508-1577) al frente de la Colonia con carácter interino.

Pedro de Villagra y el «buen trato a los indígenas»

Villagra tenía ganada merecida fama militar, pero su nombramiento fue contestado por el cabildo de Santiago y por otros oficiales llegados al país con Hurtado de Mendoza. Entendió que el trato dispensado a los indígenas reducía la población y se convertía en causa de resistencia a la pacificación. De modo que redactó unas ordenanzas destinadas a regular el trabajo de los nativos encomendados por las que se reducían a seis los meses de trabajo en las minas, se velaba por el cobro del jornal y su destino —la adquisición de ganado que le sería entregado más adelante—, se hacía a los religiosos responsables del cumplimiento de las normas y se determinaba la contribución que los encomenderos tenían que hacer al esfuerzo de guerra.

El cabildo y los enemigos de Villagra, en primer lugar los encomenderos, veteranos conquistadores en muchos casos, apelaron a la Corte y solicitaron la creación de una Audiencia sobre la que esperaban influir.

Villagra fue destituido por el nuevo presidente de la Audiencia de Lima, una vez el virrey del Perú —su protector— murió asesinado (1564). Rodrigo de Quiroga (1512-1580) fue llamado a sucederle. En su corto mandato hasta 1567, promovió nuevas campañas contra los araucanos con éxitos efímeros y acciones de represalia orientadas a destruir los sembrados y a castigar a la población indígena. Aunque el asentamiento de la Conquista parecía un hecho indiscutible, después de una década de guerra más o menos continua existía el convencimiento de que el sometimiento de los araucanos resultaba una empresa compleja, cuyo fin no terminaba de verse próximo. La Colonia sobrevivía en la pobreza. Los refuerzos que en distintos momentos habían llegado de Lima habían sido consumidos en batallas y escaramuzas o en parte habían abandonado las armas para probar suerte como colonos.

En agosto de 1565 se creó en Chile la Real Audiencia, que reuniría los gobiernos civil y militar de los territorios ocupados.

Orígenes de la nación chilena

Felipe II se preocupó en cierta medida de las condiciones de vida de los indígenas. Dictó leyes sobre la seguridad del trabajo para los que fueran sumisos. Situación ésta que no se produjo, pues la guerra de Arauco siguió con redobladas fuerzas.

Los primeros tiempos de la Real Audiencia

La sede de la Audiencia en Chile se estableció en Concepción, donde en 1567 se instalaron los oidores llegados de España —los primeros altos funcionarios civiles destinados al país—, cuyas primeras disposiciones militares, sin embargo, no se revelaron demasiado acertadas.

A fin de corregirlo, Melchor Bravo de Saravia (1498-1576), designado presidente, llegaría un año después también con el nombramiento de gobernador y capitán general, restableciéndose así aquella institución. Bravo de Saravia organizó una campaña contra los mapuches, pero en Catiray los araucanos derrotaron a los españoles, ocasionando un gran número de bajas. Tras este desastre se ordenó evacuar los fuertes de la zona.

En vista de la experiencia, en 1573 Felipe II resolvió suprimir la Audiencia de Chile y nombrar de nuevo gobernador a Rodrigo de Quiroga, lo que sólo pudo hacerse efectivo dos años más tarde, dada la lejanía de Chile y la dificultad de las comunicaciones. Cuando en 1576 llegaron de España los refuerzos militares que le habían sido prometidos, buena parte del contingente había desertado y no todo venía armado. La nueva campaña militar se preparó instruyendo previamente proceso a los araucanos por rebelión contra la Corona, del que resultó la sentencia de muerte. De este modo quiso vencerse la objeción que los religiosos venían presentando al calificar de ilícita la guerra contra los indígenas. Pero en 1580 moría Quiroga.

Martín Ruiz de Gamboa (1531 o 1533-1593) se convirtió en gobernador interino. Su primera medida consistió en hacer cumplir la Real Cédula de Felipe II de 1572 que suprimía el trabajo personal, reemplazado por una tasa de capitación con la que se pagaría al cura doctrinero, al corregidor y al administrador, teniendo prohibido los encomenderos entrar en la encomienda. La tasa resultó ser demasiado alta a la vez que se abandonaban los trabajos en las minas.

Alonso de Sotomayor (1545-1610) le sucedió entre 1583 y 1592. Acabó con la tasa de su predecesor, pero no tuvo tanto éxito en la guerra. Con el siguiente gobernador, Oñez de Loyola, se preparó una gran sublevación indígena que obligó a replantear la presencia española en el país.

Primeros tiempos de la Colonia

∎

Primeros tiempos de la Colonia

La guerra de Arauco

Martín García Oñez de Loyola (1548 o 1549-1598), veedor de Túpac Amaru en 1572 y sobrino del virrey del Perú Francisco de Toledo (1516-1582), fue designado gobernador de Chile en el año 1592.

Tras su acción contra el inca rebelde, había casado con Beatriz Sapay Coya, princesa hija del inca Sairi Túpac y descendiente, por lo tanto, de Manco Cápac y de la dinastía que había gobernado el imperio incaico antes de la llegada de los españoles. La relación familiar de Oñez de Loyola con los indígenas le llevó a practicar una política de atracción que pusiera fin al estado de crónico enfrentamiento.

El nuevo gobernador ordenó devolver la libertad a quienes eran apresados en guerra y aceptaban volver a reducirse, les reintegraba a su tierra y les eximía de tributo y servicio personal, además de hacerles entrega de herramientas para cultivar la tierra, de vestidos y vino. Castigó el botín tomado a los indígenas y los malos tratos que se les infligieran. Prosiguió con la fundación de ciudades y la fortificación de enclaves. La imagen del conquistador debía ceder ante la del colono. Al creer sometida la región de Arauco, rehabilitó las minas de Millapoa y Angol, lo que sería causa inmediata de la siguiente sublevación.

El levantamiento de 1598

En diciembre de 1598, teniendo noticia de las acciones hostiles emprendidas por los indígenas del Purén, Oñez de Loyola se dirigió de La Imperial a Angol con un ejército reducido. La actitud más benevolente dispensada a los indígenas le hizo pensar que se había ganado su confianza. Mientras pernoctaba en Curalaba sin apenas vigilancia, su campamento fue sorprendido por los mapuches mandados por el *toqui* Pelantaro y el destacamento fue degollado. La cabeza de Oñez de Loyola acabó en la picota y fue guardada como símbolo de la acción hasta que diez años después su cráneo fue devuelto a los españoles.

Curalaba era la primera señal del levantamiento general araucano, mayor y mejor preparado que el de 1543. En breve, comenzaron los

Escudo de armas del gobernador Martín García Oñez de Loyola. Su mandato al frente del territorio chileno duró de 1592 a 1598, año en que murió degollado en Curalaba a manos de los indígenas dirigidos por el *toqui* Pelantaro.

En la página anterior, un mapa detallado del escenario donde se llevaron a cabo los principales episodios de la guerra de Arauco que enfrentaron a los indígenas con las huestes españolas.

Primeros tiempos de la Colonia

El ejército español en los primeros tiempos de la Colonia. Los soldados de infantería contaban con alabardas, arcabuces de pedernal y de muralla, espadas y pequeños cañones de cobre sobre cureñas. Los soldados de a caballo usaban espinilleras, coraza, yelmo y escarpes.

asaltos a fuertes y poblaciones de la comarca. Pelantaro atacó Angol. Pero el desastre para los españoles no se limitaría a la pérdida de estos campamentos fortificados. Todas las poblaciones al sur del Biobío, las siete ciudades, fueron destruidas y despobladas: Valdivia, Angol, La Imperial, Osorno, Villarrica, Arauco y Santa Cruz, algunas tras un largo asedio. Santiago acogió a la mayor parte de la población huida del sur: «ya no hay más Chile» que esa ciudad, resumía en 1600 un testigo de la hecatombe.

Los españoles se vieron obligados a retirarse hacia el norte y establecer en el Biobío la frontera, fuera del espacio mapuche, sin asegurar con ello verse libres de las incursiones que desde el territorio enemigo se producían con relativa frecuencia. En adelante, la frontera definiría, más allá de una línea geográfica, la situación entre la gobernación y el país de los araucanos. Concepción quedó en primera línea, expuesta a las acciones de las avanzadas enemigas; Chillán, en el interior, estuvo a merced de cualquier ataque.

El desastre de 1598 constituía el mayor revés en tierra americana de las armas españolas, no sólo por el abandono a que se vieron obligadas, sino porque el terreno perdido no volvería a recuperarse efectivamente en los doscientos años siguientes. Por primera vez, la Conquista se detenía y a la postre se renunciaría a continuarla.

Los avatares de la guerra

La Corona española prestó al problema de Chile la atención que merecía, al considerar que aquella colonia austral desempeñaba un papel defensivo en el sistema hispano en América, al controlar el acceso al océano Pacífico y al Perú, cuando los corsarios ingleses y holandeses habían extendido sus actuaciones a la región. No era posible seguir confiando la custodia del territorio a los vecinos, más interesados en explotar las riquezas y asentarse en el país que en combatir, y a diferencia de los primeros conquistadores, cada vez menos diestros en el manejo de las armas y peor organizados. El reclutamiento en el Perú, en Panamá o en Santo Domingo había demostrado su ineficacia, toda vez que canalizaba un limitado contingente de desarraigados, más inclinados al botín que a cumplir con las exigencias de la disciplina castrense. La guerra de Chile había devorado uno tras otro los refuerzos llegados desde el continente americano y España. A partir de 1603 se hizo preciso destinar un ejército profesional permanente de unos dos mil hombres, que debería ser sufragado con el real situado del Perú, esto es, la provisión de fondos procedentes del Tesoro Real destinado *in situ* a la defensa de las posesiones americanas.

En la guerra de Arauco, sin embargo, la presencia de una fuerza adiestrada y disciplinada no sería garantía de éxito. Las características de la lucha y de la propia sociedad mapuche hicieron que el esfuerzo bélico español se estrellara en las sucesivas campañas que se emprendieron.

Los araucanos carecían de ciudades y haciendas contra las que dirigir los ataques; sus gentes se habían retirado hacia la cordillera de los Andes, sus cultivos fueron reiteradas veces destruidos, pero el conocimiento del terreno permitía subsistir a los combatientes con raíces y frutos silvestres; la sustitución del maíz por el trigo y la cebada, donde fue posible, permitió a los indígenas disponer de cosechas más tempranas y confundir a los españoles sobre sus reservas de alimentos. La larga temporada de lluvias obligaba además a interrumpir las operaciones, posibilitando la recuperación de los contendientes locales, mientras los españoles debían aguardar la llegada de refuerzos del exterior.

A las condiciones descritas se unía la estrategia adoptada, pues rara vez los araucanos llegaban a reunir una concentración importante de hombres, mientras las tropas peninsulares generalmente marchaban en número seguro, acompañadas de aliados, e iban agotándose y perdiendo efectivos, faltas de avituallamiento y presas de continuas emboscadas.

La guerra ofensiva

Varios gobernadores interinos dejaron paso en 1601 al capitán Alonso de Ribera (1560-1617), veterano del tercio de Flandes que durante cuatro años desplegó una implacable estrategia militar con bastantes menos recursos de los anunciados. El ejército pasó entonces a ser de carácter permanente y profesionalizado. Ribera pretendía levantar una línea de fortificaciones en territorio mapuche que fuera avanzando una vez sometiera la población conquistada.

Pese a las derrotas que Ribera infligió a los indígenas en Purén, Pelantaro y Nabalburí, y a la tala sistemática de sementeras, la ausencia de un resultado inequívoco y la noticia de la pérdida de Villarrica hicieron que el monarca Felipe III decidiera en 1604 trasladarlo a Tucumán y nombrar para reemplazarle a Alonso de Sotomayor. Pero Sotomayor declinó el nombramiento y en su lugar se designó en 1605 a Alonso García Ramón, experimentado en las luchas chilenas, quien optó por la guerra frontal.

Sin embargo, en la quebrada de Palo Seco perecieron, en 1606, más de ciento cincuenta españoles mandados por el capitán Lisperguer en una emboscada que obligó de nuevo a despoblar el fuerte de Boroa, cerca de la antigua Imperial. De un golpe se perdía el terreno ganado en los últimos años.

Cuando la guerra de Arauco se estabilizó, en España se creía que las fuerzas españolas fracasaban ante unas cuantas tribus bárbaras debido a la ineptitud y a la falta de autoridad de los gobernadores. Felipe III nombró en 1605 a un experto militar, don Alonso García Ramón, gobernador de Chile. En la ilustración, retrato del gobernador. Óleo de Pedro León Carmona.

Primeros tiempos de la Colonia

Refundación de la Real Audiencia

Fue en ese año de 1606 cuando Felipe III acordó crear de nuevo la Audiencia de Chile, institución que había sido solicitada años antes por Ribera, constituyéndose por fin en 1609. Así se instauraba una administración que tuviera en cuenta la importancia estratégica adquirida por la provincia y la necesidad de fiscalizar el crecido contingente militar para su defensa. La Corte encontraba además una vía directa de información sobre los acontecimientos chilenos. El virrey del Perú y la Audiencia de Lima respaldaban esta solución. García Ramón fue designado presidente sin dejar el cargo de gobernador, pero fracasó en la pretensión de incluir las provincias de Tucumán y Buenos Aires en su jurisdicción.

Esta vez la sede de la Audiencia fue fijada en Santiago, cuya capitalidad sería en adelante indiscutida. Santiago se erigía como una ciudad próspera, alejada de la guerra pero proveedora de sustento, pertrechos, soldados y dinero a la misma, al tiempo que se convertía en lugar de descanso de los oficiales que combatían en la región araucana.

García Ramón consiguió también de la Corona una medida insólita orientada a escarmentar y quebrar la resistencia mapuche y a recompensar a los soldados que sirvieran en sus filas. Consistía en establecer la esclavitud para los indígenas apresados durante la contienda.

La esclavitud venía siendo reclamada por los colonos desde el inicio de la rebelión y fue presentada como una forma de proveer de mano de obra a las estancias y chacras de los valles centrales ante el auge que iban teniendo y el descenso de población indígena encomendada. Ello explica —y no sólo como medida militar— que estuviera vigente hasta 1683, cuando hacía tiempo que había remitido la contienda araucana.

Con la anterior cédula, promulgada en Chile en 1610, se establecía el botín personal, la recompensa inmediata que cualquier soldado podía tomar en el campo de batalla o en los poblados, sabiendo que no faltaría comprador para su presa. La libertad de captura se convirtió también en un estímulo ofrecido a los indígenas aliados para que combatieran al lado de las tropas españolas.

En 1606, Felipe III acordó crear de nuevo la Audiencia de Chile, que se constituyó en 1609. Muerto García Ramón, lo sustituyó Juan Jaraquemada, pero el rey prefirió otro gobernador y presidente de la Real Audiencia. Se trataba de nuevo de Alonso de Ribera, antecesor de García Ramón. En el grabado de la derecha, oidores de la Audiencia de Chile.

LA ESCLAVITUD

Por Real Cédula de 26 de mayo de 1608 Felipe III autorizaba y justificaba el establecimiento de la esclavitud en los siguientes términos: «Que todos los indios así hombres como mujeres de las provincias rebeladas del dicho reino de Chile, siendo los hombres mayores de diez años y medio y las mujeres de nueve y medio que fuesen tomados y capturados en la guerra por los capitanes, y gente de guerra e indios amigos nuestros y otras cualesquiera persona que entienda en aquella pacificación (...), sean habidos y tenidos por esclavos suyos, y como tales se puedan servir de ellos y venderlos, darlos y disponer de ellos a su voluntad»

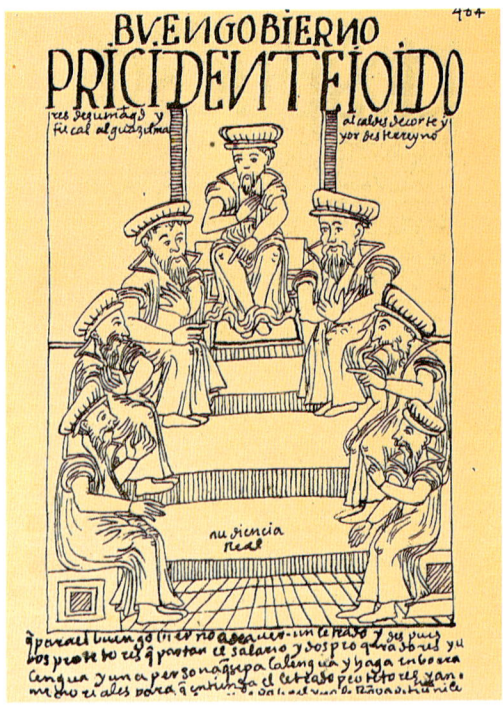

Pero ni el recrudecimiento de la guerra abierta ni la esclavitud hicieron avanzar las posiciones españolas. En 1610 fallecía el gobernador.

García Ramón fue reemplazado interinamente por Luis Merlo de la Fuente, alcalde de corte de Lima. Éste practicó acciones de castigo, aunque una de sus mayores preocupaciones consistió en restablecer la moral y la disciplina en el ejército, minadas por la ausencia de resultados satisfactorios y el trato dispensado a la tropa, víctima de los abusos de sus jefes, de los encomenderos e incluso de los clérigos.

El curso de la guerra adoptó un nuevo sesgo en 1612 al ser restablecido Alonso de Ribera al frente de la Audiencia y la Gobernación de Chile. Los araucanos estaban de nuevo sublevados, tenían aislado el fuerte de Arauco y amenazaban con ataques a Concepción.

LOS ARAUCANOS EN GUERRA

La adaptación de los araucanos a las técnicas militares de los conquistadores se produjo con una extraordinaria rapidez. Poco después de la muerte de Lautaro (1557) ya empleaban caballos e, incluso, manejaban los arcabuces que habían arrebatado al enemigo, aunque lo habitual seguía siendo el empleo de arcos y flechas, picas, hondas, lanzas y macanas. La disposición de un arquero en la grupa del caballo, tras el jinete, aumentó su eficacia al crear una caballería armada que oponer a la española y a la infantería enemiga.

Penco fue un destacado episodio de la guerra de Arauco. Grabado en *Histórica relación del Reino de Chile* (Alonso Ovalle).

Los araucanos pronto comprendieron que buena parte de la superioridad militar del contrincante descansaba en el empleo de las armas de fuego. Ya que no podían proveerse de ellas sino de manera muy circunstancial y aun así carecían de pólvora y munición, aprendieron el mecanismo de funcionamiento de tales armas. En Las Cangrejeras el cacique Lientur lanzó a sus hombres contra los españoles sabiendo que la lluvia que estaba cayendo impedía mantener encendida la cuerda de los arcabuces. En otras ocasiones los mapuches se mantenían al acecho de las expediciones y practicaban la emboscada una vez habían ganado confianza y apagado sus mechas.

La presencia de mestizos en el campo mapuche comportó que dispusieran de información sobre el modo de actuar de los españoles, sus tácticas y su armamento.

Junto a las anteriores habilidades adquiridas, los araucanos practicaron la táctica de aislar al enemigo de los recursos que precisaba para abastecerse y desde luego le negaron el tributo, el servicio que permitía la explotación de tierras y minas.

Con este objetivo, fueron retirando la población hacia la cordillera o hacia el sur, abandonando campos y poblados con efectos tanto para el plano militar como para la evolución del pueblo mapuche. ■

Primeros tiempos de la Colonia

Las fuerzas guerreras de uno y otro bando justificaron que la postura española comenzara a ser ofensiva. Tres gobernadores se sucedieron en el cargo: Luis Fernández de Córdoba, Francisco Laso de la Vega y el marqués de Baides, Francisco López de Zúñiga. Los tres aparecen en el grabado de la página siguiente.

A LA CAPTURA DE ESCLAVOS

Tras la victoria española en La Albarrada (1631), la captura de esclavos se convirtió en la acción más frecuente y lucrativa para capitanes, soldados e indígenas aliados. La *maloca*, expedición rápida española destinada a capturar presas, se hizo asidua y los fuertes, cuyo valor estratégico decae en una guerra sin avances, cobraron importancia como depósitos de piezas. Boroa se erigió en «otra Guinea» y su casa de contratación fue frecuentada por tratantes de Santiago, Concepción, Chillán y lugares más alejados en busca de esclavos, favoreciendo la prosperidad de la plaza y del negocio; «rodaba la plata y los géneros», registra un cronista.

La demanda de cautivos para el Perú incrementó su precio y ocasionó la protesta de los estancieros locales que los empleaban en trabajos rurales y veían encarecerse la mano de obra. Con todo, parecía haberse puesto fin al peligro mapuche y a los límites fijados a la máxima explotación del país ■

La guerra defensiva

Ribera llevó a cabo el plan de guerra defensiva propuesto en 1607 por el oidor de la Audiencia de Lima Juan de Villela, preocupado por la larga duración del conflicto y el coste que representaba para las arcas peruanas. Villela proponía «reducir todos los soldados y gente española a las tierras y provincias que están de paz desde Biobío a la parte del norte, haciendo raya y frontera en las riberas de aquel río», dejándose el sur de esa línea a la acción persuasiva de los misioneros. Y aunque inicialmente el Consejo de Indias rechazó esta idea, acabó apoyándola gracias a la intercesión del padre jesuita Luis de Valdivia (1560-1642) y del virrey del Perú.

Valdivia consiguió que el ejército de Arauco renunciara a traspasar el Biobío y se concediera a la Compañía de Jesús la misión de evangelizar y pacificar la Araucanía. Mas los primeros jesuitas enviados en misión evangelizadora murieron asesinados y la guerra defensiva pronto fue puesta en entredicho.

Una nueva ofensiva

A comienzos de 1625, Luis Fernández de Córdoba Arce (1589-1653) hizo pública la Real Cédula que autorizaba el cambio de rumbo en la relación con los araucanos y el sometimiento de los prisioneros a la esclavitud tal y como se había decidido en 1608. El nuevo gobernador reorganizó la defensa de los fuertes y comenzó a realizar incursiones en el territorio mapuche. Ello significaba el regreso a la guerra ofensiva. El empuje conquistador parecía reactivado. Se volvía al espíritu de los primeros tiempos, predominante también al comienzo del levantamiento general, hasta que en 1629 el cacique Lientur derrotaba a los españoles en Las Cangrejeras, cerca de donde estuvo La Imperial.

Después de varios encuentros de signo diverso, en 1631 Francisco Laso de la Vega (1586-1640) derrotaba a los araucanos en La Albarrada, dispersando la gran concentración que éstos habían conseguido reunir. La victoria, interpretada desde lejos como el final de la guerra, no se tradujo, en cambio, en un aplastamiento de los mapuches debido a la ausencia de refuerzos que ni llegaban de España ni del Perú, ni los habitantes de la Colonia estaban dispuestos a sacrificar después del gran esfuerzo que venía realizándose desde décadas atrás.

Reconstrucción del puerto de Valdivia

Laso de la Vega proyectó entonces fundar nuevas ciudades que avanzaran la Conquista y pudieran suponer un valladar a las incursiones indígenas. Propuso también reconstruir el puerto meridional más importante del pasado, Valdivia,

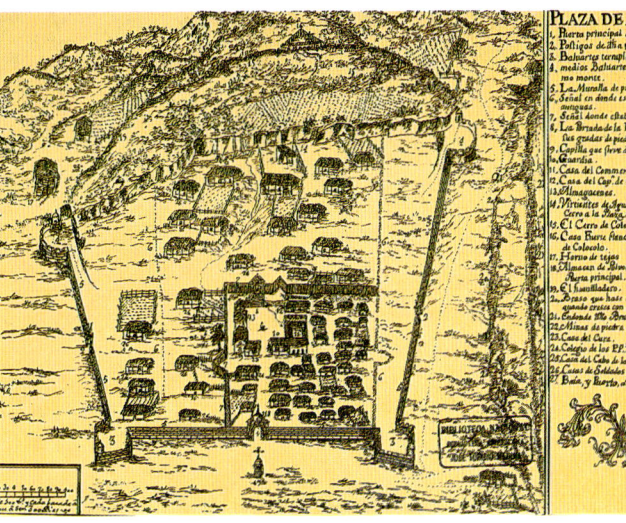

que, debidamente fortificado, serviría para impedir el establecimiento de los holandeses, de cuya presencia ante la costa chilena más adelante se dará cuenta. Sólo la reconstrucción de Valdivia mereció el respaldo real para convertirse en fortaleza y presidio bajo la autoridad directa del virrey del Perú entre 1645 y 1680, en que se reintegró a la jurisdicción chilena.

Los parlamentos de Quillín

El desgaste mutuo, la larga etapa por la que discurría el conflicto —casi medio siglo—, la destrucción ocasionada por la guerra y la que vino a sumarse como consecuencia de la erupción del volcán Villarrica y más tarde de los sismos que asolaron la región, propiciaron formas de entendimiento ocasional que señalaron el final de la confrontación abierta, si no de manera concluyente, como una tendencia que el tiempo se encargaría de confirmar.

En 1641 se produjo el primer parlamento de Quillín. El nuevo gobernador, Francisco López de Zúñiga (1599-1655), marqués de Baides, se mostró favorable a la paz sobre la base de respetar la frontera del Biobío. Si la guerra había favorecido cierta actividad económica, de la paz cabía esperar la prosperidad general del reino. Los jesuitas emplearon su influencia en la Colonia para respaldar esta actitud. Y los araucanos se mostraron favorables a dejar el combate, diezmados por la lucha y las enfermedades.

En enero de 1641 el gobernador se reunía en Quillín con algunos caciques mapuches y pactaban la paz. Los españoles debían retirarse al norte del río y renunciar a tomar indígenas, debiendo despoblar los núcleos que mantenían, aunque podían conservar el fuerte de Arauco. Los mapuches devolverían los prisioneros, dejarían actuar a los misioneros y se comprometían a no aliarse con otros extranjeros. Sin embargo, ninguna de las partes renunció a realizar incursiones en terreno enemigo en busca de ganado y botín o de castigo recíproco. El rey ratificó el acuerdo. La Conquista había concluido en Chile.

Un difícil compromiso

Más difícil que acordar sería mantener lo acordado, máxime cuando dejaba tantas cosas sin decidir. Los incidentes volvieron a darse algo después. Los indígenas aprovechaban la tregua para armarse y en algunos puntos se prepararon concentraciones, dispersadas por las tropas espa-

▪ Los innumerables combates desgastaban a ambos contendientes. Era un momento clave en la urgencia por establecer fronteras seguras. El fuerte de Arauco fue importante porque desde él y desde el río Biobío las conversaciones de Quillín establecieron las fronteras que durarían hasta finales del siglo XIX. Arriba, el fuerte de Arauco en un grabado del siglo XVIII.

Primeros tiempos de la Colonia

ñolas, que capturaron a algunos caciques y los mantuvieron como rehenes durante un tiempo. La mayor amenaza vino cuando la Corona consideró que debían cesar los envíos con cargo al situado del Perú. La presencia holandesa en la costa aplazó una medida que hubiera dañado la estabilidad militar y económica de la provincia.

El parlamento entre autoridades españolas y jefes mapuches volvió a repetirse en Quillín en 1647 sin resultados definitivos. El servicio personal volvía a ser suprimido y los araucanos permitían la construcción de fuertes y el paso por tierra hasta Valdivia. Los enfrentamientos periódicos dejaban paso a etapas de paz en las que se reanudaban los intercambios económicos y culturales. A mediados del siglo XVII la situación se había estabilizado. La Corona renunciaba a incorporar el territorio mapuche y emplazaba un ejército permanente. El «Flandes de América» dejó paso a una suerte de marca fronteriza.

Definición de la frontera

Todavía se vivió el desastre de 1654 y un levantamiento en 1655 que duró hasta 1662 en respuesta a las expediciones españolas en busca de esclavos que contravenían lo acordado, mas el conflicto sólo fue general durante los dos primeros años de la nueva contienda.

La defensa o ataque de la guerra de Arauco se centraba en una serie de fuertes que jalonaban las costas de Chile. Por ejemplo, el fuerte Amargos estaba situado en la margen sur de la desembocadura del río Valdivia. Fue construido entre 1655 y 1660. Contaba con siete cañones. En la ilustración, un dibujo del fuerte.

En 1654 el gobernador Antonio de Acuña y Cabrera (1597-1656) había ordenado una acción de castigo contra los indígenas cuncos por haber asesinado y despojado a los náufragos de un navío que se dirigía a Valdivia, a lo que siguió la muerte de algunos soldados en otro incidente. Los cuñados del gobernador, los hermanos Salazar, habían sido elevados a los cargos de maestre de campo y de sargento mayor, a la vez que eran partícipes del comercio de esclavos y alentaron una campaña punitiva a la que la Audiencia dio su autorización. Había sido frecuente que los gobernadores y muchos funcionarios obtuvieran provecho de la captura y trata de esclavos, por lo que las acciones de castigo venían a compensar la disminución de las hostilidades. Al atravesar el río Bueno, las tropas españolas fueron arrastradas por el agua y más de un centenar de españoles y el doble de indígenas aliados perecieron ahogados y a manos de los cuncos, quienes, alertados de la presencia enemiga, cayeron sobre los infortunados que la corriente empujaba.

Una segunda expedición española, al año siguiente, dejó desprotegido los fuertes y facilitó el levantamiento general de los mapuches, contrarios al paso de aquel ejército por Arauco y opuestos a los fines que se perseguían. Después de 1662 se mantuvo la situación fronteriza de incursiones, acuerdos e intercambios antes descrita, en los que la aculturación y el mestizaje, la acción de los misioneros y las fricciones esporádicas se alternaron. A raíz del episodio protagonizado por los hermanos Salazar, cuya codicia había ocasionado una catástrofe en la Colonia, con la pérdida de más de mil trescientos españoles capturados por los mapuches, de abundante ganado, ocho fuertes y cuantioso armamento, comenzó a discutirse la supresión de la esclavitud de indígenas en Chile, ya que, lejos de servir de amenaza y castigo, se había convertido en un móvil para perpetuar la guerra. Finalmente una Real Cédula de 19 de mayo de 1683 puso fin a las *malocas* (expediciones de captura de presas) y prohibió la esclavitud de araucanos ∎

Las instituciones civiles

Chile se había constituido con Pedro de Valdivia en una gobernación dependiente del Virreinato del Perú, creado en 1543. El gobernador era un cargo de nombramiento real y ejercía la máxima autoridad en la provincia, desempeñaba funciones administrativas y judiciales y ejercía el mando militar. En 1565 Chile pasó a contar con una Real Audiencia dentro del plan de la monarquía de establecer cierto número de éstas en tierras americanas. Su sede, como ya se ha dicho, se estableció en Concepción y su funcionamiento resultó muy irregular en esta primera experiencia. Chile perdió su Audiencia en 1573 y la vio restablecida por Real Cédula de 17 de febrero de 1609 con carácter definitivo.

La Real Audiencia

Las audiencias desempeñaron un papel destacado en la administración colonial. Se organizaban a modo de una autoridad colegiada, con un presidente, cuatro oidores o jueces (serían cinco cuando finalizó el siglo XVII) y un fiscal.

Además de velar por la observancia de las Leyes de Indias, las Leyes Nuevas de 1542 y 1543 les otorgaban importantes competencias en los asuntos de gobierno, representando de hecho una autoridad compensatoria de la del gobernador, ya que su fiscalización incluía también la acción de éste, además de privarle de parte del poder civil. Cada año, uno de los oidores debía hacer un viaje de inspección y de carácter judicial por la provincia.

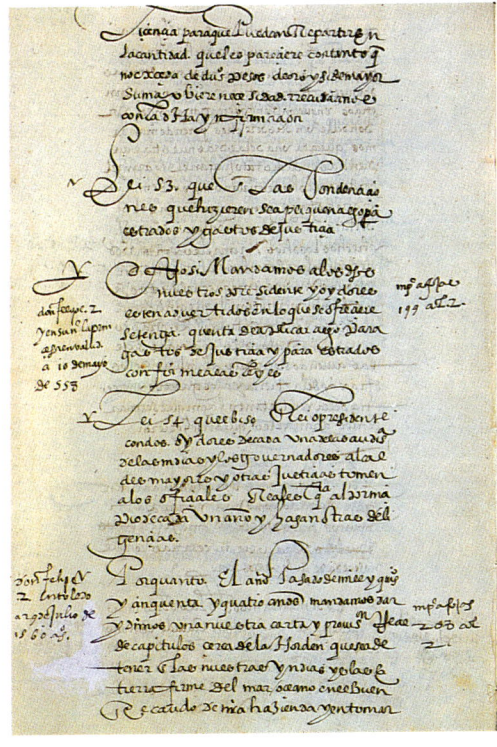

Página del *Libro de Leyes y Ordenanzas Reales de las Indias Océanas*. Los oidores de la restablecida Audiencia formaban una autoridad colegiada que defendían las Leyes de Indias y las Nuevas Leyes de 1542 y 1543.

La Audiencia chilena entraba dentro de la categoría de las pretorianas, al coincidir su sede con la residencia del gobernador. En su funcionamiento restó relevancia al cabildo de Santiago y redujo la influencia de la autoridad eclesiástica. Sus autos resolvieron diferencias e impartieron justicia civil y criminal, pero a largo plazo hicieron más: fueron regulando los aspectos más variados de la vida social. A la Audiencia de Santiago le correspondió interpretar el establecimiento de la esclavitud sobre los indígenas capturados en la guerra araucana y la casi simultánea supresión del trabajo personal del tributo indígena. Y lo hizo del modo más favorable para los intereses de los colonos hispanocriollos: favoreciendo la primera medida y haciendo caso omiso a la segunda, excepto en la regulación de ese trabajo.

En 1563 la región trasandina de Tucumán pasó a la Audiencia de Charcas, creada poco antes, que comprendía también el Norte Grande. Fue el primer paso hacia el confinamiento de Chile entre los Andes y el Pacífico, que se produciría, no obstante, mucho después, en 1778, tras la creación del Virreinato del Río de la Plata, a lo que habrían que añadirse los acuerdos sobre límites territoriales que en el siglo XIX resolvieron la frontera de la Patagonia.

Los cabildos

Desde las primeras fundaciones de Valdivia, las ciudades chilenas contaron con cabildos, la institución básica de toda población. El cabildo era el concejo municipal. Estaba formado por cierto número de regidores (consejeros) y eran presididos por un alcalde corregidor de nombramiento real, que además tenía a su cargo la responsabilidad de la justicia civil y criminal en primera instancia; existía además un segundo alcalde ordinario en cuyo nombramiento intervenía parte de la población avecindada a través del denominado «cabildo abierto». Los cargos de regidor llegaron a ser vitalicios después de haber sido enajenados al mejor postor. En el caso chileno, la presencia de una creciente burocracia y una estructura militar permanente hizo que la anterior circunstancia quedara matizada por la presencia de representantes de estos estamentos. La relevancia de los cabildos vino a corresponderse con la tradición municipalista existente en la Corona de Castilla, promotora de la Conquista y colonización.

El distanciamiento entre la capital del virreinato, Lima, y la Audiencia de Chile comenzó a producirse mediado el siglo XVII. Perú se había convertido en el principal destino de las producciones chilenas y en la fuente más destacada de ingresos, tanto gracias al comercio como por las remesas enviadas para sostener al ejército de Arauco. Pero las operaciones de intermediación practicadas menguaban en forma considerable los envíos y despertaban la animadversión de los funcionarios locales. La relevancia de la frontera araucana y la situación de inestabilidad militar favoreció la concesión a Chile de un grado de autonomía mayor del que en la administración virreinal era frecuente. Así, en la Recopilación de Indias de 1680 se recogió que el virrey del Perú debía abstenerse de intervenir en el gobierno de Chile excepto en casos extraordinarios.

Los gobernadores

Las circunstancias bélicas hicieron también que el cargo de gobernador recayera por lo común en el siglo XVII en un militar, haciéndose prevalecer la condición-función de capitán general sobre la

---

CONFLICTOS ENTRE LA AUDIENCIA Y OTRAS AUTORIDADES DE LA COLONIA

Muy a menudo la Audiencia entró en conflicto con el gobernador y con los tribunales eclesiásticos. No hacía mucho había sido restablecida cuando en 1623 Pedro Osores de Ulloa, gobernador y capitán general de Chile, exponía a Felipe IV los problemas que hallaba y solicitaba la extinción de la institución haciéndole entender «el gran estorbo que hace vuestra Real Audiencia a las cosas de la guerra», al inmiscuirse en cuestiones militares; y advirtiéndosele de que no debe hacerlo, «se olvidan llevados del deseo que tienen de que todo el mundo entienda de que son dueños principales de la paz y de la guerra». De ahí que concluyera la conveniencia de quitarla, «como lo hizo su santo abuelo de vuestra majestad», ahorrando gasto y problemas».

de gobernador y presidente de la Real Audiencia, coincidentes en la misma figura.

La provisión de altos cargos en la administración colonial estuvo condicionada por el interés que grandes familias y cortesanos mostraron para que recayeran en alguno de sus allegados o servidores. El Consejo de Indias, responsable de proponer los nombramientos, rara vez tuvo en cuenta —al menos en los primeros tiempos— la capacidad real de los designados, ni su conocimiento de la realidad americana, ni tampoco aprovechó después la experiencia adquirida para integrarlos en la administración metropolitana. Ahora bien, en 1619 se prohibió que virreyes y gobernadores otorgaran cargos a sus familiares, extendiendo la prohibición hasta el cuarto grado. Se pretendía así evitar los pródigos nombramientos que, acompañados de rentas y beneficios, se hacían recaer en los deudos.

A lo largo del siglo XVII los españoles nacidos en Chile o en otros lugares del continente americano, los «criollos», comenzaron a ocupar cargos destacados de la administración civil, militar y religiosa. Al término de su mandato, los funcionarios estaban sujetos al juicio de residencia, una fiscalización del cargo ante la Corona.

La Iglesia católica

La institución religiosa desempeñó un papel activo en la colonización americana y de modo concreto en el caso chileno. Las bulas pontificias concedidas a la Corona de Castilla después del descubrimiento y en la primera mitad del siglo XVI definieron el papel evangelizador asignado a la monarquía hispánica a la vez que legitimaban la Conquista. Los Reyes Católicos y sus sucesores quedaron obligados a promover la conversión de los indígenas y constituyeron un Patronato Real sobre la Iglesia de Indias, por el que aseguraba la retribución del clero, la construcción de iglesias, catedrales, conventos y hospitales. Como consecuencia de esa relación, la Igle-

En las Indias, las leyes contemplaban poderes más estrictos que los que tenía el poder civil, la Corona, en la Metrópoli. Las potestades de las órdenes religiosas eran enormes, destacándose la Orden de San Ignacio. Los jesuitas no sólo tenían ambiciones evangélicas sino también aspiraban a dominar política y económicamente la situación. En la ilustración, la primera misa oficiada en Chile, en un óleo de Pedro Subercaseaux (1904).

Primeros tiempos de la Colonia

Los católicos eran la fuerza mayoritaria de la población y la iconografía que existía se centraba en el santoral y en las imágenes de las entidades mayores del cristianismo. En la imagen, Cristo de Mayo, o «señor de la Agonía», actualmente en el templo de San Agustín, en Santiago. Escultura de Fray Pedro de Figueroa (1640).

sia americana quedaba sometida al poder secular en medida muy superior a como lo estaba en Europa. La Corona española se reservaba el derecho de proponer todas las dignidades eclesiásticas, velaba para que los predicadores no sostuvieran ideas que fuesen contrarias a la política de la Conquista y se reservaba autorizar el «pase de Indias», permiso requerido a todo clérigo que solicitase marchar a América.

Las condiciones de la colonización, la inseguridad y riesgos a los que debieron habituarse los colonos, los periódicos desastres naturales y, sobre todo, los crónicos reveses que conoció la conquista chilena potenciaron la devoción religiosa de los pobladores, más allá de la tendencia a la espiritualidad que podía hallarse en Europa en el siglo de la Contrarreforma. Fueron así frecuentes los legados testamentarios en favor de la Iglesia, en forma de tierras y censos (créditos transmisibles). El patrimonio eclesiástico no cesó de crecer en Chile. A las capellanías (bienes legados para pagar misas y oraciones) se unía el diezmo que recaía sobre los blancos y mestizos. El clero percibía también en muchos casos el tributo del indígena y disponía de haciendas trabajadas como lo eran el resto, mediante encomendados, esclavos indígenas o asalariados. Percibía además una fracción de lo que se pagaba a los indígenas encomendados en razón de la protección que les dispensaba.

Dominicos, franciscanos y jesuitas

El clero regular pronto adquirió más relevancia que el secular y eso también se tradujo en la diferencia de patrimonio. Los conventos de religiosos y religiosas pronto tuvieron un carácter monumental. Sólo en Santiago llegaron a contarse doscientos religiosos a mediados del siglo XVII. Debe tenerse en cuenta que a la Corona le resultaba más sencillo autorizar el «pase a América» a una orden religiosa en la que existía una disciplina interna que hacerlo a cada uno de los sacerdotes, cuyo control se hacía más difícil. Estaba además el problema de las nuevas ordenaciones y el reclutamiento de misioneros, pues aunque se creó un seminario en Concepción, al excluirse a los mestizos de la vida religiosa prácticamente hasta el siglo XVIII, no era fácil disponer de suficientes vocaciones que atendieran las necesidades espirituales de los cristianos y se encargaran de la evangelización entre los indígenas. Las órdenes tenían a su favor que se nutrían haciendo proselitismo en España con destino a las lejanas tierras del Pacífico.

Dominicos y franciscanos comenzaron a realizar una labor misionera cerca de los pueblos indígenas, procurando emplear la persuasión para atraérselos, aunque tampoco faltaban clérigos encomenderos dedicados a hacer fortuna.

Los franciscanos fueron los primeros en llegar a Chile; en 1553 se instalaban los cinco primeros religiosos y en 1565 se creaba la provincia franciscana chilena, independiente de la del Perú, lo que confirmaba el auge que experimentaron en la región. Además de estas órdenes, en Chile estaban establecidos los agustinos, los mercedarios y los jesuitas, estos útimos con gran ascendencia.

El impulso evangelizador

Felipe II deseaba erigir en La Imperial un segundo obispado que reforzara la evangelización indígena en la región más resistente a la colonización. El franciscano fray Antonio de San Miguel fue nombrado obispo por el papa para proveer la nueva diócesis, creada en 1564, pero sólo pudo tomar posesión en 1568. Formado en su larga estancia en Perú, el obispo San Miguel defendió a los indígenas y consideró causa de la rebelión el trato que recibían de los conquistadores. La lucha contra los araucanos era una guerra injusta y debía ser condenada. Sus denuncias llegaron al monarca español, quien ordenó en 1572 la supresión del trabajo personal y su sustitución por un tributo en dinero, aunque la medida no fue atendida en la Colonia.

Los obispados, además de las funciones ordinarias y jerárquicas que les eran propias, estaban reconocidos como tribunales eclesiásticos y disfrutaban de una gran influencia sobre el gobierno secular.

La labor misional de los religiosos no se efectuó sólo en las ciudades coloniales o en los límites de las zonas indígenas. Las deserciones en las filas españolas nunca dejaban de producirse. Algunos misioneros siguieron esa misma alternativa y se establecieron entre los indígenas. Paradójicamente, la labor de estos religiosos entre los araucanos, por quienes tomaron partido, favoreció la paulatina integración en la cultura del conquistador y a largo plazo, mediadas derrotas y reveses demográficos, contribuyó a la sumisión al poder de la provincia.

En 1697 se creó una Junta de Misiones bajo el patronato de la Corona. La aproximación a los indígenas con fines evangelizadores y educativos movió a interesarse por la lengua mapuche y por las costumbres de los indígenas todavía no sometidos. La conversión, cuando se producía, no dejaba de revestir formas sincréticas. En 1700, por autorización de la Junta, los jesuitas crearon el colegio para indígenas de Chillán, al que pretendían atraer a los hijos de los caciques.

La imaginería colonial contaba con un recio dominio entre los fieles. No sólo porque el laicismo era impensable sino también porque el culto de la sociedad estaba dirigido entero hacia la Autoridad y las Escrituras, formas superiores de cualquier poder. En el grabado, colegio jesuita en Chillán.

Los jesuitas, gracias a la influencia del padre Luis de Valdivia y de la opción transitoria por la guerra defensiva, consiguieron extenderse en la región araucana. Después de 1612 crearon las misiones de Concepción, Arauco, Boroa y Ranquelhue, entre otras. La rebelión de 1654 señaló su retroceso, pero poco después establecieron una nueva misión en el fuerte de Purén.

En junio de 1561 se estableció la diócesis de Santiago. El bachiller Rodrigo González de Marmolejo fue su primer obispo. Se trataba de un antiguo dominico mudado a capellán que había acompañado a Valdivia en la Conquista. Hasta entonces, Chile había pertenecido a la diócesis de Cuzco y Charcas.

González de Marmolejo trató de zanjar las disputas sobre la legitimidad de la guerra de Arauco, cuestionada por algunos predicadores sensibles ante la forma de relacionarse con los nativos. Una junta de teólogos dictaminó que la guerra era justa «y aun podía ser obligatoria» en el caso de que los indígenas dejaran de obedecer al gobernador, invadieran tierras de cristianos o impidieran el culto a los indígenas conversos.

Francis Drake (arriba) tenía tres objetivos en sus incursiones: «vender negros, matar españoles y saquear los buques que cargaban oro». Saqueó Valparaíso y pretendió lo mismo en La Serena. Pero la resistencia de la población lo obligó a seguir sus correrías al norte.

Otro egregio corsario inglés fondeó el 9 de abril de 1587 en Quintero: Thomas Cavendish (arriba a la derecha), que había pirateado por Sudamérica asolando las colonias del estrecho de Magallanes.

La defensa de Chile en tiempos de los corsarios

El 5 de diciembre de 1578 hacía aparición en el Pacífico chileno un nuevo enemigo. Ese día Francis Drake (h. 1540-1596), después de cruzar el estrecho de Magallanes y tomar tierra sin fortuna en un par de ocasiones, se apoderaba de Valparaíso, tomaba el oro que desde Valdivia se trasportaba en una embarcación a Perú y de la provisión de vino recién embarcado, prendía fuego al buque español y saqueaba las instalaciones del puerto. Después siguió hacia el norte y trató de sorprender también a los habitantes de La Serena, pero éstos habían sido advertidos e impidieron el desembarco.

Drake, el primero de una larga lista

La llegada de Drake al Pacífico abrió las puertas a nuevos expedicionarios, atraídos por la ruta de oro y plata que, desde el Perú, se transportaba hacia Panamá para seguir camino a España por el Atlántico. Fue por ello por lo que el virrey del Perú, Francisco de Toledo, envió en 1579 una expedición al Estrecho al mando de Pedro Sarmiento de Gamboa (1532-1592). Sarmiento recorrió la costa meridional del continente americano y tomó posesión de las tierras limítrofes a los canales. De regreso a España, Felipe II dispuso la fortificación del paso y su población, nombrando a aquel marino gobernador. La empresa del poblamiento acabó, sin embargo, en un trágico desenlace, pues los cerca de trescientos colonos establecidos en 1584 en dos localidades, Nombre de Jesús y Rey don Felipe, fueron muriendo en medio de grandes padecimientos.

Los continuadores británicos

En 1587 el británico Thomas Cavendish (1555-1592) llegó al Pacífico con tres buques atravesando también el Estrecho. Tocó tierra en Quintero, y conocida la presencia de los corsarios, se les hizo frente y se les obligó a levantar su campamento, debiendo ganar su botín en otras latitudes. No transcurriría mucho tiempo antes de que volvieran los navíos ingleses a hacer su aparición. El regreso de cualquiera de ellos a Ply-

Las instituciones civiles 627

mouth, en la costa británica, cargado de riquezas se convertía en el mejor aliciente para que otros pensaran en emular la proeza.

En 1594 Richard Hawkins (1562-1622) caía sobre Valparaíso con su barco, se apoderaba por sorpresa del puerto y de los navíos que fondeaban en la rada, los cuales devolvió a cambio de un rescate para tomar después un cargamento de oro procedente de Valdivia. Ocho días después zarpaba hacia Perú; mas advertidos de su cercanía se le pondría en fuga para derrotarle un mes más tarde y hacerle preso.

Los corsarios holandeses

Un peligro mayor vino a representarlo la presencia de corsarios holandeses. En 1599 llegó una primera flotilla, cuyo destino final era la costa asiática, pero que en lucha con las adversidades y los indígenas acabaría deshecha y rendidos los supervivientes a los españoles, excepto una nave que con auxilio de los indígenas tomó y destruyó la población de Castro, en la isla de Chiloé. Apenas unos meses después llegaba también una segunda expedición comandada por Oliver van Noort (1568-1611). Pronto capturó un bergantín español y en marzo entró en Valparaíso, donde destruyó cuatro buques y siguió rumbo a Huasco antes de alejarse de la costa chilena.

Además de las pérdidas que todas estas acciones ocasionaban, tanto más destacadas cuanto modesta era la prosperidad de la provincia, la defensa de las plazas y la persecución de los actos de piratería obligaban a distraer fuerzas de la guerra araucana y hacían temer por todo el sistema de transporte marítimo de la costa pacífica.

La larga guerra de Flandes, el auge del poderío naval holandés y su expansión por el Pacífico Sur llevaron una vez más a una escuadra flamenca formada por once navíos a interesarse por las posesiones españolas de la región andina. En 1623 tomaba posiciones en el archipiélago de Juan Fernández con la vista puesta en Chile como paso para tomar Perú. En mayo, sin embargo, sitiaron el puerto de El Callao y lo bombardearon, pero la respuesta hallada, que supuso la muerte del almirante que comandaba la flota,

Sobre estas líneas, una vista del puerto de Saint-Malo (Francia), desde donde partirían muchas de las expediciones filibusteras en la época de la Colonia.

Uno de los campamentos españoles del Estrecho se llamaba Rey don Felipe. Después de padecer lo indecible fueron muriendo poco a poco debido a la falta de víveres y a los ataques de los indígenas. En la ilustración superior izquierda, un plano del estrecho de Magallanes en esa época.

condujo a su segundo en el mando, Hugo Shapenhan, a mantener el bloqueo durante cuatro meses y realizar incursiones menores en la costa.

En 1643 otra flota, dirigida por el gobernador de las Indias Orientales, Enrique Brouwer, que originariamente actuaba con la autorización del príncipe Mauricio de Nassau, estatúder de los Países Bajos, buscó asentarse en Valdivia y llegar a acuerdos con los indígenas. Desembarcaron en Chiloé y destruyeron una vez más Castro, si bien la población había huido. De ahí pasaron a Valdivia con algunos indígenas que les auxiliaron. Los holandeses creyeron que hallarían aliados entre los indígenas contra los españoles, cuando por lo común éstos no hicieron diferencias entre europeos, cuyo modo de proceder no era muy distinto. La reciente expedición de Van Noort y su secuela de víctimas en la población autóctona venían a confirmarlo. Muerto Brouwer en 1643, le reemplazó Elías Herckmans, quien llegó a acuerdos con los caciques huilliches y consiguió levantar un fuerte, pero meses después acabó evacuando el territorio ante la negativa indígena a mostrarles los yacimientos de oro. Para entonces se había preparado una expedición española que expulsara a los holandeses del territorio de Chile.

Piratería europea en la segunda mitad del siglo XVII

En la segunda mitad del siglo XVII fueron menudeando las incursiones filibusteras en el océano Pacífico. La larga y accidentada costa chilena proporcionaba abundantes refugios al abrigo de la vigilancia española y de sus plazas más o menos fortificadas. Si bien estos mares no llegarían a conocer la actividad que la piratería estaba desplegando, en esa misma época, en el mar de las Antillas, las incursiones corsarias resultaron tan peligrosas aquí como en otras partes, pues si bien resultaban menos frecuentes, la defensa de las ciudades se hacía difícil por su menor tamaño, por la distancia existente entre ellas y por la lejanía con otros puntos del Impe-

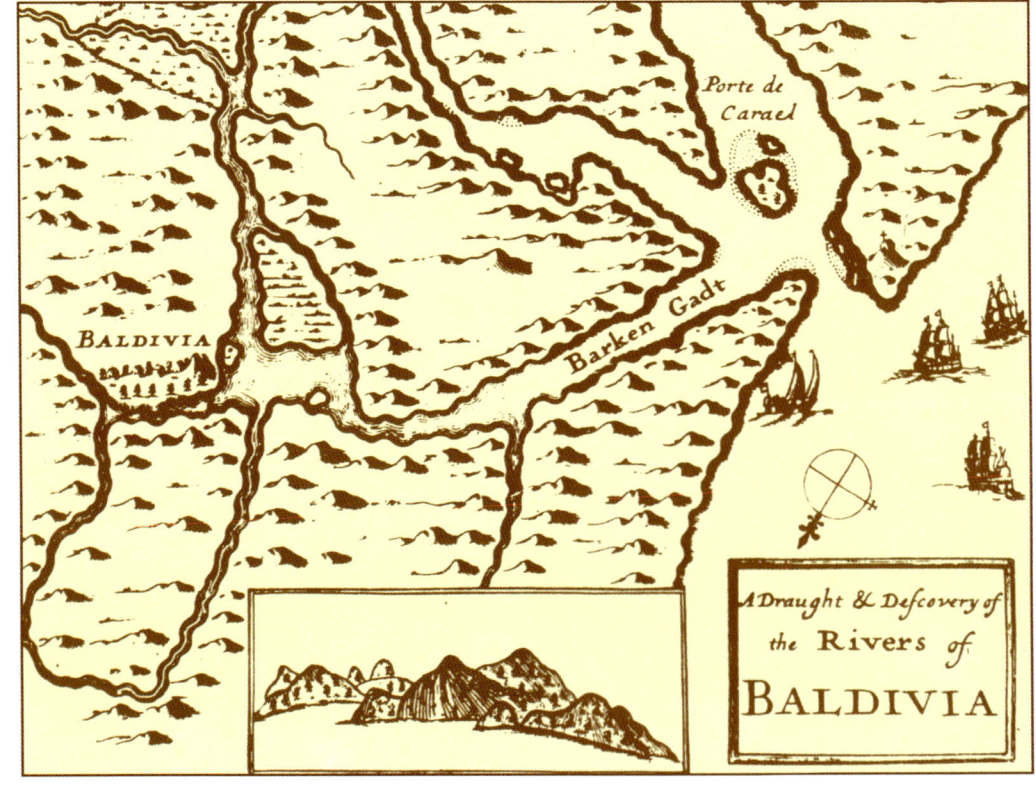

Plano de la costa de Valdivia. En mayo de 1643, Brouwer desembarcó en Carelmapu. Los holandeses habían decidido establecerse en Valdivia. Muerto Brouwer, la expedición corsaria hizo un pacto con los mapuches para luchar contra los españoles. Sin éxito.

rio desde los que pudieran enviarse refuerzos. La difusión de leyendas sobre míticas riquezas del país más alejado del Viejo Continente, la proximidad al Perú y a las rutas de la plata que salía de aquellos puertos, así como el valor estratégico del territorio como llave y plataforma del Pacífico Sur, atrajeron la atención de corsarios y expedicionarios europeos. Por otra parte, el archipiélago de Juan Fernández se convirtió en lugar de encuentro de flotas piratas, en fondeadero desde el que se preparaban asaltos y en refugio ocasional después de batirse en retirada.

En diciembre de 1680, el inglés Bartolomé Sharp, que venía operando en los meses anteriores frente a la costa del Perú, desembarcó en Coquimbo y tomó La Serena después de provocar la huida de sus habitantes tan pronto se disipó la perspectiva de los vecinos de hacer frente a los bucaneros. Sharp negoció un rescate por la ciudad con el corregidor, pero, no pudiendo reunir el dinero y descubierto un intento de echar a pique el buque inglés, se decidió por saquear el lugar y prenderle fuego. Los principales edificios de La Serena fueron arrasados. Antes de dejar estos mares, a finales del año siguiente, Sharp siguió actuando contra intereses mercantiles situados en puntos más septentrionales.

La constante amenaza sobre intereses españoles movió al rey a ordenar que se armaran los navíos mercantes y estuvieran en condiciones de hacer fuego contra posibles captores. Sin embargo, los virreyes siempre hallaron grandes dificultades para hacer cumplir la disposición e incluso para organizar la escuadra que debía proteger la costa ante la resistencia a servir en la marinería.

Entre 1684 y 1687 Edward Davis actuó en el Pacífico contra buques y puertos españoles. Ante las noticias que llegaban de Perú, el gobernador José de Garro (1623-1720) fortificó los principales puertos chilenos y suprimió lo que desde comienzos de siglo venía siendo utilizado como punto de aprovisionamiento de cuantas incursiones se habían efectuado en la región, la población de las islas de Santa María y Mocha,

desplazadas cerca de La Concepción. A la vez suspendió el comercio marítimo para impedir que el adversario, al que no podía batir en mar abierto ante su clara superioridad, careciera de botín y abandonara la zona. En 1686 Davis se dirigió a La Serena y consiguió entrar en la ciudad, pero allí se libró un combate que le obligó a reembarcar tras perder parte de su tripulación.

Si el peligro de la presencia corsaria que desarticulaba el comercio comenzó a ser conjurado tras este episodio, poco después hizo su aparición en la costa chilenoperuana otro elemento contrario a los intereses españoles, aunque no pudiera afirmarse lo mismo respecto a las prácticas mercantiles: John Strong comenzaba a introducir artículos ingleses de contrabando tocando los puertos que se sucedían en el litoral. Advertido el virrey, ordenó su apresamiento cuando actuaba en Concepción, pero consiguió eludirlo no sin que se le capturara a algunos de sus hombres ∎

Los siglos XVII y XVIII estuvieron jalonados de actividades corsarias. Entre ingleses, holandeses y otras banderas, los filibusteros atacaron periódicamente los puertos chilenos. Destaca entre ellos Richard Hawkins, el *gentleman* corsario que emprendía fechorías con el único propósito de ver mundo y costear sus aventuras. En la ilustración, un bucanero del siglo XVII.

La sociedad colonial en el siglo XVII

La colonización se practicó en Chile en forma similar a la del resto del continente. La *encomienda* constituyó el elemento básico y habitual de explotación del territorio. Los indígenas encomendados pasaban a convertirse en mano de obra disponible con carácter vitalicio. Los caciques organizaban el trabajo de la comunidad y establecían los servicios que debían prestarse en la tierra, en las minas o en las poblaciones. El encomendero teóricamente tomaba a su cargo la protección de los indígenas, aunque en realidad no los consideraba más que vasallos que le permitían obtener rentas en compensación por sus servicios prestados a la Corona española.

La organización de la producción. La *encomienda* y la *mita*

La monarquía trató de limitar el derecho sucesorio en la encomienda que la convertía en una institución vitalicia. Sin embargo, después de la rebelión de los encomenderos del Perú, aceptó la trasmisión familiar a cambio de limitar el derecho a tres generaciones. La necesidad de disponer de combatientes en las incursiones de la guerra de Arauco hizo que se ofreciera a los hijos de los encomenderos de la provincia y de las provincias vecinas la posibilidad de prorrogar una generación el derecho sucesorio, siempre y cuando permanecieran combatiendo durante cuatro años.

Cuando la institución de la encomienda se extendió en Chile en la segunda mitad del siglo XVI, se había abolido ya la prestación personal por las Leyes Nuevas de 1543, siendo reemplazada por el *tributo indígena*, servicio en producto o dinero, impuesto sobre los indígenas que se hacían responsables colectivos del pago y cuya cuantía dependía del número de tributarios. Las audiencias tasaban el tributo y entregaban carta reservada a los caciques, jefes indígenas, para que organizaran las actividades. Desde 1560 los corregidores de indígenas ejercían de cobradores del tributo, formado en su mayor parte por maíz, trigo, papa, coca, ovejas, cerdos, rara vez plata. El pago en moneda y la retribución de la *mita* supuso un cambio radical en los usos locales, al introducir a los indígenas en una economía progresivamente monetarizada, la cual rompía la secular unidad de autoconsumo.

A pesar de los cambios introducidos por el emperador Carlos V, las condiciones de

El origen de la papa (*Solanum tuberosum*) se sitúa en el Alto Perú y en el sur de Chile, especialmente en la isla de Chiloé. El género *Solanum* comprende unas mil cuatrocientas especies.

La sociedad colonial en el siglo XVII

La isla Mocha está situada frente a las costas chilenas, a la altura de Concepción. Es un lugar ideal para la siembra de papas y también para la recolección de mariscos. En el grabado, unos indígenas trabajando la tierra en una típica hacienda del siglo XVII.

la Gobernación de Chile propiciaron que por algún tiempo en esta región de América, en particular en la zona de la cordillera andina, subsistiera la prestación personal.

La tradición inca de la mita consistente en el trabajo obligatorio por turno, común en la región comprendida al norte del río Biobío en la etapa prehispánica, facilitó su traslación a la sociedad colonial. En el año 1575 se instauró en los dominios de las Indias.

Los *capitanes de mita* se sirvieron de la población autóctona para explotar los recursos que tenían al alcance e incluso la Corona recurrió también a repartimientos de indígenas para su empleo en trabajos públicos. Pese a recomendarse que el pago a los indígenas mitayos fuera vigilado por funcionarios que evitasen abusos, éstos no dejaron de producirse a la vez que se estipulaban bajos salarios y se obligaba a aquéllos a efectuar largos desplazamientos que originaban el desarraigo de la población y, en consecuencia, la disolución de familias.

Las Leyes Nuevas y la regulación del trabajo indígena

Las Leyes Nuevas habían ratificado asimismo la prohibición de la esclavitud de indígenas y las encomiendas de funcionarios reales y eclesiásticos. Reconocían también a los indígenas como vasallos del reino y personas libres, aunque los calificaban de rústicos dignos de protección, por lo que en contrapartida se legitimaban las exacciones que eran impuestas por los colonizadores. Para compensar a los conquistadores se preveía concederles *corregimientos*, empleos de designación real desde los que se administraba un territorio limitado. Y para suplir el trabajo forzado indígena, al margen de la mita, se importaron esclavos negros, que a comienzos del siglo XVII venían a representar un número similar al de españoles, cuando no superior. La guerra de Arauco hizo que se reconsiderase el tema de la esclavitud, de modo que la Corona la readmitió para Chile, concediendo que los mapuches apresados en la contienda fueran reducidos a esclavos con

Los españoles cuidaron el linaje de ciertos apellidos y se fue formando una aristocracia basada en la sangre y riquezas de los conquistadores. En la iconografía, un corregidor y un encomendero, en la *Nueva crónica y buen gobierno*, de Felipe Guamán Poma de Ayala.

Con el monarca Felipe IV, en la imagen, se confirmaría la decadencia del Imperio español en Europa y América.

carácter perpetuo. Estos araucanos cautivos fueron destinados a las minas o las chacras.

En el marco de la guerra defensiva, el virrey del Perú, príncipe de Esquilache, dictó unas ordenanzas destinadas a reglamentar el trabajo indígena en Chile, que fueron promulgadas en Concepción en febrero de 1621. La ordenanza suprimía el servicio obligatorio impuesto hasta entonces a los indígenas, haciendo excepción de aquellos mayores de 18 años que fueran tomados en hechos de armas; se establecía una tasa compensatoria a la población mayor de aquella edad y menor de cincuenta años, fijada en una cantidad variable según la riqueza de cada zona. De la tasa se deduciría una fracción para la Iglesia, otra para el corregidor del partido y una tercera para el protector, dejando el resto en manos del encomendero. El trabajo debía remunerarse en parte en dinero para que el indígena pudiera pagar el tributo, completándose el salario con animales o mercancías. No obstante lo anterior, subsistía la mita, regulada de modo que cada tres años se trabajasen nueve meses de 23 días.

La nueva regulación resultó impracticable dado que los encomenderos se negaron a acatarla y amenzaron con rehusar atender el servicio de armas al que estaban sujetos. Así las cosas, el gobernador interino, Cristóbal de la Cerda, abandonó todo celo en la exigencia de su cumplimiento, y su sucesor, Pedro Osores de Ulloa, acordó suspenderla en diciembre de 1622 en espera de que la Corte dictara providencia. De hecho, en julio anterior Felipe IV había aprobado la tasa reduciendo su cuantía y admitiendo la esclavitud de los mayores de catorce años que rebasaran la frontera. Pero no fue sino hasta 1625 cuando se publicó en Chile la ordenanza de Esquilache en medio de grandes protestas. El gobernador Fernández de Córdoba, tras obtener la conformidad del obispo de Santiago y de los superiores de las órdenes religiosas, decidió suspender la tasa definitivamente para evitar mayores problemas. Por medio de la encomienda, los conquistadores consiguieron privilegios, reconocimiento y rentas, que hicieron de este grupo una élite señalada.

FUERTE RETROCESO DE LA POBLACIÓN INDÍGENA

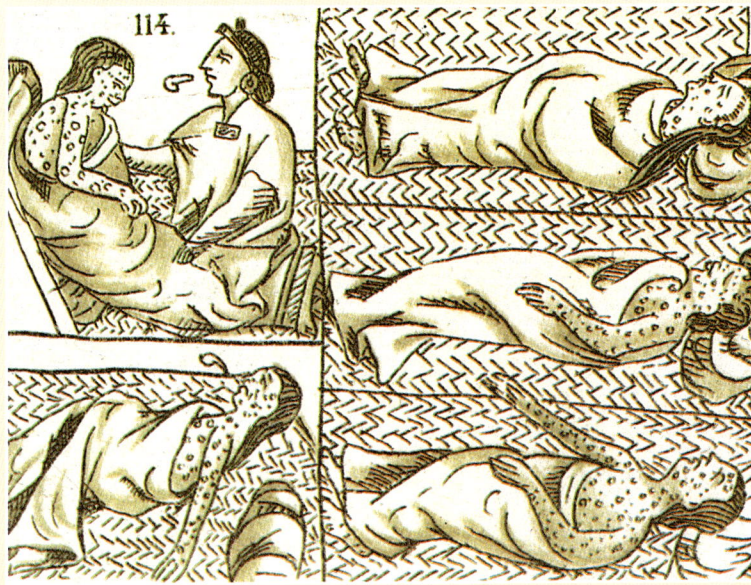

El fuerte descenso de la población indígena obedeció a causas diversas que no pueden resumirse de modo simplista atribuyéndolas sólo a la guerra con los conquistadores, aunque sin duda ésta tuvo mucho que ver en el descenso de población en la región araucana.

La difusión de nuevas enfermedades fue la causa principal de la catástrofe demográfica. La epidemia de viruela, sarampión y gripe que desde 1586 se extendió desde Cuzco y Potosí alcanzó también las tierras de Chile, ocasionando gran mortandad entre la población indígena, cuyo organismo carecía de defensas naturales ante enfermedades desconocidas.

Deben añadirse también otras circunstancias si se quiere comprender la amplitud del fenómeno. El trabajo obligatorio en las encomiendas y la reconstrucción de la mita supuso endurecer las condiciones de vida. Pero no fue menor el efecto de producir excedentes para los caciques, para el tributo o para obtener los ingresos que permitirían pagar las tasas que se les impusieron en diferentes momentos. Los desplazamientos de población para trabajar en tierras distantes ocasionaban un constante número de víctimas, pero quizá era más notable aún la consecuencia que implicaba en cuanto a la desestructuración de las familias y los poblados. En las regiones sometidas al dominio español se puso fin a la poligamia y los religiosos la persiguieron, reduciendo las amplias descendencias de antaño.

Desde la llegada de los españoles en 1540 hasta fin de siglo, la población autóctona al norte del río Maule (amplia región en la que se había asentado la colonización) había descendido en cuatro quintas partes. En 1695, se informaba a la Corona de las dificultades halladas para disponer de mano de obra indígena «por haberse consumido» la mayoría. Al norte del Biobío, la provincia bajo control español apenas registraba unos veinte mil indígenas de los más de doscientos mil que se ha calculado que habitaban la región en 1535 ∎

Entre 1561 y 1563 se desató una espantosa epidemia de viruela que prendió en la población indígena con renovada virulencia.

Primeros tiempos de la Colonia

La economía en la Colonia

El oro en polvo había alimentado los primeros sueños de riqueza del conquistador que descubriera Chile, pero muy pronto se tuvo conciencia de que serían la tierra y el trabajo la principal fuente de prosperidad de la Colonia. El yacimiento de Valdivia venía siendo explotado desde mediados del siglo XVI y hasta comienzos del XVIII no comenzó a explotarse el de Copiapó, fundamentalmente trabajado por mestizos pobres del Norte Chico. La guerra de Arauco y la destrucción de Valdivia obligaron a suspender la más célebre explotación minera del país.

Chile no podía competir con los yacimientos de plata del Perú y del altiplano boliviano, ni con la producción de oro de Nueva Granada. Sin embargo, el desarrollo de las grandes poblaciones mineras de la zona de los Andes centrales generó la demanda de productos para su abastecimiento, demanda bien pagada con la plata extraída de sus entrañas.

Los fértiles valles chilenos estaban en buenas condiciones de proporcionar vino y derivados cárnicos: sebo, cueros, tocino, manteca, carne salada y cerdo. También ocuparon un espacio destacado el cáñamo, las manzanas, el trigo y el aceite. Perú era la verdadera mina chilena.

La complejidad de las comunicaciones con la metrópoli, realizadas por mar a través del Pacífico después de cruzar Panamá y seguir por el Atlántico hasta Sevilla, una ruta larga y una travesía arriesgada y costosa, propició la creación de una red comercial interregional en el eje andino de creciente importancia. Los precios agrícolas de las producciones chilenas resultaban mucho más ventajosos que los de procedencia española.

La Serena concentraba la mayor parte de la plantación de olivos. En la región de Valdivia se cultivaban manzanas y cereales. Las vides se plantaron en Chile central, siendo Concepción centro de este cultivo. Ovejas, cabras, vacuno y

Las condiciones económicas de la Colonia eran muy difíciles. Lo inmediato era el comercio con el Virreinato del Perú, con el que Chile hacía intercambio de su oro en polvo por mercaderías europeas reexportadas desde Lima. En la imagen, un embarque según Hoefnagle.

porcino constituían la ganadería más extendida. La cría de mulas para el transporte en las rutas andinas se convirtió en una actividad de gran provecho.

Hacia 1614 el hinterland de Santiago reunía un centenar de chacras dedicadas al cereal y a la producción de vegetales, y unas 350 estancias ganaderas. Unas y otras eran trabajadas principalmente por indígenas encomendados, esclavos mapuches capturados en la guerra e indígenas trasandinos. La principal exportación chilena al Perú la constituía el sebo, producto necesario en la fabricación de velas, que serían empleadas en la minería. Tras el terremoto de 1687, que destruyó las zonas agrícolas de la sede del virreinato, se extendió la producción de trigo en el territorio de Chile.

En definitiva, la economía chilena desde la segunda mitad del siglo XVI se había estructurado en torno a las demandas centrales del sistema andino, originadas en los núcleos urbanos y mineros, y secundariamente en una demanda subsidiaria. La inexistencia de un mercado estable, sustituido por otro de carácter compulsivo, espontáneo y disgregado, en el que los circuitos interiores desempeñaban un papel poco relevante, así como el control excesivo ejercido por comerciantes muy especulativos, han sido considerados un factor negativo para el desarrollo económico chileno en esta etapa colonial. La crisis de la segunda mitad del siglo XVII, cuando cayeron los precios en Perú, vendría a confirmar la debilidad de un sistema que a largo plazo resultaba más favorable para esta última plaza.

La provincia importaba manufacturas procedentes de El Callao, yerba mate de lejanas tierras trasandinas, coca en menor proporción para el consumo indígena en las minas y tabaco, artículo de gran expansión hasta constituir en el siglo XVIII la primera renta de la Hacienda Real en el país.

La hegemonía de la actividad comercial

En Chile serían la propiedad de tierra y la producción de alimentos el principal soporte de la élite local, reforzado por el acceso a los cargos públicos. Sin embargo, los comerciantes consiguieron imponerse a los productores y orientaron el crecimiento hegemónico de Santiago sobre el de La Serena y Concepción, de modo que resultase más fácil controlar la relación con el exterior. El crecimiento de Santiago por encima de las restantes ciudades supuso también la creación de un mercado de bienes de consumo en torno a la capital.

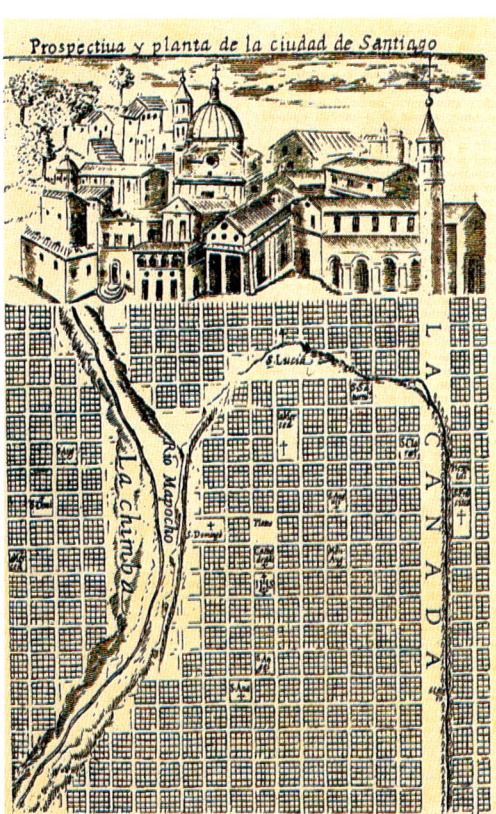

En el siglo XVII, Santiago (abajo a la izquierda) contaba ya con ciento setenta casas, que con los ranchos de los indígenas en las manzanas plantadas de frutales y en los extramuros, albergaban una población de 500 a 700 españoles y más de 2 000 indígenas y mestizos. Perspectiva y planta de Santiago. En *Histórica relación del Reino de Chile*, de Alonso Ovalle.

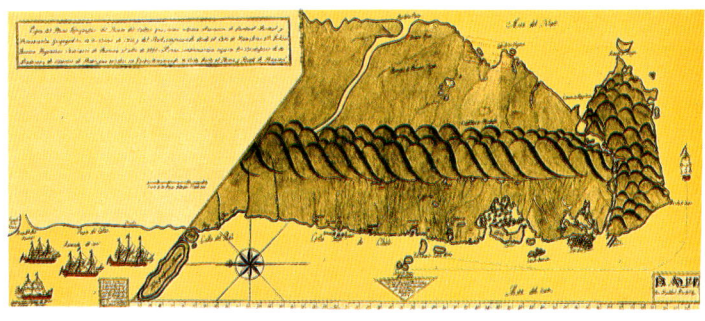

El Callao (bajo estas líneas) revestía la mayor importancia debido a que era el puerto del Virreinato del Perú, motor de la economía y lugar de recepción de los artículos manufacturados que llegaban de la metrópoli.

Primeros tiempos de la Colonia

La creciente influencia de los grandes comerciantes en el siglo XVII, convertidos en abastecedores y exportadores, no se tradujo en la independencia de una clase mercantil, sino que todavía aquéllos entendían su actividad como un paso transitorio que podía elevarles a la aristocracia. La subordinación a la carrera administrativa y a la burocracia colonial queda ejemplificada en la subordinación de Valparaíso a Santiago.

La verdadera concentración de tierras no se produjo en Chile hasta el siglo XVIII, después de que la baja de precios arruinara a una parte de los propietarios.

Las transacciones con el norte se realizaron conformando una ruta marítima basada en el cabotaje, la navegación costera que seguía la línea del litoral trazando una vía de comunicación e intercambio. De esa forma se sorteaban los inconvenientes de las largas distancias por tierra que debían cruzar desiertos y cordilleras, y se accedía a un medio de transporte, siempre de mayor capacidad que el interior basado en la carga de animales.

La dependencia del transporte naval concedió gran importancia a los comerciantes propietarios de embarcaciones. Pero los intercambios sólo se podían efectuar si se garantizaba la seguridad en los mares. La presencia corsaria, además del peligro que suponía para la integridad de la Colonia y de los quebrantos que comportaban los saqueos de los puertos y de sus pobladores, implicaba la interrupción del comercio marítimo, quedando los productos del país sin salida.

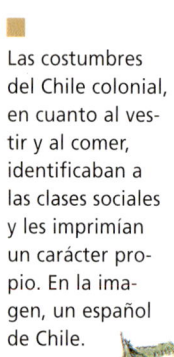

Las costumbres del Chile colonial, en cuanto al vestir y al comer, identificaban a las clases sociales y les imprimían un carácter propio. En la imagen, un español de Chile.

La amplia condición marítima del país, que hallaba en la costa su principal vía de comunicación, alentó la fundación de astilleros en los que se construían pequeñas embarcaciones y fragatas destinadas al tráfico con el Perú. En torno a esta actividad se desarrolló la fabricación de jarcias, del mismo modo que la exportación de vino condujo a la producción de botijas en el país que sirvieran de envase. De los cueros del ganado se fabricaban cordobanes y badanas, la mayor parte de las cuales eran destinadas al ejército, como también fue éste el destino de los paños salidos de los primeros obrajes.

El sostenimiento del ejército de Arauco desde comienzos del siglo XVII proporcionó unos ingresos anuales de 293 000 pesos procedentes del Perú, un caudaloso y constante flujo de dinero que desde el exterior alimentaba la bolsa de gobernadores, funcionarios, oficiales, asentistas, comerciantes y hacendados. La presencia de este ejército financiado con cargo a la Hacienda Real se convirtió, por lo tanto, en un factor de prosperidad de la Colonia.

La mayor parte del situado peruano destinado a la soldada llegaba a Chile en especies, después de que los funcionarios y comerciantes de Lima hubieran descontado adelantos y beneficios. Las mercancías eran cambiadas por productos del país, que serían suministrados a la intendencia militar o se repartirían entre los soldados como paga, siendo los comerciantes quienes acababan realizando el negocio. Para sostener ese ejército existían también haciendas de titularidad real en las que se criaba ganado.

La sociedad colonial

Al frente de la jerarquía social de la Colonia se situaban los descendientes de los conquistadores que en los repartos habían recibido encomiendas. El sistema de encomiendas, empero, fue agotándose y en el siglo XVII alcanzaron preeminencia los propietarios de haciendas y de los limitados obrajes abiertos en Chile y los funcionarios llegados de España o bien del Perú.

La propiedad y dedicación a oficios mecánicos, como los obrajes, no fueron motivo de desdoro en la sociedad criolla.

Con frecuencia los conquistadores, desde luego sus capitanes, pertenecían a familias hidalgas e incluso eran segundones de casas nobiliarias que buscaban en América la oportunidad de dar origen a una nueva familia principal instituyendo un mayorazgo, esto es, creando un vínculo con los bienes adquiridos que serían transmitidos íntegramente al primogénito.

Las condiciones americanas hicieron que la institución del mayorazgo fuera perdiendo una fuerza que en Chile siempre fue escasa, incluso en tiempos de los conquistadores. Eso significa que los distintos descendientes tuvieron acceso al patrimonio familiar.

Las familias principales enlazaron entre sí, creando linajes endogámicos que permitieron distinguir una serie de apellidos al tiempo que se favorecía la formación de uniones patrimoniales. Las familias dominantes, unidas por relaciones de parentesco, crearon en Santiago, La Serena y Concepción una red de apoyo y protección mutua destinada a mantener dicha jerarquía, subrayada por el control de los cabildos.

La presencia de un ejército profesional permanente hizo de los oficiales, hidalgos muchas veces curtidos en las campañas de Flandes e Italia, elementos distinguidos de la sociedad y candidatos a ser casados con las hijas de la naciente oligarquía criolla.

La inmensa mayoría de los pobladores españoles de Chile eran originarios de la Corona de Castilla, y dentro de ésta, de las regiones meridionales: castellanos nuevos y andaluces. Tampoco faltaron extremeños y vascos, aunque en medida mucho menor que los anteriores.

El proceso de mestizaje

El mestizaje supuso un proceso amplio, duradero y profundo, hasta el extremo de configurar un pueblo nuevo que estaría en la base demográfica del futuro Chile. Ahora bien, el mestizaje conoció etapas y significados distintos. En un primer momento hace referencia a una cuestión biológica, los nacidos de español e indígena, pero muy pronto, a finales del siglo XVI, se refiere con

Chile jerarquizaba su sociedad, dando preeminencia a los descendientes de los conquistadores, los cuales casi todos eran hidalgos, vecinos de una ciudad y encomenderos. El segundo nivel era el de los indígenas y el tercero, el de los negros. Luego estaban las mezclas entre todos ellos.

Primeros tiempos de la Colonia

Según el historiador Encina, uno de los grandes logros del indígena chileno fue el hábito de trabajar. Los mestizos, herederos por sus dos linajes de blanco y de indígena, cambiaron sus idiosincrasias y en la mina y en el campo fueron laboriosos y ordenados.

Los negros, los mulatos y los zambos (mezcla estos últimos de negro e indígena) supusieron una fuerza de trabajo inmejorable. Los había que se insertaron en todos los estamentos sociales, con lo que se afianzó el mestizaje en la Colonia. Arriba a la derecha, una escena con estos grupos étnicos.

preferencia a un concepto cultural. Hasta el punto de que el mestizo será considerado criollo si pasaba a vivir con el padre e indígena si se integraba en la familia de la madre. Los mestizos criollos se contabilizaban en los recuentos como españoles, sobre todo a partir de la tercera generación. La clasificación de los cruces raciales americanos hizo que los hijos habidos de blanco y mestiza se denominaran «castizos», pero los habidos de blanco y castiza simplemente se llamaban «españoles».

Las condiciones climáticas ambientales y los sucesivos enlaces con europeos favorecieron el «emblanquecimiento» de la población y el retroceso de los rasgos indígenas entre ellos.

Los mestizos nunca llegaron a constituir una comunidad con identidad y comportamientos propios. Inicialmente estuvieron excluidos de cualquier prestación militar y del acceso al estudio, pero la integración y los sucesivos enlaces los «españolizaron». La ausencia de herederos legítimos permitió que los mestizos habidos fuera del matrimonio sucedieran al padre español en la posesión de sus bienes.

Los mestizos que se mantenían en la casa paterna muchas veces reemplazaban a sus madres en las funciones que desempeñaban en el hogar, en la estancia o en la chacra. Las hijas mestizas de las casas principales eran educadas al modo español y con frecuencia dadas en matrimonio a españoles de inferior rango que el paterno, a menudo empleados de éste. Las mujeres mestizas formaron la base de posteriores matrimonios de españoles y en buena medida dieron la pauta de la futura población chilena. Sin embargo, fue muy frecuente en los siglos XVI y XVII la «barraganería», unión libre entre hombres y mujeres sin vínculo sacramental, lo que el clero no cesó de denunciar.

Las siguientes generaciones mestizas fueron integrándose en una sociedad progresivamente hispanizada al margen de la procedencia étnica de sus componentes. Indígenas y negros, por el contrario, quedaban al margen del sistema. Los yanaconas mantuvieron la condición de siervos. Los hijos mestizos no reconocidos tendieron a casar con mestizas e indias, lo cual era tenido en la férrea jerarquía colonial por un descenso en el rango social.

Los mestizos pasaron a convertirse en súbditos directos de la Corona, con las obligaciones que comportaba esa situación y también con la ventaja que la monarquía hallaba en ella. Andando el tiempo, en el siglo XVIII, el término mestizo sirvió para designar a los sectores populares adaptados a la hispanización de la provincia.

Los matrimonios mixtos estaban autorizados desde 1501 y no dejaron de producirse en una región tan alejada de los centros del Imperio y con tan escasa presencia de mujeres de procedencia española. Sin embargo, la mayor parte de los mestizos eran fruto del concubinato o de la práctica de abusos. La presencia de una tropa estacionada en la frontera, la endémica situación de fuerza y el lento progreso de la Colonia favorecieron estos comportamientos.

Al mestizaje se llegó también como consecuencia de las victorias mapuches contra ciudades españolas, de las que tomaban mujeres. Sin embargo, esta circunstancia no es comparable por su dimensión a la práctica opuesta.

Al concluir el siglo XVI el número de mestizos cuadruplicaba en Chile al de europeos, mientras el de indígenas no cesaba de decrecer. Hacia 1700 había unos cien mil mestizos por diez mil españoles y unos quince mil negros y mulatos, suponiendo los primeros dos tercios de la población total de la provincia.

Desde fecha temprana se importaron negros para que trabajaran como esclavos en minas y chacras. Entre 1555 y 1615 se vendieron tres mil negros en Chile, lo que lleva a deducir la introducción de al menos dos mil africanos en ese período. De ellos un tercio fueron mujeres, siguiendo la política de la monarquía de favorecer la reproducción en América de los esclavos. El clima templado propició la fácil adaptación de esta población hasta la latitud de Santiago, ciudad en la que constituían un núcleo destacado del vecindario. Su peso porcentual en la población total siempre fue inferior al de la población hispana y mestiza blanca. La introducción de mayor cantidad de población masculina negra permitía que la unión con mujeres de raza mestiza o indígena o blanca hiciese que se fuese diluyendo por mestizaje.

Las ciudades y el comercio

La noche del 13 de mayo de 1647 un terremoto destruyó Santiago. Los edificios construidos en un siglo de Colonia se vinieron abajo. Los templos, los edificios civiles, la mayor parte de las viviendas quedaron reducidos a escombros sepultando más de seiscientos vecinos: «Al punto que comenzó a temblar —escribiría el cabildo—, comenzaron a caer los edificios que se habían hecho en el discurso de más de cien años, y con notable sentimiento en toda la Ciudad ni en su jurisdicción, no quedó ninguno chico ni grande que no se hubiese de habitar, después de remendado, con grandísimo riesgo».

El fuerte y prolongado movimiento de tierra provocó el pánico en la población y generó un piadoso clima colectivo entre los españoles y cierto temor a que la situación fuera aprovechada por los esclavos o los indígenas para pretender una rebelión.

La recuperación de la ciudad estuvo además plagada de dificultades. Una epidemia de tifus propagó la muerte entre los supervivientes, llevándose dos mil almas. La Corona española eximió a los pobladores del pago de tributos para facilitar la recuperación de la ciudad, pero aun así sería muy lenta debido a que el clima económico ayudaba bien poco.

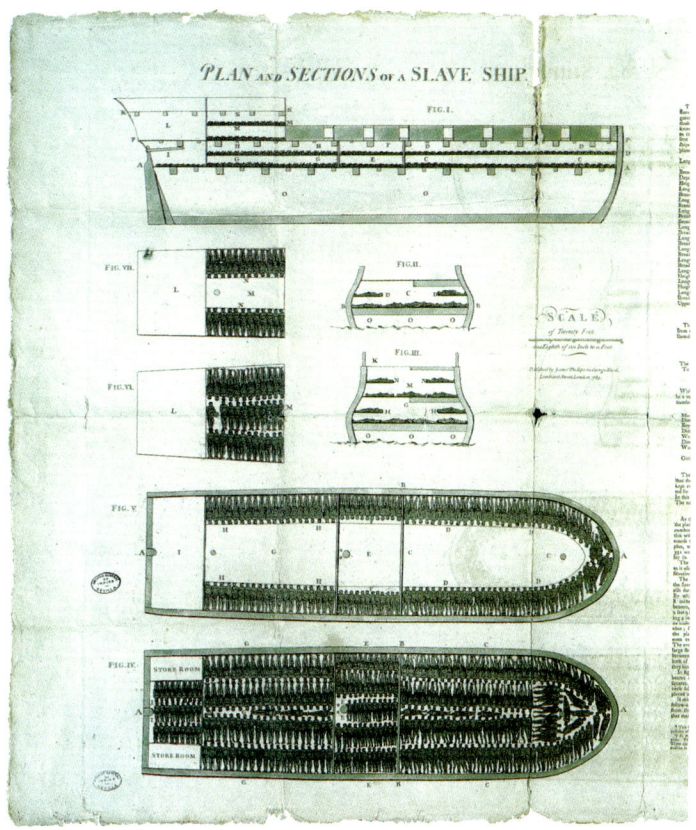

En barcos como éstos fueron transportados miles de esclavos desde sus tierras de origen en el continente africano hasta América para trabajar en las minas y los campos de cultivo. En Chile se calcula que se llegaron a introducir en la segunda mitad del siglo XVI y principios del XVII unos dos mil negros. La benignidad del clima templado en la latitud de Santiago contribuyó a la adaptación de esta población.

Primeros tiempos de la Colonia

> ### DIFICULTAD Y EMPEÑO DE LA COLONIZACIÓN DE CHILE
>
> La guerra de Arauco alteró por completo las líneas de lo que hasta entonces había sido la conquista de América por parte de los castellanos. Una línea fronteriza en guerra, un adversario no doblegado, un ejército permanente y profesional.
>
> El estado de conflicto semipermanente en que se encontraba Chile durante los siglos XVI y XVII pudo soportarse debido a las etapas intermedias en que remitía la actividad bélica. Los períodos de calma inestable se hicieron más frecuentes a medida que avanzaba el Setecientos, quedaba explícita la renuncia española a la conquista de la Araucanía y los indígenas mapuches entraban en un proceso de sometimiento a la influencia cultural hispana.
>
> La tarea colonizadora fundada por Pedro de Valdivia no dejó de encontrar serios inconvenientes. La sociedad colonial se mantuvo en límites muy estrechos y su economía no bastó para sostener siquiera la defensa del país. La situación disuadió durante mucho tiempo el establecimiento de una nueva población llegada de España o de otros lugares del continente europeo. Al concluir el siglo XVI, el número de europeos, entre tropa y colonos, apenas si alcanzaba los cuatro mil, de ellos, medio centenar de mujeres. Un siglo después, hacia 1700, la cifra únicamente llegaba a diez mil personas.
>
> La colonización progresaba con tantas dificultades como problemas hallaba la Conquista, pero la decisión de mantener ésta y de asegurar el control del estrecho de Magallanes, al que comenzaban a asomarse otros países europeos con los que la monarquía hispánica no mantenía precisamente buenas relaciones, forzó el mantenimiento de las posiciones y la necesidad de dominar la región que se interponía en la marcha hacia el sur, una zona que por su densidad demográfica podía proporcionar además el mayor volumen de indígenas encomendados, dado el fuerte descenso de la población nativa al norte del Biobío ■

En el mes de marzo de 1657 el temblor volvía a producirse algo más al sur, destruyendo Concepción y agravando los efectos del desastre al sobrevenir un maremoto que cerró la huida de los pobladores.

La destrucción de un centro administrativo y mercantil como Santiago vino a unirse al declive que la ciudad venía experimentando desde la década anterior. El descenso de los precios de los productos chilenos en el mercado peruano ocasionó una merma de beneficios primero y el empobrecimiento después. A mediados del siglo XVII Chile conoció el estancamiento y la decadencia. Cuando se ordenó rebajar la moneda de ocho a seis reales para paliar un fraude en la acuñación efectuada en Potosí, los precios de todos los artículos importados se elevaron y los comerciantes se llevaron al Perú la moneda de valor bueno y dejaron la depreciada.

Con todo, la reconstrucción de Santiago se vio apoyada por la incorporación de un nuevo impuesto sobre las mercancías llevadas a Valparaíso para su embarque y otro sobre la exportación. Con esos ingresos pudieron levantarse nuevos edificios civiles y religiosos, se construyeron puentes y se dotaron servicios.

Al finalizar el siglo XVII las obras estaban concluidas y Santiago era una nueva ciudad, con nuevos barrios y gran número de huertos y jardines. Los comerciantes habían ganado protagonismo social y enlazaban con las familias más notables y añejas. La ciudad reunía unas mil viviendas y el conjunto de la población, sin distinciones étnicas, llegaba a 12 000 habitantes.

La sociedad colonial en el siglo XVII

Un *machitún*, modo de curar a los enfermos, según Gay. Los hechiceros se transformaron en los «machis», curanderos que remediaban las fiebres, indigestiones, reuma, y otros males menores con hierbas que posteriormente serían incorporadas a la farmacopea occidental.

La sociedad indígena

La situación de guerra contra los españoles y el despoblamiento de las tierras limítrofes, escenario de incursiones o de retiradas estratégicas, empujó a los mapuches a buscar pastos para su ganado más allá de los Andes. Al mismo tiempo se quiso contrarrestar la destrucción de cosechas y la pérdida de ganado capturando el que campaba libre en la Pampa y las tierras patagónicas. El sentido seminómada de los mapuches estimuló esta movilidad, favorecida por la rápida adaptación al empleo del caballo, que permitió recorrer distancias más largas. En el siglo XVII los araucanos, que en el enfrentamiento con los españoles habían ganado un grado de identidad étnica antes fragmentaria, extendieron su influencia sobre los pueblos andinos, los puelches y los pehuenches, y empujaron hacia la Pampa a una parte de estos últimos, ayudando a difundir la cultura araucana en la región trasandina.

Evolución del pueblo mapuche

El contacto con los europeos supuso un gran cambio en el pueblo mapuche pese a la resistencia que ofreció a la integración durante siglos. La aparición de nuevos cultivos, como el trigo y la cebada, de animales que habrían de alterar por completo el dominio del medio y de la subsistencia, como el caballo, la vaca, la cabra y la oveja, permitió que a lo largo del siglo XVII, dentro del equilibrio definido en la relación de frontera una vez fue cediendo la guerra defensiva, comenzara a recuperarse la población araucana.

La utilización del hierro modificó los utensilios, las armas y los instrumentos de trabajo. Los objetos de hierro, los caballos en una primera época, el vino y los aguardientes constituyeron los capítulos más destacados del intercambio entre españoles y la población indígena. El uso del hierro modificó las técnicas de cultivo utilizadas tradicionalmente.

La cerámica de los países del norte (atacameños, aymarás y diaguitas) se puede incorporar perfectamente al universo de la forma. Junto a estas líneas, cerámica negra de procedencia atacameña.

Primeros tiempos de la Colonia

Tanto los desplazamientos como la relación con otros pueblos indígenas y los intercambios con los españoles incidieron de manera decisiva en la evolución interna de esta comunidad. El consumo en la pequeña unidad familiar o en el *cabi* (conjunto de familias relacionadas) dejó paso a la producción de excedentes, a su acumulación, a la reserva de una parte en previsión de dificultades y a la comercialización del resto. En definitiva, se iba entrando en una economía mercantil cuyos efectos para la población autóctona serían tan profundos como el encuentro con los españoles.

De la destrucción de sementeras practicada por los españoles en su expansión militar para rendir al adversario por hambre se extrajo la consecuencia de la necesidad de producir más, de hacer reserva, de sembrar varias veces, de cultivar cereales de floración más temprana, etcétera. El creciente comercio obligó a disponer de medios de pago aceptables por todos, lo más equiparables al valor de los intercambios y que pudieran transportarse con facilidad. Como en otras latitudes y en otras épocas ante situaciones similares, el resultado fue la progresiva metalización de esa economía. Plata y oro sirvieron al comercio, pero también se convirtieron muy pronto en distintivos de riqueza e influencia social, principalmente en manos de los caciques, de los conductores en las pasadas guerras y de quienes fueron ocupando los lugares más destacados de una estructura social en patente proceso de diferenciación.

Los signos del poder, sin embargo, estaban en consonancia con las características de la población indígena y del nivel de su desarrollo, de modo que guardaban relación con la presencia física (adornos personales) y con los elementos relacionados con lo que en sí mismo era un símbolo, el caballo: arreos y arneses de plata gozaron de fama entre los araucanos.

En general, la colonización europea supuso para la población indígena la ruptura de la comunidad aborigen que en el pasado había supuesto un elemento sustantivo de la cohesión indígena sobre la que descansaba la relación familiar gentilicia, el apoyo y la protección mutua, la defensa del colectivo, los usos de la tierra y de los bosques, la práctica en coordinación de la caza. En suma, supuso la desestructuración de la comunidad y la pérdida de la identidad propia.

■ ■ ■ ■

■ Era grande el valor que los araucanos otorgaban tanto a la paz como a la guerra. El cacique era el jefe de la paz y en la guerra se nombraba un jefe bélico, el *toqui*, cuya enseña podemos ver en la ilustración.

El período ilustrado

El período ilustrado

El territorio de la Capitanía General de Chile. Las grandes expediciones

Los límites de la Capitanía General de Chile quedaron establecidos a lo largo del siglo XVIII. En efecto, fue durante esta centuria cuando se logró una colonización más efectiva del territorio chileno, un conocimiento más exhaustivo de sus costas, así como la incorporación de vastos espacios hasta entonces inexplorados.

Expediciones por el norte chileno

El siglo XVIII se caracterizó por el afán de algunos estados europeos —Francia, Gran Bretaña, España— de promover expediciones marítimas para alcanzar un mayor conocimiento del mundo. Dentro de este interés se inscribe la importancia territorial y geoestratégica de Chile.

En la primera mitad de la centuria destacaron las expediciones de los franceses Louis Feuilleé y Amédée-François Frezier (1682-1773), de carácter científico, y la de los españoles Jorge Juan (1713-1773) y Antonio de Ulloa (1716-1795), quienes realizaron un estudio sobre la sociedad y la administración chilenas (1735).

El marino británico John Byron (1723-1786) recorrió las costas del Atlántico, entre el cabo de Buena Esperanza y el estrecho de Magallanes. Su propósito no sólo era descubrir las riquezas de esas tierras, sino también confirmar la existencia de un gran continente austral, según relataban algunas leyendas. Su expedición se realizó entre 1764 y 1766 y sirvió, sobre todo, para establecer una carta marítima más exacta que las que existían hasta aquel entonces.

El Siglo de las Luces, el XVIII, influyó en el quehacer científico de todo el orbe. Todas las metrópolis europeas y sus colonias se vieron implicadas en lo que se llamó Iluminismo. A la izquierda, grabado de la *Relación histórica del viaje a la América Meridional*, de Antonio de Ulloa y Jorge Juan. En la página opuesta, escena campesina: el juego de bola, según Gay.

Poco después fue el francés Louis-Antoine de Bougainville (1729-1811) quien exploró el estrecho de Magallanes. La carta marítima que éste confeccionó no fue tan precisa como la de Byron. No obstante, su libro de viajes titulado *Voyage du Monde* (1771) supuso una renovación de los conocimientos geográficos sobre estas tierras australes y reunió una valiosa información sobre los indígenas fueguinos.

Este interés por el conocimiento del territorio chileno favoreció, durante el último tercio del siglo XVIII, la realización de nuevas expedicio-

El período ilustrado

El territorio que reivindicaba la Corona española y que en general se llamaba Chile, Reino de Chile, o Capitanía General, fue un país desmembrado hasta finales del siglo XIX; es decir, que España nunca tuvo soberanía sobre la Araucanía entre los paralelos 24 y 42 Sur. Para visitar los territorios del sur, los españoles debían eludir la Araucanía en barco y llegar, por ejemplo, a Ancud, en la isla de Chiloé. Arriba, el fuerte de esa ciudad.

nes, como la del capitán británico James Cook (1728-1779) a Tierra del Fuego, promovida por la Sociedad Real de Londres en 1768. Jean-François de Galaup (1741-1788), conde de La Pérouse, confeccionó una carta marítima de la bahía de Talcahuano en 1786. Una expedición al mando de Antonio de Córdoba, enviada por el rey Carlos III, estableció entre 1785 y 1788 una ruta por el cabo de Hornos, dadas las tremendas tempestades que se desataban en las aguas del estrecho de Magallanes. Y Alejandro Malaspina (1754-1819), marino de origen italiano al servicio de España, partió del puerto de Cádiz en 1789 y llegó a Chiloé. Recorrió toda la costa del Pacífico hasta los 61° de latitud Norte (Alaska), completando los estudios geográficos que sobre estas costas se tenían.

Expediciones en la costa meridional

En 1768 Carlos Berenguer, gobernador de Chiloé, fundó en la bahía de Ancud la fortaleza de San Carlos de Chiloé, que sirvió como punto de partida de múltiples expediciones que tenían por finalidad explorar los canales y archipiélagos del sur del territorio. En 1769, desde este lugar, Francisco Machado llegó hasta el canal de Fallos. Entre 1778 y 1779 varios misioneros franciscanos exploraron los canales hasta los 47° de latitud a fin de evangelizar a los nativos. José de Moraleda recorrió en 1788 la costa entre los ríos Maullín y Palena, así como la desembocadura del río Aisén y el lago Todos los Santos, realizando trabajos hidrográficos muy completos.

Por su parte, George Vancouver (1757-1798), uno de los más famosos expedicionarios británicos, llegó a Valparaíso en 1795 y recibió la hospitalidad del gobernador Ambrosio O'Higgins, debido a las buenas relaciones existentes por entonces entre la monarquía inglesa y la española, en el contexto de las guerras antirrevolucionarias contra Francia. De vuelta, atravesó el cabo de Hornos y escribió en su libro *A voyage of disco-*

El territorio de la Capitanía General de Chile. Las grandes expediciones

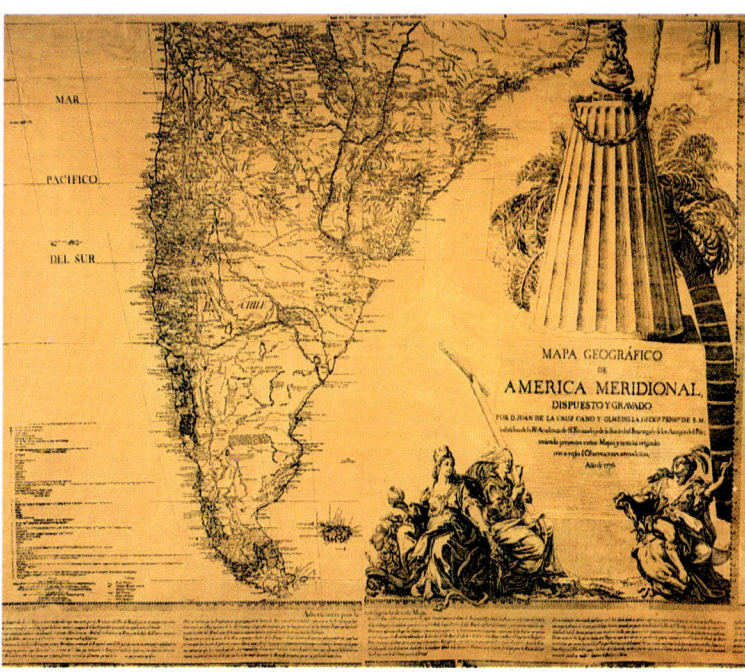

very un capítulo muy interesante sobre las características geográficas y sociales de Chile.

El estudio del sur chileno se completó con varias expediciones a la Patagonia oriental, que mejoraron el conocimiento del territorio entre el seno de Reloncaví y el estrecho de Magallanes.

Los jesuitas, en primer lugar, y luego los franciscanos fundaron diversas misiones en busca de la mítica «ciudad de los Césares». Pero la misión jesuítica situada cerca del lago Nahuel Huapi fue destruida por los indígenas poyas en 1717. Por su parte, los franciscanos prosiguieron este camino a finales de siglo, aunque sin ningún resultado concreto.

A principios del siglo XIX se hicieron frecuentes los viajes entre las ciudades de Santiago y Buenos Aires, al otro lado de la cordillera de los Andes. Estas expediciones partían de Chillán, atravesaban la Pampa y llegaban a Buenos Aires, regresando luego por el paso del Antuco. También cruzaban por Mendoza.

Los límites de la Capitanía General de Chile en el siglo XVIII

El geógrafo oficial de la Corona española, Juan de la Cruz Cano y Olmedilla, publicó en 1775 un mapa en el que la Capitanía General de Chile aparecía dividida en dos zonas: el Chile moderno, que se extendía entre la cordillera de los Andes y el Pacífico, y el Chile antiguo, una extensa región que se prolongaba entre los ríos Diamante y Quinto, la cordillera de los Andes, el Atlántico y el cabo de Hornos, lo que constituía la Patagonia, también conocida con el nombre de Tierras Magallánicas.

La creación del Virreinato del Río de la Plata (1776) varió la situación, ya que quedó incluida en su territorio la provincia de Cuyo, por lo que el límite oriental chileno se estableció a lo largo de la cadena andina y los ríos Diamante y Quinto en la costa atlántica hasta los últimos confines australes del continente ■

La creación de un nuevo virreinato en el Río de la Plata dejó Chile reducido, más o menos, a la configuración actual. En 1775, el geógrafo real Juan de la Cruz Cano y Olmedilla, publicó un mapa de Chile que comprendía un territorio enorme entre el Pacífico y el Atlántico.

El viaje de Frezier a Chile, realizado a principios del siglo XVIII, fue muy provechoso. Recorrió Copiapó, La Serena, Santiago y Concepción, levantando planos, mapas y dibujos. En el centro, grabado de la isla de Hornos.

El gobierno de Chile en el siglo XVIII

El «siglo de la Ilustración» también llegó a los dominios americanos. Durante el reinado de Carlos III (1759-1788), máximo representante en España del despotismo ilustrado, la Corona decretó una serie de medidas reformistas y comenzó a nombrar profesionales en la administración para desempeñar el cargo de gobernadores o capitanes generales en Ultramar.

Una nueva generación de gobernadores

A diferencia de los gobernadores anteriores, los hombres designados por Carlos III conocían las necesidades de Chile. Además, las estables relaciones fronterizas entre las autoridades del reino y los mapuches hicieron que la administración española optara por personas sobresalientes en la vida civil antes que por destacados militares. Los ejemplos son significativos: Guill y Gonzaga, Jáuregui, Benavides, O'Higgins, entre otros.

Juan Andrés de Ustáriz Vertizberea

La transición hacia esta nueva generación de gobernantes fue iniciada por Juan Andrés de Ustáriz Vertizberea (1656-1718), un antiguo comerciante vasco con el que se rompió la tradición de los gobernadores militares.

Inició su mandato (1709-1716) con dificultades, puesto que el cabildo se negó a prestarle el juramento de fidelidad, y su gobierno se caracterizó por su complacencia con el contrabando. Desde Saint-Malo, los contrabandistas franceses comerciaban a sus anchas, en especial con Concepción, de lo cual se beneficiaba, en principio, la aristocracia criolla, que compraba objetos de lujo a bajos precios. Por otra parte, en su afán por contentar a los militares, Ustáriz promovió los ascensos hasta crear un ejército macrocefálico, con más oficiales que soldados.

Su gobierno estuvo presidido por la paz. Sólo la llegada de una expedición corsaria comandada por Woodes Rogers inquietó en esos años las costas chilenas. Esta expedición pirata recogió en la isla de Más a Tierra, en el archipiélago de Juan Fernández, a un náufrago que había vivido varios años allí en soledad. El relato fue trasladado a la literatura por Daniel Defoe en su célebre novela *Robinson Crusoe*.

Respecto a la contienda con los indígenas, se estableció la paz a partir del parlamento de Tapihue. Este período de paz le sirvió al gobierno para destinar parte de su presupuesto a la realización de importantes obras civiles, como el Palacio del Gobernador y la Casa de Recogidas (que alojaba a las mujeres que habían abandonado la «mala vida»), la ampliación de la Audiencia con nuevas salas y la mejora del hospital.

No obstante, las acusaciones lanzadas contra el gobernador por permitir un contrabando tan escandaloso dieron como resultado la celebración de un juicio de residencia que provocó su destitución y el nombramiento interino de José de Santiago Concha y Salvatierra, oidor de la Real Audiencia de Lima.

Gabriel Cano y Aponte

Gabriel Cano y Aponte (1665-1733) continuó la política de realizar «parlamentos» con los indígenas, lo que significó varias décadas de paz en la frontera. Su tarea de gobierno (1717-1733) se caracterizó, asimismo, por su predisposición a acabar con el contrabando y la piratería, que se habían incrementado con la llegada de corsarios ingleses y holandeses, los cuales se sumaban a las constantes incursiones de los piratas franceses.

La labor de pacificación se vio facilitada por un aumento en las relaciones fronterizas, la prédica de los jesuitas, un incremento de las relaciones comerciales mediante el intercambio de animales, lanas y tejidos por parte de los indígenas, y hachas, cuchillos, adornos, aguardiente y vino, por parte de los comerciantes. El gobernador creó un cuerpo de ejército denominado «capitanes de amigos», con el fin de mantener la paz con las tribus aliadas. Pero algunos de estos capitanes subestimaron a los mapuches, obligándoles a tremendas exacciones que provocaron en 1723 una de las rebeliones más importantes de toda la época colonial, en la que fue asesinado el capitán Pascual Delgado. Para sofocar el alzamiento, Cano y Aponte reclutó un ejército integrado por cuatro mil hombres, pero no hubo derramamiento de sangre porque, tras llegar a un entendimiento con los caciques, el gobernador retiró a sus hombres tras la frontera del Biobío. Los acuerdos de paz concluyeron con el parlamento de Negrete (1726), que estableció las bases de un largo período de paz. Bajo su gobierno se estableció la línea de frontera en el Biobío como definitiva y se abandonó la idea de conquistar la Araucanía.

El gobierno de Cano y Aponte se distinguió por promover las fiestas urbanas —a las que la ciudad de Santiago era tan ajena en esa época— por lo que corridas de toros, juegos de cañas, de sortijas y estafermo y, sobre todo, las carreras de caballos, fueron práctica común a partir de entonces. Esta preocupación por la ciudad llevó al gobierno a crear servicios y realizar mejoras urbanas con el establecimiento de un sistema de prevención de incendios, la fundación de un cementerio para pobres fuera de la ciudad, el control de normas higiénicas, además de promover tempranamente la creación de una universidad. Sin embargo, el crecimiento urbano se vio interrumpido el 8 de julio de 1730 cuando un gran temblor de tierra sacudió Santiago. Después del terremoto, lluvias torrenciales produjeron considerables daños materiales en la capital; los templos de Santo Domingo y la Merced se derrumbaron, las torres de la catedral, de San Agustín y de la Compañía cayeron, y casi la mitad de las casas de la ciudad quedaron destruidas. El sismo no sólo afectó a Santiago, sino que se extendió desde La Serena hasta Valdivia, incluida la zona marítima en la que se produjeron grandes mare-

Gabriel Cano y Aponte fue un gobernante ilustrado, con genio político y talante liberal. Su extraño mandato se caracterizó por los buenos oficios en la pacificación de los indígenas (mediante el mestizaje y el comercio) y las negativas consecuencias del terremoto de 1730.

El período ilustrado

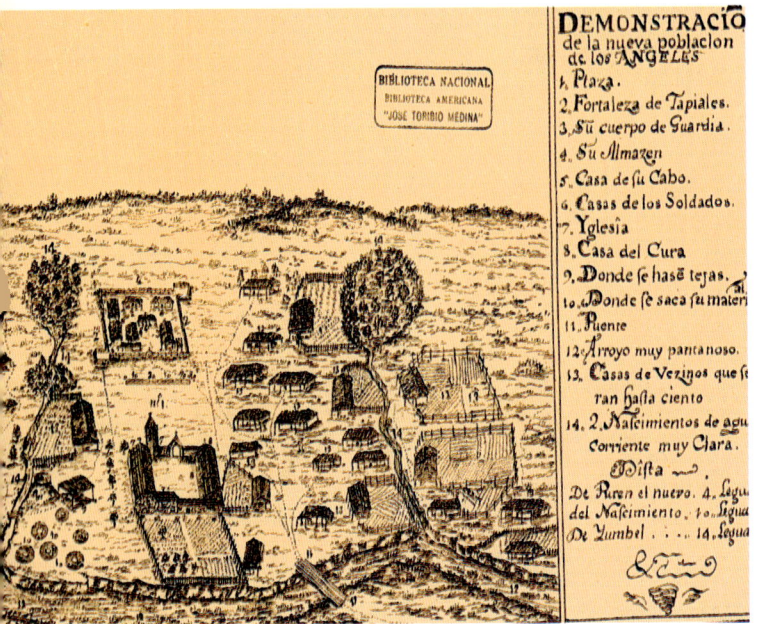

José Antonio Manso de Velasco representa la cara humanista de la Colonia. Heredero de la época de gloria de Cano y Aponte, Manso de Velasco fue un fundador. Levantó ciudades y villas, entre ellas Los Ángeles, cuya materialización encargó al sargento mayor don Pedro de Córdoba y Figueroa. Arriba, un plano de Los Ángeles.

motos que anegaron Valparaíso. Las consecuencias fueron catastróficas: se perdió la cosecha de trigo y maíz, y los depósitos de sebo y charqui.

Y esto no fue todo, al terremoto le sucedieron, en 1731, una serie de pestes y una epidemia de viruela que diezmaron la población. Las medidas instrumentadas por Cano y Aponte sirvieron de paliativo. Se eximió del pago de impuestos por un período de tres años a los indígenas y se adelantó el situado para la provisión de fondos.

La muerte del gobernador en 1733, en un accidente cuando montaba a caballo durante una de las habituales fiestas urbanas, puso brusco fin a este mandato. En tal coyuntura, la Audiencia nombró interinamente en el cargo de gobernador a su oidor más antiguo, Francisco Sánchez de la Barreda y Vera. Pero el virrey lo desestimó y, en pugna con la Audiencia y el cabildo, nombró provisionalmente a Manuel de Salamanca, hasta la toma de posesión de José Antonio Manso de Velasco, el 15 de noviembre de 1737.

José Antonio Manso de Velasco

José Antonio Manso de Velasco (1688-1767) era brigadier y miembro de la Orden de Santiago. Su mandato (1737-1744) inauguró una etapa de credibilidad generalizada respecto de los gobernadores en territorio chileno. Su primera actuación consistió en celebrar un parlamento con los mapuches en los llanos de Tapihue para renovar los acuerdos de paz que había suscrito su predecesor, evento que no fue obstáculo para que, al mismo tiempo, elaborara un plan militar para la conquista de Arauco.

Su labor más reconocida fue la política de fundación de ciudades, tarea que respondía al incremento de la población que había experimentado la gobernación chilena en los últimos decenios. Para ello tuvo que disputar a los hacendados las tierras susceptibles de urbanizar, conseguir que los inquilinos marcharan a las urbes y suscribir el compromiso de construir la iglesia parroquial, la casa del cura, el cabildo y la cárcel en las nuevas ciudades. Pese a las aportaciones de la Hacienda Real, la mayor parte del presupuesto para las fundaciones provino de las contribuciones de los propios vecinos. Pero estas fundaciones tuvieron un desarrollo lento y los núcleos de población no alcanzaron el título de villa hasta más tarde. Debido al crecimiento agrícola se fundaron San Felipe, Los Ángeles, Cauquenes, San Fernando, Melipilla, Rancagua y Curicó, entre los años 1740 y 1743, mientras que, como centro minero, se fundó en 1744 la villa de San Francisco de la Selva (actual Copiapó).

Durante el gobierno de Manso, la Corona española estableció el sistema de navíos de registro con Francia, Inglaterra y Holanda. Estos barcos, cargados de mercancías con destino a América, se inscribían tanto a la ida como a su regreso en Cádiz a fin de poder controlar su carga. El incremento de relaciones comerciales favoreció la concesión de un juez en el Consulado de Lima a los comerciantes chilenos, con lo que se obtuvo al menos la presencia de los intereses comerciales chilenos en el Perú. Además produjo una baja de los precios en América. La obra de José Antonio Manso de Velasco fue reconocida por la Corona, que le promovió para el cargo de virrey del Perú el 24 de diciembre de 1744.

El gobierno de Chile en el siglo XVIII

Cataluña conectó con América a través de don Manuel de Amat y Junient (junto a estas líneas), gobernador de Chile desde 1755. Intentó pacificar Arauco y potenciar la economía del reino.

Felipe V creó en 1743 la Real Casa de Moneda y autorizó al comerciante Francisco García Huidobro (a la izquierda) a acuñar moneda.

Domingo Ortiz de Rozas

Tras el mandato interino de Francisco José de Obando Solís (m. 1754), el teniente general Domingo Ortiz de Rozas (1683-1756) fue nombrado gobernador de Chile el 24 de mayo de 1745.

Durante su mandato, que se prolongó durante una década (hasta 1755), prosiguió la tarea de su antecesor en cuanto a la fundación de poblaciones, si bien muchas de ellas fueron sólo establecimientos de postas: Quirihue, Coelemu, La Florida, Casablanca, Petorca, La Ligua, entre otras. La atracción que para la población rural ejerció la creación de nuevas urbes provocó la protesta de los hacendados debido a la reducida disponibilidad de mano de obra con la que se encontraban en sus haciendas. (De este problema se haría eco más tarde Carlos III, quien decretó temporalmente la suspensión de las fundaciones, lo que condujo a que éstas se convirtieran rápidamente en refugio de ladrones).

Entre otras obras, Ortiz de Rozas creó una fábrica de tajamares ante los constantes derrumbes de éstos a causa de las crecidas del río Mapocho. Bajo su gobierno se inauguró el 11 de marzo de 1747 la Real Universidad de San Felipe (que empezó a impartir clases en 1758), con diez cátedras que se mantenían gracias a las erogaciones de los vecinos y una aportación adicional del ramo de balanzas.

Cabe destacar que, tras las gestiones del doctor Tomás de Azúa e Iturgoyen en la Corte de Felipe V, se creó la Casa de Moneda en virtud de una Real Cédula de 1 de octubre de 1743. Un rico comerciante castellano, Francisco García Huidobro, pronto instaló la maquinaria que haría posible sellar la primera moneda en Chile: media onza con el busto de Fernando VI. Esta acuñación fue trascendental para el desarrollo económico chileno, puesto que subsanó la escasez de numerario en el mercado interior, impulsó el comercio y la minería, y proporcionó un poder de compra estable que permitió la regularización de impuestos. Este progreso económico se vio interrumpido por un nuevo terremoto el 23 de mayo de 1751, que asoló la ciudad de Concepción y sus zonas adyacentes.

Manuel de Amat y Junient

El noble catalán Manuel de Amat y Junient (1704-1782) fue nombrado gobernador de Chile el 28 de diciembre de 1755. Su carácter arbitrario y autoritario contrastó con el de sus pre-

El período ilustrado

decesores y chocó, en reiteradas ocasiones, con la aristocracia peninsular y criolla, fundamentalmente por la aplicación de los presupuestos políticos del despotismo ilustrado.

Amat recibió durante su gobierno (1755-1761) el encargo de la Corona española de fundar poblaciones en territorio mapuche. El objetivo era su integración a la sociedad colonial. Para cumplir con ello se fundaron diversos pueblos en la frontera: Santa Bárbara, Talcamávida, Hualqui y Nacimiento. El gobierno organizó, en 1758, el cuerpo de los Dragones de la Reina, encargado de la seguridad del territorio. Este aspecto estaba descuidado y preocupaba a las autoridades, dada la cantidad de partidas de bandoleros y ladrones que asolaban no sólo las zonas rurales sino también las ciudades, desde la frontera del Biobío hasta las cercanías de la propia Santiago.

Dicha problemática se agravaba debido a la relación entre los ladrones de reses, la venta de éstas a bajo precio a algunos estancieros y la complicidad de los corregidores en las transacciones ilegales. Todo ello, ante la pasividad del ejército, cuando no con su colaboración.

La actitud enérgica del gobernador Amat ante el bandolerismo, por un lado, le granjeó la animadversión de funcionarios y comerciantes peninsulares, relacionados algunos de ellos en este comercio delictivo pero fructífero, aunque, por otro, le supuso el reconocimiento del propio monarca, que lo promovió a virrey del Perú (1761).

En cuanto a las reformas urbanas, el gobernador ordenó la supresión del mercado de la Plaza de Santiago, porque se había convertido en un foco de infección más que en un lugar de abastecimiento de alimentos. Un nuevo mercado fue emplazado en el lado oriente de la plaza, dejando una calle libre, la «avenida de los Baratillos».

Además, puso en funcionamiento, diez años después de su fundación, la Real Universidad de San Felipe, nombrando a los profesores para la mayoría de cátedras que ya estaban proyectadas. Por último, y en su afán de servir a la monarquía, preparó una famosa descripción geográfica de

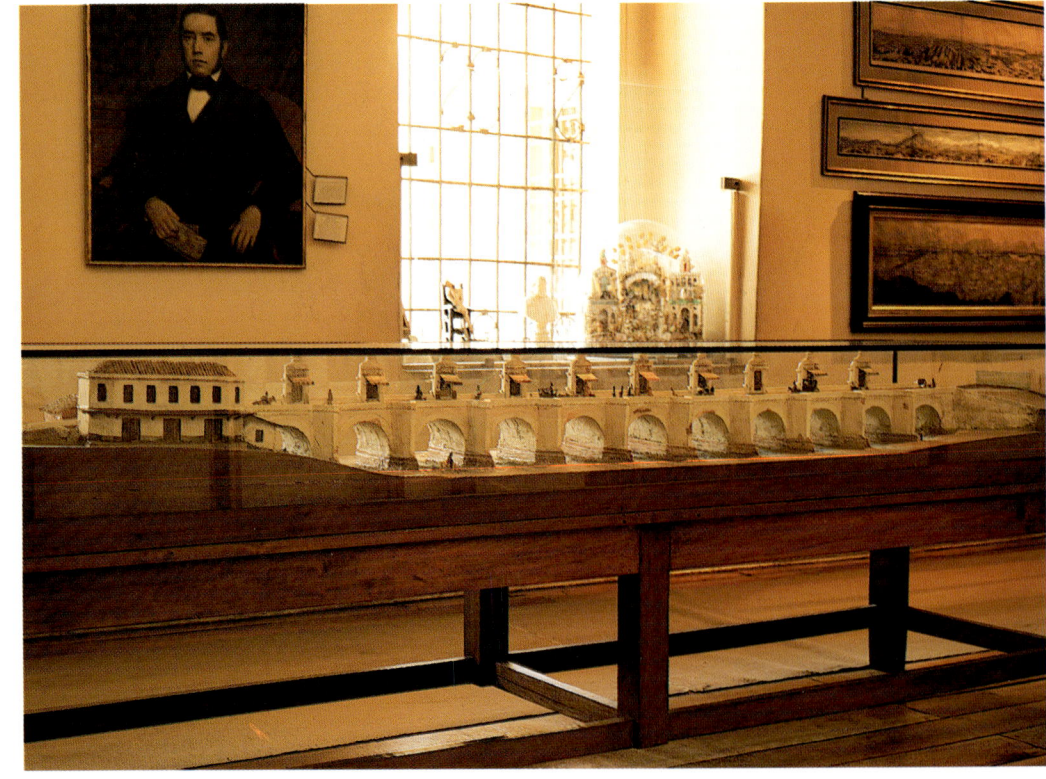

No se mentiría si se afirmara que Joaquín Toesca fue el arquitecto y constructor más notable de la historia de Chile colonial. Autor del edificio del Palacio de la Moneda, intervino en muchas obras públicas y privadas. En Santiago construyó el puente de Cal y Canto, sólida comunicación sobre el Mapocho, realizado con una mezcla de ladrillo, argamasa y clara de huevo. La maqueta del mismo está en el Museo Histórico Nacional.

Chile, cuya finalidad era ilustrar e informar de las cualidades del clima, suelo y otros aspectos generales del territorio.

Antonio de Guill y Gonzaga

Tras el mandato interino de Félix de Berroeta (m. 1768), el nuevo gobernador fue Antonio de Guill y Gonzaga (1715-1768), un brigadier que descendía de una ilustre familia noble italiana.

Su carácter poco enérgico y un tanto místico contrastaba con su predecesor y, sobre todo, con el corregidor de Santiago Luis Manuel de Zañartu, en quien delegó la mayor parte de las tareas de gobierno. El propio Zañartu, preocupado por los múltiples asesinatos y la proliferación de delincuentes, puso en marcha un plan para proporcionar trabajo mediante la construcción de obras públicas a la multitud de desocupados que había en la capital y que recurrían a la delincuencia para resolver sus necesidades cotidianas. Entre estas obras cabe destacar la construcción, en tres años, del acueducto de la quebrada de Ramón, el levantamiento de nuevos tajamares y, sobre todo, del puente de Cal y Canto (1762), una de las grandes obras públicas construidas en la época de la Colonia.

Otros hechos relevantes acaecidos durante el gobierno de Guill y Gonzaga (1762-1768) fueron los avances dentro del ámbito de la medicina, como la aplicación de la vacuna contra la viruela, y la fundación de nuevas poblaciones, como Rere, Yumbel y Tucapel el Nuevo.

El gobernador era un hombre muy religioso, por lo que la orden de expulsión de los jesuitas, que cumplió el 26 de agosto de 1767, le provocó una profunda crisis personal. La Compañía de Jesús gozaba de una gran influencia en los ámbitos económicos y culturales chilenos, motivo por el cual su retirada se acusaría considerablemente en el futuro de la gobernación. Guill, consciente de este problema y para paliar el deterioro en el ámbito de la educación, fundó el colegio Carolino y reabrió el convictorio de San Francisco Javier.

JUAN IGNACIO MOLINA

Nacido el día 23 de junio de 1740, en la hacienda de Guaraculén, entre los ríos Maule y Loncomilla, Juan Ignacio Molina González fue una de las destacadas personalidades de la intelectualidad chilena que, debido a su condición de jesuita —se había incorporado a la Compañía de Jesús a la edad de quince años en el pueblo de Bucalemu—, fue expulsado de la Gobernación de Chile en 1767. Tras una temporada en Lima y en España, se desplazó a tierras italianas; primero a Imola, y luego a Bolonia, donde residiría hasta su muerte. En esta última ciudad publicó en 1776 su *Compendio della storia geografica, naturale e civile del regno del Chili*, con el que inició una serie de notables escritos científicos.

Al heredar la hacienda paterna, el abate Molina intentó regresar a su tierra natal, pero sus posesiones fueron confiscadas en 1817 por orden del director supremo Bernardo O'Higgins.

Tres años más tarde, los bienes le fueron devueltos gracias a una disposición del Senado y entonces el jesuita los cedió al Instituto de Talca. Sus restos mortales fueron repatriados gracias a las gestiones del historiador (e intendente de Santiago) Benjamín Vicuña Mackenna.

El abate Molina, una de las víctimas de la orden de expulsión de los jesuitas.

El período ilustrado

Agustín de Jáuregui y Aldecoa hizo una política dirigida a pacificar Arauco y a controlar severamente la vida ciudadana. Bajo su mandato se llevó a cabo el sistema de «embajadas»: altos dignatarios mapuches venían a vivir a Santiago como garantes de los acuerdos firmados.

Juan de Balmaceda y Censano

Tras Guill y Gonzaga, ocupó interinamente la gobernación el oidor decano de la Real Audiencia, Juan de Balmaceda y Censano (m. 1778), designado por el cabildo de Santiago. Nada más tomar posesión de su cargo, el gobernador tuvo que hacer frente a una importante revuelta de mapuches y pehuenches que en los primeros meses de 1769 devastaron las estancias de la región del Laja, y extendieron rápidamente la rebelión a la del Biobío.

Francisco Morales Castejón y Arroyo

A Balmaceda le siguió Francisco Javier Morales Castejón y Arroyo (1696-1774), quien pronto tuvo que enfrentarse a los indígenas. En 1770, los toquis Curiñanco y Taipilabquén derrotaron a un ejército de doscientos soldados. El conflicto se resolvió con la paz de Negrete, en virtud de la cual la administración colonial accedía a un pago económico y en especie —seis mil vacas— a cambio del cese de las hostilidades. El mandato interino de Morales duró casi tres años, hasta la llegada del mariscal de campo Agustín de Jáuregui, que fue designado nuevo gobernador de Chile en julio de 1772.

Agustín de Jáuregui y Aldecoa

Agustín de Jáuregui y Aldecoa (1711-1784) era miembro de una familia nobiliaria de Navarra. Al igual que Amat y Juniet, puso en práctica, al frente de la gobernación (1772-1780), una política enérgica en materia de seguridad ciudadana, dictando medidas taxativas y severas contra los ladrones, vagos o mendigos y aquellos que violaran el toque de queda.

Respecto al difícil problema de la Araucanía, desarrolló una estrategia que fue bien recibida en la Corte y que consistía en costear los gastos de los embajadores de cada *vutalmapu* (comunidad o agrupación de indígenas) para que residieran en Santiago. Los embajadores tendrían la misión de garantizar en la capital chilena los acuerdos de paz suscritos entre el gobernador y los caciques. En abril de 1774 llegaron los primeros a Santiago, y fueron condecorados y agasajados por las autoridades. Pero su culturización no fue tan rápida como se suponía.

Jáuregui propuso entonces una nueva iniciativa para solucionar el problema de la frontera, que también estaba en consonancia con los principios ilustrados de la monarquía de Carlos III y que consistía en ganar la confianza de los mapuches a través de la educación. Tal disposición se hizo efectiva cuando el colegio de San Pablo aceptó a niños mapuches en sus aulas. No obstante, la medida no se tradujo en efectos concretos e inmediatos y pronto fue abandonada.

Más prácticos y efectivos fueron los logros alcanzados en otros ámbitos, como la conclusión de la catedral de Santiago, la ampliación del colegio Carolino, la fundación de la Academia de práctica forense y, sobre todo, la elaboración de un censo en 1778.

Bajo el mandato de Jáuregui se pusieron en práctica dos medidas muy importantes para la época. La primera fue el decreto sobre libertad de comercio (1778) y la segunda, que afectó especialmente a Chile, la segregación de la provincia de Cuyo (1779): hasta entonces chilena, esta provincia se incorporaba al Virreinato del Río de la Plata, y así ciudades importantes como Mendoza, San Luis y San Juan pasaban a depender de la administración bonaerense.

En mayo de 1778 se produjo una gran inundación por el desbordamiento del Mapocho, a la que siguió una gran epidemia de peste que, desde Santiago, se extendió entre la población mapuche y provocaría una alta mortalidad.

En 1780 Jáuregui fue nombrado virrey del Perú como compensación a sus méritos.

Tomás Álvarez de Acevedo

A Jáuregui le sucedió interinamente el regente de la Audiencia Tomás Álvarez de Acevedo. En su corto gobierno, de apenas cinco meses, pudo aplicar la reforma de los alcaldes de corte y de barrio. Esta medida comportó la promulgación de una importante ordenanza urbana de higiene, juego, tabernas, niños expósitos, mendigos y enfermos, que puso orden en muchas ciudades.

Ambrosio de Benavides Medina Liñán

Entre 1780 y 1787 gobernó Chile Ambrosio de Benavides Medina Liñán y Torre (1718-1787), un brigadier de avanzada edad y caballero de la Orden de Carlos III, que tenía gran experiencia en la administración americana.

Su gobierno se caracterizó por la construcción de edificios y de obras de utilidad pública, como puertos y caminos. Algunos ejemplos de estas construcciones fueron la Casa de la Moneda, el edificio de la cárcel y el cabildo (según planos de Toesca y Badarán, acabado en 1790). Además se reanudó la obra de los tajamares del Mapocho destruidos por la inundación de 1783. En efecto, una nueva inundación de gran envergadura se había producido en Santiago al desbordarse el río el 16 de junio de 1783. Sin duda, fue la catástrofe más grave sufrida por la ciudad en este período, dado que las pérdidas, tanto materiales como de vidas humanas, fueron cuantiosas.

Por otra parte, Benavides puso en práctica durante su administración las nuevas disposiciones de la Ordenanza de Intendentes (1782), que de-

Ambrosio O'Higgins encarna sin paliativos al mejor gobernante de la Colonia. Digno producto del Siglo de las Luces, no escatimó energía en el desempeño de toda suerte de actividades, desde los problemas de la administración a los del orden público, desde el acuciante conflicto indígena al de las costumbres y usos sociales.

terminaban que se suprimieran los corregidores y fueran sustituidos por subdelegados que actuaban como jefes de partido y dependían de los intendentes. Con la nueva estructura admistrativa, la Capitanía General de Chile quedó dividida en dos intendencias: Concepción y Santiago. Por su parte, Valdivia quedó bajo la jurisdicción del gobernador de Chile. Benavides fue nombrado intendente de Santiago y Ambrosio O'Higgins, de Concepción.

Ambrosio O'Higgins

Ambrosio O'Higgins (1720-1801) era un comerciante de origen irlandés. Nació en Ballenary y hacia 1761 llegó a Chile como ingeniero para dirigir los trabajos de la fortificación de Valdivia. Ocupó numerosos cargos dentro de la administración española: comisario de guerra; coronel; intendente de Concepción, gobernador de Chile, virrey del Perú y marqués de Osorno. Es el mejor ejemplo de un hombre que representaba a su época, la del despotismo ilustrado. Contó con la aquiescencia de los dos ministros ilustrados de la Corona española, tanto del conde de Aranda como de Floridablanca, para emprender un número importante de reformas en Chile.

El período ilustrado

En los primeros años de su gobierno (que se prolongaría entre 1788 y 1796), O'Higgins centró su tarea en la elaboración de un plan que rentabilizara al máximo los recursos de la intendencia de Santiago, tanto para mejorar su producción agrícola como para que la economía urbana creciera. Reformó los bandos de policía de la ciudad para erradicar el juego, los vagos y mendigos, restringió los bailes y los cantos deshonestos y controló los impuestos sobre la venta de productos. En el conjunto global de su obra destaca la fundación de un buen número de ciudades. Así, en los territorios mineros del norte se fundaron Illapel, Combarbalá y Vallenar (1788); en el distrito del Aconcagua, una zona eminentemente agrícola, Santa Rosa de los Andes (1791); en la zona de Maipo, San José (1792); en la costa, el puerto de Nueva Bilbao (1794), la actual Constitución, cerca de la desembocadura del Maule; en la zona central, las villas de Linares (1794) y Parral (1795); y en 1796 se repobló Osorno. Valparaíso obtendría, ya en tiempos de Muñoz de Guzmán (1802), el título de ciudad.

Otra labor destacada fue la construcción de obras públicas. Ambrosio O'Higgins tuvo conciencia, a través de sus numerosos viajes por Chile, de las carencias que padecían las comunicaciones terrestres, de su mal estado y de la escasez de rutas. Hizo construir una carretera de Santiago a Valparaíso capaz de absorber el incremento de tránsito provocado por el aumento de las transacciones comerciales entre estas dos ciudades. Además, recorrió las provincias del norte con el fin de conocer *in situ* las posibilidades de desarrollo económico y urbano de La Serena y Copiapó. Gracias a nuevas inversiones, continuó con la construcción del Palacio de la Moneda, edificio emblemático que se convertiría en uno de los mejores palacios de América.

En el ámbito de las reformas urbanas ordenó que se taparan las acequias de agua potable en la Alameda y se construyeran aceras en las principales calles. Previno las crecidas del Mapocho con la colocación de tajamares de cal y ladrillo, medida que supuso una auténtica innovación.

En el plano económico se creó el Tribunal del Consulado de Comercio —el tercero en América, después del de México y Lima—, reivindicación persistente de los comerciantes al fin satisfecha y que sería clave para el crecimiento de la economía chilena. Esta institución cumplía una doble función: de juzgado y de organismo para el fomento de las transacciones comerciales, agrícolas e industriales.

La exitosa carrera política de don Ambrosio O'Higgins como gobernador de Chile (el mejor que tuvo el país durante el siglo XVIII) determinó que lo nombraran virrey del Perú (1795), barón de Ballenary y marqués de Osorno. Pero, como virrey, no pudo impedir el éxito de la insurrección de Francisco de Miranda, lo que le hizo caer en descrédito en la Corte española. En 1800 tuvo que dejar su cargo y al año siguiente falleció. De su relación amorosa con una joven de la sociedad chilena, doña Isabel Riquelme, nació Bernardo O'Higgins Riquelme, el futuro libertador de Chile.

Los últimos gobernadores

Tras el mandato interino de José de Rezábal y Ugarte, un teniente general del ejército con título de marqués, Gabriel de Avilés y del Fierro, tomó las riendas dejadas por Ambrosio O'Higgins. Este militar se había distinguido en el Virreinato del Perú por ser uno de los oficiales que dirigieron la lucha contra la rebelión indígena encabezada por José Gabriel I, Túpac Amaru, entre 1780 y 1781.

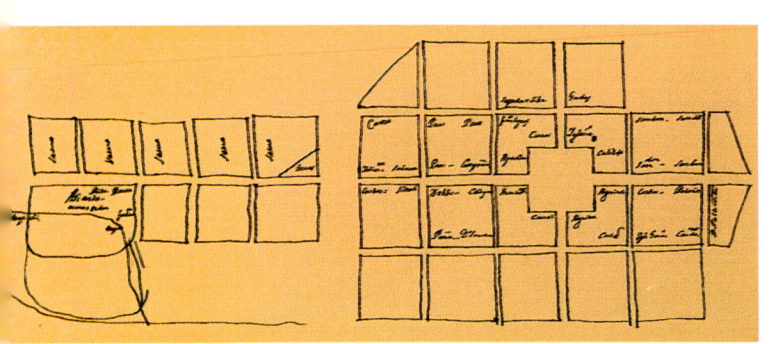

Plano de la ciudad de Vallenar, (siglo XVIII). Fue fundada el 5 de enero de 1789 por orden del gobernador Ambrosio O'Higgins. Su nombre proviene de una deformación de la ciudad natal y del título de O'Higgins. La ciudad: San Ambrosio de Ballenary, y el título: barón de Ballenary, en Irlanda.

El gobierno de Chile en el siglo XVIII

La Casa de la Moneda (en la ilustración, según Gay) es la obra más importante de Joaquín Toesca. Discípulo de Sabatini, fue destinado al Perú, pero Jáuregui le envió a Chile para que realizara los planos de la Casa de la Moneda. Es la obra más relevante del período colonial.

Gabriel de Avilés y del Fierro

Avilés tenía una clara preocupación por la introducción del conocimiento científico y técnico en Chile. Este interés le llevó a plantear la creación de la Sociedad Económica de Amigos del País, similar a algunas que funcionaban en la península Ibérica. Su propuesta no prosperó ya que no contaba con el respaldo de la clase alta. No obstante, esta inquietud se tradujo en la fundación de la Academia de San Luis (1797).

Bajo su gobierno (1796-1799) mandó construir el hospital de San Juan de Dios (1797), renovó el asilo de huérfanos y la Casa de Recogidas. Para la construcción de estas obras públicas contó con la colaboración del filántropo Manuel de Salas. Avilés fue nombrado en 1799 virrey del Río de la Plata y, tras un exitoso mandato, virrey del Perú en 1806.

Luis Muñoz de Guzmán

Cuando ocupó el cargo de gobernador de Chile, en 1802, Luis Muñoz de Guzmán (1735-1808) era ya un anciano marino que tenía una dilatada experiencia al servicio de la Corona. En su tarea de gobierno es de destacar el inicio, en 1802, de la construcción del canal del Maipo, cuya principal función era poner en regadío todo el llano de estos territorios, así como la terminación, tras varios lustros, de la Casa de la Moneda y los tajamares. Con proyectos del afamado arquitecto Toesca hizo levantar el edificio de la Aduana y las casas de la Audiencia y de las Cajas Reales. Por último, en esta notoria tarea constructiva de obras públicas cabe señalar la inauguración, en enero de 1807, del Consulado. Este edificio sirvió posteriormente para albergar el Congreso y la Biblioteca Nacional. En cuanto a las obras eclesiásticas, cabe resaltar la construcción de nuevos templos, las reformas en la catedral y en los templos de Santo Domingo, San Juan de Dios, Santa Ana y de la Estampa. Bajo la gestión de Muñoz de Guzmán se realizaron notables avances sanitarios, como la vacunación contra la viruela (1806) por iniciativa del comerciante criollo —y regidor del cabildo— Nicolás Matorras.

La noticia de la ocupación de Buenos Aires por los ingleses en el año 1806 hizo que Muñoz de Guzmán reclutara contingentes de milicias para prevenir hipotéticos desembarcos de los británicos. El dinero para sufragar los gastos que ocasionara dicho reclutamiento se pensaba obtener con la venta de propiedades, de obras pías y de censos, tal y como había recomendado la Corona española.

La tarea política del gobernador Luis Muñoz de Guzmán permitió que el progreso fuera un fenómeno con sentido en la Colonia, que dirigió de 1802 a 1808.

El rey Carlos III representa a uno de esos dirigentes europeos influidos por las Nuevas Ideas, por el Iluminismo y el fracaso de las doctrinas regidas por la fe. El progreso se convirtió en un objetivo alcanzable, así como también su plasmación en las ciudades, en los viajes, en el enciclopedismo y en las ciencias naturales. Junto al monarca, la ley de comercio libre de 1778.

No obstante, la falta de dinero del cabildo hizo que no se contemplara la disposición real, con lo que quedaba demostrada la capacidad política del consistorio municipal frente a las pretensiones de la monarquía.

En 1808 Muñoz de Guzmán fue investigado por los funcionarios reales por una denuncia que un grupo de descontentos envió desde el anonimato. Dicha acusación le llevó a abandonar el cargo, ante la puesta en duda de su honorabilidad, si bien las averiguaciones posteriores le exculparon de toda acusación.

El siglo reformista: cambios en la administración colonial

Hasta 1739 América del Sur estuvo organizada en un único virreinato: el del Perú. En esa fecha se creó el Virreinato de Nueva Granada. Y en 1776, para dirimir la disputa entre las monarquías de España y Portugal sobre las posesiones de la Banda Oriental (la actual Uruguay), Carlos III creó un nuevo virreinato, el del Río de la Plata, que comprendería las provincias de Tucumán, Potosí, Buenos Aires, Santa Cruz de la Sierra, Charcas, Paraguay y Cuyo.

A pesar de la fundación de estos dos nuevos virreinatos, las grandes extensiones administrativas eran una constante dentro de la organización colonial de América del Sur, lo que hacía problemático el control de los territorios más distantes. A fin de paliar el problema, Carlos III promulgó la Ordenanza de Intendentes (1782), por la que cada uno de los virreinatos fue dividido en circunscripciones territoriales que recibieron el nombre de intendencias, y al frente de cada una de éstas se nombró un intendente, asesorado por un letrado. Estas intendencias tenían competencias militares, administrativas, judiciales y fiscales, y se dividían en distritos o partidos, al frente de los cuales estaba un subdelegado. El sistema de intendencias sustituyó al de corregidores, caracterizado por los abusos de poder —fundamentalmente contra los indígenas— que conllevaba esta figura y su administración.

De esta forma, la Capitanía General de Chile se dividió en dos intendencias: Santiago (de Co-

El gobierno de Chile en el siglo XVIII

piapó al Maule) y Concepción (del Maule a la frontera de la Araucanía). En esta nueva estructuración administrativa, Chiloé se mantuvo bajo la autoridad del virrey del Perú, mientras que Valdivia quedaba bajo la jurisdicción de Chile.

La creación de la Capitanía General de Chile en 1798

Chile se independizó de la administración virreinal peruana en el año 1798 a raíz de un conflicto surgido entre don Ambrosio O'Higgins, a la sazón virrey, y el gobernador chileno Avilés y del Fierro. Para solucionar este problema, Carlos IV estableció la Capitanía General de Chile, dependiente directamente de la metrópoli.

Los cabildos en el siglo XVIII

Durante el siglo XVIII aumentó el número de cabildos debido al crecimiento de la explotación minera y de la producción agrícola, así como al desarrollo comercial portuario.

El cabildo de Santiago fue un centro en el que se adoptaron decisiones importantes, en el que se debatió y aprobó la construcción de la Casa de la Moneda, la Universidad de San Felipe y el canal del Maipo. Esta institución se componía de doce regidores, de los cuales diez eran de carácter perpetuo y dos temporales, elegidos entre los vecinos más respetables.

La importancia del cabildo santiaguino se explica porque las decisiones que en él se adoptaban eran el reflejo de los intereses, opiniones e ideas de la aristocracia criolla. Este cabildo, que recibía el juramento de los gobernadores, ejerció influencia en las decisiones de éstos; por ejemplo, se opuso a la supresión del servicio personal de los indígenas. Los demás cabildos chilenos también eran un referente, aunque la menor importancia de su población y su economía significaba una menor influencia política.

La política regalista

Desde principios del siglo XVIII, la nueva dinastía borbónica que regía los destinos del Reino de España consideró al patronato como una regalía del papa, como un derecho inherente de la Corona, y no como una concesión del Papado.

Esta política religiosa de los Borbones tuvo una consecuencia directa respecto de las atribuciones de la Compañía de Jesús, contra la cual Carlos III desplegó una activa campaña de desprestigio. El ataque contra los jesuitas fue motivado, en parte, por las ideas racionalistas de la Ilustración, de las cuales participaban algunos importantes ministros de la Corona, como el conde de Aranda.

La obra de construcción del canal del Maipo fue un reto muy serio para los gobiernos de Ambrosio O'Higgins y Luis Muñoz de Guzmán. Ambos tuvieron que aunar esfuerzos para impulsar las importantes obras de regadío dirigidas por Diego Eyzaguirre Arechavala, en la ilustración de la izquierda.

A lo largo del siglo XVIII, la institución del cabildo fue ganando protagonismo paralelamente al desarrollo de los núcleos urbanos chilenos. Bajo estas líneas, un plano del cabildo de Concepción en el siglo XVIII.

Esta actitud frente a la Compañía de Jesús ya había sido adoptada por otras monarquías europeas; primero fue la portuguesa que expulsó a la Orden en 1759; luego la francesa en 1764 y después la española, que en 1767 la echó del territorio peninsular y de las colonias. La presión política de estas monarquías católicas sobre el papa Clemente XIV determinó que éste declarara en 1773 la supresión de la Compañía de Jesús en el mundo cristiano. Las temporalidades, es decir, los bienes de los jesuitas, fueron confiscados e incorporados al patrimonio real.

Los jesuitas fueron enviados a Italia donde recibieron una pensión vitalicia. Se calcula que el número de jesuitas expulsados del territorio chileno fue de 352. Entre ellos cabe destacar, por su gran talla intelectual, a Manuel Lacunza y Juan Ignacio Molina González, entre otros. La primera consecuencia de la expulsión de los jesuitas fue la desamortización de bienes raíces y su incorporación a las propiedades de la aristocracia castellanovasca, que las unió a sus haciendas. Este hecho se convirtió en una rémora para el desarrollo económico del país. Pero las pérdidas no sólo ocurrieron en el apartado económico, sino también en el cultural y educativo.

El problema de Arauco: los parlamentos

A comienzos del siglo XVIII se produjo un cambio en las relaciones entre los españoles y los araucanos. Aunque el Biobío seguía estableciendo la frontera, los mapuches indígenas permitieron la entrada de misioneros e iniciaron relaciones comerciales, sin que este hecho significara la entrega de sus territorios ni tampoco la renuncia a su independencia.

El período de paz se convenía cada vez que un nuevo gobernador asumía el cargo. Éste celebraba con los caciques conferencias o parlamentos, en los que se tomaban los acuerdos. La iniciativa de paz normalmente correspondía a las autoridades españolas, que trataban de renovar o establecer nuevos convenios. Los meses elegidos para la celebración de estos encuentros solían ser los de verano, mientras que los lugares escogidos eran las cercanías de los fuertes fronterizos.

LOS PARLAMENTOS

Los caciques acudían a los parlamentos o conferencias de paz con varios miles de guerreros para demostrar su fuerza, mientras el gobernador lo hacía acompañado de un séquito cortesano, eclesiástico y militar. Tras una misa de campaña, precedida de salvas de apertura, se iniciaba la asamblea.

Imagen de los parlamentos o conferencias de paz celebradas periódicamente entre indígenas y españoles.

▪ ▪ ▪ ▪

la soberanía del monarca español. La ceremonia incluía, por parte de los indígenas, una matanza de guanacos, con cuya sangre rociaban las ramas de un canelo en señal de paz. Por su parte, los españoles repartían obsequios, como sombreros, bastones, cintas y uniformes militares,

Los caciques de los distintos *vutalmapus*, en extensos discursos, recordaban los agravios cometidos contra su raza, los deseos de paz y de justicia, si bien terminaban reconociendo todo ello en medio de abundante comida y vino. Este sistema de concentración pacífica con carácter periódico hizo que se viviera una época sin rebeliones importantes ▪

En 1774 el gobernador Agustín de Jáuregui inauguró el sistema de «embajadores» en su contienda contra los mapuches, dada la imposibilidad de vencerlos por las armas. De este modo, les concedió el derecho a acreditar embajadores en Santiago. Tanto el virrey del Perú como el propio monarca español aprobaron esta medida, dando por sentado que los mapuches habían formado un estado organizado.

La ceremonia de representantes se celebró en el convento de San Pablo. El gobernador los recibió y les ofreció acuerdos de paz. No obstante, el modo de vida de la ciudad de Santiago, tan diferente del suyo, hizo que esta misión fracasara y que los embajadores regresaran a sus poblados. El último de los grandes parlamentos fue el de Negrete el 3 de marzo de 1793, bajo el gobierno de Ambrosio O'Higgins.

Si bien los parlamentos garantizaban períodos de paz, lo cierto es que el tema de la frontera y la incorporación de la Araucanía a la Colonia siguieron sin resolverse durante el siglo XVIII. Es más, la monarquía pensaba en una solución militar. Todo ese siglo, el ejército español había experimentado reformas importantes. El ejército de línea se adecuó a los parámetros del francés, constituido por batallones de infantería, compañías de artillería y escuadrones de dragones.

Una parte considerable de este contingente militar estaba integrado por el ejército de la frontera, a cuyo mando estaba el intendente de Concepción. El resto del ejército se concentraba en las plazas fuertes de Valdivia, Santiago y Valparaíso. La mitad de los jefes y oficiales eran criollos, mientras que la mayor parte de la tropa estaba formada por mestizos.

Aparte las tropas de línea se organizaron las milicias, que formaban un contingente armado de unos 16 000 efectivos en el momento de la Independencia. Todos los hombres entre 18 y 45 años de edad estaban obligados a integrarse en las milicias. Sus jefes y oficiales se elegían entre la aristocracia criolla, la cual tenía a gala ostentar su rango de miliciano, mientras que la tropa estaba integrada por los trabajadores y los empleados de las haciendas ■

En tiempos de Ambrosio O'Higgins se celebró el parlamento más memorable: el de Negrete, en 1793, por el que los indígenas se comprometieron a permitir la libre circulación por sus territorios y a mantener la paz dentro de sus fronteras. En la ilustración, el parlamento de Negrete, según Gay.

Sociedad, cultura y economía en el siglo XVIII

A lo largo del siglo XVIII la sociedad chilena experimentó una serie de importantes procesos, como la afluencia de nuevos contingentes de españoles que, a diferencia de los anteriores, básicamente soldados, eran hombres de trabajo y de empresa; o la consolidación de la clase dirigente chilena, sobre la base de la dominación de la tierra y la actividad mercantil.

Los primeros censos de población

Los gobernadores del siglo XVIII, siguiendo instrucciones de la Corona, realizaron varios censos de población. En 1778, los del gobernador Jáuregui dieron como resultado unos ochocientos mil habitantes en la Gobernación de Chile: 446 861 habitantes en el obispado de Santiago, 228 000 en el de Concepción; 34 000 en Chiloé y casi 100 000 en los territorios no incorporados a la soberanía. Estos territorios eran el principal problema para calcular la población, ya que no había bases específicas para establecer el número de indígenas. Durante este siglo hubo un descenso considerable de mapuches y huilliches, debido especialmente a las pestes y las enfermedades venéreas que los europeos transmitieron a los indígenas.

El censo que se realizó en 1813 calculaba la población en cerca de novecientos mil habitantes. Respecto a su distribución, un 30 por ciento vivía en las ciudades; Santiago, La Serena, Talca, Valparaíso, Concepción y Chillán eran las más importantes. Sin embargo, sólo dos tercios de esta población urbana habitaba todo el año en la ciudad. La movilidad era una constante en la sociedad colonial. La razón se encuentra en el crecimiento del comercio, en el gusto por el control directo de la producción agrícola o minera, en cuestiones de salud y en la búsqueda de climas benignos. El 70 por ciento restante vivía en zonas rurales. Mestizos con problemas de adaptación al trabajo regular, inquilinos, pequeños propietarios, comunidades indígenas, trabajadores ambulantes, eran, junto a los propietarios de las haciendas, el grueso de la población rural. Fue en las zonas rurales donde proliferó el bandolerismo, debido a la disgregación social y a la inadaptación de los mestizos al medio urbano.

Las clases sociales

El siglo XVIII se caracterizó en Chile por la estabilidad de las relaciones sociales, sobre todo si se compara con la situación del siglo anterior. Una nueva etapa de mayor cultura marcada por la Ilustración y la introducción de un modelo administrativo más racional impuesto por la nueva dinastía borbónica es, en parte, la clave histórica que explica este cambio.

■ Durante el siglo XVIII se estabilizaron las relaciones sociales en un contexto de progreso socioeconómico y cultural bajo los parámetros ilustrados. Aquí, esposas de comeriantes.

Sociedad, cultura y economía en el siglo XVIII

A lo largo del siglo XVIII el filo peyorativo del término «criollo» se fue diluyendo para dar paso a un vocablo lleno de cosas positivas, como ser patriota, «pipiolo», «chileno». Junto a estas líneas, la criolla Mercedes Salas de Corbalán, y a su lado, una escena con trajes de época.

La nueva aristocracia

Una nueva clase de inmigrantes españoles llegó a comienzos del siglo XVIII a Chile. Este hecho se explica por el cese de la guerra de Arauco, por la proliferación de las relaciones comerciales y por la ampliación de la administración colonial. Así, una multitud de funcionarios y comerciantes, fundamentalmente vascos, navarros y castellanos, dado el potencial que el país iba adquiriendo sustituyó a la tradicional inmigración compuesta básicamente por militares.

Una nueva concepción de la sociedad se introdujo en la aristocracia. Los hidalgos vieron en el comercio un sistema de enriquecimiento rápido y se fueron rompiendo las contradicciones entre la concepción nobiliaria y privilegiada de la sociedad y los nuevos valores sociales de enriquecimiento, posesión e ilustración. Una buena parte de estas familias tuvo un papel importante tanto en los acontecimientos independentistas como, sobre todo, en el futuro dirigente de la nueva república chilena durante el siglo XIX. Entre las familias vasconavarras que hicieron fortuna están los Urrutia, Balmaceda, Eyzaguirre, Zañartu, Vial, Sanfuentes, Urrejola, Errázuriz, Larraín, Vicuña, Echenique Lecaros, Aldunate; mientras que entre las familias castellanas sobresalen los apellidos Bulnes, Tagle, Ruiz-Tagle, Tocornal, Alcalde.

Esta nueva aristocracia reprodujo sus intereses de clase mediante una serie de redes de parentesco que consistían en la búsqueda de familiares de España o en el enlace matrimonial con la aristocracia antigua. La clase aristócrata castellanovasca no sólo consiguió el dominio de las redes comerciales, sino que se convirtió en la mayor propietaria de territorios, lo que le confirió también poder político. Un ejemplo de este poderío económico de la aristocracia durante el siglo XVIII fue la realización de obras de infraestructura que favorecieron el comercio libre. En cuanto al poder político, controló el cabildo de Santiago, que fue el auténtico centro de poder local de esta clase social.

Los criollos

La mayor parte de los criollos que formaron la clase dirigente chilena descendían de la aristocracia castellanovasca. Los cabildos fueron controlados por ellos y se transformaron en centros de reivindicación frente a los gobernadores y capitanes generales.

También ocuparon los puestos más importantes en el ejército; al acabar el siglo XVIII, más de la mitad de la oficialidad era criolla. Pero esto no era todo. Los criollos dominaban toda la oficialidad en las milicias coloniales, mientras que los milicianos eran sus inquilinos y empleados.

El período ilustrado

El naturalista Claudio Gay nos dejó espléndidos ejemplos de la sociología chilena. Era un sabio ambulante cuyos apuntes reflejan acertados momentos de las costumbres, trajes y paisajes del país. La litografía campesina es de F. Lehnert, según Juan Mauricio Rugendas, para ilustrar una obra de Gay.

Los criollos también ocuparon cargos en la Audiencia, donde buena parte de los oidores pertenecían a la clase criolla, así como también algunos jefes de aduanas y de la Casa de la Moneda. Respecto a la Iglesia, muchos de los obispos del siglo XVIII ya habían nacido en Chile.

El acceso al poder político y a la posesión de tierras pasaba para los criollos, muchas veces, por su ennoblecimiento. La adquisición de un título nobiliario se conseguía por la compra del mismo, por mayorazgo o por el ingreso en una orden militar. La vía más usual era la compra de títulos de nobleza. La monarquía española, a fin de obtener recursos económicos para paliar los gastos de la administración colonial, puso a la venta títulos aristocráticos de conde y marqués con el fin de solventar el problema del déficit de la Hacienda Real. De esta forma accedieron a la condición de nobles las familias Larraín, Irarrázaval, Cortés-Monroy, Toro y Zambrano, Alcalde, entre otras. En el caso de los mayorazgos, o tierras vinculadas al primogénito de la familia nobiliaria, perpetuaban el poder económico y social de la nobleza al impedir que los bienes se dividieran entre los herederos. Pero en Chile se instituyeron pocos mayorazgos. Ejemplos fueron las familias Prado, Ruiz Tagle, de la Cerda.

Para el acceso al privilegio nobiliario a través del ingreso en las órdenes militares se debía rendir prueba de nobleza y de pureza de sangre, saber montar a caballo y no haber practicado oficios manuales. Las órdenes que se establecieron en Chile fueron la de Calatrava, Carlos III, San Juan de Montesa, la maestranza de Sevilla y Alcántara. Hubo un total de 108 caballeros, de los cuales 55 fueron criollos.

Las clases populares

A partir del siglo XVI, desde el momento mismo de la Conquista, comenzó el mestizaje entre españoles e indígenas. Se calcula que al finalizar el siglo XVIII había unos seiscientos mil mestizos. El rango socioprofesional del mestizo era diverso, desde artesano hasta inquilino en las haciendas, desde el campesino acomodado (el huaso) hasta el sirviente doméstico, y un porcentaje alto constituía el grueso de la población marginal urbana. El mestizo era en cierta medida rechazado tanto por españoles y criollos como por los indígenas, por ello era difícil su integración social.

La clase media

Entre la aristocracia y los mestizos se desarrolló una clase media constituida por los descendientes de la aristocracia empobrecida y de los españoles meridionales. Respecto a los segundos, la dura competencia de la aristocracia vasca en el sector del comercio les impidió una dedicación a esta actividad. Fue en el ejército, en los cargos administrativos rurales y también como empleados en donde se acomodó la clase media.

Políticamente inquieta y con aspiraciones de ascenso en la pirámide social, esta clase nutrió durante el siglo XIX las filas de los partidarios de José Miguel Carrera o apoyó las propuestas radicales de los «pipiolos».

El clero

La influencia de los jesuitas durante los dos primeros tercios del siglo XVIII fue tan notoria que eclipsó al clero secular y al resto del regular. En cuanto al primero, los derechos parroquiales, el diezmo y las primicias siguieron siendo los ingresos fundamentales de las parroquias. En términos generales, su formación intelectual aumentó, especialmente gracias a la instrucción recibida en los seminarios.

Dentro del clero regular fueron los franciscanos la orden más numerosa. La polémica de los Capítulos, ya tormentosa en el siglo anterior, prosiguió en el XVIII con una curiosa característica: se transformó en una disución entre contendientes religiosos peninsulares por una parte y criollos por otra. Ambos grupos trataban de controlar cada elección del provincialato de la orden. Para solucionar este conflicto, fue el propio monarca quien estableció el sistema de las alternativas, en el cual se sucedían peninsulares y criollos en el cargo de provincial.

No obstante, este sistema provocó el revanchismo del bando triunfador, pues relegaba a los adversarios a los conventos más lejanos, por lo que se generó una animadversión entre el clero que agravó todavía más el problema. Los más perjudicados continuaron siendo los criollos, dado que eran los más numerosos en la mayor parte de las comunidades y los que contaban con menor número de prebendas.

Los extranjeros

Las leyes de Indias restringieron el asentamiento de extranjeros en Chile, al establecer la necesidad de disponer de una licencia del rey o de la Casa de Contratación. No obstante, este decreto, como buena parte de la legislación española, no fue respetado. En 1621 Felipe III autorizó la residencia de extranjeros siempre y cuando pagaran una indemnización monetaria. De esta forma se concedieron cartas de naturaleza a los que querían residir en territorio chileno.

Muchos extranjeros procedieron a la ocultación sistemática de su nacionalidad haciéndose pasar los portugueses por gallegos, los franceses por catalanes y algunos contrabandistas por comerciantes, gracias a la tolerancia y, a menudo,

Fray Gaspar de Villarroel, notable orador, había predicado ante Felipe IV y escrito obras como *Gobierno Eclesiástico Pacífico*. Cuando fue obispo, Villarroel atendió a las víctimas del terremoto de 1647.

la complicidad de las autoridades. Además, los enlaces matrimoniales con criollas eran una vía utilizada con frecuencia por los extranjeros para establecer su residencia definitiva, ya que después, incluso en el caso del descubrimiento del hecho, era muy difícil cancelarles la residencia.

Por lo que respecta al asentamiento de portugueses en Chile, la unión de las coronas española y portuguesa, de 1580 a 1640, posibilitó la llegada de un importante número de soldados y de comerciantes lusos, como los Rivadeneira, Almeida, Barbosa, Pereira, entre otros.

Por su parte, el establecimiento de los Borbones en España facilitó la llegada de numerosos comerciantes, marinos y contrabandistas franceses, como los Letelier, Subercaseaux, Pradel, Morandé, Dublé. En cambio, la inmigración de irlandeses e ingleses fue mucho más restringida.

La enemistad casi secular de la monarquía española con Gran Bretaña hizo que fuera muy escasa la población británica asentada en Chile. Sin embargo, no ocurrió lo mismo con el contingente de irlandeses, quienes hicieron valer su catolicismo para ocupar puestos en el ejército o en la administración. En este caso resultan bien conocidos los ejemplos de Ambrosio O'Higgins o los Mackenna.

El período ilustrado

La vida cotidiana y las costumbres

La convivencia familiar cambió en Chile durante el siglo XVIII. Las reuniones familiares cobraron gran auge entre las clases alta y media. Las damas jugaban a la lotería, a las prendas, al tenderete y al tonto, mientras que los caballeros jugaban al ajedrez y a las damas. En general, las familias eran muy numerosas. El destino socio-profesional de la mujer no experimentó ningún cambio, pues continuaron vigentes la opción religiosa y el matrimonio acordado.

Fue en este siglo cuando la ostentación de la clase alta comenzó a notarse por la proliferación de calesas, el gusto por vestidos y los muebles de lujo. La moda femenina adquirió, a pesar de la inevitable influencia extranjera, un sello propio, pues los colores oscuros dejaron paso a tonalidades más alegres y llamativas. Este cambio en la moda provocó un enfrentamiento con la jerarquía eclesiástica.

En cambio, el traje del caballero criollo seguía los mismos patrones que el que se confeccionaba en el Viejo Continente: casaca y chaleco, calzón corto, medias de seda, ligas de lujo, zapatos con hebillas, bastón y espadín.

Esta época se caracterizó por la prodigalidad de las relaciones sociales en la calle. Después de la siesta, a las cinco de la tarde, las tiendas se abrían y aparecían los paseantes por el puente o los tajamares en Santiago. Las tertulias sobre la guerra contra Inglaterra, la lectura de noticias de España en el cajón del Rey, el correo o los sucesos más importantes acontecidos en la ciudad eran temas de conversación habitual.

Los juegos seguían siendo muy populares. Los días de fiesta y los domingos se celebraban peleas de gallos y, sobre todo, carreras a la chilena, las que tenían muchos adeptos. Ricos y pobres apostaban su dinero en esta competición ecuestre que las autoridades intentaron erradicar sin conseguirlo. En cambio, las corridas de toros no alcanzaron en Chile la popularidad que tuvieron en otras partes de América, como en Nueva España o el Perú. Entre los juegos populares, eran muy usuales el truco o la malilla.

En la segunda mitad del siglo XVIII se prodigaron las tertulias en las casas de criollos y españoles acomodados. En algunas de ellas se daban conciertos. Asimismo, en las ciudades eran frecuentes las expresiones de alegría popular que se traducían en bailes: el fandango, la seguidilla o el zapateado al son de guitarrón, vihuelas, arpas o rabel. Sin embargo, la singularidad folclórica chilena era la payada, contrapunto poético que concentraba a los más afamados payadores en los días de fiesta.

Los avances intelectuales: cultura y educación

El siglo XVIII se distinguió por el progreso intelectual y cultural. Entre los factores que explican este hecho cabe destacar la meritoria labor de los jesuitas, que introdujeron el estudio de la naturaleza americana, sus razas, su geografía, su flora y fauna, así como sus lenguas. Los jesuitas establecieron dos convictorios, el de San Francisco Javier en Santiago y el de San José en Concepción. Fundaron además diez colegios a lo largo de todo el país, en los que se impartía enseñanza primaria, secundaria y cursos de teología, retórica y matemáticas.

La moda femenina a finales del siglo XVIII tuvo en Chile gran personalidad. Las chilenas fueron las primeras que, en ese siglo, hicieron desaparecer los fúnebres atuendos de los Habsburgo para lucir vestidos de colores y cortes llamativos.

El impulso pedagógico de los jesuitas tuvo una influencia enorme en la vida cultural e intelectual de la clase criolla chilena. Este progreso de la cultura, a partir de la iniciativa de la Compañía de Jesús, se vio complementado por las aspiraciones intelectuales de la propia monarquía de Carlos III. Por impulso de ésta se incrementaron las traducciones de escritos científicos y técnicos europeos y se fomentó su circulación por los territorios de las colonias.

Fue Chile un ejemplo de ello, cuya clase criolla consideraba que estos adelantos serían útiles para el desarrollo económico del país. Proliferaron las obras literarias, de agricultura, de física, de medicina. No obstante, con la Inquisición aún presente y activa, se mantuvo una importante censura de todos los libros que cuestionaran aspectos fundamentales de la religión católica, pusieran en duda el poder del monarca español o alentaran la causa de la Independencia.

Por último, cabe destacar también que los criollos se preocuparon por mandar a sus hijos a estudiar a países europeos. Fue en Europa donde estas jóvenes generaciones entraron en contacto con los círculos intelectuales liberales y se formaron en política. Además aprendieron nuevas técnicas agrícolas, industriales y comerciales, las cuales entraban en contradicción con las imposiciones restrictivas del monopolio colonial español. Teoría y experiencia que pusieron de manifiesto durante el proceso de Independencia de Chile patriotas como Bernardo O'Higgins, que estudió en Inglaterra, o Manuel de Salas, José Antonio de Rojas, José Miguel Carrera, Francisco de la Lastra, que lo hicieron en España.

La instrucción primaria y secundaria

Sin duda, uno de los aspectos que más avanzaron durante este siglo fue la pedagogía aplicada a las primeras letras. La enseñanza dependía de las comunidades religiosas y de los cabildos, y ambas eran gratuitas para los pobres, si bien la población negra estaba excluida de la misma. Los docentes no siempre eran eclesiásticos, pues los cabildos también contrataban maestros laicos. Los hijos de la clase acomodada tenían la obligación de pagar las tasas académicas, aunque disfrutaban de privilegios como el trato de usted y un asiento reservado en las primeras filas. Las asignaturas obligatorias eran la escritura, la lectura, la aritmética, la gramática y el catecismo.

Al margen de la escuela pública proliferaron rápidamente las escuelas de particulares. A comienzos del siglo XVIII, en Santiago había nueve escuelas con cerca de cuatrocientos alumnos.

En la enseñanza secundaria, el monopolio educativo lo detentaba la Iglesia. Los seminarios, los colegios de las diferentes órdenes religiosas y el convictorio de San Francisco Javier eran los principales centros educativos. La gramática de Antonio de Nebrija era utilizada en la educación, aun cuando la gramática castellana sólo se comenzó a enseñar a finales del siglo XVIII. El método pedagógico consistía en la memorización, que culminaba con el repaso o remate dos días a la semana. Éste, en ocasiones, era público. Sin embargo, lo que más destaca de la enseñanza secundaria era su rigidez y severidad.

En el año 1778 se fundó el convictorio Carolino, cuya tarea era preparar a los alumnos que iban a ingresar en la universidad. Este nuevo convictorio sustituyó al de San Francisco Javier tras la expulsión de los jesuitas.

La Compañía de Jesús llegó a Chile después que las demás órdenes. Pero conquistó el éxito en todas las actividades a que los jesuitas se dedicaron, debido a la cultura, el talento y el prestigio de la Orden, amén de su unión y disciplina. Debido al gran influjo de la Orden sobre las estructuras del reino, Carlos III los expulsó de sus dominios en 1767. La imagen superior alude a este episodio de la historia del país.

El período ilustrado

Junto a estas líneas, Manuel de Salas, economista, filántropo, educador, típico representante de la Ilustración, un hombre progresista que no dejó nunca de creer en el despertar de Chile.

A su lado, Tomás Ruiz de Azúa, quien el 11 de marzo de 1747 inauguró la Universidad de San Felipe. Escudo.

La enseñanza universitaria

Estos avances intelectuales se vieron completados, en 1797, con la fundación, por Manuel de Salas, de la Academia de San Luis. En ella se impartirían enseñanzas de geometría, dibujo, aritmética, ciencias físicas y naturales, elementos de química, docimasia y latín.

La preparación técnica y teórica se correspondía con la necesidad de preparar a generaciones de chilenos como maestros de minas, ingenieros de obras públicas, alarifes empleados del Consulado de Comercio. La Academia de San Luis no tenía precedente alguno en toda América y respondía a la demanda de personal cualificado de las nuevas explotaciones económicas iniciadas durante el siglo XVIII.

En 1738 se ordenó la creación de la Universidad de San Felipe, tras las intensas gestiones de Tomás de Azúa Iturgoyen en la Corte española. El crecimiento económico y político de Chile hizo incrementar la demanda de formación intelectual. La universidad más próxima era la de San Marcos, en Lima, por lo que el cabildo de Santiago en 1713 planteó la creación de un centro de estudios superiores en donde pudieran formarse médicos, abogados y teólogos. Tomás de Azúa fue el primer rector en 1747, cuando se comenzó a dar forma al organigrama académico claustral. No obstante, las clases no comenzaron hasta diez años después. La universidad estaba compuesta de cuatro facultades, las de derecho, teología, medicina y matemáticas. En la facultad de derecho se enseñaba derecho romano y canónigo; en la de teología, la filosofía escolástica y la aristotélica. La Facultad de Medicina tardó unos años más en ponerse en marcha por falta de alumnos, y la de matemáticas tuvo dificultades para contratar a un profesional que ocupara con garantías su dirección.

El ámbito intelectual

La universidad contribuyó a una apertura del mundo intelectual en Chile, ya que la progresiva llegada de estudiantes procedentes de las provincias argentinas condujo a un enriquecedor intercambio de experiencias y de pensamiento. Este despertar intelectual del siglo XVIII encontró un complemento esencial en la proliferación de bibliotecas y en el aumento del comercio de libros. Como en otros territorios de la Corona, las mejores bibliotecas, en cuanto a número y calidad, correspondieron a las órdenes religiosas. La de la Compañía de Jesús albergaba cerca de veinte mil volúmenes de temática religiosa, literaria, científica, filosófica, histórica, legislativa, entre otras. La mayor parte de ellos pasaron a engrosar, tras la expulsión de los jesuitas, la biblioteca de la Universidad de San Felipe.

Este afán formativo fue favorecido por las inversiones de hombres acaudalados, como Manuel Riesco, en la compra de libros y en la creación de bibliotecas. La preocupación intelectual, el interés por el conocimiento experimental, el amor a Chile y las necesidades formativas que exigían los nuevos tiempos, promovieron un cambio en la temática de interés intelectual. Así, de la poesía épica se pasó a una preocupación por los temas geográficos e históricos.

Los jesuitas escribieron las primeras obras geográficas e históricas sobre Chile. Entre estos autores destaca el abate Juan Ignacio Molina González (1740-1829), con sus obras escritas en el exilio en Bolonia, *Saggio sulla storia naturale del Cile* y *Saggio sulla storia civile del Cile*. La primera es un completo estudio sobre climatología, mineralogía, geografía física, zoología y botánica, que se tradujo a varios idiomas y tuvo gran repercusión en la cultura chilena. Otro autor importante fue el jesuita y teólogo Manuel Lacunza (1731-1801), que publicó en Imola (Italia) *La venida del Mesías en gloria y majestad*, obra que relataba el retorno de Jesucristo a la Tierra en forma distinta a las Sagradas Escrituras, lo que provocó un debate teológico por el que fue condenado como herético e incluido en el *Índice*.

El teatro chileno ocupó durante el siglo XVIII un espacio cultural cada vez más amplio. Se representaban sainetes, comedias y entremeses con tonadillas como intermedio. En el último tercio, el cabildo, animado por los éxitos que tenían estas representaciones, pensó en construir un teatro, si bien esta iniciativa fue paralizada por el obispo Alday. Finalmente, bajo el gobierno de Muñoz de Guzmán, se construyó en Santiago un teatro en la plazuela de «las Ramadas».

El jesuita Manuel Lacunza corrió la misma suerte que el abate Molina. Desterrado en Italia, escribió no pocos libros sobre Chile. Uno de éstos estuvo a punto de costarle la vida. Fue declarado hereje, por verter, en *La venida del Mesías en gloria y majestad*, propósitos semejantes a los del milenarismo sobre la vuelta del Mesías a la Tierra.

Evolución económica de la Colonia

La economía chilena en el siglo XVIII giró en torno a la producción de cereales, a la minería (oro, plata y cobre) y al intercambio comercial, favorecido con la ley de comercio libre (1778).

Agricultura y ganadería

Las antiguas posesiones rurales llamadas «estancias», que pasaron a denominarse haciendas, vieron ampliada su extensión a lo largo del siglo XVIII, entre otros factores por la compra de mayorazgos y la incorporación de propiedades más pequeñas. Las haciendas mejor aprovechadas se encontraban entre los ríos Aconcagua y Maipo, cercanas a la ciudad de Santiago; las que estaban situadas junto a la costa se dedicaban a la cría de distintos tipos de ganado.

Las haciendas propiedad de los jesuitas fueron las más importantes. Entre las más de cincuenta que éstos poseyeron cabe citar las de la Compañía, Longaví, Ocoa, Chacabuco, Bucalemu, Limache, La Calera, Viña del Mar. Los jesuitas

El período ilustrado

disponían de los mejores aperos de labranza, llevaban una contabilidad rigurosa y tenían una organización que siempre buscó la máxima rentabilidad. Una parte de la producción agrícola se destinaba a la exportación. Los productos más comunes eran el vino, el aguardiente, el sebo, el trigo y el charqui, cuyo destino era, fundamentalmente, el Perú. Sus haciendas fueron puestas a la venta mediante subasta pública, tras la expulsión de la Compañía. Este hecho tuvo serias repercusiones en la agricultura chilena, porque los conocimientos agrícolas de los jesuitas, tanto empíricos como científicos, no fueron transmitidos a otros sectores sociales, hecho que provocó sin duda una gran pérdida.

Es de destacar también, entre las transformaciones agrarias, la abolición de las encomiendas, en 1791. La población indígena encomendada experimentó un descenso durante este siglo, en especial debido al mestizaje con la población blanca, mientras que aumentó de manera significativa la mano de obra libre, fundamentalmente mestiza, por lo que los hacendados optaron por emplear asalariados para sus tierras. De esta forma, a fines de siglo, sólo subsistían una decena de encomiendas, razón por la cual el gobernador Ambrosio O'Higgins solicitó de Carlos IV su abolición. Los indígenas liberados de sus encomiendas fueron agrupados en los «asientos de indígenas», como Pomaire en Melipilla, Chalinga en Illapel y Conchalí en Quillota. Esta población, una vez liberada del vínculo encomendero, se empleó en las haciendas.

Otras formas de trabajo asalariado se desarrollaron entre los territorios de Aconcagua y Colchagua. En especial, debido al tránsito que experimentó la producción ganadera a la agrícola cerealera, la cual exigió un aumento de la mano de obra en el campo. Esta razón explica la aparición de los inquilinos y los peones. Éstos últimos eran indígenas o mestizos asalariados libres que pactaban su sueldo con el patrón de la hacienda y, con el paso del tiempo, reemplazaron a los indígenas encomendados como mano de obra asalariada en el campo. Los inquilinos eran arrendatarios de tierras dentro de una hacienda. Comenzaron a proliferar en el siglo XVII y durante la centuria siguiente sufrieron un aumento del precio de sus arrendamientos, lo que provocó su endeudamiento progresivo y, finalmente, su contratación como jornaleros en la hacienda.

Pero lo verdaderamente productivo serían los cereales: durante todo el siglo XVIII, Chile fue un gran exportador de trigo al Perú, con una media

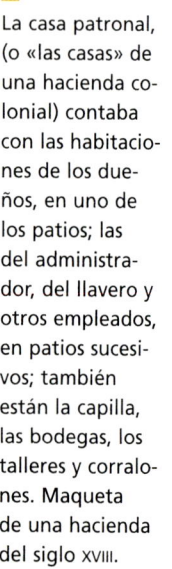
La casa patronal, (o «las casas» de una hacienda colonial) contaba con las habitaciones de los dueños, en uno de los patios; las del administrador, del llavero y otros empleados, en patios sucesivos; también están la capilla, las bodegas, los talleres y corralones. Maqueta de una hacienda del siglo XVIII.

Sociedad, cultura y economía en el siglo XVIII

de 200 000 fanegas anuales. Otro aspecto importante de la producción agrícola chilena fue el cultivo de la vid y la producción de vino entre el río Maule y Chillán. El vino se guardaba para su conservación en grandes tinajas de greda cocida, mientras que otra parte se exportaba en odres de cuero con destino al Perú.

La ganadería, fundamentalmente trashumante, tenía que trasladarse a los valles y las laderas cuando los pastos se agotaban. En el norte chileno abundaban las cabras, en el centro del país el ganado vacuno, desde el Maule al Biobío las ovejas y en Valdivia y Chiloé el ganado porcino.

De toda esta variedad tuvo especial importancia la ganadería vacuna, pero fue durante el segundo tercio del siglo cuando llegó a cobrar un verdadero auge. En verano se realizaban grandes matanzas de reses de las que se extraía sebo, carne, grasa y cuero. El sebo se destinaba al Perú. La carne se trasformaba en charqui. Los cueros proporcionaban materia prima a una importante industria manufacturera.

También se desarrolló la cría del caballo chileno, dado que era muy apreciado en el ejército, no sólo por su resistencia para las largas marchas, sino también por su elegancia, de la que hacía gala en las fiestas y paseos.

La minería y la industria

La Corona española calculó que la producción minera chilena, comprendida entre el río Copiapó y el cerro Aconcagua, podía llegar a cubrir el 75 por ciento de los gastos que alcanzaban las importaciones de la Capitanía General de Chile. Por este motivo la administración hispana centró buena parte de sus objetivos en desarrollar la minería. En 1787 se creó el Tribunal o Junta de Minería para promover los estudios mineros y ampliar los créditos a los productores.

A finales del siglo XVIII, la producción minera en Chile llegaba a un total de dos millones de pesos: 1 350 000 para la producción de oro, unos 400 000 para la de plata, 250 000 para el cobre. De este monto, 1 800 000 pesos se destinaban a pagar las importaciones, mientras los 200 000 restantes se gastaban en el país en artículos de oro, plata y cobre. Respecto a los trabajadores de las minas, se produjo una evolución en la que progresivamente se abandonaron las prácticas coercitivas para pasar a un régimen de salario; la retribución de los mineros era superior a la de los peones de las haciendas. Sin embargo, la dureza de las condiciones del trabajo en la mina, hizo cundir el alcoholismo, lo cual provocaba problemas de disciplina laboral.

EL GRANERO DEL VIRREINATO DEL PERÚ

Durante el siglo XVIII, la producción triguera creció en Chile de una manera vertiginosa hasta el punto de convertirse en el proveedor de granos más importante del Virreinato del Perú. La producción triguera en el virreinato había sido afectada por el terremoto de 1687, que esterilizó las tierras debido a la aparición del tizón o polvillo negro.

De esta forma se abrió para los productores chilenos de grano un extenso mercado desde el Aconcagua a Colchagua, que hizo elevar tanto la producción como los precios. En 1712 Chile exportaba al Perú 250 000 fanegas de trigo 72 kilos cada una. Esta demanda del cereal por parte del mercado peruano llevó a que se tomaran medidas para asegurar que una mínima parte de la producción se destinara a las necesidades del consumo interior. En especial porque el rendimiento de la mayoría de tierras era muy bajo, a excepción de las posesiones de los jesuitas. Este bajo rendimiento de la producción se explica porque los sistemas de cultivo eran primitivos. En las grandes haciendas aún se empleaba el sistema de rotación y barbecho, y entre los aperos de labranza era común el arado de madera

El período ilustrado

Con el objeto de regularizar la actividad extractiva, en 1754 el gobernador Ortiz de Rozas autorizó una ordenanza redactada por García Huidobro basándose en unas ya existentes en el Perú. El texto estuvo vigente hasta 1785, cuando se aplicaron en Chile las Ordenanzas de Minería de Nueva España. Por otra parte, el salario de los mineros (arriba, dos de ellos, según Gay) era mayor que el de los peones de hacienda.

La industria chilena en este siglo se caracterizó por la gran influencia que ejercieron los jesuitas. La Compañía de Jesús destinó a Chile como hermanos adjutores a un numeroso grupo de hábiles artesanos alemanes, que se instalaron en la hacienda de Calera de Tango, próxima a Santiago. En sus talleres se confeccionaron auténticas maravillas en platería y relojería. Además, los jesuitas poseían almacenes, molinos, panaderías y boticas. También destacaron en la confección de objetos de alfarería (particularmente en Santiago), de muebles, campanas, órganos, jarcias, textiles de lana, entre otros artículos. Además, introdujeron en el país nuevos cultivos como el cáñamo, cuya transformación impulsó la creación de talleres de sogueros. Abrieron astilleros, como el de Quivolgo, donde se construyeron pequeñas embarcaciones. En resumen, el impacto de los jesuitas en el sector industrial fue enorme.

Contrabando y comercio

El sistema de monopolio comercial de la monarquía española fue burlado a menudo por el contrabando. La demanda de mercaderías de contrabando por parte de la población chilena estaba motivada por los bajos precios de estos productos, dado que no pagaban los altos impuestos aduaneros de la metrópoli. Pero la práctica del contrabando también se explica por la dificultad para vigilar las costas, la complicidad de las autoridades españolas con los contrabandistas y el incumplimiento de las disposiciones reales en la administración.

El contrabando sirvió como una forma de acumulación originaria de capital no sólo a los contrabandistas franceses, norteamericanos y británicos, sino también a una parte del criollismo chileno, que se enriqueció a través de este tráfico comercial, y también a la aristocracia, que tenía mucho interés en vestirse a la moda de Londres o de París y en amueblar sus palacios al gusto europeo. La participación de extranjeros en el contrabando fue muy elevada. Los franceses penetraron en la red de contrabando a partir de la llegada a España de la dinastía borbónica, que autorizó a las naves francesas la entrada en los puertos coloniales para abastecerse o resguardarse de los ingleses. Los franceses aprovecharon esta coyuntura favorable para comerciar al margen del monopolio español, con la colaboración de los comerciantes chilenos y de algunas autoridades españolas como el gobernador Ustáriz. El centro del contrabando se encontraba en el puerto francés de Saint-Malo. Sus naves cruzaban el cabo de Hornos y llegaban a los puertos de Valparaíso y Talcahuano.

Sociedad, cultura y economía en el siglo XVIII

Las guerras que mantuvo la monarquía española contra Gran Bretaña y Francia a finales del siglo XVIII y principios del XIX interrumpieron el comercio entre la metrópoli y las colonias americanas, favoreciendo el contrabando, única vía que tenían los americanos para abastecerse de productos y mercancías que no les llegaban de España. Este contrabando estaba en manos de ingleses y norteamericanos, y su base también era el puerto de Talcahuano.

Entre las medidas comerciales que la metrópoli impuso a los territorios americanos durante el siglo XVIII cabe destacar la importancia de los navíos de registro y la ordenanza del comercio libre. Los navíos de registro llegaban a Chile por el cabo de Hornos, ruta que hacía que los puertos chilenos estuvieran más próximos a Europa que el puerto de El Callao. Las transacciones comerciales con España consistían en la importación de clavos, alambre y demás artículos de ferretería provenientes de Vizcaya, sedas de Valencia, Granada y Murcia, paños de Segovia, y papel y quincallería de Cataluña. Los tejidos de algodón y los artículos de labranza venían del extranjero. Por su parte, Chile exportaba a España cobre en barras, y el déficit se cancelaba con oro acuñado.

El comercio con otros territorios americanos consistió especialmente en los intercambios que Chile mantenía con los virreinatos del Perú y del Río de la Plata. Al primero exportaba trigo, sebo y cobre, mientras importaba de allí azúcar, tocuyos, bayetas, tabaco y arroz, lo que originaba una balanza de pagos negativa que ascendía a unos 100 000 pesos. En cuanto al comercio con el Virreinato del Río de la Plata, llegaba a Chile yerba mate del Paraguay, frazadas de lana y jabón de Mendoza, además de las mercaderías europeas que entraban por Buenos Aires.

La persistente falta de numerario hizo que el cabildo de Santiago, tras laboriosas y prolongadas peticiones a la monarquía, consiguiera en 1743 que Felipe V otorgara el derecho de explotación de una casa de acuñación de moneda a un castellano, Francisco García Huidobro. Sin embargo, el intermediario que gestionó y consiguió la concesión fue Tomás de Azúa por encargo del cabildo. La acuñación comenzó ese año, pero las primeras monedas fueron imperfectas; para corregir los defectos se recortaron los bordes de las mismas, lo que disminuyó su valor total.

La fundación del Consulado de Comercio en 1795 se debió a la influencia que obtuvo el gremio de comerciantes vascos y navarros a raíz del decreto de comercio libre. Como los juicios comerciales dependían hasta entonces del Consulado de Lima, los comerciantes reclamaron la creación de un consulado autóctono. Fue durante el gobierno de Ambrosio O'Higgins cuando lo consiguieron. El Consulado, que se estableció en Santiago, basó su jurisprudencia en las ordenanzas de Bilbao; es decir, el código de comercio de la monarquía española.

■ En el siglo XVIII, la producción de oro se localizaba en Copiapó, Tiltil, Peldehue y Petorca; la de plata, en Copiapó, Coquimbo, Putaendo y Maipo; y la de cobre, entre Copiapó y Aconcagua. En la imagen, un ingenio de cobre, en *Travels into Chile*, de Peter Schmidtmeyer.

■ El cobre, mineral emblemático del país, tuvo mucha importancia en la artesanía doméstica. Jarras, pailas, cuencos y toda clase de utensilios y herramientas se fabricaban en Chile antes de la llegada de los españoles.

El período ilustrado

Durante el siglo XVIII la ciudad de Valparaíso fue un enclave marítimo de primer orden por la actividad mercantil que se llevaba a cabo desde su puerto. En la imagen, una vista de la bahía de Valparaíso con barcos comerciales cerca de la costa.

Los progresos urbanos

Durante el siglo XVIII se construyeron relevantes edificios públicos, en los que desempeñó un papel activo el arquitecto italiano Joaquín Toesca y Ricci. Los más importantes fueron la Casa de la Moneda, que se terminó en 1805 y que es la sede del gobierno desde 1846; el cabildo, concluido en 1790, que albergaba además la cárcel; la Aduana, denominada actualmente «tribunales viejos», que fue sede de los tribunales de justicia; las Cajas Reales y la Audiencia, al lado del cabildo, que albergó las oficinas de la Intendencia y después el Telégrafo; el Palacio de los Gobernadores, que se construyó en los primeros años del siglo XVIII y fue la residencia del gobernador y sede de las oficinas de la Capitanía General; el Consulado de Comercio (cuya construcción estuvo sufragada por los fondos del tribunal de comercio), en el centro comercial del antiguo Santiago; luego este edificio fue sede del Congreso y más tarde de la Biblioteca Nacional.

En cuanto a las obras de infraestructura, cabe resaltar la construcción de los tajamares del Mapocho para acabar con la constante amenaza que significaban las inundaciones. Las obras comenzaron en 1792 y no culminaron hasta 1808. En su edificación se contó con la intervención del propio Toesca y Manuel de Salas.

Estas obras se añadían a las realizadas en la época del corregidor de Santiago Luis Manuel de Zañartu, cuando se levantó el famoso puente de Cal y Canto (1762). Este puente sería derribado en 1888, al concluir la canalización del Mapocho. Su derribo fue lamentado profundamente por los santiaguinos, que lo consideraban un patrimonio de la ciudad.

Las obras en el Mapocho se completaron con la construcción del canal del Maipo con el fin de convertir estas tierras en zona de regadío. Este canal fue denominado San Carlos en honor del monarca español Carlos III. Su construcción fue muy laboriosa y quedó terminado bajo el gobierno de don Ambrosio O'Higgins. Por último, cabe destacar también las reparaciones y ampliaciones de las fortificaciones de Valdivia y Valparaíso, que dotaron a estas ciudades de importantes emplazamientos para su defensa.

Independencia y República

Independencia y República

La Patria Vieja

A principios de 1808, y tras la muerte del gobernador Luis Muñoz de Guzmán (1735-1808), se inició una lucha por su sucesión entre la Real Audiencia y un sector del ejército. Los militares convocaron una junta en Concepción, en la que propusieron como candidato a gobernador al brigadier Francisco Antonio García Carrasco (1743-1813). La pugna desatada entre las dos instituciones se decantó finalmente en favor del estamento militar y, en consecuencia, García Carrasco accedió al cargo, desplazando al candidato de la Real Audiencia.

La quiebra de la monarquía española

Poco después del nombramiento de García Carrasco, llegaron a la capital chilena las inquietantes noticias de los acontecimientos que se estaban produciendo en España desde marzo de ese año: las tropas de Napoleón Bonaparte habían invadido la Península y obligado al rey Fernando VII a renunciar al trono. Tras la reclusión del monarca (que sería reemplazado por José Bonaparte, hermano de Napoleón), el pueblo de Madrid se levantó en armas el 2 de mayo, dando inicio a una sangrienta guerra que se prolongó hasta 1814.

En un primer momento, la reacción en Chile ante tales acontecimientos fue la misma que en otras zonas de América: el pueblo y las autoridades, tanto españolas como criollas, manifestaron su apoyo a Fernando VII como rey legítimo de la monarquía hispana.

En la Península, los primeros enfrentamientos contra las fuerzas francesas tuvieron un balance positivo para las tropas españolas, especialmente en la batalla de Bailén (19 de julio). Pero, tras este episodio victorioso, las derrotas se sucedieron: así, a la ocupación de Madrid por las tropas galas le siguió la derrota hispana en Ocaña.

Ante el vacío de poder provocado por la marcha de Fernando VII, las provincias españolas decidieron coordinar la lucha frente al invasor a través de Juntas de Gobierno, que funcionarían mientras durara el cautiverio del rey. La representación de estas juntas fue asumida por la

A Fernando VII, «el deseado», le correspondió vivir una época decisiva de España y Europa. Tras su abdicación, el reino quedó acéfalo y abierta la posibilidad del levantamiento de las colonias.

María Graham recuerda a Bernardo O'Higgins, director supremo de Chile, de la siguiente manera: «El Director vestía como siempre su uniforme de general. Es bajo y grueso, pero muy activo y ágil: sus ojos azules, sus cabellos rubios, su tez encendida y sus facciones revelan la sangre irlandesa del padre, mientras la pequeñez de sus pies y manos recuerdan la sangre criolla de madre».

Don Mateo de Toro y Zambrano, conde de la Conquista, fue un hábil comerciante y uno de los hombres más ricos de Chile. Razones que tuvieron en cuenta los criollos y españoles que deseaban formar, primero, un cabildo abierto, y luego, una Junta de Gobierno en la que los chilenos estarían mayormente representados.

Junta Central de Sevilla, que concedería, por el decreto de 22 de enero de 1809, el derecho a los americanos a estar representados en las Cortes.

Realistas y patriotas

Las noticias de lo que estaba sucediendo en España provocaron un profundo desconcierto en Chile y una clara división de sus habitantes en dos bandos. La mayor parte de los españoles, la Audiencia y un sector de los altos mandos militares apostaron por la vertiente «realista» y por reforzar el aparato metropolitano bajo la égida de Fernando VII como monarca absoluto; en el sector opuesto, gran parte del criollismo, llevado por ansias autonomistas y con miedo a depender en el futuro de un gobierno imperial francés, se decantó por la idea de crear una junta soberana que sustituyera al gobernador. Esta corriente denominada «patriota» descalificaba la autoridad y la capacidad legítima de la Junta Central para regir los destinos de los territorios americanos, por cuanto consideraba que los pueblos y provincias de América pertenecían a la Corona española, pero no eran patrimonio del pueblo español ni de sus representantes.

Con el fin de calmar los ánimos de los patriotas, García Carrasco designó como secretario particular y consejero a Juan Martínez de Rozas (1759-1813), hijo de españoles nacido en Mendoza y abogado protegido del famoso gobernador don Ambrosio O'Higgins. Martínez de Rozas impulsó el nombramiento de criollos en altos cargos gubernamentales, todos ellos contrarios a aceptar el poder emanado de la Junta Central peninsular.

Este hecho aumentó el clima de intranquilidad y a los pocos meses Martínez de Rozas debió abandonar su puesto, bajo la acusación de haberse quedado con el cargamento del *Scorpion*, un navío capturado a los corsarios británicos. Ante esta conflictiva situación política e ideológica, el gobernador, aconsejado por el virrey del Río de la Plata, Hidalgo de Cisneros, decidió endurecer su postura y encarcelar a los patriotas Juan Antonio Ovalle, procurador de la ciudad, José Antonio de Rojas y Bernardo Vera y Pintado. Estas detenciones coincidieron con el triunfo de la Revolución de Mayo de 1810 y la deposición del virrey en Buenos Aires.

Al tener noticia de estos sucesos, el gobernador envió a los presos a El Callao (Perú), lo que provocó la indignación popular. Ambos acontecimientos, el traslado de presos y la noticia de la formación de un gobierno autónomo en Argentina, contribuyeron a radicalizar la situación política chilena. La aristocracia criolla, ante el temor de una avanzada por parte del gobernador, decidió armar al pueblo. Dada la gravedad de los acontecimientos, la Real Audiencia intervino solicitando a García Carrasco su renuncia. El mismo día que presentaba la dimisión, el 16 de julio, los miembros del cabildo, liderados por su alcalde Agustín de Eyzaguirre (1768-1837), en presencia de autoridades civiles y militares, nombraron gobernador a Mateo de Toro y Zambrano, conde de la Conquista (1727-1811), el oficial de mayor graduación del ejército, ateniéndose a lo que establecía la real orden de Carlos IV.

La Patria Vieja

Los componentes de la primera Junta de Gobierno fueron elegidos por sufragio directo de los asambleistas. Toro y Zambrano fue aclamado como presidente; el obispo de Santiago, José Antonio Martínez, como vicepresidente; Fernando Márquez de la Plata, primer vocal; Juan Martínez de Rozas, segundo vocal e Ignacio de la Carrera, tercero.

Hacia el primer gobierno patrio

La designación del nuevo gobernador, un brigadier de milicias de 83 años ligado a los intereses del agro, hizo pensar a los patriotas moderados que se encontraban ante una figura sobre la que podían influir para que convocara una Junta con vistas a satisfacer las demandas populares. Por otra parte, la propuesta absolutista, que tenía en la Audiencia su más firme bastión, esperaba también manejar a Toro y Zambrano y mantener el rígido control del Estado colonial. De ahí que la tregua que siguió a esta designación durara sólo un par de meses. Mientras tanto, en España, la disolución de la Junta Central se hizo inevitable. Los principales motivos de su fracaso fueron que no se reconociera su soberanía en los territorios americanos y la situación adversa por la que atravesaban las fuerzas españolas en la guerra. Fue reemplazada por un Consejo de Regencia integrado por cinco miembros que, en agosto de 1810, nombró a Francisco Javier de Elío gobernador de Chile. Este militar se distinguía por su fidelidad a la causa absolutista y su autoritarismo y crueldad, de los que ya había dado muestras en su anterior destino, la Banda Oriental. Su elección obedecía a que, tras los sucesos del Mayo bonaerense, la monarquía absolutista consideraba a Chile como su plataforma para derrotar a los patriotas argentinos.

La Patria Vieja

Ante la desconfianza y el temor que la pronta llegada del brigadier Elío suscitaba, los patriotas chilenos proyectaron la creación de una Junta de características similares a la de Buenos Aires. Los abogados José Gregorio Argomedo y Gaspar Marín tomaron Santiago con milicias formadas por trabajadores rurales, a cuyo frente estaban oficiales leales a la causa patriótica. Toro y Zambrano no tuvo más alternativa que convocar un cabildo abierto. Chile se sumaba así a la estrategia seguida en toda Hispanoamérica de elegir su propia Junta de Gobierno durante la prisión del rey.

La primera Junta de Gobierno

El 18 de septiembre de 1810 se reunieron en la sala del Consulado cerca de cinco centenares de personas, entre las que abundaban oficiales del ejército, familias criollas que se habían adherido

Independencia y República

a la causa, representantes de las corporaciones y la jerarquía eclesiástica, para elegir una Junta de Gobierno. Ésta quedó constituida por Mateo de Toro y Zambrano, presidente; el obispo de Santiago José Antonio Martínez de Aldunate, vicepresidente; José Gregorio Argomedo y Gaspar Marín, secretarios. Completaban la Junta cinco vocales: Juan Martínez de Rozas, ex secretario del gobernador Carrasco y en ese momento asesor de la Intendencia de Concepción; Fernando Márquez de la Plata, doctor en derecho, que había sido regente en las audiencias de Quito y Santiago; Ignacio de la Carrera, hacendado, coronel de las milicias; Juan Enrique Rosales, antiguo alcalde de Santiago; y Francisco Javier Reina, coronel del ejército de línea.

Esta Junta de Gobierno recién formada logró el apoyo de las ciudades y de las guarniciones militares más importantes del territorio. Nada más constituirse, enunció un programa revolucionario, además de declararse soberana, es decir, con legitimidad para gobernar Chile independientemente de la autoridad y directrices de la Regencia, puesto que al igual que el resto de juntas hispanoamericanas, se declaró partidaria «de defender los derechos de Fernando VII» durante su ausencia.

Primeras obras de la Junta de Gobierno

Las primeras medidas de la Junta de Gobierno abarcaron aspectos políticos, económicos, militares y diplomáticos. Entre las más importantes figuran la convocatoria a elecciones para la constitución de un Congreso nacional y la reorganización de las milicias para la creación de un ejército de línea con las suficientes garantías como para enfrentarse a un posible ataque de las fuerzas españolas instaladas en el Virreinato de Perú. Esta reorganización vino acompañada de nuevos impuestos para el pago, manutención y armamento de la tropa. Paralelamente, se estrecharon relaciones con la Junta de Gobierno de Buenos Aires que se tradujeron en el envío a dicha ciudad de un destacado contingente militar.

Una de las reformas más importantes que la Junta llevó a término fue decretar, en febrero de 1811, la libertad de comercio. Esta ley fue complementada con medidas destinadas a liberalizar los puertos de Coquimbo, Talcahuano, Valparaíso y Valdivia, con el fin de incentivar los intercambios comerciales y obtener, a través de los derechos de aduanas, los recursos fiscales necesarios para el sustento del nuevo gobierno. La necesidad de recursos hizo que se arbitraran medidas como subir el impuesto al tabaco o reducir los salarios de los empleados públicos.

Pero los acontecimientos políticos no tardaron en precipitarse, sobre todo por la reacción de los grupos realistas, que veían en el futuro Congreso la ruptura definitiva con la Corona española. Así, el 1 de abril de 1811, cuando se llevaban a cabo las elecciones

al Congreso, el teniente coronel español Tomás de Figueroa trató de impedirlas mediante la insurrección de un destacamento militar. El movimiento fue desarticulado y Figueroa ejecutado al día siguiente. A continuación, las autoridades criollas decidieron disolver la Audiencia, que se pensaba había estado detrás del intento golpista encabezado por Tomás de Figueroa.

Salvado este peligro externo, en la Junta chilena no tardaron en estallar las diferencias, en especial debido a las medidas de fuerza tomadas, cuyo instigador parecía ser Martínez de Rozas, uno de sus representantes más radicales. El hecho se sumaba a la desconfianza que este político suscitaba en buena parte de la aristocracia santiaguina, cuyos miembros veían en él la pretensión de hacerse con el mando único de la Junta de Gobierno.

El primer Congreso nacional

El 4 de julio de 1811 la historia de Chile iniciaba un nuevo rumbo. Por vez primera se reunía un Congreso nacional que representaba la soberanía de la nación, si bien los miembros del Parlamento aún juraron fidelidad al rey Fernando VII, lo que demostraba el carácter no rupturista de la institución. Los resultados de las elecciones fueron adversos para Rozas y el grupo de «los Ochocientos», que sólo obtuvieron 14 actas de un total de 42. Este heterogéneo grupo político, conocido también como «los exaltados», además de los partidarios de Rozas, incluía la extensa red familiar de los Larraín, los Rosales, los Pérez, los Mackenna y los Irisarri, entre otros. El tercer partido lo formaban cuatro diputados realistas. Los ganadores de los comicios fueron los denominados «moderados» que obtuvieron 24 diputados y plantearon un programa de reformas suaves, hasta que se resolviera la situación bélica, pues temían un sometimiento político y económico de Argentina. Al carecer de un líder definido, Agustín Eyzaguirre hacía de portavoz. El otro sector, que pretendía cambios más profundos, se sintió desplazado de la Junta Ejecutiva, e instigado por Martínez de Rozas, comenzó a conspirar contra los moderados.

En este ambiente surgió en la escena política un joven militar, José Miguel Carrera (1785-1821), curtido en la guerra contra los franceses en España, quien se pondría a la cabeza de los exaltados. El 4 de septiembre de 1811, Carrera dio un golpe militar y derribó a la mayoría conservadora del Congreso, sin mediar resistencia. Los radicales formaron una mayoría afín a sus ideas y, acto seguido, se formó una nueva Junta Ejecutiva de cinco miembros: Rozas, Rosales, Mackenna, Marín y Calvo Encalada.

Las primeras reformas emprendidas por el nuevo Congreso se centraron en aspectos administrativos, como la creación de una tercera provincia, Coquimbo. También se creó un Tribunal Supremo de Justicia, que reemplazaba a la disuelta Audiencia, con lo que se completaba la

El primer Congreso nacional tuvo lo que hoy se llama una «mesa de edad»: el mayor, Juan Antonio Ovalle, fue su presidente, y el menor, Francisco Ruiz Tagle, su secretario. Es en este marco que entran en escena los hermanos Carrera.

Independencia y República

división de los tres poderes, una de las máximas del ideario liberal. En materia de relaciones exteriores, se rompió todo lazo con el Virreinato del Perú. En el ámbito de las libertades personales, se consumó la lucha que Manuel de Salas había mantenido para obtener «la libertad de vientres», a través de una ley que establecía que los hijos de esclavos nacidos en Chile serían libres, medida completada con la prohibición de introducir esclavos. Por último, las reformas alcanzaron también a los aspectos eclesiásticos: así, se suprimió el envío a Lima de los fondos destinados a la Inquisición; el Estado asumió el Patronato Real y estatizó las remuneraciones de los párrocos a cambio de que éstos aceptaran el nuevo gobierno.

Pero la estabilidad de la Junta pronto se vio alterada: José Miguel Carrera comenzó a discrepar con algunos miembros del Congreso y decidió asumir la dirección de los asuntos públicos. Con sus hermanos Juan José y Luis protagonizó un segundo golpe de Estado el 15 de noviembre de 1811. Presionó al Congreso para nombrar una nueva Junta de Gobierno y repartió el control político del territorio, reservándose el cargo de representante de Santiago para sí; Gaspar Marín representaba a Coquimbo y Martínez de Rozas a Concepción; como éste estaba ausente fue reemplazado por Bernardo O'Higgins (1778-1842).

Pero tanto O'Higgins como Marín y el Congreso mantuvieron serias divergencias con Carrera quien, ante el temor a una conspiración en su contra, el 2 de diciembre disolvió el Congreso, solicitó la renuncia de sus colegas y asumió los poderes ejecutivo y legislativo.

En la ciudad de Concepción, Martínez de Rozas intentó resistir militarmente a las tropas de Carrera, pero éste, con el apoyo de la aristocracia santiaguina, logró vencerlo ocupando la línea del Maule y, en septiembre de 1812, Valdivia. Finalmente Rozas fue hecho prisionero por las tropas de Carrera y se vio obligado a salir del país para exiliarse en Mendoza, donde falleció en el año 1813.

Tras el cabildo de 1810, se extiende un período denominado la Patria Vieja. En él se desarrollaron las actividades de los hermanos Carrera, dirigidos por José Miguel, jefe de gobierno entre 1811 y 1813. Carrera, según óleo de Ezequiel Plaza.

El gobierno de Carrera

Carrera estableció un reglamento constitucional en 1812 en el que reconocía a Fernando VII como soberano. También establecía que, mientras duraran las circunstancias de ese momento, gobernaría una Junta de tres miembros; se creaba un Senado y se mantendrían los cabildos. Esta Constitución provisional de 1812 proclamaba como oficial la religión católica y apostólica, olvidándose del concepto de romana, lo que disgustó al estamento eclesiástico. Uno de sus articulos era una velada declaración de Independencia: «ningún decreto, providencia u orden que emane de cualquier autoridad o tribunal de fuera del territorio de Chile tendrá (aquí) efecto alguno». En este camino a la independencia, Carrera estableció la simbología propia de toda soberanía nacional: una bandera con tres franjas horizontales de colores azul, blanco y amarillo, y una escarapela con los mismos colores.

El trabajo político del nuevo gobernante se orientó fundamentalmente a forjar las condicio-

La Patria Vieja

Retrato de Robert Joel Poinsett, cónsul de Estados Unidos en Santiago y Buenos Aires, encargado de las relaciones comerciales con los nuevos países sudamericanos. Hombre polifacético y de gran talento, contribuyó a que prendieran en los chilenos los ideales de la emancipación.

A la izquierda, soldado patriota en tiempos de la Independencia.

nes que permitiesen un creciente grado de autonomía y libertad. Consciente de la importancia de contar con una opinión pública favorable, compró una imprenta para difundir sus ideas: el 13 de febrero de 1812 nació el periódico «La Aurora de Chile». Al frente del mismo colocó a fray Camilo Henríquez (1769-1827), partidario de la soberanía popular como origen de los poderes públicos, que trabajó por la Independencia.

En la campaña emancipadora desempeñó un papel muy importante el enviado estadounidense Robert Joel Poinsett. En aquel momento, la causa independentista hispanoamericana se había internacionalizado y Estados Unidos envió a sus agentes en calidad de cónsules para establecer relaciones diplomáticas con las antiguas colonias españolas que aspiraban a ser independientes. La llegada de Poinsett se enmarca dentro de esta política exterior encaminada a crear lazos comerciales con los nuevos países. Poinsett fue una de las figuras clave para impulsar el ideal de la emancipación en Chile.

La reacción española

El avance de las ideas independentistas motivó que el virrey del Perú, Fernando de Abascal, enviara una expedición, dirigida por el brigadier Antonio Pareja, con un doble plan: un contingente bajaría desde el Alto Perú hacia Tucumán para doblegar a los patriotas argentinos y otro se dirigiría desde el sur de Chile hacia Santiago. Esto inquietó a las autoridades chilenas y el Senado optó, dada la gravedad de la situación y su potestad para actuar, por nombrar una nueva junta. Este nombramiento recayó en José Miguel Infante, Agustín Eyzaguirre y Francisco Antonio Pérez, dando de esta manera protagonismo a los moderados, o en expresión peyorativa de Carreras a los «pelucones», en referencia a la costumbre de las clases altas de usar pelucas.

Tras desembarcar en Chiloé y posteriormente en San Vicente, Pareja unió a su causa a las poblaciones y guarniciones de Valdivia y Concepción, logrando reunir en sus filas a casi cinco mil hombres. Carrera, mientras tanto, organizó un ejército de 4 500 milicianos y, apoyado por Juan Mackenna y Bernardo O'Higgins, se enfrentó a las tropas realistas en las lomas de Yerbas Buenas. Poco después fallecía Pareja y era relevado por Juan Francisco Sánchez, quien tomó la decisión de resistir con su tropas en Chillán. El ejército patriota sitió la plaza durante semanas haciendo frente no sólo a la posición defensiva de los realistas sino también al riguroso invierno.

Finalmente el 10 de agosto de 1813, tras reiterados fracasos en el asalto de la plaza, Carrera se retiró con sus tropas. Ante este fracaso y la

El inicio de la libertad en Chile estuvo marcado por el interregno de la Patria Vieja. La reacción de España fueron las expediciones mandadas por Pareja y Gainza. Cuando las fuerzas del segundo amenazaban la capital, Irisarri nombró a un director supremo, don Francisco de la Lastra (Dibujo de Desmadryl).

noticia de que un nuevo ejército español se dirigía hacia Chile, la Junta de Santiago le quitó el mando del ejército y se lo traspasó a O'Higgins. De regreso a Santiago, José Miguel Carrera fue capturado junto a su hermano Luis por una partida realista y confinado en Chillán.

La campaña militar de 1814

En enero de 1814 desembarcaron en Talcahuano casi un millar de soldados realistas al mando de Gabino Gaínza. Poco después, en marzo, Talca caía en manos de los españoles. Dado que esta plaza podría abrir el camino para la ocupación de la capital, el gobierno de Santiago decidió sustituir a la Junta por un único mando con el fin de adoptar medidas urgentes ante la crisis que se avecinaba.

Se creó el cargo de director supremo, que recayó en el coronel Francisco de la Lastra (1777-1852), intendente de Valparaíso. Mientras tanto, las tropas de O'Higgins y Mackenna, emplazadas al sur del Maule, libraron una serie de duros combates contra las de Gaínza. Este último modificó su estrategia y avanzó hacia Santiago, desguarnecida desde la caída de Talca. Los dos militares chilenos, en un ágil movimiento de tropas, hicieron lo mismo y fueron al encuentro de los realistas. En abril de 1814 se enfrentaron en Quechereguas, donde las fuerzas chilenas obtuvieron la victoria. Pero los realistas asestaron un revés importante a los patriotas al apoderarse nuevamente de Concepción, lo que significaba el predominio de los españoles sobre el sur del país.

Dados los grandes perjuicios económicos que afectaban a patriotas y realistas, ambos bandos decidieron sentarse a negociar. El comodoro inglés Jacobo Hillyar fue el mediador. Tras largas deliberaciones se puso fin a las hostilidades mediante el tratado de Lircay (mayo de 1814), firmado por O'Higgins y Gaínza, que estipulaba el reconocimiento por parte de Chile de la soberanía del rey Fernando VII; el envío de diputados a las Cortes en España y la obligación de las tropas españolas de abandonar territorio chileno en un plazo de treinta días. Pero el período que se iniciaba estaba marcado por una pugna abierta entre los propios patriotas. Los realistas, siguiendo una hábil estrategia, dejaron libre a Carrera, quien no tardó en llegar a Santiago con sus hermanos, dar un golpe militar, deponer a De la Lastra y crear una nueva Junta de tres miembros, encabezada por él mismo. El nuevo gobierno no fue reconocido por O'Higgins, quien se enfrentó a los carreristas el 26 de agosto en Tres Acequias. Este conflicto interno fue aprovechado por el virrey Abascal, que mandó a Mariano Osorio con un contingente de cinco mil hombres a ocupar el norte del país.

El fin de la Patria Vieja

Ante esta circunstancia, Carrera y O'Higgins se reconciliaron para hacer frente al enemigo común. El primer enfrentamiento contra las tropas realistas se produjo en Rancagua, villa ocupada por O'Higgins con más de mil hombres y fortificada apresuradamente. Tras una resistencia heroica de los patriotas, la ciudad fue tomada por el ejército español, que superaba con creces al chileno. En una acción sobrehumana, O´Higgins, seguido por unos centenares de sobrevivientes, lanzó una carga de caballería contra las tropas realistas y se abrió paso a golpe de sable, pero los realistas, al mando de Osorio, entraron en la población y procedieron a ejecutar en el acto a heridos y prisioneros.

El desastre de Rancagua pesó sobremanera en el ánimo de los ciudadanos de Santiago, que para escapar de la represión realista huyeron hacia Mendoza, tras vencer las graves dificultades que imponía la nieve en los pasos montañosos. Los restos del ejército patriota protegieron la retaguardia para favorecer esta retirada.

Con ello terminó el primer período de libertad e independencia en la historia de Chile. La Patria Vieja contribuyó, pese a sus divisiones, a socavar las instituciones coloniales, a fomentar la idea de independencia entre las capas populares chilenas, a practicar el ejercicio del gobierno a través de instituciones revolucionarias y a reformar la política y la sociedad.

La restauración del gobierno colonial

Mientras tanto, en España, después del golpe de Estado del 4 de mayo de 1814, Fernando VII había logrado recuperar el trono, pero se negó a jurar la Constitución liberal de 1812 y derogó los demás decretos de las Cortes.

El desastre de Rancagua (en la ilustración) significó el fin de la Patria Vieja. En Santiago cundió el pánico, aumentado por el saqueo de iglesias y casas de particulares. Las familias patriotas cruzaron la cordillera y buscaron refugio en Mendoza.

La reacción absolutista se trasladó a Hispanoamérica, donde fueron anuladas las medidas de las Cortes liberales, por lo que Chile retornó a los parámetros de la administración colonial. Tras la restauración absolutista, el primer gobernador fue Mariano Osorio. Su gobierno (1814-1815) estuvo presidido por la moderación, sobre todo en comparación con la represión que sufrieron los patriotas en México y Venezuela. No obstante, el capitán Vicente San Bruno creó los tribunales de vindicación, desterró a los patriotas más comprometidos con la causa y secuestró sus bienes. Osorio depuró a los patriotas del cabildo y formó uno nuevo.

Independencia y República

La desconfianza del virrey Abascal hacia Osorio determinó que éste fuera reemplazado por Francisco Marcó del Pont, militar español de origen aristocrático, cuyo gobierno (1815-1817) se caracterizó por la arbitrariedad. Adoptó medidas impopulares, como la creación del Tribunal de Vigilancia y Seguridad Públicas, que tenía como misión procesar sumariamente a toda persona sospechosa; prohibió las fiestas populares y ordenó tributos forzosos. La actuación de San Bruno y Marcó del Pont engendró una gran animadversión contra el gobierno monárquico.

Organización del Ejército Libertador

En estas circunstancias, los patriotas chilenos se hallaban desorganizados y carecían de fuerzas para oponerse al autoritarismo del gobernador. Los que se habían exiliado en Argentina se encontraron, en la vecina ciudad de Mendoza, con una de las figuras históricas de la Independencia americana, el general argentino José de San Martín (1777-1850), quien acababa de asumir el cargo de gobernador de Cuyo y se proponía organizar un ejército para cruzar a Chile y liberar los territorios de América del Sur.

Con la experiencia adquirida en Europa, donde había servido como oficial del ejército español en las guerras internacionales y en la defensa de España contra la invasión napoleónica, San Martín participaba desde 1812 en las luchas por la independencia de Argentina. Su plan consistía en ocupar Chile, organizar allí un gobierno aliado y, posteriormente, invadir Perú, auténtico bastión de la hegemonía española en América del Sur.

Entre los refugiados chilenos en Mendoza, continuaban las divergencias de los partidarios de O'Higgins con los de Carrera. Este último, obcecado en sus pretensiones de poder, entorpecía los planes independentistas, ya que desconocía la autoridad de San Martín. Finalmente, el general argentino decidió apartarlo de la escena política chilena y enviarlo a Buenos Aires junto con los que lo apoyaban.

San Martín basaba su estrategia en la formación de un ejército que se constituiría con tropas argentinas, más los hombres que quedaban de las milicias de O'Higgins y los esclavos incorporados a cambio de su libertad. De esta manera consiguió reclutar cerca de cuatro mil hombres

La expedición que cruzó los Andes para liberar Chile contó con la dirección de San Martín. El 24 de enero éste escribió: «El 18 empezó a salir el ejército y hoy concluye el todo de verificarlo. Para el 6 de febrero estaremos en el valle de Aconcagua, Dios mediante, y para el 15, ya Chile es de vida o muerte.» El paso de los Andes, óleo de Pedro Maggi.

en el conocido míticamente como Ejército de los Andes. Su estrategia incluía la formación de numerosas partidas guerrilleras que actuaran en la retaguardia de las tropas españolas, cortando sus abastos con el fin de ponerlas en jaque. Al frente de estos grupos guerrilleros se encontraban verdaderos líderes populares como Manuel Rodríguez (1786-1818).

En una efectiva campaña, Rodríguez logró su objetivo y allanó el camino al ejército que, en enero de 1817, comenzó el difícil y arriesgado paso de los Andes. Estaba organizado en cinco divisiones; al frente de la más numerosa marchaba el argentino Gregorio de las Heras, quien cruzó por el paso de Uspallata y se dirigió a la ciudad de Los Andes. El chileno Ramón Freire, al mando de otra división, cruzó el paso de Planchón y cayó sobre San Fernando, Talca y Curicó. Una tercera unidad, guiada por el argentino Miguel Soler, atravesó Los Piuquenes y llegó al valle del Maipo. Las dos divisiones restantes, una al mando de O'Higgins y otra del propio San Martín, cruzaron por el paso de Los Patos y penetraron en el valle del Aconcagua. En su marcha hacia la capital, estas dos últimas divisiones se enfrentaron y vencieron a las tropas españolas en Chacabuco (12 de febrero de 1817). Esta gran victoria aseguró a las fuerzas patriotas el triunfo definitivo. Al enterarse de la derrota española, el gobernador Marcó del Pont y sus subalternos abandonaron Santiago. Poco después sería apresado y enviado a Argentina. El 14 de febrero el ejército libertador entraba en Santiago, lo que marcaría el final de la Reconquista ∎

La figura de Manuel Rodríguez se acerca mucho a la leyenda. Asesinado en Tiltil en una emboscada, el joven guerrillero pertenece al imaginario de la historia chilena. Fue el azote de la Reconquista y del gobernador Marcó del Pont.

El cruce de la cordillera se hizo por pasos distintos desde Los Andes a Talca. El 12 de febrero de 1817 se libró la batalla de Chacabuco. Ocho días después de su entrada en Santiago, San Martín escribía: «En 24 días hemos hecho la campaña, pasamos la cordillera más elevada del globo, concluimos con los tiranos y dimos libertad a Chile».

La Patria Nueva

Una vez liberada Santiago, los patriotas chilenos convocaron un cabildo abierto en el que estuvieron representadas las distintas facciones. El cabildo pidió a San Martín que asumiera el mando del país, pero el general no aceptó y el 16 de febrero de 1817, O'Higgins asumió el cargo de director supremo. La primera tarea del nuevo gobierno fue crear una Escuela Militar para la formación de oficiales profesionales altamente calificados, al mismo tiempo que reorganizaba el ejército nacional.

Proclamación de la Independencia

Con este ejército O´Higgins marchó al sur con el propósito de desalojar a las tropas realistas que se habían reorganizado en Concepción y Talcahuano. Pero poco después entraron en Chile cinco mil efectivos enviados por el virrey Joaquín de la Pezuela (sucesor de Abascal), al mando de Mariano Osorio. Estas tropas se dirigían a Talca, donde O'Higgins estaba instalado. Al corriente del avance del enemigo y consciente del peligroso momento que vivía la patria, el director supremo dio un paso decisivo al proclamar, previa consulta plebiscitaria, la independencia de Chile el 12 de febrero de 1818, en el primer aniversario de la victoriosa batalla de Chacabuco. Mientras tanto, ese mismo día, en Santiago, se enarbolaba por primera vez la actual bandera nacional, blanca, azul y roja.

El 19 de marzo de 1818, los realistas sorprendieron en la planicie de Cancha Rayada, cercana a Talca, al ejército patriota, el cual se retiró del campo de batalla en completo desorden. Este hecho, que ha pasado a la historia con el nombre de la «sorpresa de Cancha Rayada», significó un duro revés para las fuerzas de O'Higgins y San Martín.

Después de reorganizar sus fuerzas, O'Higgins tuvo que hacer frente a un intento de subversión en Santiago por parte de los partidarios de Carrera. Éstos aprovecharon las falsas noticias acerca de la muerte de O'Higgins para convocar otro cabildo abierto y nombrar a Manuel Rodríguez director supremo. Pero la llegada de O'Higgins a la capital abortó dichos planes.

Cancha Rayada había dejado a las fuerzas de uno y otro bando niveladas, pero la contienda requería una solución definitiva. Ésta se produjo el 5 de abril de 1818 en la batalla de Maipú, al sur de la capital, donde San Martín, al frente de la infantería, se batió contra al ejército realista. O'Higgins, no repuesto del todo de una herida que le habían infligido en Cancha Rayada, llegó con sus milicias poco antes de que acabara el combate. La victoria de las fuerzas patriotas fue total, dejando por vez primera expedito el camino a la Independencia de Chile. La batalla de Maipú tuvo el mérito y la resonancia de ser una de las grandes victorias, tras la reacción absolutista, de las fuerzas americanas, que tuvieron que enfrentarse a un potente ejército reforzado con contingentes de tropas enviadas desde la Península Ibérica.

La «sorpresa de Cancha Rayada» supuso un avance de los contingentes hacia el norte. O'Higgins, herido en un brazo, se había adelantado y llegado a Santiago para organizar una fuerza que pudiera detener a los realistas. Pero la batalla de Maipú (en la imagen) ya se había iniciado y O'Higgins sólo pudo llegar a ella cuando el tanteo se había decantado del lado chileno.

El gobierno de O'Higgins

Mientras en el plano militar se sucedían los éxitos, en el aspecto político el mandato de Bernardo O'Higgins (1817-1823) se toparía con serias resistencias, que derivaban sobre todo de la inexperiencia para solucionar los problemas de la naciente República. Además, si bien la gran mayoría estaba de acuerdo con la Independencia, no así se acordaba con la organización que debía darse al nuevo Estado. Estos problemas no eran exclusivos de Chile, sino que se manifestaban en todas las ex colonias españolas. O'Higgins tuvo que hacer frente a la oposición de la aristocracia criolla, partidaria de un gobierno colegiado. La hostilidad hacia el director supremo aumentó al conocerse el ajusticiamiento de los hermanos Juan José y Luis Carrera (8 de abril de 1818) y el asesinato de Manuel Rodríguez (26 de mayo). O'Higgins gobernó de un modo autoritario y dictó un reglamento provisional, la Constitución de 1818, que le otorgaba plenos poderes, y no definía la duración de su mandato.

Tras la batalla de Chacabuco, O'Higgins destacó como el candidato más idóneo para dirigir los destinos de Chile. San Martín, fiel a la estratagema que había urdido con el gobierno argentino, fue nombrado director supremo, cargo al que renunció de inmediato para que se nombrara en él al brigadier Bernardo O'Higgins.

Independencia y República

El 26 de febrero de 1817 comenzó la organización de la Armada Nacional con la captura por los chilenos del buque *Aguila*. Este navío junto con otros como el *Carmelo*, el *Fortuna*, el *Perla*, constituyeron la estructura larvaria de una fuerza que demostraría en el futuro un arrojo colosal. En el *Aguila* (en la imagen) el gobierno trajo desde Juan Fernández a los patriotas desterrados allí por los gobiernos realistas.

El poder legislativo, en espera de que se convocara un congreso, se atribuía a un Senado limitado a diez miembros, la mitad de los cuales eran designados por el propio director supremo. La Constitución también contemplaba la creación de un Tribunal Supremo, administrador de justicia, cuyos miembros eran elegidos por el director. O'Higgins creó, además, tres ministerios: Gobierno, Hacienda y Guerra y Marina.

Los problemas surgidos con el Senado obligaron a O'Higgins a convocar una Asamblea Constitucional, de la que derivó una nueva carta fundamental, la llamada Constitución de 1822, que establecía en seis años la duración del mandato gubernamental.

El gobierno de O'Higgins se caracterizó por las numerosas obras emprendidas, que modernizaron Chile, y las innovadoras medidas tomadas en los ámbitos cultural y social. Entre estas últimas cabe destacar la creación de escuelas primarias y la implantación del sistema educativo lancasteriano, así como la creación de la Biblioteca Nacional. Durante su mandato se abolieron los títulos de nobleza y se intentó, sin éxito, abolir los mayorazgos y suprimir las riñas de gallos y las corridas de toros, medidas todas muy resistidas por la aristocracia. Se mantuvo el carácter confesional del Estado al reconocer la religión católica, apostólica y romana.

La «guerra a muerte»

Como consecuencia de la batalla de Maipú, las fuerzas realistas se retiraron al sur de Concepción, en Valdivia y las islas de Chiloé. Además, un conglomerado de tropas heterogéneas al mando de Vicente Benavides, capitán español que había servido en ambos bandos y que finalmente actuó como espía contra los patriotas, se coaligaron con los realistas comandados por Juan Francisco Sánchez. Gran parte de los caciques mapuches de la Araucanía se unieron a estas fuerzas, lo mismo que los habitantes de Los Ángeles, los hacendados y el bajo clero, hasta formar un importante contingente armado. Estas fuerzas recibieron ayuda por vía marítima del virrey del Perú, en armas y dinero. La guerra a muerte, que se prolongó por tres años, se desarrolló en el vasto territorio conformado por el valle del Biobío, la montaña de Ñuble y la Araucanía.

O'Higgins mandó al ejército a hacer frente a los españoles. Esta guerra, denominada del Sur, fue particularmente cruenta. Los españoles optaron por radicalizar la contienda, aplicando la pena de muerte a los patriotas prisioneros. En una de las emboscadas, las tropas del mariscal Andrés de Alcázar se vieron sorprendidas por las partidas de Benavides, compuestas de soldados e indígenas, que capturaron y fusilaron a todos los oficiales. La guerra entró en una espiral de violencia, ya que los patriotas respondieron también con fusilamientos de prisioneros realistas. Pero esto no fue todo: las incursiones de los indígenas hacia las poblaciones en busca de provisiones, estuvieron acompañadas de asesinatos y secuestros de familiares de los patriotas.

A finales de noviembre de 1820, Benavides fue sitiado por las tropas al mando de Freire, pero logró huir; se refugió en la Araucanía y más tarde intentó salir de Chile por mar. Delatado por sus partidarios, fue ejecutado en 1822, hecho que marcó el fin de la «guerra a muerte», si bien algunos contingentes aislados continuaron luchando hasta 1824. Un año después se llegó a un acuerdo entre los jefes mapuches y el gobierno chileno.

La Armada

Al mismo tiempo que el ejército se batía en el sur del país, O'Higgins decidió dotar a Chile de una escuadra con la que enfrentarse decididamente al poderío naval español. Con este fin compró a Inglaterra y Estados Unidos varios barcos que fueron el germen de la marina chilena. El proyecto de crear una escuadra no sólo estaba pensado como un recurso militar para proteger el país de nuevas incursiones españolas, sino que formaba parte de una estrategia de más

El almirante Manuel Blanco Encalada (en la imagen) escribió al director supremo en agosto de 1818: «La escuadra está lista, socorrida, aparejada, envergada, con aguada para seis meses dentro. No falta más que echarle víveres, gente y algunos cañones y largarla al mar. Su fuerza es tal que puede hacerse dueña del Pacífico y frustrar toda expedición ulterior de España».

largo alcance, cuyo fin último era el dominio del mar, dadas las vastas costas chilenas, y la posterior invasión del Perú, ya que este virreinato seguía siendo la base fundamental de operaciones de las tropas españolas en Hispanoamérica. Por lo tanto, la independencia plena de las repúblicas americanas dependía de la derrota total de las fuerzas españolas en el Perú.

El ministro de Guerra y Marina José Ignacio Zenteno fue el máximo impulsor de esta iniciativa. La dirección de la Armada fue confiada a Manuel Blanco Encalada (1790-1876). Los primeros éxitos no tardaron en producirse en las costas de Talcahuano, en donde en octubre de 1818 la escuadra chilena apresó a una escuadrilla española con setecientos marinos a bordo.

Para preparar la invasión al Perú, O'Higgins decidió contratar, a principios de 1819, a oficiales británicos para que asesoraran en tácticas navales. Destacó entre ellos el marino escocés lord Thomas Cochrane, que recibió el mando de la flota chilena y fue nombrado vicealmirante.

El 9 de diciembre de 1824, las tropas libertadoras al mando de Antonio José de Sucre (abajo, a la derecha) derrotaron definitivamente a las fuerzas españolas en Ayacucho. Tras la batalla, Sucre afirmó: «La campaña de Perú está terminada; su independencia y la paz de América se han firmado en este campo de batalla».

La campaña del Perú

Las noticias que llegaban de España sobre la revolución liberal que había tenido lugar en Cádiz y que había hecho detener la marcha de tropas españolas hacia el Perú precipitaron la decisión de O'Higgins de enviar al virreinato un ejército de cuatro mil hombres y una escuadra de 23 barcos al mando de lord Cochrane. San Martín comandaba el ejército y tenía la responsabilidad total de la expedición, que partió de Valparaíso el 20 de agosto de 1820.

La revolución liberal en España no sólo sustrajo hombres a las tropas realistas en América, sino que también profundizó la división de sus gobernantes en el Perú, favoreciendo de esta manera la invasión de las fuerzas patriotas.

El ejército patriota desembarcó en Paracas y desde allí marchó sobre el pueblo de Pisco. Un mes y medio después comenzó el reembarco y las tropas se dirigieron por la costa peruana hacia el norte. Mientras los soldados de San Martín desembarcaban en las cercanías de Lima, el 6 de noviembre de 1820 la escuadra de Cochrane, en una audaz y arriesgada acción, penetró en el puerto de El Callao, enclave fortificado de la escuadra española, y capturó la fragata *Esmeralda*. Esta derrota española fue utilizada por los partidarios del régimen liberal español en el Perú para deponer al virrey Pezuela y sustituirlo por un militar adicto a esta causa, el general José de la Serna. La situación de las tropas españolas empeoró en el sector norte del Perú

Sobre estas líneas, el conocido marino escocés Lord Cochrane, que asumió el mando de la escuadra chilena en 1817.

LORD COCHRANE

El marino escocés Thomas Alexander Cochrane, noveno conde de Dundoland, luchó contra Napoleón en numerosos combates y fue elegido miembro del Parlamento británico en 1907. Acusado de utilizar información secreta para especular en Bolsa, fue expulsado de la Marina en 1814, condenado a pagar una multa de mil libras y a un año de cárcel. Escapó de la prisión y se presentó en el Parlamento para su autodefensa. Pero fue encerrado nuevamente hasta que el pueblo inglés pagó una multa de mil libras por suscripción popular y lo reeligió. Se le restituyeron sus fueros de hombre libre, pero el orgulloso lord ya no se sintió cómodo en su tierra y, en mayo de 1817, aceptó la propuesta de Ignacio Álvarez Condarco para trasladarse a Chile y asumir el mando de la escuadra ■

tras el pronunciamiento de Guayaquil en favor de la Independencia, la ocupación del valle de Huaura por las tropas chilenas y la asonada de Trujillo en favor de los patriotas. De esta forma se abrió otro frente bélico a las autoridades españolas. Para solventar la difícil situación, el virrey La Serna se avino a celebrar con San Martín un potencial armisticio, en las conferencias de Punchauca. Éste propuso crear una monarquía constitucional en el Perú, que estuviera regida por un príncipe español y que abarcara los territorios de Chile, el Alto Perú y las provincias argentinas. La Serna aceptó y sus tropas abandonaron Lima y se trasladaron a El Callao.

San Martín, después de entrar en la capital peruana con su ejército, convocó un cabildo abierto que se pronunció en favor de la Independencia el 28 de julio de 1821. Este cabildo nombró al militar argentino Protector del Perú, lo que le otorgaba el mando del poder legislativo y del ejecutivo.

No obstante, lejos de disolverse, las tropas españolas se agruparon en el Cuzco bajo la dirección de prestigiosos generales españoles (como La Serna, Valdés, Canterac y Monet), que lograron reunir un ejército de quince mil hombres.

Perú no alcanzaría definitivamente su Independencia —que, por extensión, lo sería de toda América del Sur— hasta 1824, año en que las tropas libertadoras al mando de Antonio José de Sucre, colaborador de Simón Bolívar, derrotaron a los españoles en la decisiva batalla de Ayacucho.

LA RENUNCIA DE SAN MARTÍN

Durante los enfrentamientos con las tropas españolas surgieron graves desavenencias entre San Martín y Cochrane. El marino escocés estaba molesto por la falta de pago de la soldada a sus hombres y por el reclutamiento masivo que Bernardo Monteagudo llevaba a cabo entre sus mejores oficiales al objeto de que sirvieran en la nueva Armada peruana. Este choque acabó con la retirada de la escuadra de Cochrane a Valparaíso. Fue en este contexto cuando se produjo la famosa entrevista en Guayaquil entre San Martín y Bolívar. Ningún testigo asistió a las conferencias que celebraron los dos jefes militares, quienes guardaron absoluta reserva sobre los asuntos tratados. Pero uno de los resultados fue la decisión de San Martín de retirarse de la vida pública.

Después de renunciar a sus cargos políticos y militares, San Martín convocó un Congreso que eligió como presidente del Perú a José Riva Agüero. Poco después, el general argentino partía de Lima rumbo a Valparaíso, adonde llegó el 12 de octubre de 1821; de ahí se trasladó a Mendoza y finalmente embarcó rumbo a Francia para fijar su residencia en Boulogne sur Mer, donde falleció en 1850 ■

En la transición de la Colonia a la Independencia, San Martín fue ejemplo de persona cuyas virtudes enaltecen al hombre cabal.

En el archipiélago de Juan Fernández se levantó la colonia penitenciaria donde serían recluidos los patriotas chilenos tras el desastre de Rancagua. En la imagen, una litografía del atlas de Claudio Gay.

Las reformas de O'Higgins

O'Higgins sustituyó la Constitución de 1818 por otra redactada en 1822. En ésta, el poder ejecutivo seguía a cargo del director supremo, cuyo mandato duraba seis años; además, se establecía un sistema bicameral, en que una parte del Senado era designada por la Cámara de Diputados, otra por el director supremo y otra estaba formada por senadores por derecho propio. Los diputados obtenían su acta, previa designación por los cabildos, a suertes.

El gobierno de O'Higgins emprendió una importante obra que abarcó aspectos administrativos y reformas urbanas y sanitarias. Ejemplo de éstas fue la creación de un mercado de abastos para erradicar la venta de alimentos en la calle, la habilitación de un cementerio general, la construcción de un hospital militar, la creación de paseos públicos y grandes avenidas, la construcción de un teatro estable, la obligatoriedad de la vacunación, el restablecimiento de la casa de huérfanos, así como la fundación de nuevas poblaciones, entre otras Unión y Vicuña.

En este período también se registró un notable avance en la infraestructura del país con la construcción de un canal en el Maipo, para transformar en tierras de regadío las de secano, y la creación de un servicio de diligencias entre Santiago y Valparaíso que sirvió además para establecer un correo diario entre estas poblaciones.

Otro aspecto importante de la obra de gobierno de O'Higgins fue la mejora de la enseñanza primaria, a través de la creación de escuelas de primeras letras costeadas por los cabildos o en su defecto por los conventos. A este impulso de la enseñanza contribuyó la reapertura del Instituto Nacional, creado por Carrera en 1813 e instalado en la antigua universidad, donde se impartieron estudios secundarios y universitarios.

El incentivo intelectual dado por el gobierno y la politización de la sociedad determinaron el surgimiento de nuevos periódicos, que contribuyeron a profundizar el conocimiento de novedosas teorías y técnicas y a la paulatina formación política de la opinión pública.

La caída del director supremo

Pero el gobierno independiente chileno se encontró, como el resto de las repúblicas americanas, con las arcas vacías. En este sentido, la diplomacia exterior jugó un papel trascendental para conseguir empréstitos con los que financiar y costear la creciente burocracia del nuevo Estado. Fruto de esta intensa labor fue el empréstito de cinco millones de pesos concedido por el gobierno británico.

El distanciamiento político entre la aristocracia y el gobierno, el cansancio y el empobrecimiento de las clases populares por tantos años de guerra y la quiebra financiera, que provocó retrasos en los pagos a los funcionarios civiles, a los oficiales y a la tropa, acarrearon el progresivo deterioro del régimen de O'Higgins. Frente a la penuria económica que padecía la mayor parte de la población chilena, había crecido, sin embargo, un sector social que al amparo de la guerra lucraba con el comercio y los réditos de los préstamos británicos. Todo ello agravó el malestar político y social. También contribuyeron al desprestigio del director supremo su forma autoritaria de enfrentar los asuntos sociales, diplomáticos y políticos, y su particular visión de la independencia chilena, que lo llevaba a contemplarla dentro de un contexto americano más amplio y no estrictamente nacionalista. El ajusticiamiento de José Miguel Carrera, enemigo político de O'Higgins, en 1821 contribuyó a socavar sus apoyos populares.

El descontento se centraba en el ministro de Hacienda, José Antonio Rodríguez Aldea, quien había tomado gran preeminencia en el gobierno. O'Higgins debió enfrentarse, además, con el estamento eclesiástico debido a las reformas civiles de los cementerios, a las medidas laicas en educación y, sobre todo, a las relaciones que estableció con estados protestantes.

Este cúmulo de circunstancias adversas condujo a que en 1822 estallara en la provincia de Concepción un movimiento contra el director supremo encabezado por el intendente Ramón Freire, que rápidamente se extendió también a la provincia de Coquimbo. A su vez en Santiago se reunió un cabildo abierto que convocó a más de doscientas personas, y que resolvió sustituir al director supremo por una Junta formada por Agustín Eyzaguirre, Fernando Errázuriz y José Miguel Infante. Después de un largo debate, el 28 de enero de 1823 O'Higgins, empeñado en hallar arreglos pacíficos, aceptó la junta gubernativa y presentó su abdicación. El «Padre de la Patria» embarcó hacia el Perú, desde donde no pudo volver jamás a Chile. Se cerraba así toda una etapa de la Independencia chilena ■

Las relaciones entre O'Higgins y la oposición hicieron crisis a finales de 1822, cuando los pechos de los tres hermanos Carrera ya habían sido traspasados por las balas del fusilamiento. Era evidente que la aristocracia, los carreristas y el mismo Freire no podían perdonar los errores del director supremo. Abdicación de O'Higgins. Óleo de José A. Caro.

El Estado republicano

La Junta que reemplazó a O'Higgins nombró a su vez a Ramón Freire (a la derecha) como director y jefe supremo provisional del Estado. Así se zanjaba el clima intolerable que había rodeado a Bernardo O'Higgins en los últimos años.

La Junta, integrada por Infante, Eyzaguirre y Errázuriz, representaba a la aristocracia castellanovasca de Santiago; pero debido a que estaba compuesta únicamente por representantes de la capital, la provincia de Concepción no la acató. Propuso, en cambio, la formación de un gobierno central formado por representantes de las tres provincias. Freire, apoyado por el ejército del sur, fue el encargado de hacer efectivo este plan. Marchó hacia Santiago con sus tropas y obligó a la Junta a aceptar la convocatoria de un Congreso de notables de las tres provincias, Santiago, Concepción y Coquimbo, que finalmente lo designó director supremo provisional.

El gobierno de Freire

Las medidas políticas del nuevo gobierno de Ramón Freire (1787-1851) no se hicieron esperar. Chile estableció acuerdos comerciales con Gran Bretaña, que había emprendido una campaña universal contra el esclavismo, obligando a sus aliados a suprimirlo. En 1823 el gobierno de Freire abolió la esclavitud por una ley elaborada por Infante, que retomaba los precedentes de la ley de «libertad de vientres» de 1811 (el número de esclavos en Chile se calculaba en unos cuatro mil, la mayoría mujeres y ancianos). Sin embargo, ante la presión del Senado, que no veía con buenos ojos la abolición, el representante del gobierno, Mariano Egaña (1793-1846), propuso que los dueños de esclavos recibieran indemnizaciones por la pérdida de mano de obra.

La Constitución de 1823

En 1823 se celebraron elecciones y los partidarios de Egaña obtuvieron mayoría absoluta en el Congreso, que ratificó a Freire como director supremo. La nueva carta magna establecía la consustancial división de poderes de toda constitución liberal, reservaba el Ejecutivo para el director supremo por un período de cuatro años, establecía un Senado permanente y una Cámara que se reuniría ocasionalmente para mediar en los conflictos entre Senado y Ejecutivo. Su particularidad era el intento de reglamentar la vida privada de los ciudadanos, de ahí que sea llamada la «Constitución moralista» de 1823.

Las campañas de Freire

El gobierno de Freire se distinguió, sin duda, por los éxitos militares. Los montoneros fueron erradicados de la frontera del Biobío pero, sobre todo, el mayor triunfo en el campo de batalla lo obtuvo contra las tropas españolas, que, comandadas por el coronel Antonio Quintanilla, aún se encontraban en el archipiélago de Chiloé.

La presencia armada española inquietaba especialmente porque aún se temía una potencial intervención de la Santa Alianza, organización militar conjunta de las potencias absolutistas europeas destinada a intervenir contra los regímenes liberales. Este temor del gobierno chileno aumentó tras la restauración de Fernando VII como monarca absolutista, pero los intentos de éste de reconducir la situación colonial a su favor fracasaron. Gran Bretaña se opuso a las pretensiones españolas, pues quería seguir manteniendo las relaciones comerciales iniciadas tras las independencias americanas.

En 1824 Freire organizó una primera ofensiva contra las posiciones españolas en Chiloé, que no tuvo éxito. Pero en el segundo intento, apoyado por sus generales Manuel Blanco Encalada, José Santiago Aldunate y José Rondizzoni, derrotó a las tropas españolas en las batallas de Pudeto y Bellavista. En 1826, por el tratado de Tantauco, se acordó incorporar el archipiélago de Chiloé al territorio nacional.

Ese mismo año, ante el peligro de una nueva invasión española, en una hábil maniobra de la diplomacia británica, el ministro inglés George Canning envió representantes consulares a todas las repúblicas independientes con el objeto de acordar tratados de cooperación, sin necesidad de declaraciones formales de reconocimiento de la Independencia.

Dificultades económicas

Este esfuerzo militar tuvo su contrapartida en el aspecto financiero, pues el empréstito acordado por Gran Bretaña, de un millón de libras esterlinas, prácticamente se agotó debido a los altos gastos militares, el avituallamiento de las tropas, el pago de sus sueldos, entre otros aspectos. El gobierno, ávido de fondos, cedió a la Casa Portales, Cea y Cía. el monopolio de la venta de tabacos, naipes, té y licores.

Pero el arrendamiento de estos estancos no supuso los beneficios esperados por la compañía, en especial a causa del abundante contrabando. Además, los impuestos indirectos generaron un clima de animadversión popular contra el gobierno de Freire. La iniciativa del estanco en

manos privadas fue derogada por el gobierno en 1826. Pese a ello, Diego Portales y sus aliados se granjearon para siempre el sobrenombre de los «estanqueros».

La necesidad del Estado chileno de obtener ingresos hizo que, como sucedió en otras naciones, los bienes del clero regular se pusieran a la venta. La medida confiscadora formaba parte de una profunda reforma en las órdenes religiosas. Esto hizo que empeoraran las malas relaciones que el Estado mantenía con la Santa Sede, y finalmente provocaran la salida del país del emisario del Papa, Juan Muzi, con la consiguiente ruptura de relaciones con el Vaticano.

El 18 de septiembre, aniversario de la Independencia de Chile, el país se animaba y un baile se llevaba a cabo en la antigua Casa de Gobierno, hoy Correo Central. Litografía de Lehnert, según Gay.

Independencia y República

Hay que recordar que Chile aún limitaba con la Araucanía y que de Chiloé al sur era territorio español. Valdivia, por lo tanto, era una plaza fuerte que dependía del Virreinato del Perú. Arriba, vista de Valdivia.

La derogación de la Constitución de 1823

A diferencia de la norma general del liberalismo de esta época, la Constitución de 1823 intervenía en la vida privada de los individuos, en función de una clasificación del comportamiento moral de los mismos, hecho que provocó una serie de protestas populares que acabaron con la suspensión de la Carta Magna.

La anulación del régimen constitucional supuso la convocatoria de nuevas elecciones. Esta vez la novedad residía en que el sufragio era universal, si bien el voto era oral y público. Estas características del voto permitieron que los comicios fueran controlados, especialmente en las zonas rurales, por los grandes hacendados que decidían por quién se debía votar. El Congreso, fragmentado políticamente, tuvo como primer objetivo elaborar otra Constitución, aprobada en enero de 1825, si bien la incapacidad para lograr una verdadera política de cohesión determinó que el Congreso se disolviera en mayo.

Los ensayos federalistas

Tras la renuncia de Freire, un nuevo Congreso reunido en 1826, con amplia mayoría de representantes federalistas, nombró presidente a Manuel Blanco Encalada y vicepresidente a Agustín Eyzaguirre. Este triunfo federalista se puede explicar, en primer lugar, por los deseos de autonomía de las provincias de Concepción y Coquimbo en oposición al centralismo santiaguino.

Las ideas federalistas habían adquirido un gran peso en Chile, debido en parte a la propaganda que hicieron los cónsules de Estados Unidos del modelo que representaba este país, pero sobre todo como reacción de la periferia hacia las reformas centralizadoras de O'Higgins, materializadas en las Constituciones de 1818, 1822 y 1823. En los tiempos de la Colonia, Concepción había sido una intendencia que servía como emplazamiento a las tropas reales. Posteriormente, las luchas políticas entre los partidarios de Martínez de Rozas y los Ochocientos y, después, con los carreristas, unidas a la crisis económica resultante de la prolongada guerra de Independencia, llevaron a la burguesía a postular una serie de reivindicaciones autonomistas en un intento de solucionar sus problemas económicos. La provincia de Coquimbo, si bien menos poblada y rica, padecía los mismos problemas que Concepción. Por su parte, Valdivia, como plaza fuerte que era, se encontraba aislada por la Araucanía y dependía más del Virreinato del Perú que de su unión con la gobernación de Chile.

Los líderes de la mayoría federal eran José Miguel Infante y el clérigo José Ignacio Cienfuegos. Los federales iniciaron una profunda reforma electoral al establecer que los gobernadores y los cabildos serían elegidos por votaciones populares. La democracia se extendió incluso a la Iglesia, y los curas párrocos fueron elegidos por sus feligreses. Además se emprendió una reforma administrativa que dividió la República en ocho provincias: Coquimbo, Aconcagua, Santiago, Colchagua, Concepción, Valdivia y Chiloé, cada una de ellas con asambleas provinciales compuestas por representantes elegidos mediante votación, mientras que los intendentes eran designados por las municipalidades. Pero el problema de la falta de recursos de la hacienda nacional seguía sin resolverse, lo que motivaba que no se pagaran las deudas a los acreedores nacionales y extranjeros. El ejército, descontento por la situación, comenzó a amotinarse. Las rivalidades políticas y administrativas entre las provincias aumentaron. La profusión de elecciones y la participación de las clases populares hizo que las posiciones entre las distintas tendencias políticas se radicalizaran e incluso pasaran al terreno de la violencia.

Fue en este contexto cuando se produjo el golpe del general Enrique Campino el 25 de enero de 1827, inducido por los federales extremistas. El general Campino movilizó a las tropas de Santiago y entró en el Congreso apresando a los diputados más conservadores, los llamados «pelucones», y a los estanqueros de Portales, que tramaban un golpe de Estado.

Francisco Antonio Pinto

Este triunfo de los federales extremistas fue momentáneo porque el mayor Nicolás Maruri logró derrotar y encarcelar a Campino y demás militares sublevados. El Congreso fue restablecido y se nombró provisionalmente, hasta el 1 de julio de 1829, presidente a Freire y vicepresidente al general Francisco Antonio Pinto (1785-1858). Éste era un hombre polifacético: abogado, comerciante, diplomático y militar, dueño de una formación ilustrada y con fama de anticlerical, lo cual le granjeó la enemistad de la oligarquía castellano-vasca. Dado el desprestigio del Congreso, se acordó su disolución y la aprobación de una ley por la que se establecía una comisión de ocho diputados que actuarían interinamente hasta la elección de un nuevo Congreso. Apoyado por los federales moderados y los unitarios, Pinto obtuvo de la comisión nacional la suspensión de las leyes federales, pese a los intentos de Infante y sus partidarios por mantener los principios federales.

Las luchas políticas se trasladaron a la prensa. Cada grupo político difundía sus proclamas y ataques contra sus rivales. La segunda mitad de

Primera página de «El Mercurio» de Valparaíso. Chile maduraba y las luchas de asamblea y de las calles pasaban a ocupar un lugar en los periódicos.

la década de 1820 asistió a una auténtica eclosión de la prensa en Chile. Tras el fracaso de sus negocios del estanco, Portales se defendía, desde las páginas de «El Hambriento», de los ataques de los liberales más radicales (o «pipiolos»). La respuesta de éstos no tardó en salir a la calle, bajo el nombre de «El Canalla». Al mismo tiempo se editaba en Valparaíso el periódico «El Mercurio», fundado por Pedro Félix Vicuña.

Las realizaciones de Pinto

En poco más de dos años Pinto transformó el país, reorganizando el ejército, las oficinas públicas y la policía de seguridad. Organizó su gobierno con el apoyo de los denominados «constitucionales», grupo político en el que militaban los liberales, los pipiolos o liberales exaltados y los antiguos federales. El grupo opositor lo formaban los estanqueros, los antiguos partidarios de O'Higgins y los pelucones o conservadores. En 1828 se celebraron elecciones y los pipiolos obtuvieron la mayoría de los escaños. El principal objetivo de este grupo fue la elaboración de una nueva Constitución democrática. En ésta, el presidente y el vicepresidente de la República se elegían por votación indirecta y por un período de cinco años, además establecía un sistema bi-

Independencia y República

Tras un intento de golpe de Estado en contra del federalismo, diversas asonadas desprestigiaron al Congreso, que eligió provisionalmente a Ramón Freire, como presidente, y a Francisco Antonio Pinto, como vicepresidente. Apoyado por los unitarios, Pinto (en la imagen) asumió el poder, suspendió las leyes federales y liberalizó el Estado.

cameral, admitía la tolerancia religiosa y mantenía la representación popular de las asambleas provinciales. El gobierno de los pipiolos impulsó una política basada en los principios del liberalismo, por lo que el desarrollo del sistema educativo desempeñó un papel fundamental. Cabe destacar como el gran artífice de estas reformas a José Joaquín de Mora, quien había participado también en la redacción de la Constitución.

La pugna política entre estanqueros y constitucionalistas también se trasladó a la educación. Mientras los constitucionalistas promovían colegios financiados por el erario público e impulsaban la educación femenina, los estanqueros fundaron el Colegio de Santiago, que más tarde dirigiría Andrés Bello.

Esta ampliación de las libertades políticas también llegó a las capas populares. Además de promover el surgimiento de clubes, los pipiolos manejaban las milicias urbanas y rurales, lo cual les proporcionó un control político y militar del territorio, en especial porque los milicianos también tenían derecho a voto en las elecciones al Congreso. Ésta es una razón fundamental para explicar el triunfo del liberalismo exaltado.

Celebrados los comicios, los constitucionalistas propusieron para presidente a Pinto y como vicepresidente al también liberal Joaquín Vicuña, mientras que los candidatos de los pelucones fueron Francisco Ruiz Tagle (m. 1860) y Rodríguez Aldea. Este último también era liberal pero en los últimos tiempos se había aproximado a los pelucones y estanqueros, quienes además, contando con la conspiración de los elementos o'higginistas, procedieron a apoyar al general José Joaquín Prieto que comandaba en esos momentos las tropas del Sur.

Las elecciones presidenciales dieron el triunfo a Pinto y a Francisco Ramón Vicuña (1778-1849). Esta victoria de los pipiolos provocó una alianza de estanqueros, pelucones y o'higginistas, que presionaron a Pinto para que renunciara a la presidencia, la cual fue asumida por Francisco Ramón Vicuña.

La guerra civil

Descontentos los militares con esta situación política, la oposición a los piopiolos se trasladó al ejército y en 1829 se sublevaron las tropas del sur comandadas por Prieto, José María de la Cruz y Manuel Bulnes. La revuelta se propagó al resto de Chile y también a Santiago, lo que obligó al presidente Vicuña a trasladarse a Valparaíso. Las tropas de los pipiolos, comandadas por Rondizzoni, Tupper y Viel, se hicieron fuertes en la capital, a la espera de la ofensiva de Portales y de Rodríguez Aldea, este último jefe de los o'higginistas. El combate tuvo lugar el 14 de diciembre de 1829 en Ochagavía sin un ganador claro, por lo que se iniciaron las conversaciones de paz. Los contendientes acordaron nombrar a Freire como jefe del ejército mientras se reunía un nuevo Congreso.

A continuación se constituyó una Junta provisional compuesta por José Tomás Ovalle, Isidoro Errázuriz y José María Guzmán, todos ellos claramente opositores a Freire. El 17 de febrero de 1830 la Junta destituyó a Freire y designó presidente, tras la reunión de un congreso plenipotenciario, a Francisco Ruiz Tagle. No obstante, las presiones de los estanqueros hicieron que

Ruiz Tagle dimitiera y que José Tomás Ovalle (1788-1831) se hiciera cargo de la presidencia y Portales del Ministerio del interior.

Los partidarios de los pipiolos y Freire se enfrentaron a este golpe de mano político el 17 de abril de 1830 en la cruenta batalla de Lircay, que se saldó con cuantiosas bajas en la tropa y la desaparición de varios líderes de los pipiolos.

En el mes de marzo de 1831 Ovalle, debido a sus problemas de salud, fue sustituido por Fernando Errázuriz (1777-1841). Las elecciones de abril de ese año supondrían la configuración del tándem político de la siguiente década integrado por las figuras de Prieto y Portales. Esta alianza significaba la unión de o'higginistas y estanqueros con el consentimiento de los pelucones y los liberales moderados. El bando de los pipiolos o liberales exaltados se disolvió después de la batalla de Lircay.

El régimen portaliano

Diego Portales (1793-1837) se convirtió en el auténtico organizador de la República. Teniendo como referencia política a Gran Bretaña, dos objetivos guiaron toda su política durante el decenio: erradicar la espiral de pronunciamientos y asonadas que habían proliferado en la década anterior, y crear las bases para que hubiera una oposición que aceptara el juego parlamentario. Diego Portales defendía «un gobierno fuerte, obedecido, respetado y respetable, unipersonal, superior a los partidos políticos y a los prestigios personales», y, bajo estos principios, gobernó.

Las medidas para conseguir la pacificación resultaron eficaces. Se depuraron jefes y oficiales que pertenecían al ejército de Freire, se reorganizó la Escuela Militar y la Guardia Cívica, que se convirtió en el bastión del nuevo gobierno. Ésta era una institución compuesta por civiles, pero con una organización militar que llegó a contar con 25 000 milicianos.

Además, Portales, en una hábil estrategia política, supo detener las aspiraciones de los pelucones más conservadores que querían una vuelta al pasado colonial, mientras que contentaba a los o'higginistas (Prieto, Bulnes y Cruz) al nombrar a Prieto presidente de la República.

1829. Se veía claramente que las luchas eran entre liberales y conservadores, entre pipiolos y pelucones, entre o'higginistas y carreristas. Esto tuvo como consecuencia un endurecimiento de las leyes de orden y una disminución de las libertades: tal fue la tarea de Diego Portales (en la imagen), ministro del Interior del presidente Joaquín Prieto.

La presidencia de Prieto

José Joaquín Prieto Vial (1786-1854) asumió la presidencia en 1831. En él se conciliaban dos intereses difíciles de reunir: su pertenencia a la aristocracia castellano-vasca por vía materna y los vínculos que mantenía con el sur por haber nacido en Concepción. El nombramiento de Prieto le permitía a Portales erradicar las suspicacias de la aristocracia del sur con respecto al centralismo de Santiago.

La mayor parte de los historiadores coinciden en señalar esta época como una de las más trascendentales de la historia chilena. La administración comenzó a desembarazarse de sus problemas endémicos y alcanzó una mayor eficacia en la gestión del Estado. Los valores nacionales chilenos se antepusieron a los americanos y la teoría política liberal se conjugó con una visión realista de la sociedad. Mientras tanto, una nueva generación de políticos se incorporaba a la escena nacional dejando atrás ciertos vicios heredados del pasado.

Independencia y República

El ministerio de Tocornal

Joaquín Tocornal (1788-1865) fue nombrado ministro del Interior en el primer gabinete de Prieto, mientras que Portales se retiró a Valparaíso por asuntos privados en 1832. Tocornal emprendió una tarea ardua, que le reportó meritorios éxitos. Las montoneras del sur, que actuaban en la precordillera a la altura de Chillán dirigidas por José Antonio Pincheira, fueron destruidas y se rescataron numerosos niños y mujeres que vivían en cautiverio. El artífice de este triunfo militar fue Manuel Bulnes, uno de los militares de mayor prestigio. Este esfuerzo gubernamental por pacificar la vida pública del país prosiguió con el dictado de medidas extraordinarias para los encausados en las numerosas sublevaciones y asonadas protagonizadas por los pipiolos, que se resistían a reconocer al régimen.

Tocornal retomó las reformas educativas que habían comenzado en la década anterior, centrándose en la enseñanza superior y, sobre todo, en la preocupación por dotar al país de profesionales en el campo de la sanidad. En este sentido se fundaron en 1833 la Escuela de Medicina y la Escuela de Farmacia, y un año más tarde, la Escuela de Obstetricia. Con respecto a la cuestión administrativa, el gobierno elaboró un censo que registró la población del Estado nacional chileno, la cual se cifró en poco más de un millón de habitantes, si bien en estos datos no se incluyó a los mapuches. Estas reformas estuvieron acompañadas por una nueva Constitución, que fue promulgada el 25 de mayo de 1833. Para su elaboración se habían reunido dieciséis diputados y veinte ciudadanos de indiscutible prestigio. Una comisión, formada entre otros por Mariano Egaña y Manuel José Gandarillas, se encargó de elaborar el nuevo texto fundamental que sustituyó al liberal de 1828.

Esta nueva Constitución establecía como requisito para tener derecho a voto poseer rentas o propiedades y saber leer y escribir. Ratificaba la confesionalidad del Estado en la religión católica y el período presidencial de cinco años. Este nuevo código buscaba una equidad entre los poderes ejecutivo y legislativo al conceder a éste último competencias en la supervisión del Ejecutivo, como la potestad de vetar la ley de presupuestos y contribuciones. Dado lo reducido del cuerpo legislativo, el Ejecutivo pudo maniobrar en gran medida para dominarlo e incluso designar un sucesor presidencial.

Las reformas económicas

Las medidas económicas del gobierno de Prieto tuvieron en el ministro de Hacienda Manuel Rengifo (1793-1845) a su verdadero artífice e impulsor. Estas reformas permitieron abolir algunos ramos de la alcabala que gravaba tanto la producción agrícola como la fabril y que recaía como un impuesto indirecto entre los consumidores. Esta forma de tributación fue sustituida por un impuesto de renta a partir de la elaboración de un catastro de predios rurales.

Rengifo restableció los almacenes francos de depósito en Valparaíso, lo que reactivó el comercio exterior. También se reformó el régimen aduanero en 1834. Se crearon nuevos aranceles y se liberalizaron las mercancías, especialmente las maquinarias, lo que impulsó no sólo el desarrollo material sino también el intelectual, con la edición de libros en las nuevas imprentas.

En 1820, Chile era mucho más pobre que en 1810. La miseria afectaba a la agricultura. Los campos de la intendencia de Concepción eran páramos desiertos, en los que a veces podían divisarse tres o cuatro ovejas y, por raro azar, un caballo, una vaca o un buey.

Estas medidas se afianzaron mediante una exhaustiva vigilancia en la recaudación de impuestos, al tiempo que se desarrollaba una activa política con el fin de rebajar los gastos del Estado, sobre todo aquellos que se calificaban de superfluos, como los cargos burocráticos y algunos puestos de funcionarios.

Las reformas en el gasto público se complementaron con medidas tendientes a regularizar la deuda pública. El gobierno logró también que se aplazara el pago de la deuda externa, provocada por el empréstito de Londres.

Se dio gran impulso a la marina mercante mediante leyes proteccionistas. A partir de 1835 se concedió a Guillermo Wheelwright una línea de vapores entre los puertos de Valparaíso y El Callao, tanto de pasajeros como de mercancías. El gobierno de Prieto aspiraba así a recuperar parte de los intereses comerciales que tenía Chile durante la Colonia, cuando los comerciantes chilenos se prodigaban por el Pacífico, aspecto que estaba además interrelacionado con la incipiente industria del calzado, de textiles, de carruajes, etcétera.

La reactivación económica

El grave problema de falta de capital se solucionó gracias a la riquezas derivadas del descubrimiento de la mina de plata de Chañarcillo en 1832. La considerable producción minera contribuyó a paliar el déficit crónico de numerario de Chile. En poco tiempo surgieron numerosas fortunas como las de los Subercaseaux, Gallo, Matta, Cousiño, Edwards, Ossa, entre otros; familias que diversificaron sus inversiones en la construcción del ferrocarril, la extensión del regadío en la agricultura y su comercialización, la transformación urbana de Santiago y la explotación de otras minas de mineral y cobre. Todo ello ayudó al resurgimiento de la economía chilena durante esta década.

Pese a la reactivación económica surgieron fuertes disidencias en el gobierno y un grupo opositor denominado los «filopolitas» apareció en la escena política. Este grupo aglutinaba a diversos sectores como los pipiolos, liderado por Manuel José Gandarillas; los carrerinos, a cuya cabeza se encontraba José Benavente; la familia Errázuriz; y militares que habían sido depurados por el nuevo régimen. José Joaquín Prieto, inseguro ante el cariz de los acontecimientos, reclamó la vuelta a la política de Portales, quien asumió competencias importantes: Interior, Guerra y Marina. Con la reforma del Ejecutivo (Tocornal sustituyó a Rengifo en la cartera de Hacienda) y la reincorporación de Portales, la renovación de la presidencia de Prieto por cinco años más se realizó sin problemas en 1836.

El segundo gobierno de Prieto

Una vez lograda la tan ansiada estabilidad política, la construcción del Estado nacional chileno exigía nuevas reformas. En esta ocasión le tocó el turno a la administración de justicia. Mariano Egaña fue el principal autor de un conjunto de leyes reformistas en materia de justicia conocidas con el nombre de «leyes marianas». Estas leyes consistieron en la recusación de los jueces, la tramitación de los juicios ejecutivos y los recursos de nulidad, así como mejoras en las condiciones humanitarias de las cárceles.

El segundo bloque de reformas se centró, prosiguiendo la línea de gobiernos anteriores, en la

La mejora en las comunicaciones internas se concretó, mediado el siglo XIX, con la construcción de líneas férreas. Hasta ese momento la lentitud de los bueyes y las carretas era la nota predominante de los viajes. En la ilustración, camino de Valparaíso a Santiago, según Gay.

Mariano Egaña fue hijo de Juan Egaña y autor de las «leyes marianas», que reformaron la justicia. Por encima de todo, fue un político y un jurisconsulto, un progresista y un aventurero del saber, un impenitente racionalista.

instrucción pública. En 1837 se creó un ministerio específico que promocionó los conocimientos pedagógicos europeos con el fin de extenderlos por todo el Estado.

El conflicto con Perú

La nueva situación del país, mejor preparado, por razones históricas y ahora comerciales, para hegemonizar las relaciones comerciales en el Pacífico, provocó serias fricciones con el gobierno peruano con el que ya existían algunas situaciones de conflicto. Perú debía a Chile un millón y medio de pesos en préstamos por el pago a los ejércitos libertadores; además, el gobierno peruano había gravado la venta de productos agrícolas chilenos con elevados aranceles y también las mercaderías procedentes del puerto franco de Valparaíso. Las autoridades chilenas respondieron a esta agresión económica elevando los aranceles del azúcar peruano.

En 1836 la situación se agravó. El presidente de Bolivia, Andrés Santa Cruz, impulsó la creación de la Confederación peruano-boliviana cuyo objetivo era la reconstrucción de los antiguos límites del virreinato peruano. Para ello fomentó las conspiraciones contra Portales y convenció a Freire de que organizase una escuadrilla y atacase a Chile. Pero la intentona de Freire se saldó con un fracaso. Esta agresión exterior determinó que Portales pasara a la ofensiva y confiara al marino español Victorino Garrido una audaz misión que consistía en perpetrar un asalto contra la escuadra peruana fondeada en El Callao. A pesar de la manifiesta inferioridad naval chilena, la mayor parte de la escuadra peruana fue apresada.

Esta heroica victoria de las fuerzas navales chilenas hizo que la Confederación intentara entablar negociaciones con el gobierno chileno. El Congreso envió a Mariano Egaña con poderes plenipotenciarios para exigir a Santa Cruz, como puntos innegociables para llegar a acuerdos de paz, la disolución de la Confederación; el pago de las deudas de la expedición libertadora y del empréstito adeudado a Chile; la limitación de las tropas peruanas; acuerdos comerciales entre ambas naciones y una indemnización por la incursión de Freire, de la que se hacía responsable al gobierno peruano. Santa Cruz se negó a admitir estas propuestas y Egaña no tuvo más remedio que declarar la guerra a la Confederación.

La guerra contra la Confederación

El contexto internacional no era favorable para los intereses chilenos. Santa Cruz había conseguido con habilidad apoyos internacionales (Gran Bretaña, Francia y Estados Unidos) mientras que los aliados chilenos (Argentina y Ecuador) no se atrevieron a intervenir. Por otra parte, la contienda tuvo una mala acogida en la opinión pública, pues no se comprendían bien las razones del enfrentamiento.

El gobierno estableció el estado de sitio y dotó de facultades extraordinarias al Ejecutivo para actuar autoritariamente. En 1837 se promulgó la Ley de los Consejos de Guerra, tribunales que se regían por el severo código militar y que carecían de recurso y apelación. La oposición acusó a Portales de autoritarismo, al tiempo que desplegaba una intensa campaña en la prensa contra éste y la impopular guerra.

La tensión política y la oposición de la opinión pública a la contienda se trasladaron al ejército. José Antonio Vidaurre, jefe del regimiento Maipo acantonado en Quillota, apresó a Portales cuando éste pasaba revista a las tropas. Las tropas sublevadas se dirigieron a Valparaíso con el fin de apoderarse de esta plaza, pero Blanco Encalada movilizó a la infantería de línea, alertó a la escuadra y con la valiosa ayuda de las milicias cívicas derrotó a los sublevados. Sus jefes y oficiales fueron condenados a muerte por la rebelión. No obstante, en la retaguardia de los sublevados, el capitán Santiago Florín, tras los primeros combates, hizo fusilar a Portales.

Las negociaciones de paz

En septiembre de 1837 el gobierno de Chile estaba resuelto a acabar con la contienda. Para ello envió una escuadra al mando de Blanco Encalada y Roberto Simpson, la cual ocupó Arequipa, si bien no encontró la ayuda y adhesión que supuestamente le habían manifestado las noticias de ciertos agentes peruanos. Al verse en franca minoría, Blanco no tuvo más remedio que firmar un tratado de paz, el de Paucarpata, que establecía la devolución a Perú de los barcos apresados, el restablecimiento de las relaciones comerciales, la retirada del ejército chileno, así como el reconocimiento peruano de la deuda reclamada.

En diciembre, cuando Blanco Encalada llegó a Valparaíso, los términos del acuerdo no sólo no convencieron sino que enojaron al gobierno y a la opinión pública chilena. Tanto Blanco Encalada como Antonio José de Irisarri fueron acusados y juzgados como responsables de esta afrenta, aunque finalmente resultaron absueltos.

La continuación de la guerra

En 1838 Manuel Bulnes, al mando de un ejército de seis mil hombres, reemprendió la contienda. La singularidad en esta ocasión, además del notable incremento de tropas disponibles, era la presencia del general peruano Agustín Gamarra y otros exiliados peruanos en las filas de la expedición, lo cual le confería el carácter de contienda civil peruana.

El 21 de agosto de 1838 tuvo lugar el combate de Portada de Guías, que permitió la ocupación de Lima por el ejército chileno, comandado por Bulnes. En la capital peruana se convocó un cabildo abierto que proclamó como presidente provisional al general Gamarra.

A este primer éxito bélico chileno le sucedieron en enero de 1839 el combate naval de Casma, en donde los corsarios franceses que luchaban al lado de la Confederación fueron derrotados por Roberto Simpson. Posteriormente el ejército de Santa Cruz fue completamente derrotado en la batalla de Yungay, el 20 de enero de 1839. En esta batalla las tropas de la Confederación espe-

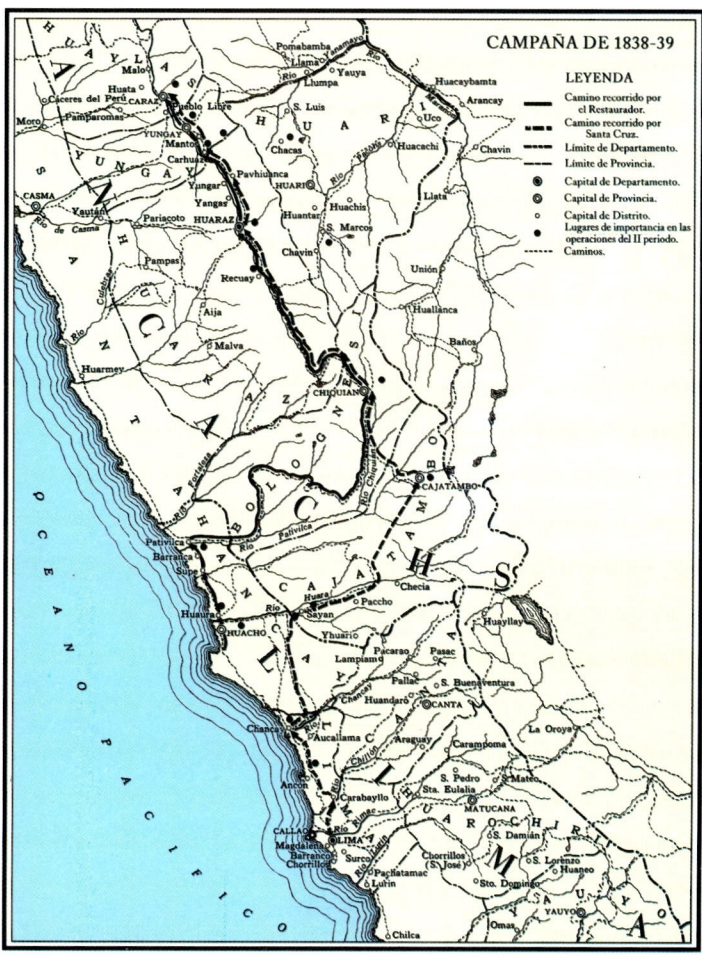

Las diferencias políticas del Perú con los demás territorios del virreinato ocasionaba daños comparativos en la economía chilena. La hegemonía colonial imponía gravámenes en los aranceles del trigo y la harina que eran lesivos para la economía del país. Éste fue el motivo de la guerra de Chile contra la Confederación peruano-boliviana.

> **HIMNO DE YUNGAY**
>
> *Cantemos la gloria
> del triunfo marcial
> que el pueblo chileno
> obtuvo en Yungay.*
>
> *Del rápido Santa
> pisando la arena,
> la hueste chilena
> se avanza a la lid.*
>
> *Ligera la planta,
> serena la frente,
> pretende, impaciente,
> triunfar o morir.*
>
> *¡Oh, Patria querida,
> que vidas tan caras
> ahora en sus aras
> se van a inmolar!*
>
> *Su sangre vertida
> te da la victoria,
> su sangre, a tu gloria,
> da un brillo inmortal.*
>
> *Al hórrido estruendo
> del bronce terrible,
> el héroe invencible
> se lanza a lidiar.*
>
> *Su brazo tremendo
> confunde al tirano,
> y el pueblo peruano
> cantó libertad.*
>
> *Desciende, Nicea,
> trayendo festivas,
> tejida de oliva
> la palma triunfal.*
>
> *Con ella se vea
> ceñida la frente
> del héroe valiente,
> del héroe sin par.*

raban resistir la ofensiva de Bulnes parapetadas en el cerro Pan de Azúcar. Fue en este combate donde surgió la heroica figura de la «sargento Candelaria» que se distinguió por su valor y arrojo. La batalla, tras numerosas bajas por parte de ambas fuerzas contendientes, se saldó con una brillante victoria de las tropas chilenas comandadas por Manuel Bulnes, quien fue nombrado Gran Mariscal de Ancash por el general Gamarra.

La victoria chilena en Yungay significó la desintegración de la Confederación y el exilio de Santa Cruz a Guayaquil. Sin embargo, el general Gamarra prosiguió la contienda con Bolivia. La derrota del ejército peruano en Ingaví en 1841 hizo que las tropas bolivianas del general José Ballivián ocuparan el territorio peruano hasta Arica. No obstante, ambos contendientes se avinieron a firmar una paz en 1842, previa mediación del plenipotenciario chileno Lavalle.

Tras la conclusión de la contienda contra la Confederación cesaron también las facultades excepcionales que el Congreso chileno había concedido al Ejecutivo. Un año antes, en 1840, había ocurrido un acontecimiento inportante para la historia chilena: la Santa Sede reconoció la Independencia de Chile y designó como primer arzobispo a Manuel Vicuña Larraín.

La vuelta a la normalidad política hizo que la oposición se reagrupara. La puja por lograr la presidencia se centró en tres candidaturas: Pinto, Bulnes y Tocornal. Pero el matrimonio de una hija de Pinto con Bulnes trajo como consecuencia que este último fuera elegido presidente por abrumadora mayoría con el apoyo de Pinto, derrotando a la oposición liberal.

■ ■ ■ ■

Hacia la república liberal

Hacia la república liberal

La década de Manuel Bulnes

Manuel Bulnes (1799-1866) gobernó durante dos períodos consecutivos que abarcaron de 1841 a 1851. Su gestión se caracterizó por el crecimiento y la consolidación del régimen republicano, resultados en cuya consecución influyó el prestigio que Bulnes había adquirido en la guerra con la Confederación peruano-boliviana.

El primer gabinete

Durante este período, en que España reconoció por fin la Independencia de Chile (1844), el gabinete estuvo formado por Ramón Luis Irarrázaval en el Ministerio del Interior, Manuel Rengifo en el de Hacienda y Manuel Montt en el de Instrucción Pública. La combinación de dos personalidades como Irarrázaval y Rengifo resultó muy fructífera para los intereses económicos y administrativos de la nación. Una de las principales características de este primer ministerio fue su política conciliatoria con la oposición, concretada en una ley de amnistía y de rehabilitación de los militares dados de baja por haber participado en el bando de los pipiolos, bajo el mando de Ramón Freire. Además, se concedieron pensiones vitalicias a O'Higgins y San Martín, reconociendo así la gratitud del régimen a ambos generales retirados y exiliados.

En materia económica, el ministro Manuel Rengifo logró en 1842 un acuerdo financiero con los acreedores londinenses, por el cual los bonos del Estado chileno podían cotizar en la bolsa inglesa con valores muy superiores a los de otros países americanos. Este acuerdo proporcionó al gobierno de Bulnes no sólo estabilidad económica sino también credibilidad financiera ante los inversores extranjeros.

En 1843 se creó la Oficina de Estadística, cuyo primer cometido fue la elaboración de un

Manuel Bulnes sucedió en la presidencia a Joaquín Prieto que, como éste, gobernaría durante dos períodos constitucionales. Los Bulnes descendían de una familia de hidalgos burgaleses cuyo escudo aparece en una casa solariega de Asturias.

La guerra del Pacífico fue un episodio decisivo en la historia militar del siglo XIX, que permitió a las Fuerzas Armadas chilenas entrar en la centuria siguiente como el primer ejército de América del Sur. En la imagen de la página anterior, dos naves emblemáticas de la Escuadra Nacional.

Hacia la república liberal

En el grabado, Ramón Luis Irarrázabal, ministro del Interior en el primer gobierno de Bulnes.

El continuador de Bulnes (en el centro), Manuel Montt, dijo de él: «El general Bulnes fue la encarnación del buen sentido, de la rectitud de alma y de la prudencia en los días normales y del valor cívico en los grandes trances».

censo que permitió al Estado conocer el número preciso de la población —en torno a un millón de habitantes— y también de las posesiones y extensiones territoriales, industriales y de las empresas comerciales, con el objeto de racionalizar y rentabilizar más los impuestos.

Al año siguiente se promulgó la ley de Régimen Interior por la que se establecieron los criterios gubernativos de las provincias, de los departamentos y de las respectivas subdivisiones territoriales. Esta ley dotó de estabilidad administrativa al Estado chileno y se mantuvo en vigor hasta 1885.

El nacimiento de la oposición

Tras la muerte de Rengifo (1845), Manuel Montt pasó a ocupar la cartera de Interior, la de Hacienda la cubrió José Joaquín Pérez y la de Instrucción Pública Antonio Varas. En este segundo período se impusieron las ideas de Montt, quien sostenía la necesidad de mantener el orden y la estabilidad por sobre todo. Su concepción del gobierno como un ente abstracto, impersonal y progresista lo llevó a enfrentarse con la aristocracia dominante.

En 1846, fecha del inicio del segundo período gubernativo de Bulnes comenzó a organizarse una nueva oposición, contraria a la idea portaliana de los gobiernos fuertes.

El movimiento romántico europeo, conocido y difundido por los nuevos proyectos editoriales y periodísticos, unido a los ecos de los movimientos revolucionarios europeos de 1848, influyó en amplios sectores de la juventud chilena, que se vieron representados por un folleto titulado *Sociabilidad chilena*, escrito por el ensayista chileno Francisco Bilbao. Junto con Santiago Arcos, Bilbao encabezó un movimiento opositor al gobierno, que fue rápidamente censurado por los conservadores y el clero. Ambos políticos habían vivido la experiencia revolucionaria francesa, pero el primero era un hombre más inclinado a la acción que a la teoría, mientras que Arcos, imbuido por el socialismo utópico, buscaba implantar los principios socialistas en la sociedad chilena. En 1850 ambos fundaron la Sociedad de la Igualdad, asociación que no sólo reunió a una nueva generación de liberales, románticos y personalidades que se oponían al régimen desde hacía dos décadas, sino que enroló entre sus asociados a un buen número de artesanos. Este hecho constituyó una novedad política muy importante, puesto que la clase trabajadora chilena no disponía hasta ese momento de organizaciones propias.

Influidos por el ensayo romántico de Alphonse de Lamartine, *Historia de los girondinos*, Bilbao y Arcos reproducían los valores y consignas de sus héroes franceses entre su ideario: la soberanía popular, la razón, la fraternidad moral, entre otros principios. El efecto inmediato de esta propaganda fue la reunión en la Sociedad de la Igualdad de los descontentos y opositores al gobierno. El efecto contrario hizo que más tarde se unieran las fuerzas moderadas en torno a la candidatura de Montt.

La obra del gobierno de Bulnes

Durante el gobierno de Manuel Bulnes se desató un serio conflicto en el plano de las relaciones exteriores, derivado de que la monarquía española, en trescientos años de historia de la colonización, no había establecido los límites entre las distintos territorios que componían sus posesiones en América. Alcanzada su emancipación, las nuevas naciones pugnaron por precisar y conformar sus fronteras.

A modo de pacto se acordó que se adoptaran los límites establecidos en 1810, en especial para evitar la colonización de algún territorio americano por países extranjeros. Estos límites para Chile eran: de norte a sur, desde el río Loa hasta la Antártica; y de este a oeste, desde los Andes hasta el Pacífico. El territorio chileno comprendía también la Patagonia, región extendida entre el río Negro, el océano Atlántico, los Andes y el estrecho de Magallanes.

Según la Constitución de 1833, Chile abarcaba «desde el desierto de Atacama hasta el cabo de Hornos», aunque en realidad la zona ocupada era la comprendida entre La Serena y Concepción, con algunos enclaves mineros en Copiapó y algunos pueblos en el sur, la plaza fuerte de Valdivia y Chiloé.

Bulnes quiso asegurar la soberanía chilena en el estrecho de Magallanes, para evitar que Francia e Inglaterra ocuparan esta importante ruta de navegación. En septiembre de 1843, las tropas chilenas tomaron la zona; más tarde se fundó Fuerte Bulnes y en 1849 tuvo lugar la fundación de la actual ciudad de Punta Arenas. Los conflictos con Argentina, que reclamaba la soberanía sobre esta zona, comenzaron en 1847. El gobierno argentino, encabezado por Juan Manuel de Rosas, protestó por la fundación del Fuerte Bulnes. El litigio se solucionó en el tratado de 1856, que solventó la cuestión y confirmó los límites territoriales de 1810 para ambos países.

El segundo motivo de conflicto territorial fue el litigio con Bolivia. En el desierto de Atacama, al sur del Loa (territorio chileno desde 1810), se descubrió salitre y guano en la costa. En 1842 se formó una sociedad con inversionistas chilenos y extranjeros para su exportación al sur de Mejillones. Pero en 1847 Bolivia, aduciendo la propiedad de esos territorios, hizo suspender las actividades económicas mediante una pequeña intervención armada, a lo que Bulnes respondió con contundencia y envió un barco de guerra

El Chile de 1841 tenía dos límites: La Serena, por el norte, y Concepción, por el sur. Necesitaba pues expandir su territorio y dominar el estrecho de Magallanes. Así fue fundado el Fuerte Bulnes, que con el tiempo daría lugar a la ciudad de Punta Arenas.

Hacia la república liberal

que ocupó Mejillones. Durante los dos decenios siguientes, el gobierno de Bolivia siguió reclamando sin éxito estos territorios.

Política colonizadora

El progreso del Estado condujo a iniciar proyectos de colonización, que se tradujeron en una ley de Inmigración, promulgada en 1845. El territorio en el que se pensaba establecer una población de colonos era Valdivia. Pero la escasa promoción interna del proyecto hizo que el gobierno encargara a una compañía alemana la viabilidad y gestión de la empresa. Este hecho provocó una ingente especulación de tierras, que terminó con la intervención del propio gobierno invalidando las adquisiciones. Una vez solucionado el conflicto, en 1850 comenzó la colonización de la población alemana en Valdivia.

El progreso en las comunicaciones

La construcción del ferrocarril fue una de las empresas más importantes llevadas a cabo en el siglo XIX en Chile. El proyecto de ley de construcción de una línea ferroviaria había suscitado cierta oposición, en primer lugar porque se temía que arruinara a propietarios y empleados de las líneas de diligencias y carretas y, en segundo término, por la desconfianza de los inversores extranjeros en el proyecto. En 1851 se aprobó la ley que daba vía libre a la construcción del ferrocarril cuyo promotor había sido el tenaz Guillermo Wheelwright. La primera línea férrea del país, entre Copiapó y el puerto de Caldera, de 81 km de trayecto, fue inaugurada el 25 de diciembre de 1851. A su construcción contribuyó la asociación de ricos mineros como José Santos Ossa, Miguel Gallo, José Tomás Urmeneta, Matías Cousiño, Agustín Edwards, entre otros, además de la sociedad de Wheelwright.

Las obras públicas

El ministro Montt, preocupado por la seguridad pública y las condiciones humanas de los presos, inició la construcción de la penitenciaría de Santiago, que se terminó en 1847 y fue proyectada según el sistema de panópticos norteamericano (todo el edificio se puede ver desde un solo punto). También se refaccionó el Palacio de la Moneda, que en 1846 pasó a funcionar como casa de gobierno; cuatro años más tarde se construyó un nuevo edificio para el Instituto Nacional. Los avances en las obras públicas fueron completados, en el servicio de protección urbana, con la fundación, en 1851, del primer cuerpo de bomberos de Valparaíso, modelo que después pasó a Santiago y a otras ciudades del país.

La economía

En cuanto a la evolución económica, ésta fue sin duda la década de la plata en Chile. La producción argentífera se incrementó con la explotación, en 1848, de otra mina fructífera, la de Tres Puntas que, junto a la de Chañarcillo, convirtió a Copiapó en el mayor centro minero del país.

En estos años de progreso se construyeron numerosos palacios en Santiago; en las zonas rurales hubo inversiones en las haciendas; se trazaron canales de regadío en el valle Central y se financiaron ferrocarriles y compañías de vapores.

El ministro José Joaquín Pérez emprendió la construcción del primer ferrocarril chileno. Unía la ciudad de Copiapó con Caldera y fue diseñado por Guillermo Wheelwright. El 25 de diciembre de 1851 se inauguró recorriendo los 81 km de trayecto.

La proliferación de la navegación a vapor hizo que se incrementara la extracción de carbón nacional. Los yacimientos de carbón piedra abiertos en 1843 en Lirquén y en 1848 en Coronel y Lota contribuyeron al aumento de la producción del carbón chileno, que pronto sobrepasó la demanda del mercado nacional y pasó a exportarse a Panamá y California.

Las explotaciones agrarias experimentaron un notorio auge. Cabe destacar la puesta en regadío de decenas de hectáreas de tierra de rulo gracias a la construcción de dos grandes canales: el de Waddington, que regaba las tierras de las haciendas de Limache gracias a las aguas del Aconcagua, y el canal de Pirque, que regaba la hacienda de Subercaseaux con las aguas del Maipo. La producción agrícola se vio estimulada por la creciente demanda de trigo y harina de California y Australia. Los conocimientos técnicos registraron un gran avance con la fundación de la Quinta Normal en 1842, dedicada a la enseñanza de nuevas técnicas agrícolas, y con la introducción de cultivos y animales.

El progreso de los nuevos tiempos afectó al crecimiento industrial. En 1850 se fundó la fábrica de calzado de Rudloff y, un año más tarde, la de cerveza de Anwandter, ambas en Valdivia.

El desarrollo intelectual

Las premisas de la nueva sociedad, la estabilidad política desde la década de 1830, el progreso económico y material, gracias a las reformas financieras y al aumento de la producción de plata de Chañarcillo, y el nacimiento de un sentimiento nacional, impulsado por la promoción de la educación y por diversas iniciativas culturales, trajeron aparejado el surgimiento de intelectuales de gran talla en estos decenios.

La pacificación de la vida política y social chilena actuó como punto de atracción para numerosos intelectuales americanos que, afectados por las contiendas internas de sus respectivas repúblicas, encontraron en Chile el país ideal donde desarrollar su actividad cultural o científica. En especial, Chile acogió una numerosa representación de escritores y políticos argentinos, como Domingo Faustino Sarmiento, Bartolomé Mitre, Juan Bautista Alberdi, Vicente Fidel López y José Gabriel Ocampo, quienes abandonaron su país durante el gobierno de Rosas.

Hay que destacar especialmente el magisterio e influencia que ejerció en la cultura chilena durante más de tres décadas Andrés Bello (1781-1865), uno de los educadores más destacados de América del Sur. Nacido en Caracas, formado en Londres, fue en Chile donde Bello desempeñó su prolífica práctica intelectual, que abarcaba la filosofía, la filología, la poesía, el derecho, la crítica literaria. Entre sus obras destacan el *Derecho de gentes* (1832), la *Gramática castellana para el uso de los americanos* (1847) y el *Código Civil* (1855). En este despliegue cultural también fue muy importante la labor del español José Joaquín de Mora (1783-1864), destacado intelectual de ideas liberales y unitarias, que, aunque sólo permaneció tres años en Chile debido a que fue expulsado por Portales, participó en política, fue director de un colegio y dejó una importante huella en la intelectualidad chilena.

A mediados del siglo XIX la inmigración europea colonizó amplias zonas del Chile austral. Tal es el caso de la colonia alemana que se desplegó a través de grandes y ricos predios del sur. En la imagen, fábrica de cervezas Anwandter en Valdivia.

Hacia la república liberal

Uno de los personajes clave del segundo gobierno de Bulnes fue Manuel Camilo Vial. Primo del presidente, estableció un régimen nepótico que dañó gravemente los servicios administrativos del país. Quiso suceder a su pariente, pero los escándalos sin cuento lo desprestigiaron y lo obligaron a renunciar el 12 de junio de 1849.

La Sociedad Literaria y la Universidad de Chile

Las reformas educativas, la reorganización del Instituto Nacional, el magisterio de Andrés Bello, la influencia de los textos y el halo de los nuevos tiempos «románticos» fueron el terreno propicio para que, en 1842, se creara la Sociedad Literaria, que desarrolló una labor más que sobresaliente en la difusión de conocimientos, en las discusiones literarias y como campo abierto a la crítica intelectual. Al amparo de esta sociedad surgió una generación literaria de gran valor, integrada entre otros por José Joaquín Vallejo, Salvador Sanfuentes, José Victorino Lastarria y Eusebio Lillo.

En 1842, Manuel Montt, desde el Ministerio de Instrucción Pública, encargó a Andrés Bello la creación de la Universidad de Chile. Estaba compuesta por cinco facultades: Humanidades y Filosofía, Leyes, Ciencias Físicas y Matemáticas, Medicina y Teología. El primer rector fue el propio Andrés Bello, quien rigió sus destinos hasta su fallecimiento en 1865. También en el año 1842 se fundó la Escuela Normal de Preceptores, para la enseñanza primaria, y en 1849 la Escuela de Bellas Artes, la Escuela de Arquitectura y la Escuela de Artes y Oficios.

Esta actividad cultural e intelectual repercutió también en el avance de la prensa y en la labor editorial del español Manuel Rivadeneira, dueño desde 1840 de *El Mercurio de Valparaíso*. Rivadeneira contribuyó a la difusión de autores románticos y fundó una gran biblioteca. En Valparaíso destacó la labor de Santos Tornero, que también conjugó el trabajo periodístico con el editorial, además de ser librero y comerciante, pues compró en 1842 *El Mercurio* y en poco tiempo lo convirtió en el primer periódico chileno que se autofinanció sin necesidad de subvenciones gubernamentales o de partido.

La lucha por el poder

En los últimos años de la administración de Bulnes comenzaron las luchas en torno a la sucesión. Manuel Camilo Vial, quien sustituyó a Manuel Montt como ministro de Interior en los últimos años del gobierno de Bulnes, aspiraba a la presidencia. Pero sus manejos en los procesos electorales de 1849 dieron pie a una fuerte animadversión dentro de las filas gubernamentales, sobre todo porque nombró a hermanos y familiares suyos en cargos públicos y adjudicó contratos fiscales de manera irregular. Todo ello, en contraste con la tradición honesta de los anteriores gabinetes, y unido al fracaso de la reforma judicial que había emprendido, contribuyó al desprestigio de Vial y le llevó a renunciar a sus ambiciones presidenciales. A la dimisión de Vial le siguió la formación de un gabinete conservador integrado por Manuel Antonio Tocornal, José Joaquín Pérez, Antonio García Reyes y Pedro N. Vidal. Era la primera ocasión en la historia republicana chilena en que el gobierno no tenía una mayoría adicta en el poder legislativo. Éste utilizó un recurso constitucional y no aprobó la ley de contribuciones. No obstante, el pragmatismo de algunos diputados y el temor a un enfrentamiento con el Ejecutivo hicieron que finalmente dicha ley se aprobara por un voto de ventaja. El gobierno lanzó la candidatura presidencial de Manuel Montt, que fue muy resistida por los liberales.

En 1847 se había creado la Sociedad Democrática, que intentaba aglutinar a los sectores más progresistas del liberalismo frente a la Sociedad del Orden, fundada en 1845, de tendencia gubernamental y conservadora.

Por esa época se fundó también la Sociedad Caupolicán, una agrupación minoritaria integrada por artesanos con reivindicaciones democráticas. Su ideario político e ideológico era muy similar al de los grupos revolucionarios europeos de 1848. Esta sociedad se hacía eco de las aspiraciones políticas y sociales que habían sido dejadas de lado por los avances estrictamente económicos del liberalismo.

En 1849 se creó el Partido Liberal. Su objetivo prioritario era evitar que Montt fuera presidente; en su programa proponía limitar el poder ejecutivo con la consecución de una serie de conquistas liberales. Era una formación política heterogénea pues en ella se integraron parte de los pipiolos, los intelectuales del movimiento del 42, junto a hombres más moderados como Manuel Camilo Vial y Errázuriz, líderes populares como Francisco Bilbao y Santiago Arcos o doctrinarios como José Victorino Lastarria.

En las postrimerías del gobierno de Bulnes, la Sociedad de la Igualdad desplegó una actividad incansable, con la publicación de los *Boletines del Espíritu* escritos por Bilbao, que le granjearon el repudio de la Iglesia, la crítica de los moderados e incluso la de algunos liberales. El enfrentamiento político llegó a tal grado que la Sociedad fue asaltada y sus líderes y asociados fueron agredidos, lo que desató una serie de motines y revueltas en Santiago. Este clima de agitación terminó con la disolución de la Sociedad, el encarcelamiento y exilio de Lastarria y Errázuriz y el paso a la clandestinidad de Bilbao y Benjamín Vicuña Mackenna.

Los descendientes de los pipiolos fueron los liberales y, luego, los modernos radicales. Uno de sus adalides, Francisco Bilbao, estableció una oposición rotunda a los políticos conservadores. Puro, anticlerical, moralista y buenamente ácrata, Bilbao representa la irrupción de las ideas revolucionarias que inspiraron los movimientos europeos de 1848.

La revuelta de Urriola

Manuel Montt (1809-1880), candidato del gobierno a la presidencia, era cuestionado en Concepción, donde los moderados apoyaban la candidatura de José María de la Cruz, primo de Bulnes, de familia tradicionalmente «pelucona». Con este candidato —que contaba con el respaldo de los liberales, a los que había prometido libertad electoral—, los conservadores esperaban obtener un amplio apoyo, dado el clima de inestabilidad y enconamiento que estaban provocando las asonadas liberales en Santiago y en otras ciudades. Los sectores más exaltados dentro de sus filas, al ver que De la Cruz tenía pocas posibilidades, sublevaron al ejército de Valdivia, al mando del coronel Pedro Urriola, contra el Ejecutivo. El gobierno sofocó la revuelta después del enfrentamiento mantenido junto al cerro de Santa Lucía, en el que perdió la vida Urriola (20 de abril de 1851). Tras esta asonada, el triunfo electoral correspondió a Montt, que venció por amplio margen a De la Cruz ■

El decenio de Manuel Montt

El decenio de Manuel Montt se inició con una oposición política muy activa, que cuestionaba el autoritarismo y centralismo del gobierno de Santiago. Estaba concentrada en dos centros urbanos, La Serena y Concepción. En esta última, el general De la Cruz contaba con las tropas de la frontera, los indígenas mapuches y las compañías de la milicia cívica. Con estos hombres se enfrentó a las tropas del gobierno, encabezadas por el ex presidente Bulnes, cerca del río Loncomilla, donde De la Cruz fue derrotado el 8 de diciembre de 1851. Seis días después capituló en Purapel.

En La Serena, mientras tanto, se atrincheraban las fuerzas revolucionarias al mando de José Miguel Carrera Fontecilla, hijo del caudillo de la Independencia. En los primeros combates, los revolucionarios resistieron a las tropas gubernamentales dirigidas por Juan Vidaurre y Victorino Garrido. Pero las desalentadoras noticias de la capitulación de Purapel hicieron que se desmoronara la disciplina y los insurrectos abandonaron la ciudad, ocupada antes de acabar el año. La salida a esta crisis fue difícil y el gobierno optó por conceder en 1852 una amnistía a la mayor parte de los implicados en la insurrección. El Congreso, además, prorrogó por catorce meses la ley que otorgaba facultades extraordinarias al gobierno, con lo que confirió a Montt amplios poderes políticos.

La labor de gobierno

Durante la presidencia de Montt continuó la intensa labor iniciada durante el gobierno de Bulnes en cuanto a obras públicas, educación y colonización. El principal colaborador de Montt fue su ministro Antonio Varas, uno de los hombres más cultos y preparados de su generación.

La economía chilena tuvo un importante crecimiento en el período comprendido entre 1848 y 1856. Tanto la inversión hecha en ferrocarriles como el saneamiento del déficit público se pueden explicar por dos factores muy importantes: el apogeo que experimentó en estos años la producción de plata de las minas de Chañarcillo (que repercutió positiva-

En febrero de 1851 una junta de vecinos proclamó la candidatura a la presidencia del general José María de la Cruz, pariente del ex presidente Prieto y primo de Bulnes. Gobernador y Jefe del Ejército del sur, su vanagloria no supo resistir la tentación del poder, se presentó a las elecciones y perdió. Fue separado del mando, tras lo cual estalló la guerra civil de 1851.

mente en el incremento de las obras públicas y de infraestructura, la adecuación de las urbes, las inversiones financieras, etc.), y la apertura de los mercados de trigo y harina en Australia y California, que actuaron como un gran incentivo a la producción agrícola, pues recibieron el capital de las grandes fortunas mineras.

La educación

En el campo educativo el gobierno continuó con la intensa obra iniciada en la anterior década, cuando el propio Manuel Montt era ministro de Bulnes. En 1854 se fundó en Santiago la Escuela Nacional de Preceptoras, con el mismo sistema que el de la institución masculina y la Escuela de Sordomudos. De la tarea docente de la primera se hicieron cargo las monjas del Sagrado Corazón de Jesús.

En el año 1860 se promulgó una ley orgánica de instrucción primaria que organizaba la carrera de maestro, dotándola de niveles docentes superiores. Con respecto a la enseñanza secundaria, la reforma decretada en 1843 encontró serias dificultades de aplicación debido a la escasez de profesores y material didáctico. Recibió un nuevo impulso en 1850, cuando el Instituto Nacional se trasladó a un nuevo edificio y desde 1857 dispuso de una biblioteca. Asimismo se crearon liceos en Chillán y Valdivia en 1853, con lo que prácticamente todas las provincias contaron con educación secundaria.

Las mejoras no sólo llegaron a la educación pública, sino que también se favoreció la educación privada. En especial por la llegada de diversas órdenes religiosas como la de los jesuitas que fundaron, en 1856, el Colegio de San Ignacio. Estos centros educativos tuvieron una influencia considerable en la formación intelectual de los hijos de la clase alta católica. También se fundaron centros educativos privados de carácter laico, como el colegio Mac Kay en 1857 o la Escuela Popular en 1860, ambos en Valparaíso.

La cultura

En cuanto al movimiento intelectual de este decenio se mantuvieron las mismas características de la generación anterior. La novela chilena tuvo en Alberto Blest Gana (1830-1920) su principal iniciador. La historia y el derecho siguieron siendo los epicentros intelectuales y culturales. Merecen destacarse en este aspecto una serie de historiadores que pusieron los cimientos de la

---

Manuel Montt había sido un niño prodigio. Fue presidente a los 42 años después de haber ocupado todos los cargos importantes de la administración. Durante un decenio fue el gobernante más equilibrado que tuvo Chile. Encina lo define: «Fue un hombre que atravesó la vida como un teorema, desenvolviendo su propio contenido».

Las necesidades educacionales tuvieron en el decenio de Montt un gran protagonismo. Arriba, alumnas de la Escuela Nacional de Preceptoras.

Hacia la república liberal

Don Miguel Luis Amunátegui fue uno de los historiadores progresistas de este período en Chile. Colaborador de Montt, su nombre se une al de Domingo Santa María, Diego Barros Arana, Sarmiento y Andrés Bello en la relación eminente de educadores que levantaron la cultura chilena.

historia nacional de Chile desde posiciones liberales, al socaire de los acontecimientos democráticos acaecidos en Europa. La historia de estos autores se convirtió en un arma contra los conservadores y por la reivindicación de un Estado más democrático y liberal. Cabe mencionar a Miguel Luis Amunátegui (1828-1888), quien se ocupó de los primeros años de la Independencia chilena (*Los precursores de la Independencia de Chile* y la *Crónica de 1810*). Otro nombre significativo en este período es Diego Barros Arana (1830-1907), autor de *Historia de la Independencia de Chile*. Este historiador tuvo que exiliarse durante los últimos años de la presidencia de Montt, lo que le permitió recopilar documentos en archivos españoles y franceses que le servirían para confeccionar, junto con Benjamín Vicuña Mackenna (1831-1886), la célebre *Historia General de Chile* en dieciséis volúmenes. Vicuña Mackenna, que también sufriría numerosos destierros, dejó una obra muy importante en la que destaca su ensayo *Don Diego Portales*.

Una etapa de progreso

Los colonos europeos continuaron llegando a Chile, fundamentalmente de Alemania, y se instalaron en Valdivia y Llanquihue. El gobierno dio un franco apoyo a la política de inmigración y se fueron creando otros centros de radicación. En 1853 Vicente Pérez Rosales fundó el pueblo de Melipullí (hoy Puerto Montt). Hasta 1860 el país había recibido unos tres mil alemanes, que ayudaron al desarrollo de esa zona.

En 1851 se constituyó una sociedad anónima para iniciar la construcción de un ferrocarril desde Santiago a Valparaíso. En ella participaban como socios capitalistas el Estado chileno e importantes familias. Pero la revolución de ese año y sus consecuencias económicas hicieron que la obra no estuviera concluida hasta 1863. Al mismo tiempo se emprendió la construcción del ferrocarril del sur en 1856, con una sociedad anónima en la que participó como inversionista el Estado. Este avance en las comunicaciones se completó con la creación de un sistema de correos en 1853 y una red de nuevos telégrafos.

También se realizaron progresos en el transporte urbano. En 1857 comenzó a funcionar la primera línea de tranvías de tracción animal (los «carros de sangre»). La calidad de vida en las ciudades mejoró sensiblemente con la introducción del alumbrado público de gas hidrógeno.

Por iniciativa de Antonio Varas se promovió la creación de la Caja de Crédito Hipotecario en 1855, que tenía como principal objetivo proporcionar préstamos a la agricultura mediante la emisión de bonos hipotecarios. La misma ley que amparó su creación permitió además que se formaran sociedades anónimas crediticias que serían los precedentes de los bancos hipotecarios. También se fundó en 1856 la primera compañía de seguros, denominada actualmente La Chilena Consolidada, y en 1861, se fundó la Caja de Ahorros con el patrocinio del Estado.

El surgimiento de las necesidades inversoras condujo a la aparición de los activos financieros no estatales. La usura, heredada de las normativas coloniales, dejó paso a la fundación del préstamo legal y al surgimiento de los bancos. El primer banco que se abrió fue el Banco de Ossa, si bien el primero autorizado legalmente fue el Banco de Valparaíso, en 1855.

Las reformas legislativas

Montt llevó a cabo una trascendental reforma en el sector legislativo, en favor de la modernización de las estructuras del Estado chileno. En primer lugar, por las leyes de 1852 y 1857, se abolió el sistema de mayorazgo, una cuestión importante en los planos jurisdiccional y territorial; en segundo lugar, tras un ardua labor de Andrés Bello, se aprobó en 1855 el Código Civil, que estaba basado en principios del derecho romano, en el código napoleónico y en las antiguas normativas españolas. Esta trascendental obra jurídica se adecuó a las condiciones políticas, económicas y sociales chilenas del momento.

La crisis económica

La expansión sufrió un freno con la crisis económica que se desató entre los años 1858 y 1861 como consecuencia, especialmente, del desmoronamiento de los dos pilares básicos del crecimiento económico chileno, la producción de plata y de trigo: Chañarcillo redujo su capacidad de extracción y se perdieron los mercados agrícolas de California y Australia que, tras la fiebre del oro, pasaron de ser centros mineros a ser centros agrícolas.

Este cambio cualitativo provocó la baja de los precios del trigo y la ruina de numerosos agricultores que estaban endeudados por las inversiones realizadas en los años anteriores. El hambre hizo acto de presencia entre los pequeños propietarios e incluso entre algunos inquilinos de las haciendas. A estos factores se unió la competitividad de otros puertos del Pacífico, como El Callao y el de San Francisco en California. Esta competencia se tradujo en la decadencia de Valparaíso respecto del tránsito comercial, esta situación de crisis que se vio acentuada con la guerra civil que estalló en 1859.

Finalmente, la abundante producción de oro, tras los descubrimientos de las minas en California, hizo que la cotización de este metal bajara mientras que la plata experimentaba un aumento significativo. La consecuencia económica

fue que los pesos fuertes chilenos comenzaron a valer más como mercadería de uso que de cambio, con lo cual se produjo un acaparamiento del metal y una estrangulación de liquidez en moneda corriente. Desde 1860 los intercambios comerciales y, en general, la economía chilena se resintieron notablemente.

En 1861 la Hacienda del Estado chileno se encontraba exhausta debido a los préstamos realizados durante los años de crisis para paliar las quiebras y la falta de dinero efectivo. Se puso fin a la política intervencionista gubernamental, con lo cual numerosas empresas tuvieron que cerrar.

En el desarrollo de Chile, un factor importantísimo fue la colonización por europeos. La sociedad de Emigración y Colonización alemana de Stuttgart fue un medio eficaz. En las fotografías: casa de colono en Puerto Octay y pioneros de Chañarcillo.

Hacia la república liberal

Nacionales y ultramontanos

En el tema religioso, el gobierno de Montt tuvo que sortear una cuestión delicada. Si bien sólo se permitía la práctica pública de la Iglesia católica, ésta aspiraba a obtener un control más directo sobre la prensa, la enseñanza y el derecho a la censura sobre determinados libros. Al frente de los conservadores que reclamaban estas reformas se encontraba el arzobispo Rafael Valdivieso. Por su parte, el gobierno chileno poseía y quería conservar los derechos de patronato y exequátur como herramientas del Estado para poder mantener el principio de soberanía nacional, postura sostenida especialmente por Antonio Varas, que aparecía como jefe de los regalistas.

Otras circunstancias se sumaron para que las diferencias se ahondaran, y provocaran la división del partido gubernamental. Por un lado se alinearon los nacionales o monttvaristas y por otro los conservadores o ultramontanos. Los primeros respondían a los líderes que estaban en el gobierno, sobre todo Montt y Varas; rechazaban la intervención de la Iglesia en cuestiones políticas y mantenían posiciones regalistas y liberales moderadas. Su divisa era «la libertad dentro del orden». Con ellos se había incorporado a la política una nueva generación enriquecida con el crecimiento económico de las dos décadas precedentes; eran en su mayoría comerciantes, financieros, mineros, e industriales y hacendados de nuevo cuño. En este sentido se seguía la tradición política portaliana.

Por su parte, los ultramontanos aglutinaban a la mayoría de los pelucones de tendencia clerical y pretendían conservar el fuero eclesiástico, la exclusividad del culto católico, el control de la educación por la Iglesia y un mayor protagonismo del Legislativo, al tiempo que acusaban al Ejecutivo de autoritarismo.

La revolución de 1859

La escisión del partido gubernamental desembocó finalmente en una alianza entre conservadores y liberales radicales. Ambos grupos políticos tenían un punto claro de unión: su oposición al presidente Montt, cuya figura concentraba los virulentos ataques. Ambos formaron en 1859 la Fusión Liberal-Conservadora.

El gobierno reaccionó adoptando posiciones autoritarias, como la clausura de diarios, declaró el estado de excepción y decretó varios destierros. La confrontación se trasladó al terreno de las armas y, en enero de 1859, estalló una revuelta que se extendió por todo el país.

El último reducto de los revolucionarios fue Copiapó, donde Pedro León Gallo, un rico minero, armó a los trabajadores y resistió la ofensiva de las fuerzas gubernamentales con un ejército de mil hombres que obtuvo la victoria en la batalla de Los Loros. Posteriormente ocupó La Serena, pero en Cerro Grande fue vencido por las tropas gubernamentales comandadas por Juan Vidaurre, con lo que la revuelta quedó descabezada y derrotada. Gallo y sus fieles huyeron a la Argentina ■

■ Barros Arana dibuja a Pedro León Gallo (en la imagen) de esta manera: «Joven, rico, generoso, ilustrado, valiente, Gallo poseía todas las cualidades necesarias para dar un inmenso prestigio a la causa que él abrazaba. El pueblo se pegó a él, lo llamó su caudillo y se manifestó dispuesto a sacrificarse a su lado». Los últimos residuos de la revolución de 1859 fueron dirigidos por él.

La república liberal

Después de los hechos revolucionarios de 1859, Antonio Varas, pese a contar con el apoyo de Montt, renunció a la candidatura de presidente para no ahondar la división existente en el país. A Montt le sucedió José Joaquín Pérez Mascayano, moderado, miembro del Partido Nacional, diplomático y ex ministro de Bulnes, que tenía fama de hombre afable y culto.

Pérez contó en su gabinete con hombres de la Fusión Liberal-Conservadora, como el conservador Manuel Antonio Tocornal, jefe de gabinete, y José Victorino Lastarria, representante del liberalismo. La alianza con los conservadores no era bien vista por un sector de los liberales, que acabaron por escindirse en 1862. Se formó entonces una corriente radical encabezada por Pedro León Gallo y Manuel Antonio Matta, que proponía una reforma constitucional, la enseñanza laica, la descentralización administrativa y la libertad electoral. Esta corriente se convirtió en el Partido Radical, que recién fue admitido como tal en 1888.

Los comienzos de la república liberal

Con la llegada al poder del gobierno de José Joaquín Pérez Mascayano se inició en Chile la denominada república liberal, período que abarcó desde 1861 hasta 1881 y que estuvo marcado por la agudización del conflicto con la Iglesia, debido a la asunción por parte del Estado de funciones que hasta entonces habían sido competencia de aquélla.

Pasaron años de lucha antes de que Pedro León Gallo y Manuel Antonio Matta (en la fotografía) fundaran el Partido Radical. La revolución de 1859 pedía reformas constitucionales y los plenos derechos cívicos. Sus posturas permitirían el advenimiento del régimen liberal conducido por José Joaquín Pérez.

Los gobiernos liberales, imbuidos de la ideología francesa posterior a la Revolución, que sostenía la libertad del individuo frente al Estado, limitaron el poder del Ejecutivo y de la Iglesia. En 1864, la Fusión Liberal-Conservadora obtuvo mayoría en el Congreso y el presidente de la República formó su segundo ministerio con miembros de esta agrupación. Manuel Antonio Tocornal fue nombrado ministro del Interior y jefe de gabinete.

Hacia la república liberal

El segundo ministerio de Pérez fue conducido por Manuel Antonio Tocornal. Encina destacaba de él «la rectitud, la bondad y la tolerancia. El ancestro caballeresco castellano brillaba en él con raro esplendor».

Diego Barros Arana destacó como uno de los historiadores más avezados de la cultura chilena.

El litigio de años anteriores sobre la libertad religiosa prosiguió en este período. En 1865 se discutió activamente la reforma del artículo 5º de la Constitución, que declaraba la confesionalidad del Estado. La iniciativa de radicales, liberales y una parte de los nacionales logró imponerse en el Parlamento a los conservadores, dando como resultado una ley de Cultos que permitía la práctica de otros cultos dentro de recintos privados. Las reformas políticas abarcaron la sustitución de la obsoleta ley de comercio, que databa de la época colonial, por una codificación de las leyes comerciales llevada a cabo en 1867 por José Gabriel Ocampo. También se prohibió la reelección de presidente para el período inmediato posterior. Esta reforma, que se mantuvo en la Constitución de 1925, puso fin a los períodos presidenciales decenales.

En oposición al Club de la Unión, en 1868 se abrió el Club de la Reforma, creado por los sectores más reformistas de la política chilena, representados por José Manuel Balmaceda, Vicente Reyes, Jerónimo y Tomás Urmeneta, los Arteaga Alemparte y los Matte; por radicales como Enrique Mac-Iver y Abraham Köning y por liberales reformistas. El Club de la Reforma contribuyó de manera notable a la paulatina liberalización de la sociedad.

El decenio de Pérez

Durante el gobierno de Pérez, Diego Barros Arana se hizo cargo de la dirección del Instituto Nacional, en 1863, y tuvo como máximo logro una intensa reforma de la enseñanza secundaria. Ésta se organizó en seis años y abarcó las materias de geografía, física, química, zoología y botánica. En estos años se elaboraron textos docentes y se dotó de bibliotecas a los centros de educación secundaria. Pero el aspecto más importante de esta reforma fue la ofensiva liberal encabezada por Vicuña Mackenna contra la obligatoriedad de la enseñanza del latín. En lo que respecta a la universidad, ésta se instaló en una de las edificaciones del Instituto Nacional. El edificio actual de la universidad se construyó entre los años 1863 y 1865 y comenzó a funcionar en 1866.

La construcción de vías férreas prosiguió en este período. A Guillermo Wheelwright le sucedió Enrique Meiggs (también de nacionalidad estadounidense), el más importante empresario de los ferrocarriles chilenos. Construyó el puente sobre el río Maipo y después la línea que une Santiago con Valparaíso. Continuó esta ingente empresa después en el Perú con la construcción del ferrocarril de La Oroya, en la que participaron numerosísimos trabajadores chilenos.

En el resto de país la línea ferroviaria que llegaba hasta San Fernando se prolongó hasta Curicó y desde Chillán hasta Talcahuano. En el norte, la línea de Llaillay a San Felipe avanzó notablemente sus trabajos.

La comunicación a través del telégrafo se desarrolló por el sur hasta llegar a Nacimiento en la frontera de la Araucanía. En cuanto a los transportes marítimos la Compañía del Pacífico estableció una línea Valparaíso-Liverpool en 1868. Los servicios urbanos también experimentaron un notable crecimiento durante este decenio. En 1863, imitando al de Valparaíso, se fundó el Cuerpo de Bomberos en Santiago, cuyo primer superintendente fue José Tomás Urmeneta.

Expansión económica

La capital chilena se embelleció con el aumento de edificios suntuosos debido a las inversiones de las familias mineras que gustaban invertir en la construcción de hermosas mansiones para vivir. Ejemplo de ello fueron la casa de La Alhambra y el Palacio Cousiño, ambos construidos por la familia Ossa. Estas inversiones en la urbe se notaron también en la creación de espacios urbanos donde se celebraban actos sociales y festivos como el Club Hípico o el Club de la Unión, ambos de 1869.

La expansión económica se tradujo también en un mayor interés por las nuevas tecnologías y por su promoción en los mercados internacionales. No fue una casualidad la celebración de la Exposición Internacional en 1869 con la representación de casi una treintena de países, en la que se dio a conocer una gran variedad de utillaje y maquinaria agrícola. Esta tecnificación agrícola era una auténtica necesidad de la producción agraria chilena, dada la escasez de mano de obra y debido a la demanda existente en la construcción de ferrocarriles, canales y obras de infraestructura. Según el censo de 1865, Chile contaba con una población de 1 800 000 habitantes, idéntico número que Argentina.

Por otra parte, este crecimiento económico se vio favorecido por el descubrimiento de salitre en Antofagasta hecho por la familia Ossa, en 1866. A partir de este momento se creó una red de inversionistas que contribuyeron a promocionar la explotación salitrera. Las primeras inversiones se destinaron a la remodelación del puerto y a la prolongación de una vía férrea. En cuanto a la producción de plata, ésta vio paliada la decadencia que estaba sufriendo con el descubrimiento de la rica mina de Caracoles, en 1870.

La incorporación de la Araucanía

El principal objetivo del gobierno de Joaquín Pérez fue lograr la incorporación definitiva de la Araucanía al territorio nacional. En 1862, el general Cornelio Saavedra llegó al frente de sus tropas hasta el río Biobío, estableció con los indígenas un tratado de amistad y fundó la ciudad de Mulchén. Un año después se fundaron Lebu y Angol, poblaciones que sirvieron de enlace para la posterior colonización que llegaría hasta el río Malleco en 1868. Al ocupar el río Toltén comenzaron las luchas contra los mapuches, cuyo líder era el cacique Quilapán, que no acabaron hasta muchos años después. Esto no impidió que el gobierno fuera creando asentamientos: en 1867 fundó el fuerte de Collipulli, en 1868 el de Cañete, y Purén y Lumaco en 1869, que fueron ocupados por colonos chilenos y europeos. En estos sucesos participó el aventurero francés Orélie-Antoine Tounens.

La industria chilena del siglo XIX floreció al socaire de la minería y la agricultura. Grandes ingenieros pusieron su saber al servicio de Chile. Entre ellos, Enrique Meiggs, que llevó a cabo el tendido del ferrocarril de Santiago a Valparaíso y el puente sobre el río Maipo (en la fotografía).

Hacia la república liberal

En el gobierno de José Joaquín Pérez se dieron los primeros pasos definitivos en el problema crónico de la pacificación de la Araucanía. El coronel Cornelio Saavedra sometió al presidente Montt un plan para civilizar la Araucanía, plan que no se emprendió hasta el gobierno de Pérez. En la imagen, el coronel Saavedra en un parlamento con los araucanos.

«Entretanto, escribe Encina, había hecho su segunda aparición el Rey de la Araucanía, fugaz en extremo, porque encontrando la situación poco propicia, regresó de inmediato a Francia».

ORÉLIE-ANTOINE I, REY DE LA ARAUCANÍA

En la contienda contra los mapuches tuvo protagonismo un personaje peculiar, el aventurero francés Orélie-Antoine Tounens, quien se adentró en la Araucanía para comerciar con los indígenas. Después de pactar con los mapuches, se coronó rey de la Araucanía y de la Patagonia, bajo el nombre de Orélie-Antoine I. Pero fue apresado por el coronel Saavedra y, tras ser declarado loco, fue embarcado rumbo a Francia en 1862. Más tarde, en 1869, regresó a la costa oriental, en la desembocadura del río Negro. Allí logró el apoyo de algunos caciques y reinició su lucha. Esta nueva tentativa también fracasó y fue devuelto a Francia

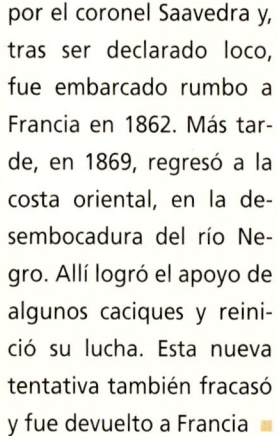

La guerra contra España

En 1862 una expedición española al mando del almirante Pinzón ocupó las islas peruanas de Chincha, ricas en guano y principal entrada de divisas a ese país. El hecho preocupó al gobierno chileno, cuya opinión pública y política se movilizó contra esta agresión española.

En 1864 el gobierno peruano convocó en Lima un congreso de todas las naciones americanas para llegar a un acuerdo con los españoles. A pesar de que España rechazó cualquier participación del resto de los países americanos, finalmente se llegó a un acuerdo, por el que la antigua metrópoli devolvía las islas Chincha a Perú a cambio de una indemnización.

El gobierno chileno por su parte trató de desvincularse de las aspiraciones de los denominados «americanistas» y de llegar a acuerdos con el gobierno español para evitar una guerra que se consideraba absurda. No obstante, España acusó a Chile de una serie de agravios, muchos de ellos banales y ficticios, como la venta de caballos al Perú, opinión considerada como insidiosa por parte de algunos periódicos chilenos.

La república liberal

La declaración de guerra

En el mes de septiembre de 1865, el almirante español José Manuel Pareja fondeó en Valparaíso y diseminó sus naves bloqueando el litoral chileno. El día 24 la Cámara de Diputados autorizaba al presidente de la República «para que rechace las hostilidades de la escuadra española y para que en consecuencia declare la guerra al gobierno de España».

En principio la superioridad de la escuadra española era notoria. Tenía cuatro fragatas, un transporte, dos goletas y un blindado, el *Numancia*. La flota chilena contaba con una corbeta y un vapor de hierro, el *Maipú*. En lo que respecta al número de tropas, éstas mantenían un equilibrio. No obstante, en esta contienda naval Chile contaba con un aliado geográfico: la gran extensión de sus costas hacía que la estrategia española de bloquear los puertos del sur tuviera graves problemas.

A la altura de la playa de Papudo y mediante una táctica certera, que consistió en aprovechar la distancia a que se encontraban un barco español de otro, el comandante chileno Juan Williams Rebolledo, al frente de la nave *Esmeralda* se apoderó de una de las goletas españolas. Al conocer la noticia, Pareja se suicidó y fue sustituido por el almirante Méndez Núñez.

Mientras tanto, frente a esta agresión española los gobiernos de Bolivia, Perú, Chile y Ecuador acordaron una alianza ofensiva y defensiva. Esta alianza dejaba sin bases navales en las que reparar y reavituallarse a la Armada española, desde Guayaquil hasta el cabo de Hornos. Con numerosos enfermos y heridos, la escuadra española dio un paso adelante y bombardeó el puerto de Valparaíso el 31 de marzo de 1866 y el de El Callao el 2 de mayo, pero las baterías de tierra se mantuvieron firmes y la escuadra española regresó a su país.

Fin de la contienda

El convenio entre los contendientes se firmó en Washington en 1871, aunque los acuerdos definitivos entre España y Chile se retrasaron hasta 1883. La agresión española trajo consecuencias negativas para Chile. Las pérdidas materiales fueron considerables, especialmente en la ciudad de Valparaíso. Además de que se realizó un esfuerzo financiero muy alto en gastos bélicos, la contienda afectó a la Marina mercante e interrumpió el comercio marítimo.

Pero la creación de una coalición de los países americanos frente al enemigo exterior hizo que se reanimara el sentimiento americanista y que se reforzaran, al menos formalmente, las relaciones entre estos países, los cuales tenían litigios pendientes en asuntos territoriales y económicos. Éste fue el caso del tratado con Bolivia del año 1866, en que los gobiernos de ambos países acordaron que el límite territorial sería el paralelo 24° y que los derechos de exportación, motivo de conflicto del guano, se repartirían entre ambos. En ese mismo año, José Santos Ossa había descubierto salitre en las pampas cercanas a la actual ciudad de Antofagasta. Sin embargo, en el caso de Perú, la guerra fomentó la rivalidad existente por la supremacía del Pacífico Sur.

El 17 de septiembre de 1865, llegó el almirante Pareja a Valparaíso. El 18, Pareja entregó al gobierno una nota que equivalía a un ultimátum, al tiempo que iniciaba las hostilidades con el bloqueo de todos los puertos chilenos. El día 24 la Cámara de Diputados aprobaba una ley que autorizaba al presidente de la República para declararle la guerra a España. En la imagen, reacción popular en el momento de la publicación del bando de declaración de guerra contra España.

Hacia la república liberal

Federico Errázuriz había escrito una tesis que era una violenta diatriba contra los pelucones y la Constitución de 1833. Sin embargo, ya como ministro de Pérez, fue el representante del extremismo clerical.

Eulogio Altamirano (en el centro) era un hombre dúctil, mesurado, competente, de gran viveza intelectual.

El gobierno de Federico Errázuriz Zañartu

Para las elecciones de 1871 se celebraron por vez primera convenciones de delegados de todas las provincias, que designaron los candidatos. La oposición (liberales, nacionales y radicales) eligió candidato a José Tomás Urmeneta; por su parte los gubernamentales —conservadores y liberales— designaron a Federico Errázuriz Zañartu (1825-1877). En las elecciones, este último ganó por una amplia mayoría.

Las primeras fisuras de la Fusión

Enemigo acérrimo de Montt, Errázuriz integró en su gobierno (1871-1876) a hombres de la Fusión como el liberal Eulogio Altamirano, que ocupó el Ministerio del Interior y el conservador Abdón Cifuentes, al frente del Ministerio de Instrucción Pública.

Las principales controversias dentro de la Fusión se derivaron de los asuntos que afectaban a la religión. Durante el gobierno de Errázuriz, el primer choque se produjo por la decisión de los liberales de establecer las leyes laicas para los cementerios y el registro de nacimientos y de matrimonios civil, medidas a las que se oponían los conservadores. Por decreto gubernamental se dispuso que los nuevos cementerios que se construyeran fueran de carácter laico y que en los cementerios religiosos se habilitara un recinto especial para inhumación de impenitentes. Sin embargo, el enfrentamiento más duro sobrevino a raíz del compromiso que acordaron Cifuentes y los conservadores sobre la libertad de enseñanza. En enero de 1872 Cifuentes promulgó un decreto que establecía que los colegios pertenecientes a congregaciones religiosas quedaban desvinculados de la tutela de la universidad, lo que suponía que podían tomar exámenes sin la supervisión de delegados del Instituto Nacional.

Tanto liberales como radicales atacaron con virulencia este decreto que calificaban de anticonstitucional. Esta problemática se trasladó rápidamente a los alumnos y sus familias quienes, con sus manifestaciones, provocaron la destitución del rector Diego Barros Arana, en 1873.

El problema, lejos de apaciguarse, se acentuó debido a los debates que la ley suscitó en el Congreso. La tensión agravó las inestables relaciones entre liberales y conservadores dentro de

La república liberal

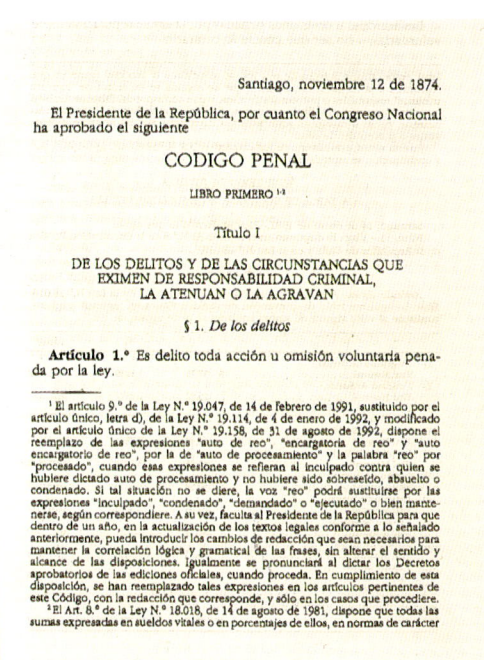

El arzobispo Valdivieso fue una figura activa de la política chilena. Se opuso claramente al código penal.

El proyecto de código penal (en el centro) redactado por don Alejandro Reyes, según las líneas del código español de 1858, provocó la alarma del clero por equiparar a sacerdotes y laicos en las penas.

la Fusión, lo que dejó como saldo la salida de los conservadores del gobierno y la sustitución de Cifuentes por el liberal José María Barceló. Una vez en el gobierno, Barceló estableció en 1873 la no obligatoriedad de la enseñanza de la religión en los colegios estatales.

La reorganización política de la nación

Las elecciones parlamentarias de 1873 dieron nuevamente la mayoría a Errázuriz. En esta segunda legislatura se libró un intenso debate entre liberales y conservadores que dio como resultado un buen número de reformas a la Constitución de 1833, propuestas principalmente por el sector liberal. Los cambios se centraron en el funcionamiento parlamentario: se redujo a la tercera parte el número de diputados requerido para comenzar las sesiones, dado que muchas se frustraban por la escasa concurrencia de los mismos; se establecieron las «incompatibilidades parlamentarias» y se fijó en veinte mil personas el número para obtener un acta de diputado.

En otros planos, se redujo a un año la concesión de la ciudadanía chilena a los extranjeros, siempre y cuando estuvieran avecindados. Se decretó la libertad de asociación y de reunión, medida largamente solicitada por los radicales. Se reformó el Senado, estableciéndose que sus miembros serían elegidos por votación directa y no indirecta como hasta entonces, y con una proporción de un senador cada tres diputados, por un período de seis años, pudiendo ser reelegidos indefinidamente.

También se reformó la Comisión Conservadora. Esta institución parlamentaria sustituía al Congreso cuando éste cesaba en su funcionamiento y estaba compuesta exclusivamente por senadores. La reforma cambió su composición y estableció una paridad entre senadores y diputados. Además, en el Consejo de Estado se concedió una representación a las dos cámaras.

Todas estas reformas estaban encaminadas a reforzar el poder legislativo frente a las amplias prerrogativas del Ejecutivo, y entre sus principales propulsores estaban Aníbal Pinto, Domingo Santa María y José Manuel Balmaceda.

La Iglesia y las reformas

El Código Penal fue objeto de una intensa reforma en 1874, lo que desató una activa oposi-

Hacia la república liberal

Benjamín Vicuña Mackenna dejó una huella profunda en la vida de la capital chilena. La construcción del Mercado Municipal, (en la imagen), cuyo armazón fue traído de Europa, formó parte de su vasto plan de desarrollo urbano.

ción, a la cabeza de la cual se encontraba el arzobispo Valdivieso con el apoyo del clero y del Partido Conservador, que amenazaron con decretar la excomunión de los diputados que aprobaran la ley. Pese a esta resistencia tenaz de los conservadores y de la Iglesia, el nuevo Código Penal entró vigor en 1875.

Otro punto conflictivo fue la ley de Organización y Atribuciones de los Tribunales, que reorganizaba el poder judicial y cuestionaba los privilegios jurídicos que mantenía el fuero eclesiástico. Los conservadores se opusieron a su aprobación, pero finalmente la ley fue sancionada en 1875. La contienda política se trasladó también a la opinión pública, que se movilizó en ambos sentidos. La aprobación de la ley produjo en el fusionismo una honda división que acabó, prácticamente, con la alianza de estas fuerzas políticas.

Consecuencias de las reformas

La cambios significaron una apertura política a las capas medias, lo que provocó que el enfrentamiento político se tradujera en la lucha por la obtención del voto. Tanto el Senado como el Congreso recurrieron a juntas de mayores contribuyentes, que fueron las encargadas de conformar las juntas calificadoras que, a su vez, debían verificar las inscripciones electorales.

Esta organización electoral dio a los grupos políticos minoritarios una mayor oportunidad de estar representados. Sólo se estableció un único requisito para poder votar: saber leer y escribir; de esta forma se promulgaba, casi de facto, el sufragio universal masculino.

La bonanza económica

La explotación de la rica mina de Tamaya, propiedad de José Tomás Urmeneta, hizo que el cobre pasara a ocupar el primer lugar en la producción minera chilena. Tal fue el impacto productivo de esta mina que, en 1873, Chile se colocó a la cabeza en la producción mundial de este metal.

Por otra parte, en esos años, Agustín Edwards creó un trust que impuso el precio del cobre en el mercado mundial, con lo que se inauguró en Chile el paso del capitalismo de libre competencia al monopolista.

Al mismo tiempo, la mina de Caracoles pasó por un período de esplendor debido al aumento de la producción. Se crearon numerosas sociedades anónimas; se acumularon fortunas a partir de la especulación bursátil; comerciantes, industriales y hacendados reinvirtieron sus beneficios; se crearon nuevos bancos y se fundó la primera bolsa de valores en Valparaíso.

A esta espectacular fase de expansión económica, le siguió una etapa de crisis provocada por el declive de la minería de la plata y la bajada de su precio a nivel mundial, descenso al que contribuyó la caída de las acciones en la cotización de la bolsa y en el crédito.

Las relaciones internacionales

Las cuestiones territoriales con Argentina y Bolivia seguían sin resolverse. El problema marítimo con Perú se acentuó al comprar este país dos acorazados en 1871 que completaban la formación de una potente Marina. El gobierno chileno reaccionó con rapidez ante esta creciente amenaza peruana con la creación del Ministerio de Relaciones Exteriores, confiado a Adolfo Ibáñez Gutiérrez, y en 1871 se encargaron a los astilleros británicos varios acorazados.

Los conflictos de Chile con sus vecinos por problemas limítrofes han sido casi permanentes a lo largo de su historia. En el último tercio del siglo XIX, Argentina exigió la Patagonia, el estrecho de Magallanes y las islas meridionales. En el ínterin trascendió el empeño del gobierno argentino en impedir una salida de Chile al Atlántico. El ministro chileno Ibáñez Gutiérrez no encontró excesivo respaldo por parte del gobierno para el mantenimiento de la Patagonia, la cual finalmente fue cedida a Argentina. A este hecho contribuyeron la teoría de Darwin, que daba escaso valor a este territorio, el sentimiento americanista de los chilenos que querían evitar confrontaciones con otras naciones americanas, y también la atracción ejercida por el norte minero, que reclamaba una mayor expansión debido a su enorme riqueza.

La Alianza Liberal

La oposición a las reformas eclesiásticas determinó que se formara una alianza entre los conservadores y las fracciones de nacionales, radicales y liberales que se oponían al gobierno. Ante tales perspectivas, Errázuriz inició una rápida y astuta maniobra política en septiembre de 1874. Ofreció entrar a formar parte del gobierno a Manuel Antonio Matta, jefe del Partido Radical. Este pacto culminó en abril de 1875 con la creación de la Alianza Liberal, acuerdo entre los radicales y los liberales gubernamentales.

Los radicales proponían un amplio abanico de reformas: libertad de prensa, de asociación, de reunión, de religión, liberalización de la economía y, especialmente, la laicización de la vida civil y educativa. Por una parte el programa político de los liberales gubernamentales incluía una serie de medidas reformistas, especialmente electorales. Al frente de los liberales se encontraban políticos de prestigio como Eulogio Altamirano y Aníbal Pinto que, finalmente, fue el candidato de la Alianza para las siguientes elecciones presidenciales.

Fruto de las reformas electorales, pero también de la difusión de la prensa y de la movilización política de las clases populares y las capas medias, surgió otra candidatura presidencial, la de Benjamín Vicuña Mackenna (1831-1886), intendente de Santiago bajo el gobierno de Errázuriz, buen orador y activista incansable, apoyado por la llamada «convención de los pueblos».

Cerca de la fecha de las elecciones de 1876, y al ver que no contaba con apoyo suficiente, Mackenna retiró su candidatura y dejó el camino abierto a Aníbal Pinto, quien, sin tener adversarios, fue elegido presidente.

LA INTENDENCIA DE VICUÑA MACKENNA

Durante el período en que fue intendente de Santiago, Vicuña Mackenna inició una intensa labor de transformación de la urbe capitalina, como la apertura del paseo de Santiago en 1872, la pavimentación de numerosas calles, la mejora de los servicios de agua potable, la construcción del Teatro Municipal y del Mercado Municipal, la habilitación del palacio de la Exposición Internacional en el Museo Nacional, la inauguración del palacio del Congreso Nacional en 1876 y la remodelación del cerro Santa Lucía, entre otras muchas obras ∎

La estatura moral y cultural de Benjamín Vicuña Mackenna representa en el Chile del siglo XIX un factor civilizador importante. Aspiraba a que el país se deshiciera de la barbarie mediante el bálsamo de la Ilustración. Político, educador e historiador, no cejó en su empeño de cambiar el aspecto y el alma del Chile montaraz.

Hacia la república liberal

Don Aníbal Pinto, junto a estas líneas, fue elegido presidente en 1876. Era hombre altamente ilustrado, refinado por la holgura de que gozaba la burguesía chilena.

El capitán Juan Williams Rebolledo (a la derecha) luchó al comienzo de la guerra con España. También como almirante dirigió la toma de Tocopilla y Cobija y el bloqueo de Iquique.

La presidencia de Aníbal Pinto

El primero de los mandatarios netamente liberales fue el sucesor de Errázuriz Zañartu, Aníbal Pinto (1825-1884), hijo del ex presidente Francisco Antonio Pinto. El mandato de Pinto (1876-1881) estuvo fuertemente marcado por el conflicto bélico que enfrentó a Chile con Perú y Bolivia, conocido como la guerra del Pacífico, que tuvo hondas repercusiones en las actividades políticas, culturales y, sobre todo, económicas.

La guerra del Pacífico

Tras los tratados firmados con Chile en 1866, Bolivia concertó en 1873 un pacto secreto con Perú, obligándose a presentar un frente común ante cualquier agresión. Perú estaba inmerso en una grave crisis económica, pues los recursos del guano se hallaban en decadencia, al igual que las explotaciones salitreras. Como medida para salir de esta coyuntura, el gobierno peruano decidió expropiar las salitreras en manos de chilenos existentes en Tarapacá.

Pero, lejos de cesar, la crisis se intensificó, dado que bajaron los precios del nitrato y los créditos de los banqueros chilenos no se renovaron. El gobierno peruano no tuvo más remedio que emitir pagarés hipotecarios.

El gobierno de Bolivia, por su parte, embargó en 1879 las oficinas salitreras chilenas que funcionaban dentro de su territorio, y se habían negado a pagar el alza de impuesto fijada por ese gobierno. Ante esta situación, Pinto decidió proteger las salitreras chilenas y decretó la ocupación militar de Antofagasta. El presidente de Perú dio a conocer en 1879 el tratado secreto suscripto con Bolivia en 1873, indicando que su país no podía mantenerse neutral, como Chile le había solicitado. Entonces Aníbal Pinto, con la aprobación del Congreso, declaró la guerra a los dos países el 5 de abril de 1879.

El comienzo de las acciones militares

Como los países en conflicto estaban separados por el desierto de Atacama y la pampa del Tamarugal, el dominio del mar era imprescindible, ya que significaba la única vía de acceso posible. Perú firmó un acuerdo con Argentina para alcanzar la superioridad naval y arrebatar a Chile el desierto. Ante esta coalición, Federico Errázuriz ordenó colocar al frente de las costas pe-

EL COMBATE NAVAL DE IQUIQUE, GLORIA NACIONAL DE CHILE

> El combate naval de Iquique pertenece a ese tipo de gestas en las que a largo plazo resulta más beneficioso perder que alzarse con la victoria.
>
> ■ ■ ■

Durante la guerra del Pacífico la escuadra chilena bloqueó el puerto de Iquique, pero solamente dos buques de escaso poder ofensivo fueron los encargados de mantener ese bloqueo: la *Esmeralda* y la *Covadonga*, la primera al mando de don Arturo Prat y la segunda, de don Carlos Condell.

En la mañana del 21 de mayo fueron sorprendidos por los dos buques más poderosos de la Marina peruana, el acorazado *Huáscar* y el *Independencia*. Los barcos chilenos maniobraron con éxito esquivando el huracán de fuego que sobre ellos lanzaban los dos navíos peruanos. El almirante Grau, que mandaba el *Huáscar*, decidió atacar a la *Esmeralda* con su temible espolón, lanzándose sobre la fragata chilena de madera, con toda la potencia de sus máquinas de vapor.

El choque fue terrible y un tremendo orificio se abrió en el costado de la *Esmeralda*, pero Arturo Prat, aprovechando el encontronazo, decidió saltar sobre la nave peruana para tomarla al abordaje; después de Prat saltó el sargento Aldea y ambos cayeron acribillados a balazos, desde la torre blindada del *Huáscar*. Retrocedió el blindado peruano pero únicamente para tomar un nuevo impulso, y por segunda vez clavó su espolón en la heroica fragata. Siguiendo el ejemplo de Prat, el teniente Ignacio Serrano seguido de doce marineros se lanzó al abordaje. La fusilería nuevamente se cebó sobre los asaltantes que dejaron su vida sobre la cubierta del acorazado.

Indemne el *Huáscar* y destrozada la *Esmeralda* aún hubo de asestar un tercer golpe de espolón, mientras sus cañones pesados barrían los restos astillados de la fragata. Cuatro horas de combate necesitó un poderoso barco, con cintura y torre acorazada, accionado por una potente máquina de vapor, para enviar al fondo a una débil fragata de madera, pero el barco chileno se sumergió sin arriar la bandera. 120 tripulantes siguieron la suerte del barco y sólo 60 sobrevivieron ■

Hacia la república liberal

ruanas al acorazado *Cochrane*. Esta estrategia tuvo frutos inmediatos, puesto que disuadió a Argentina y más tarde a Bolivia de ingresar en la triple alianza.

La escuadra chilena bloqueó Iquique, principal puerto salitrero peruano, y el jefe de la Marina chilena, Juan Williams Rebolledo, zarpó hacia el puerto peruano de El Callao. En Iquique el combate se inició el 21 de mayo de 1879, entre los barcos peruanos *Huáscar* e *Independencia* y los chilenos *Esmeralda* y *Covadonga*. Este último logró la rendición del *Independencia*. En Iquique surgió uno de los nombres míticos de la historia chilena, Arturo Prat, diestro marino que supo resistir y vencer la superioridad naval peruana en una contienda desigual. El heroísmo del capitán Prat motivó a los chilenos a enrolarse voluntariamente en los regimientos que se estaban formando. Después de estos combates Williams Rebolledo renunció y fue sustituido por Galvarino Riveros. El 8 de octubre, el buque chileno *Cochrane*, al mando de Juan José Latorre, atacó frente a Punta Angamos al *Huáscar* (que estaba arrasando la costa chilena al mando de Miguel Grau) y logró capturarlo. Perú perdió no sólo a uno de sus mejores buques sino a uno de sus más eminentes marinos.

Chile logró el dominio marítimo y ello permitió que el territorio de Perú quedara abierto a la invasión de las tropas chilenas. El 5 de noviembre, el general Erasmo Escala, al frente del poderoso ejército chileno, integrado por cerca de diez mil hombres, desembarcó en Pisagua. La finalidad de esta ofensiva era apoderarse de Tarapacá, la zona minera más rica de Perú. Después de una cruenta batalla, los chilenos se adueñaron del puerto. Mientras tanto, en la oficina salitrera de Dolores, las tropas chilenas, inferiores en número y bajo las órdenes del coronel Rafael Sotomayor, se enfrentaron a las peruanas, que estaban al mando del general Juan Buendía. El 19 de noviembre los chilenos lograron hacer retroceder a los peruanos; pero éstos se detuvieron en Tarapacá, donde infligieron un duro revés a las tropas chilenas. Sin embargo, el saldo de la campaña fue positivo, pues, incapaz de mantener la posición, el ejército de Buendía se retiró hasta Arica. Esta retirada dejaba en poder de Chile los ricos territorios de salitre, capaces de proporcionar los recursos necesarios para costear los gastos de la contienda.

Campaña de Tacna y Arica

Los malos resultados que las acciones militares depararon a Perú y Bolivia en 1879, le costaron los cargos a sus respectivos presidentes, Mariano Ignacio Prado e Hilarión Daza, quienes fueron sustituidos por Nicolás de Piérola y Narciso Campero. Sin embargo, Chile no pudo lograr acuerdos para sellar la paz con los nuevos mandatarios. A principios de 1880, el gobierno chileno decidió mandar un ejército compuesto de catorce mil hombres a enfrentarse con las fuerzas armadas aliadas de Bolivia y Perú. Los chilenos desembarcaron en Ilo, al norte de Tacna y el 21 de marzo vencieron a los aliados en el cerro de Los Ángeles, lo que dejó el camino abierto hacia Tacna. El 26 de mayo se libró en Tacna la sangrienta batalla que dio el triunfo a los chilenos y que significó la ruptura de la alianza peruano-boliviana, y la retirada de Bolivia. El 7 de

A las 7 de la mañana del 5 de noviembre de 1879, el capitán de corbeta Carlos Condell ordenó abrir fuego sobre las defensas de Pisagua, que los buques chilenos desarbolaron en menos de una hora. A las 3 de la tarde, la bandera chilena flameaba en el Alto del Hospicio.

junio las fuerzas chilenas vencieron a las fuerzas peruanas que se habían reagrupado en Arequipa y conquistaron el Morro de Arica. Las condiciones orográficas y las fortificaciones hacían de este enclave peruano un obstáculo casi inaccesible, pero la audaz acción de los soldados chilenos permitió que fuera tomado en poco tiempo.

Tras la conquista de estos puntos estratégicos, todo el sur de Perú quedaba en posesión chilena. Pinto y su ministro Domingo Santa María intentaron firmar la paz. En octubre, se iniciaron las conferencias, celebradas entre el 22 y 27 de te Piérola, por su parte, reclutó a 45 000 hombres a la vez que fortificaba las líneas de Chorrillos y Miraflores.

El 13 de enero de 1881 tuvo lugar la batalla de Chorrillos, donde las tropas del general chileno Manuel Baquedano, tras un choque frontal, traspasaron las fortificaciones peruanas y obtuvieron una victoria que costó muchas vidas humanas. El 15 de enero, las tropas chilenas volvieron a derrotar a las peruanas en Miraflores, a escasos kilómetros de Lima. Dos días después, el ejército chileno entraba en la capital de Perú.

Las campañas terrestres iban de consuno con las marítimas. Simultáneamente a la toma del Morro Solar se libraba un combate encarnizado en Chorrillos, de casa en casa, de ventana en ventana, que redujo a escombros el balneario.

octubre de 1880 con representantes de uno y otro bando, en una fragata estadounidense fondeada frente a Arica y a la que asistieron como mediadores enviados de Gran Bretaña, Alemania y Estados Unidos. Chile exigía la entrega de los territorios al sur de Camarones. Las partes no llegaron a acuerdo y la contienda continuó.

Campaña de Lima

El gobierno chileno, no satisfecho con el resultado de las negociaciones, mandó ocupar Lima. Las naves bloquearon El Callao impidiendo un avituallamiento por mar de las tropas peruanas. Un colosal reclutamiento auspiciado por Pinto reunió a 42 000 hombres. En Perú, el presiden-

El conflicto con Argentina

Por su parte Argentina, aprovechando la contienda entre la Alianza y Chile, volvió a reivindicar los territorios de la Patagonia. Pinto firmó un tratado en 1881 por el cual Chile renunciaba a los derechos históricos sobre este territorio, se establecía la neutralidad del estrecho de Magallanes y se dividía Tierra del Fuego desde el cabo de Espíritu Santo hasta el canal Beagle, correspondiendo la región occidental a Chile y la oriental a Argentina. Por último, la línea fronteriza se fijaba «en las más altas cumbres que dividen las aguas». Estos acuerdos territoriales con Argentina posteriormente serían motivo de conflicto.

Hacia la república liberal

El precio que pagaron Perú y Bolivia fue tan alto que los rescoldos del conflicto todavía humean. Después de entrar en Lima, las tropas chilenas se desplegaron por todo el territorio. El contralmirante Patricio Lynch fue nombrado jefe del ejército de ocupación y de toda la política peruana, durante más de tres años.

Economía y educación

La economía chilena, que estaba en alza cuando asumió el poder Aníbal Pinto, comenzó a entrar en crisis en 1878. A esta situación se sumó la necesidad de hacer frente a los gastos que demandaba la guerra. Aunque se contrataron empréstitos económicos, no quedó otra salida que subir las contribuciones (lo cual no impidió la quiebra financiera de los bancos) y promulgar una ley para prohibir la convertibilidad del papel moneda.

La crisis económica se prolongó porque el gobierno necesitaba un aumento del presupuesto nacional para lo cual se emitió abundante papel moneda, lo que provocó una gran inflación.

Durante el gobierno liberal de Aníbal Pinto se tomaron las oportunas medidas para la incorporación de la mujer a los estudios universitarios. Así, el decreto de 1877 del ministro Amunátegui estableció el derecho de examen para las mujeres y la obtención del título en calidad y derechos similares a los hombres. Un año después, Amunátegui completaba la reforma educativa al dotar al Consejo Universitario de facultades para una superintendencia de la enseñanza pública, si bien en la práctica se limitó a la enseñanza secundaria y universitaria, mientras que los liceos femeninos, así como la enseñanza especial dependían del Ministerio de Instrucción Pública.

Sin embargo, uno de los aspectos mas trascendentales de la ley de 1879, fue la gratuidad de la enseñanza secundaria y universitaria. Esta medida facilitó la integración a la educación universitaria a los hijos de las clases medias.

Elección de Santa María

Los triunfos militares de las tropas comandadas por el general Manuel Baquedano hicieron que cambiara el panorama político de los potenciales candidatos presidenciales. M. Baquedano contaba con el apoyo de los conservadores y de una fracción de los liberales y radicales. Su candidatura se presentaba como una continuación del decenio de Bulnes. Tras la muerte de Sotomayor, bien situado para suceder en la presidencia a Pinto, surgió la candidatura de Domingo Santa María (1825-1889), que estaba apoyada por los nacionales de Varas, los liberales del gobierno y los radicales de Matta. Finalmente Santa María obtuvo el triunfo en las elecciones de 1881.

La ocupación de Perú

Perú, tras su derrota, permaneció bajo tutela del gobierno de Chile, representado por Patricio Lynch, durante tres años y medio. En este período se reorganizó la policía, la justicia, la hacienda y la administración, y se promovió un sistema de contribuciones eficaz. Además, Lynch supo mantener la disciplina de sus tropas durante tan largo período y combatió con éxito el bandidaje y la oposición armada de la sierra, en donde los restos del ejército peruano hostigaban a la retaguardia chilena.

La resistencia peruana se mantuvo en la sierra a través de la organización de montoneras compuestas por indígenas y mestizos que se distinguían por su bravura. Situación que se agravó porque el coronel peruano Cáceres, que había logrado reclutar tres mil hombres en Ayacucho, asaltó La Concepción y asesinó a sus defensores.

La república liberal

No se puede negar que el empuje de los chilenos es una de sus características. Rodeados de dificultades, podrían haber desdeñado la ambición y no montarse al tren de la industrialización y de la modernidad. Pero no, en esos evocados días del siglo XIX, los tranvías, los «carros», ya circulaban por Valparaíso.

El gobierno chileno, dado lo intrincado de la orografía y la dificultad de vencer a las montoneras, planteó la necesidad de alcanzar algún tipo de armisticio. Sin embargo, la confrontación se mantuvo en la sierra hasta la decisiva batalla de Huamachuco el 10 de julio de 1883, donde el general chileno Alejandro Gorostiaga derrotó a Cáceres y sus huestes.

La firma de la paz

Este triunfo chileno determinó que el nuevo jefe del gobierno peruano Miguel Iglesias accediera a firmar la paz, según los acuerdos manifestados en el Manifiesto de Montán.

El 20 de octubre de 1883 se firmó el tratado de Ancón, por el que Tarapacá quedaba definitivamente dentro del territorio de Chile, y Arica y Tacna temporalmente. Luego de un plebiscito, la nación que se quedara con ambos territorios pagaría a la otra un millón de pesos.

Estas iniciativas de paz culminaron con una tregua con Bolivia el 4 de abril de 1884, firmada en Valparaíso. Se estableció que ésta sería indefinida y que los territorios entre el río Loa y el paralelo 23° seguirían bajo el poder de Chile y se restablecerían las relaciones comerciales entre ambos países. Finalmente la paz definitiva fue acordada en 1904 por el tratado de Santiago.

La Araucanía

Antes de iniciarse la acción oficial, se apreciaba un avance espontáneo de colonos chilenos más allá de la línea de fuertes del Biobío y luego de la aventura de Orélie-Antoine, la acción del gobierno no se hizo esperar. Primero ingresó el coronel Cornelio Saavedra, quien llevó la línea de frontera al río Malleco y fundó Mulchén, Angol y Lebu. Luego se ocupó el sector costero y por el sur se estableció la línea en el río Toltén.

Terminada la guerra del Pacífico, aprovechando los cuerpos militares que regresaban del Perú, se realizó el avance hasta el río Cautín, se fundó Temuco en 1881 y luego se ocupó la última franja hasta el Toltén. Se refundaron antiguos pueblos y numerosos fuertes. Las tierras conquistadas fueron rematadas por el Estado y unas pocas quedaron en poder de los indígenas, que sufrieron toda clase de persecuciones y despojos.

Hacia la república liberal

El poblamiento de la Araucanía

Siguiendo el método de los agentes comerciales europeos, el gobierno continuó con los planes de colonización. Así, en la década de 1880 llegaron colonos procedentes de once nacionalidades distintas (alemanes, franceses, suizos, italianos, españoles y bóers, entre otros). Pero la mayoría no habían sido jamás agricultores y terminaron por trasladarse a otras zonas del país.

Finalmente la Araucanía se pobló además con una inmigración más espontánea que planificada, a través del sistema de remates o ventas de tierras fiscales a bajos precios que actuaron como atracción de campesinos y colonos de otros lugares.

Consecuencias económicas de la guerra del Pacífico

El desenlace victorioso de la guerra repercutió finalmente en un alza del valor de cambio de la moneda chilena. Al mismo tiempo la ocupación militar de las salitreras hizo que se incrementara la producción y, por consiguiente, la recaudación por derechos de aduana. Por otra parte, la conclusión de la guerra determinó que bajaran los tipos de interés, de lo que se beneficiaron los agricultores y los deudores en general. Los bancos contribuyeron a esta situación de bonanza económica ampliando sus márgenes de crédito.

Durante la contienda, el gobierno peruano había emitido pagarés hipotecarios denominados «certificados», que fueron adquiridos por numerosos extranjeros, quienes los conservaron. Al finalizar la guerra el gobierno de Santa María los reconoció, entregándoles las salitreras a bajo precio. Uno de estos potentados y negociantes fue John Thomas North, quien llegó a dominar prácticamente toda la actividad económica de Tarapacá a partir de 1885.

Agro e industria

El sector agrícola se benefició con la incorporación de la Araucanía, que hizo que se sumaran a la producción chilena 800 000 hectáreas de tierras de cultivo y cerca de 600 000 de zona forestal. Esta política agraria derivó en la creación de inmensas fortunas, como la de José Bunster.

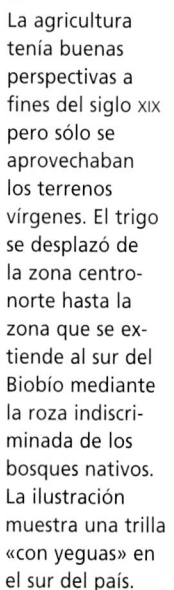

La agricultura tenía buenas perspectivas a fines del siglo XIX pero sólo se aprovechaban los terrenos vírgenes. El trigo se desplazó de la zona centro-norte hasta la zona que se extiende al sur del Biobío mediante la roza indiscriminada de los bosques nativos. La ilustración muestra una trilla «con yeguas» en el sur del país.

El aumento de la producción de cereales coincidió con un alza de la demanda de las explotaciones salitreras, la fundación de nuevas urbes, el crecimiento de las antiguas ciudades y del mercado interno. De este modo, el norte se especializó en la producción de salitre y en el consumo de ganado, cereales, vino y licores fundamentalmente; en el centro dominó la producción agrícola y el sur se especializó en la agricultura y en la explotación de recursos forestales.

Con respecto a la actividad industrial, en 1883 algunas familias destacadas, como los Edwards, los Subercaseaux, los Muzard y los Klein, entre otros, fundaron la Sociedad de Fomento Fabril (Sofofa), que estudió la implantación de la industria del hierro y abrió una escuela de dibujo. Al crecimiento económico se sumó también el demográfico. El censo de 1885 establecía la población chilena en un total de dos millones y medio de habitantes.

Acorde con las nuevas necesidades también se registró un espectacular crecimiento y mejora de las vías de comunicación. Se promulgó la ley de Ferrocarriles en 1884 y se construyeron las líneas de Talca a Constitución, de Angol a Traiguén y de Renaico a Victoria, tras la incorporación de la Araucanía.

El conflicto con la Santa Sede

La pugna entre la jerarquía eclesiástica y el gobierno liberal se desató, una vez más, con la sucesión del obispo Valdivieso tras su fallecimiento. El gobierno designó como nuevo obispo a Francisco de Paula Taforó. Este nombramiento molestó a los conservadores que acusaban al eclesiástico de ser hijo ilegítimo y, sobre todo, de tener ideas liberales. La oposición del clero chileno al nuevo obispo fue de tal envergadura que la Santa Sede mandó un emisario para dilucidar e informar sobre la cuestión a León XIII. Finalmente, el papa no aceptó a Taforó, lo que provocó la ruptura de relaciones del gobierno chileno con Roma. Este conflicto no fue un hecho aislado, sino el precedente de una serie de roces que se suscitaron por las reformas laicas emprendidas por el gobierno liberal encabezado por Santa María. En 1883 se promulgó una ley de cementerios que aprobaba la inhumación de cualquier persona sin importar sus creencias religiosas ni sus bienes, incluidos los «pobres de solemnidad». Larraín Gandarillas, vicario general, declaró execrados todos los cementerios públicos, tanto del Estado como municipales, lo cual originó un movimiento general de traslados de fallecidos a las iglesias o parroquias.

El gobierno solucionó la cuestión con la promulgación en 1884 de la ley de registro civil. A partir de ese momento fueron los funcionarios municipales los encargados de expedir las defunciones, requisito necesario para los entierros.

A la ley de cementerios le siguió la del matrimonio civil, también en 1884, que contaba con el apoyo de liberales y radicales. Esta ley privaba de los efectos civiles al enlace matrimonial por la Iglesia, con lo que el registro de los nacimientos, matrimonios y defunciones pasaba a ser competencia exclusiva del Estado.

El «rey del salitre», John Thomas North (en el centro de la imagen), llegó a Chile en 1866. Se instaló en Iquique y desde ahí controló el agua potable, los ferrocarriles ingleses y los bancos, en plena guerra del Pacífico, como buen pescador en río revuelto.

738 Hacia la república liberal

En los años 80 el país conoció una nueva era de expansión territorial y económica, con la pacificación de la Araucanía. El puente sobre el Malleco (en la imagen) terminado en el período inmediato posterior, bajo la presidencia de Balmaceda, es una de las obras más ambiciosas en el lado del Pacífico.

De Balmaceda al ocaso del ibañismo

■

De Balmaceda al ocaso del ibañismo

Prosperidad y quiebra del presidencialismo

De acuerdo con la tradición establecida, en 1886 el presidente saliente, Domingo Santa María, designó sucesor a José Manuel Balmaceda (1838-1891), ministro del Interior entre 1882 y 1885. Balmaceda había sido el responsable de una serie de medidas laicistas consideradas como un signo de progreso. La secularización de los cementerios y la regulación de los registros y del matrimonio civil provocaron la separación de la Iglesia y el Estado. Estas reformas diluyeron el frente anticlerical que durante varios lustros habían definido el alineamiento político.

Una convención de la Alianza Liberal, formada por los partidos Liberal y Nacional, ratificó el nombramiento hecho por Santa María en favor de quien ya había labrado suficientes apoyos internos para intentar la nominación. En ambos grupos hubo, sin embargo, sectores contrarios a la misma y al sistema de sucesión, los cuales acabarían alzándose con el control del Parlamento.

La presidencia de Balmaceda

Bajo la presidencia de José Manuel Balmaceda, iniciada en 1886, tuvieron lugar importantes acontecimientos, dramáticamente coronados, en 1891, con una breve y sangrienta guerra civil que cambió las bases constitucionales del país. El régimen presidencialista característico del siglo XIX, que de alguna forma institucionalizaba el caudillismo heredado de las luchas por la Independencia, terminó dando paso a un parlamentarismo especialmente sensible a los intereses económicos vinculados con la explotación y comercialización de la minería.

Balmaceda comenzó prometiendo que favorecería un gobierno parlamentario, pero la fragmentación del Congreso en grupos y personalidades, las querellas internas, la indisciplina de los representantes y la dificultad de formar mayorías estables le llevaron a reafirmarse en la concepción fuertemente presidencialista que había caracterizado a sus predecesores. Si en el pasado esa actitud había favorecido el liderazgo de la política nacional, la existencia de proyectos de cambio que entraban en colisión con determinadas fuerzas económicas ocasionó la confrontación con sus representantes parlamentarios.

José Manuel Balmaceda, estadista de gran inteligencia y brillante oratoria, subió a la presidencia venciendo la tenaz oposición de los conservadores.

En la página opuesta, el presidente Arturo Alessandri presencia un desfile militar junto al príncipe Humberto de Saboya, a su derecha.

De Balmaceda al ocaso del ibañismo

Bajo la presidencia de Balmaceda, se emprendió un ambicioso plan de obras públicas con el fin de posibilitar el desarrollo del país. Entre las realizaciones más notorias destaca la canalización del Mapocho, la construcción del puente sobre el Biobío y de la Escuela Militar, en la imagen.

Una política de corte renovador

La presidencia de Balmaceda aparece unida a una serie de reformas relacionadas con el fomento y un intento de reordenar la vida política nacional. Para lo primero contó con los ingresos fiscales generados por la minería. La «renta del salitre», recaudada como derecho de exportación sobre nitratos y yodo, representaba ya en 1890 más de la mitad de los ingresos del Tesoro y permitió acometer un vasto programa de realizaciones materiales a la vez que posibilitaba el desarrollo del Estado. Sobre las expectativas de recaudación, el gobierno recurrió reiteradas veces al crédito internacional. Además de contratar empréstitos con Gran Bretaña, suscribió uno con Alemania: era la primera ocasión en la tradición chilena de endeudamiento externo en que se acudía a financieros no británicos.

La educación y el fomento de infraestructuras urbanas y viarias se convirtieron en objetivos destacados de la administración presidencial. En 1887 se creó el Ministerio de Industria y Obras Públicas para encauzar la acción oficial. Entre las realizaciones se cuenta la construcción del ferrocarril a Uspallata, el dique de Talcahuano, la Escuela Militar y numerosos edificios oficiales. Comenzó a realizarse la canalización del río Mapocho y se construyó el puente sobre el Biobío, que simbolizaba la superación de una secular frontera natural y facilitaba los desplazamientos terrestres hacia el sur. La Compañía Sudamericana de Vapores pasó a contar con el respaldo gubernamental. Una red de comunicaciones iba construyendo la nación como un espacio interrelacionado humana y económicamente. Se construyeron numerosas escuelas a lo largo de todo el territorio. Se anunció la creación de la Academia de Chile y en 1889 se fundó el Instituto Pedagógico, destinado a la especialización de profesores para la enseñanza secundaria; se trajeron docentes de Alemania, cuyo sistema de enseñanza gozaba de la máxima reputación en Europa. Se reformó además la instrucción pública y los planes de estudio. En cuatro años prácticamente se duplicó la población escolar.

El gobierno preparó también la reorganización del ejército chileno, que se presentaba como el más importante y prestigioso de Sudamérica después de su victoria sobre Perú y Bolivia en la guerra del Pacífico (1879-1883). Para ello se tomó por modelo al ejército prusiano y en el año 1885 se hizo venir de Alemania al coronel Emilio Körner, un afamado instructor que en poco tiempo obtuvo sólidos resultados.

Prosperidad y quiebra del presidencialismo

> **BALMACEDA Y SU ACTITUD HACIA LA IGLESIA**
>
> José Manuel Balmaceda, antiguo seminarista y artífice de algunas de las medidas liberales más contestadas por la Iglesia chilena, se propuso poner fin a la enemistad secular del liberalismo con el clero y buscó la reconciliación con Roma, restableciendo las relaciones con la Santa Sede.
>
> En este contexto debe entenderse su propuesta para que ocupara la sede arzobispal de Santiago un prelado moderado, Mariano Casanova, fundador de la Universidad Católica de Chile en 1888.

El coronel alemán Emilio Körner, contratado por el gobierno como profesor de la Escuela Militar, instruyó a jefes y oficiales en la ténica del combate en orden disperso.

Siguiendo la estela de la guerra del Pacífico, Chile conoció un impulso industrializador, moderado en términos absolutos, pero muy destacado para las condiciones de partida del país. En gran medida estuvo favorecido por la necesidad de proveer a las fuerzas que libraban la contienda. El auge de la economía unido a las exportaciones de nitratos permitió consolidar los cambios operados en Valparaíso, Santiago y Concepción en torno a las fábricas de transformación de alimentos y bienes de consumo.

La colonización de la Araucanía

Durante esos años comenzó también la colonización de la Araucanía. Coincidiendo con la guerra del Pacífico, en 1880 había tenido lugar la última gran insurrección araucana. La rebelión fue sometida después de dos años de lucha, sobre todo cuando, concluidas las principales acciones de la guerra que tenían el norte por escenario, pudieron reforzarse las posiciones militares. En enero de 1883 tropas chilenas ocuparon Villarrica, antigua ciudad colonial destruida por los mapuches en el siglo XVII y convertida en símbolo de la antigua explotación de los indígenas en los lavaderos de oro y de la resistencia araucana. De esta manera, la región situada entre los ríos Cautín y Toltén quedó sometida definitivamente después de tres siglos de resistencia y se abrió el camino para el control efectivo de las tierras que franqueaban las puertas hasta el estrecho de Magallanes.

Comenzó entonces la colonización de la Araucanía, favoreciéndose la inmigración que debía «civilizar» las regiones definitivamente incorporadas a la nación. En 1882 se creó la Agencia de Colonización General, que reclutaba inmigrantes en Europa. La llegada de colonos extranjeros —alemanes, suizos, italianos, franceses y españoles, entre otros— fue dirigida al asentamiento agrícola en esta región, mientras que ingleses y escoceses se dirigieron a las tierras meridionales, donde se dedicarían con provecho a la ganadería ovina. Este movimiento hacia el mundo rural, en realidad, contrastaba con la tendencia que mayoritariamente estaba dándose en Chile, pues durante la década de 1880 la población urbana creció en forma mucho más rápida como consecuencia del desarrollo minero, el auge industrial y la construcción de líneas ferroviarias.

Simultáneamente, el ejército argentino ocupaba la Pampa y sometía el territorio en disputa con Chile. A la espera de los acuerdos internacionales, las fronteras quedaban casi trazadas.

De Balmaceda al ocaso del ibañismo

Personal de la comisión chileno-argentina reunida en 1892 para delimitar límites entre los dos países. El perito jefe de la demarcación por Chile fue Diego Barros Arana (sentado, segundo por la derecha). La antigua cuestión de límites con Argentina seguía suscitando graves problemas.

Chile parecía alcanzar la máxima proyección internacional y la mayor confianza en sus posibilidades nacionales. El desplazamiento de las fronteras había ampliado la superficie chilena en más de un tercio y lo había hecho ganando regiones con considerables recursos naturales para la minería y la agricultura. En la última década del siglo XIX todas las aspiraciones chilenas habían cristalizado favorablemente, el país prosperaba y el optimismo era tónica dominante.

El fracaso de la «unión liberal»

En el terreno de la vida política, Balmaceda trató de reagrupar a los liberales en un partido de gobierno que comprendiese a los liberales en el gobierno, a los disidentes («iluminarias» y «sueltos»), a los nacionales y a las dos fracciones en que estaban divididos los radicales. La disidencia liberal no había dudado, en 1886, en aliarse con los conservadores para postular otro candidato a la presidencia como denuncia por el procedimiento electoral intervencionista que viciaba el sistema constitucional. La pretensión de Balmaceda acabó en fracaso y minó la confianza de las fuerzas que habían constituido la base de su elección. La presunta «unión liberal» creó desmedidas expectativas entre los nuevos adheridos y fricciones en los antiguos aliados.

Los disidentes admitieron mal la integración, pues tenían una concepción diferente de la política y pensaban que su aporte de profesionales e intelectuales siempre quedaba infravalorado. Los nacionales, por su parte, disputaban a los adheridos la confianza del presidente y eran objeto de la frustración de la mayoría liberal, que deseaba desquitarse a costa de éstos. A la postre, el conjunto de combinaciones políticas practicado entre 1886 y 1890 para formar gobierno tuvo en cuenta todas las posibilidades del campo liberal, pero, en lugar de avanzar hacia la deseada convergencia, los sectores terminaron aún más enfrentados. El resultado fue que la base parlamentaria del Ejecutivo fue reduciéndose.

Las luchas internas de la buscada «unión liberal» dieron lugar a sucesivos gobiernos de corta duración y limitada eficacia, en cuya formación y crisis debían emplearse buena parte de las energías políticas. La sensación de inestabilidad fue extendiéndose, preludiando el clima político que iba a dominar en la república parlamentaria.

Las reformas políticas de Balmaceda

El presidente promovió también algunas reformas institucionales y constitucionales. La ley municipal aprobada en 1887 abundó en la descentralización administrativa, aunque mantenía las restricciones políticas del poder local. La reforma constitucional promulgada en 1888 ampliaba el sufragio a los varones mayores de 21 años alfabetizados. Se sostuvo el respeto a la libertad electoral y en 1888 las elecciones parlamentarias pudieron efectuarse sin violencias ni coacciones, pero el gobierno no renunció a ejercer la tradicional «influencia», a través de funcionarios y delegados, en la selección de las posibilidades de sus contrincantes conservadores y radicales, de modo que podían contar con ciertos escaños en función de la predisposición mostrada a seguir indicaciones sobre los candidatos.

En las elecciones de 1888 la influencia oficial se extendió también a las fuerzas gubernamentales, ya que se quiso favorecer la integración liberal. El efecto resultó contraproducente y dejó insatisfechos a todos, pero en especial a los nacionales que se vieron postergados en favor de los liberales, lo que quebró su confianza en Balmaceda. En su afán de limitar el peso de los dirigentes tradicionales, forjados en los manejos políticos y reacios a ceder protagonismo, el presidente promovió una nueva reforma en diciembre de 1888 que declaraba inelegibles para el Parlamento a los altos funcionarios. En poco tiempo, Balmaceda, lejos de alcanzar sus objetivos, fue perdiendo las simpatías de los partidos de la Alianza y, muy en especial, de sus líderes.

La política seguía siendo una actividad en la que limitados actores tenían oportunidad de hacerse oír y de influir en la marcha de los acontecimientos. Las clases medias seguían excluidas de la esfera gubernamental y formaban la clientela natural de liberales y radicales, pero no habían logrado influir en los programas de los partidos por los que votaban. El crecimiento económico y el mayor peso de la población urbana fueron realzando la importancia de unos sectores que no podían sentirse representados por la vieja oligarquía. En noviembre de 1887 se fundó el Partido Democrático a partir de un sector desgajado del radicalismo. Fue presidido por Antonio Poupin y se dirigía a artesanos, trabajadores y sectores populares en general. En el programa aprobado en 1889 declaraba aspirar a la «emancipación política, social y económica del pueblo». Hasta 1894 no obtuvo su primer congresista, pero señaló el acceso de las clases populares a la política con una voz diferenciada.

La oposición parlamentaria

Balmaceda acabó enfrentado al Parlamento, que desde mediados de 1889 le manifestaba signos de hostilidad. Cuando, siguiendo los hábitos políticos establecidos, trató de designar sucesor a Salvador Sanfuentes, los congresistas liberales reclamaron su libertad electoral y reivindicaron el parlamentarismo. Una derrota en el Senado le obligó a cambiar el gobierno y en esta ocasión el Partido Nacional abandonó la mayoría para situarse en la oposición. El alejamiento de los nacionales representó el distanciamiento de la banca y de la gran prensa, lo que suponía el riesgo de ponerse en contra a la opinión pública.

Se formó entonces lo que Balmaceda llamó el «cuadrilátero», la aproximación de nacionales, radicales, disidentes y «mocetones», otra fracción surgida al calor de los conflictos. El cuadrilátero se puso de acuerdo en una triple solicitud que abanderó la oposición parlamentaria del Congreso y la siguiente revuelta: la libertad electoral, la independencia de los partidos y la subordinación del Ejecutivo al Congreso.

La reacción contra la autoridad presidencial que consagraba la Constitución de 1833 y que Balmaceda estaba llevando hasta sus últimas consecuencias estalló en 1890. La cuestión estaba en si el Ejecutivo debía sostener un gobierno ajustado a la mayoría parlamentaria o si, conforme al texto constitucional de 1833, los ministros sólo eran responsables ante el presidente. Indistintamente de lo que estableciera la ley, la práctica política de medio siglo y, sobre todo, los cambios operados en la política nacional y la aspiración de los congresistas a ejercer el control de la legislatura hacía que no pudieran ignorarse tales pretensiones.

El Consejo de Ministros del 7 de mayo de 1891, óleo de Pedro Subercaseaux. Para sofocar la revolución, el presidente Balmaceda hizo firmar ese día al gabinete el decreto por el que se le otorgaba la suma de los poderes públicos.

De Balmaceda al ocaso del ibañismo

Cuando Balmaceda persistió en desafiar al Congreso con sus nombramientos ministeriales, los disidentes liberales le retiraron la confianza y dejaron al gobierno en minoría.

Chile pasó a girar en torno al sector salitrero y no dejaría de hacerlo durante varias décadas. Una vez terminada la guerra del Pacífico (1883), las empresas mineras facilitaron la exportación del salitre a través de los puertos del norte: Arica, Pisagua, Iquique, Antofagasta. En la imagen, un puerto salitrero hacia 1890.

A comienzos de 1890 el presidente clausuró el Congreso hasta junio e hizo frente a las críticas promoviendo la fundación de dos periódicos, en Santiago y Valparaíso, para contrarrestar la campaña de los nacionales y de sus restantes opositores. La reanudación de las sesiones el 1 de junio —según preveía la Constitución— permitió constatar la enorme debilidad parlamentaria de sus apoyos cuando la oposición hizo triunfar diferentes mociones reprobatorias.

Julio Zegers, líder de los liberales «convencionalistas» —llamados de esta manera por defender la designación del candidato presidencial mediante una convención que se alejase de la designación personalista—, consiguió que se votara la paralización de cualquier proyecto recaudatorio y presupuestario mientras el presidente no designara un gobierno respetuoso con la mayoría del Congreso. La confrontación política fue completa y no tardaría mucho tiempo en traducirse en una guerra abierta entre los poderes fundamentales.

El poder del salitre

Para comprender el conflicto que anida en el período y el alcance de su desenlace es preciso situar la presidencia de Balmaceda en la trayectoria histórica que comienza poco antes. Los años 1870 y 1880 estuvieron presididos por cambios profundos en la esfera de las relaciones mercantiles internacionales. Los efectos de la denominada Segunda Revolución Industrial, el surgimiento de nuevos sectores económicos y la transformación de los transportes marítimos alteraron los intercambios, incidieron en los precios y modificaron la demanda de materias producidas en el continente americano. Se incentivó la especialización para la exportación y se promovió lo que los estudios económicos de la segunda mitad del siglo XX calificaron como «crecimiento hacia fuera».

Chile tenía una larga experiencia de producción para la exportación que se remontaba a los primeros tiempos de la Colonia, cuando el comercio agropecuario le confirió un papel relevante en el abastecimiento de la región andina. Sin embargo, en el último tercio del siglo XIX, el trigo y el cuero dejaron paso a los minerales, el nitrato sódico (o salitre) y el cobre.

En torno a la explotación del subsuelo fueron cobrando relevancia nuevos grupos económicos que tuvieron su correspondiente reflejo en el ascenso social y político. Los intereses mineros y mercantiles vinculados a éstos influyeron en la reorientación del Estado a partir de 1871, cuando el país se inclinó por una política liberal que rompía la línea trazada en las cuatro décadas anteriores de predominio conservador auspiciado por hacendados y ganaderos.

Los «beneficios» de la guerra

El triunfo sobre Bolivia y Perú consolidó la influencia de mineros y financieros en detrimento de los sectores tradicionales procedentes de la Colonia y los primeros tiempos de la República. Hacia 1882, menos de la mitad de las grandes fortunas chilenas procedían de familias coloniales. Comerciantes, mineros, financieros, tanto locales como extranjeros, se encumbraban en la cima de la sociedad. Los sectores chilenos relacionados con la exportación minera quedaron asociados a las formas económicas modernas, mientras que los vinculados a la producción para el consumo interno reprodujeron un mundo más tradicional. La separación también se hizo visible en la política.

La gran eclosión del capital británico

En la segunda mitad de la década de 1880 se había producido una gran expansión del capital británico en Chile. Al margen de las estrechas relaciones comerciales del pasado, una serie de ingleses habían pasado a invertir en el sector salitrero a comienzos de la década hasta llegar a controlarlo. Cuando la guerra del Pacífico comenzaba a estar decidida, el británico John Thomas North, auxiliado por el inspector de las salitreras para el gobierno chileno, Robert Harvey, se había dedicado a adquirir los devaluados certificados («bonos») con los que en 1875 el Estado peruano había indemnizado a las empresas de Tarapacá después de su nacionalización. Los bonos descendieron en 1879 al 25 por ciento de su valor e incluso dejaron de cotizarse después ante la perspectiva de que Perú perdiera el territorio, en el convencimiento de que el país vencedor en ningún caso mantendría las obligaciones contraídas por las autoridades peruanas.

Los bancos chilenos, con el de Valparaíso a la cabeza, financiaron con seis millones de pesos la adquisición de los bonos salitreros y los ferrocarriles de Tarapacá, por los que los agentes de North pagaron en Lima apenas el diez o doce por ciento del valor nominal a los arruinados tenedores peruanos. Nadie creía que Chile fuera a mantener los compromisos contraídos por el gobierno peruano con los titulares de las propiedades confiscadas, aunque una comisión oficial comenzó a estudiar el tema guiada por principios económicos liberales y por la conveniencia estratégica de admitir una deuda que contribuía a legitimar la anexión, respetaba intereses anteriores y evitaba que los nuevos propietarios de los bonos, extranjeros en su mayoría, implicaran a sus países en contra de las aspiraciones chilenas.

Una imagen emblemática de finales del siglo XIX: trabajadores cargando caliche, del cual se obtiene el salitre en el Norte Grande, zona del país que se transformó radicalmente con el auge salitrero.

> **LAS EMPRESAS SALITRERAS BRITÁNICAS**
> La Liverpool Nitrate Company, propiedad de John Thomas North, el «rey del salitre», proporcionaba dividendos de hasta el cuarenta por ciento. Para entonces, Inglaterra recibía tres cuartas partes de las exportaciones chilenas y proporcionaba la mitad de sus importaciones. North participaba en no menos de doce compañías. La Nitrates Provision Supply Co. Ltd., también suya, monopolizaba el aprovisionamiento de las ciudades salitreras directamente desde el exterior. La Nitrate Producers Steamship Co. exportaba el salitre. En 1888 el Bank of Tarapacá and London Ltd. se convirtió en la financiera del grupo. Zegers, el líder de los liberales «convencionalistas» que había logrado bloquear en el Congreso la política presupuestaria de Balmaceda, pasó a ser el abogado de North en Chile

De Balmaceda al ocaso del ibañismo

El fulgor minero

Cuando el territorio minero pasó a Chile, su gobierno decretó en junio de 1881 la devolución de las minas a manos particulares, que para entonces no eran otras que las de los ingleses asociados a la banca de Valparaíso y Santiago. North, quien venía operando con la Jazpampa Co., se convirtió en el primer empresario salitrero del país y comenzó a ser conocido en Europa como el «rey del salitre». Chile pasaba a disponer del monopolio mundial de los nitratos. El gobierno chileno accedía, por otra parte, a los rápidos ingresos fiscales que proporcionaba la exportación del mineral y podía hacer frente a los costes de la guerra y a los proyectos expansivos de Balmaceda. El programa liberal se consolidaba y su aplicación determinó la orientación de la política en los siguientes decenios.

Años antes, cuando los salitreros chilenos fueron expulsados de Perú, trasladaron sus «oficinas» y las refinerías de nitratos a Aguas Blancas y Taltal, las llamadas salitreras del sur. Con la incorporación del Norte Grande (la amplia región ganada para Chile) se encontraron con la renovada competencia de Tarapacá y Antofagasta, que tenían caliches de ley más alta y líneas ferroviarias que facilitaban la exportación. Aunque algunos de ellos habían seguido el ejemplo de los ingleses comprando títulos en el mercado financiero de Lima, la mayoría de las oficinas de nitratos anexionadas estaban en gran medida en manos de capital extranjero. Se creaba de este modo una competencia que en el pasado se había salvado gracias a unas medidas proteccionistas que ahora desaparecían al formar todos parte de la misma nación.

Los empresarios que operaban en el país en aquel entonces eran conscientes del control que ejercían sobre la oferta mundial de nitratos. Para obtener un nivel estable de precios habían establecido en 1884 la reducción progresiva de la producción. De este modo se aseguraban las ganancias ejerciendo un control sobre los costes. La demanda exterior y el afán de aprovechar el momento hizo que la exportación no lograra ser contenida y pasara de 9,5 millones de quintales en 1885 a 15,5 millones en 1887 y a 23 millones en 1890, año en que se percibió con claridad la contracción del mercado a causa de la crisis. Los nitratos suponían el 80 por ciento de las exportaciones chilenas. El país había pasado a girar en torno a este sector minero y no dejaría de hacerlo en las siguientes tres décadas de su historia.

El proyecto de desarrollo esbozado por Balmaceda tenía en cuenta en primer lugar los intereses nacionales. Por ello se mostró contrario a que la red de transportes ferroviarios de Tarapacá, la Nitrate Railways Co., fuera monopolizada por los ingleses. Consideró perjudicial también que el capital extranjero, concentrado en pocas manos, dominara el principal sector económico y estableciera políticas de explotación, ampliando y reduciendo cupos en función de la rentabilidad empresarial, sin tener presente su repercusión en los ingresos fiscales del Estado, de modo que comprometía los presupuestos e impedía planificar las inversiones.

La «chilenización» de los yacimientos

El gobierno se negó a privatizar las tierras públicas que pudieran albergar yacimientos y en 1888 manifestó su deseo de nacionalizar —en el sentido de «chilenizar»— los nitratos, favoreciendo la creación de empresas nacionales, sin que ello significara la estatización de la minería, nunca contemplada; en su defecto, se interesó por diversificar la presencia del capital extranjero. A la vez anunció la conveniencia de crear un banco nacional y de elevar los impuestos sobre la exportación de mineral para financiar los proyectos de desarrollo puestos en marcha. A la oposición de los hacendados del Partido Conservador, furibundos antibalmacistas desde las reformas laicas aprobadas cuando aquél era ministro de Santa María, se unió la de los representantes de los intereses industriales, financieros y comerciales, vinculados al sector minero, y asociados en muchos casos al capital inglés.

Plaza de Arturo Prat de Iquique hacia 1891. La ciudad nortina, capital del salitre, se convirtió en el símbolo del auge de este mineral, alimentado por la demanda europea y estadounidense de fertilizantes, y por el incremento incesante de los precios internacionales.

Conflictividad social

El crecimiento del sector minero tuvo, asimismo, grandes efectos sobre la población trabajadora del país. La rápida expansión de la industria extractiva en el norte chileno había atraído mano de obra de diferentes regiones; de los valles, de la cordillera y del altiplano vecino.

Las duras condiciones laborales se combinaron con métodos basados en la absoluta preponderancia de las empresas, convertidas en la autoridad en el perímetro de las concesiones, las cuales llegaron a reemplazar el salario en moneda de curso legal por fichas canjeables en las tiendas de la compañía, de modo que controlaban también el consumo de sus operarios y establecían el precio de los productos que se veían obligados a adquirir.

Contra la práctica del pago en billetes de la pulpería los estibadores de Iquique declararon una huelga en julio de 1890, en coincidencia con el clima de enfrentamiento entre el poder legislativo y el ejecutivo. El conflicto se extendió a la minería y a otros sectores. Cuando los trabajadores asaltaron las tiendas de víveres y los depósitos de mercancías, el gobierno reclamó negociaciones entre las partes que pusieran fin a las diferencias, pero los propietarios se consideraron desamparados por la fuerza pública y responsabilizaron a aquél de haber permitido los desmanes. Ante el cariz que fueron tomando los acontecimientos, con la destrucción de maquinaria de las salitreras, el gobierno se decidió finalmente a actuar recurriendo al Ejército. El conflicto laboral dejó paso a graves enfrentamientos, que dejaron un elevado número de víctimas y el resentimiento entre los afectados. El reformismo presidencial perdía de este modo cualquier atisbo de respaldo popular.

La guerra civil de 1891

La escalada de tensión entre el Parlamento y el Ejecutivo no cesó. El cruce de acusaciones dejó paso a una proposición, concretada el 24 de julio de 1890, para que el Congreso declarase incapacitado a Balmaceda y procediera a su destitución. El presidente replicó ignorando dicho acuerdo y cerrando el Parlamento. Pero la ley del Presupuesto y la relativa a las Fuerzas Armadas, en cuya reforma estaba empeñado el gobierno, eran competencia exclusiva del Congreso, el cual se negaba a aprobarlas mientras el presidente no cediera a sus demandas.

De Balmaceda al ocaso del ibañismo

El grabado muestra la subida de un poderoso cañón Armstrong al fuerte Valdivia, que protege la bahía de Valparaíso, en enero de 1891.

En la foto central, el regimiento Buin embarcando hacia Los Andes. Los insurrectos contaron con el apoyo de la Marina durante la guerra civil.

La sublevación de Montt

Lejos de buscar la aproximación, Balmaceda incurrió en la tentación autoritaria y el 1 de enero de 1891 prorrogó por decreto el presupuesto anterior. En previsión de que acabara actuando como lo hizo, los jefes de la oposición parlamentaria habían creado una junta y habían iniciado contactos con las Fuerzas Armadas. Al conocerse la citada decisión presidencial, la flota que se hallaba amarrada en Valparaíso al mando del capitán de navío Jorge Montt se sublevó el 7 de enero y se dirigió al norte llevándose consigo a los dirigentes de los principales partidos.

En Iquique las fuerzas partidarias del Congreso crearon una junta de gobierno que encontró el respaldo decidido de los industriales salitreros y llamaron a tomar las armas contra el presidente, al que consideraron constitucionalmente destituido. La Marina chilena, que había sido determinante en la victoria sobre Perú, se puso del lado del Congreso y fue secundada por algunos sectores del Ejército. Por diferentes motivos, la vieja aristocracia confesional, la oligarquía conservadora, también se sumó a la insurrección.

La generalización del conflicto

Entre febrero y septiembre de 1891 tuvo lugar en Chile una breve y cruenta guerra civil que dejó no menos de diez mil víctimas mortales. El país quedó dividido política y territorialmente.

El desierto de Atacama señaló el límite infranqueable de los partidarios del Ejecutivo y del poder parlamentario. Si bien los congresistas disponían de la Armada carecían de material bélico y de tropas suficientes para tomar el poder. Los elementos gubernamentales contaban con destacamentos suficientes pero no así con el transporte necesario para alcanzar la provincia de Tarapacá, en la que los rebeldes se habían hecho fuertes.

El gobierno dispuso la adquisición de dos acorazados en el extranjero y su diplomacia trató de conseguir, sin éxito, que se acatara internacionalmente el bloqueo de los puertos del norte. Ningún país se mostró dispuesto a prescindir de

los fertilizantes que precisaba para su agricultura y alguno esperaba obtener provecho del conflicto. En el orden interior se desencadenó la represión sobre los adversarios políticos y proliferaron los actos de fuerza arbitrarios que restaron respaldo al presidente. La actuación del gobierno de Godoy fue convirtiendo la presidencia en una dictadura contra la que se alzaron pronunciamientos internos y exteriores.

La renta del salitre pasó a engrosar las arcas de la junta sublevada y John Thomas North puso a disposición de los congresistas los recursos de sus empresas. De este modo pudo reclutarse e instruirse un ejército de mineros, resentidos por la severa represión que habían sufrido poco antes. Körner, del lado del Congreso, pasó a organizar la nueva Armada con algunos de sus alumnos más aventajados.

Mientras tanto, la Marina inglesa bloqueaba la costa chilena y contribuía a aislar a las fuerzas gubernamentales. En agosto de 1891 la fuerza levantada en armas fue transportada hasta las inmediaciones de Valparaíso y tras desembarcar comenzó a avanzar hacia la región central en medio de la indiferencia de los sectores populares y de la impotencia del ejército de Balmaceda, que fue derrotado en las batallas de Concón y La Placilla. Cuando las fuerzas del Congreso tomaron Valparaíso, en la madrugada del 29 de agosto, el presidente renunció ante el general Manuel Baquedano y buscó refugio en la embajada de Argentina. Mientras tanto, el comité local revolucionario ordenaba medidas de represalias contra los partidarios del presidente caído y la capital era presa de «la cargada», la Junta de Gobierno emanada del Congreso asumía el poder el 31 de agosto.

Las secuelas de la guerra

Comenzó entonces la exclusión de funcionarios, el procesamiento de la anterior administración y la confiscación de sus bienes, la depuración del Ejército. Más de cuatro mil empleados públicos fueron inhabilitados. Hubo un millar de detenidos políticos y algunos fusilamientos. Las secuelas de la guerra tardaron en olvidarse.

Balmaceda redactó un testamento a la nación y, convencido que no se garantizaría su integridad ni su salida del país, el 19 de septiembre, fecha en que concluía su mandato presidencial, se quitó la vida de un disparo. Su legado político vaticinaba el debilitamiento de la dirección del país y la pugna entre los mismos aliados que habían contribuido a su caída, haciendo ingobernable el Congreso. Los acontecimientos vinieron a darle póstumamente la razón ■

Junto a estas líneas, suicidio de Balmaceda, según una alegoría popular. El presidente había resuelto no entregarse ni huir. Una vez conocidas las derrotas de Concón y Placilla, Balmaceda delegó el mando en el general Baquedano y se asiló en la embajada argentina, donde se suicidó.

La república parlamentaria

■ Durante la etapa conocida como el «parlamentarismo oligárquico» aumentó considerablemente la inversión fiscal aplicada al desarrollo, en especial a la construcción de líneas ferroviarias. Chile quedó unido a través del tren desde Iquique a Puerto Montt. A la derecha, un mapa de ferrocarriles en 1910.

La victoria del Congreso sobre el poder ejecutivo de 1891 modificó el sistema político chileno. Sin necesidad de redactar una nueva Constitución, el presidencialismo dejó paso a un régimen parlamentario en el que el presidente fue desposeído de la prerrogativa de disolver las cámaras, de modo que quedó supeditado a la voluntad del Parlamento, a la vez que dejó de organizar y dirigir los procesos electorales. El Parlamento se reservó el control de las tramitaciones legislativas y la censura de los ministros. Los presidentes perdieron la capacidad que *de facto* les había permitido designar a su sucesor.

La organización del sistema político

A la época comprendida entre 1891 y 1920 se la ha calificado de etapa de «parlamentarismo oligárquico», porque el poder pasó al poder legislativo, pero no se modificó de manera sustancial la representación de los intereses sociales que hasta entonces habían tenido acceso a la política activa. Al contrario, se acentuó la oligarquización del Congreso, ya que se hizo preciso captar candidatos que aportaran recursos económicos a su elección y esto determinó que la política activa quedara reservada a los sectores acomodados.

La aparición de nuevas tensiones sociales, puestas de manifiesto en los disturbios mineros de 1890, y las demandas crecientes de las clases medias cohesionaron a los parlamentarios en defensa de los grandes intereses económicos al margen de sus discrepancias políticas ocasiona-

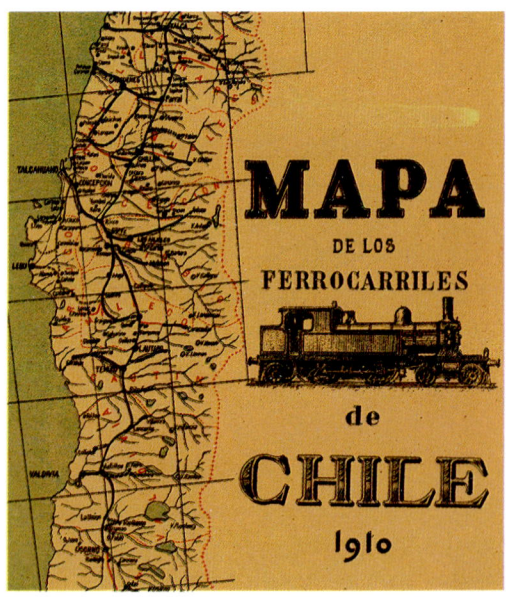

les. Los representantes estuvieron más atentos a la defensa de sus objetivos particulares que a las necesidades de la sociedad en general.

La sombra del caciquismo

El parlamentarismo resolvió las cuestiones relativas a la independencia de los partidos y a la primacía del Congreso. Bien distinto es que llegara a establecer la libertad electoral. A la corrupción electoral consistente en la celebración de elecciones dirigidas desde el gobierno le sucedió un caciquismo partidista que dispuso de amplias redes clientelares y recurrió a métodos irregulares entre los que la compra de votos fue práctica corriente. Se añadió además un nuevo problema que comprometió la acción de gobierno: el fraccionamiento del Congreso derivado de la diversidad de partidos y de las diferencias personales, lo que motivó la falta de mayorías regulares. Entre 1891 y 1920, en el mandato de seis presidentes se sucedieron 85 gobiernos, con una duración media de cuatro meses y diez días, y con 348 ministros. Las coaliciones y cambios de alianzas señalaron la vigencia de cada ministerio, que en casos extremos fue de sólo semanas.

Las exigencias del Parlamento, más allá del control constitucional, se convirtieron en un obstáculo a la proyección de políticas de largo alcance. Rara vez se adoptaron medidas que exigieran cierta planificación y una acción continuada, tal y como reclamaba una política de inversiones o de vivienda, de enseñanza o de reforma social. El resultado fue un sistema político que funcionaba con regularidad y consiguió mantener un régimen civil sin interrupciones, pero que cada vez estuvo más alejado de la evolución de la sociedad y de las demandas que esas transformaciones reclamaban.

Las fuerzas políticas y su respaldo social

Los cuatro partidos parlamentarios coaligados contra Balmaceda volvieron a revelar sus diferencias tan pronto quedó establecido el nuevo régimen político. El Partido Conservador era la fuerza política tradicional de las finanzas y los terratenientes, de la Iglesia católica y la vieja aristocracia colonial. Su clientela se extendía, gracias al confesionalismo, a otros grupos sociales, clases medias y populares unidas por la religión. Después del triunfo del Congreso, este partido volvió a la oposición pero no dejó de influir en la situación, en particular cuando promovió una ley local, aprobada en 1892, que descentralizaba la administración. En contra de lo esperado, esa medida sirvió para consolidar el poder de los hacendados y notables locales, cuya capacidad económica vino a sustituir la influencia gubernamental omnipresente en los anteriores procesos electorales.

El Partido Nacional continuaba siendo el partido de la banca y de sectores del comercio, de la derecha laica. Había entrado en una fase de importancia decreciente pero se hacía indispensable en todas las combinaciones de gobierno nacidas de la «revolución» de 1891.

El Partido Liberal dominante fue el que representó a la fracción de doctrinarios y coalicionistas, que habían contribuido a la caída del presidente Balmaceda. Contaba con las simpatías de los propietarios de minas, los industriales y los grandes terratenientes. Le definían mejor los personalismos de unos y otros dirigentes que la existencia de una ideología perfilada. La obtención de los objetivos por los que había luchado y que se plasmaron en el régimen de 1891 diluyó su personalidad en el propio sistema. En 1893 se unió al Partido Nacional y tres años después volvió a reorganizarse en forma separada, si bien fraccionado en tres sectores que incluso establecieron alianzas electorales confrontadas: los doctrinarios, mayoritarios, formaron el núcleo de las coaliciones liberales; los coalicionistas tendieron a hacer frente común con los conservadores; los independientes estuvieron más unidos a la defensa de sus circunscripciones.

La celebración del 1º de Mayo en los cerros de Valparaíso, a principios del siglo XX. Las grandes transformaciones de la sociedad chilena no se habían trasladado a la estructura política. El descontento social se agravó con la crisis económica de 1907 y culminó con la matanza de Iquique.

De Balmaceda al ocaso del ibañismo

Casas comerciales en Santiago en la década de 1910. Ni las clases medias ni la pequeña burguesía urbana tenían todavía participación en la política activa, pese a sus demandas.

El antiguo Partido Liberal de gobierno, principal respaldo de Balmaceda y de sus inmediatos predecesores, fue reorganizado en la convención celebrada en Talca en 1893 como Partido Liberal Democrático, una vez fue aprobada una primera amnistía política. Sostuvo los principios presidencialistas y se nutrió básicamente de funcionarios y militares de la administración derrocada. Identificado como «balmacedista», su fuerza electoral quedó reducida a veinte diputados (en torno al 16 %) y cuatro senadores tras las elecciones de 1894. Aunque hasta 1915 no consiguió entrar en una combinación ministerial, participó en muchas alianzas parlamentarias con más habilidad para hacer caer gobiernos que para contribuir a formarlos, lo que corroboró su creencia en la necesidad de una presidencia fuerte.

El Partido Radical mantuvo su presencia entre sectores profesionales, se atrajo a la nueva oligarquía agraria asentada en la conquista de la Araucanía y a la población de las nuevas provincias (Valdivia, Concepción, Cautín y Llanquihue), y ganó apoyo entre los industriales y los mineros del norte. Desde comienzos de siglo procuró atraerse a elementos de las clases medias urbanas, aunque hasta después de 1920 no llegó a formular una política acorde a la voluntad de éstas de intervenir en la vida pública. La crítica situación social de los trabajadores y el crecimiento de otros partidos, como el democrático y el socialista, le llevaron a partir de 1915 a buscar apoyos electorales con promesas de reforma social. Los cambios electorales de 1914, que ampliaban la independencia del voto sustrayéndolo del control municipal, permitieron ampliar su peso parlamentario. Cifraba sus objetivos en la promoción de la enseñanza, mantenía un vivo anticlericalismo alimentado por la influencia que la Iglesia conservaba en la educación y era portavoz de las actitudes antinorteamericanas de los años setenta y ochenta.

El Partido Democrático muy poco a poco fue atrayéndose a capas medias, pequeña burguesía industrial y trabajadores urbanos. En la última década del siglo XIX y en la primera del XX representó la izquierda del sistema político. En 1894 consiguió su primer representante en el Congreso y nunca pasó de ser una fuerza minoritaria. Sectores de este partido se unirían en 1912 a elementos sindicalistas para constituir el Partido Obrero Socialista.

En suma, el sistema político daba una amplia participación a una minoría de la sociedad, única capaz de estar debidamente representada e influir en el juego legislativo y ministerial.

Las seis presidencias: de Jorge Montt a Juan Luis Sanfuentes

El almirante Jorge Montt, vencedor indiscutible de la pasada guerra civil, se convirtió en presidente interino y, a continuación, fue elegido presidente constitucional de consenso (1891-1896).

Jorge Montt

Ajeno a los partidos que le habían elevado al poder, Jorge Montt (1846-1922) dejó toda la iniciativa política en manos del Parlamento que, con el respaldo conseguido, hizo y deshizo gobiernos. De este modo se plasmó el tránsito al régimen parlamentario sin que se hiciera necesaria la reforma de la Constitución. Los negativos efectos económicos de la guerra y la inestabilidad de los precios internacionales del nitrato llevaron a incrementar el endeudamiento exterior con nuevos empréstitos contraídos en Gran Bretaña con la mediación de los banqueros Rothschild. De esa forma se estrechó la relación existente con los intereses británicos, consagrada en la colaboración que habían prestado al bando del Congreso durante la guerra civil.

Federico Errázuriz Echaurren

Federico Errázuriz (1850-1901) fue elegido en 1896 por una coalición de nacionales y liberales con respaldo conservador. Errázuriz se encontró con el difícil conflicto internacional con Argentina por la delimitación de la puna de Atacama. Aquel mismo año se resolvió de común acuerdo someter el tema a arbitraje de Gran Bretaña, cuyo fallo se produciría en 1902. En el plano económico hizo frente a la depresión de 1896.

Germán Riesco

La presidencia de Germán Riesco (1854-1916), iniciada en 1901, se caracterizó por la sucesión de gobiernos muy inestables, con 17 ministerios y 73 ministros en cinco años. Fueron años de particular violencia social, con el inicio de huelgas revolucionarias (Valparaíso, 1903), el estallido de motines contra la carestía en Santiago (1905) y la huelga de portuarios y salitreros en Antofagasta (1906). La ausencia de políticas sociales fue suplida por el recurso a la fuerza.

Riesco, elegido por la coalición Alianza Liberal (formada por radicales, liberales y nacionales), facilitó la entrada de capital estadounidense en el cobre. Promovió también un acuerdo definitivo de paz con Bolivia en 1904 que supuso el reconocimiento de las adquisiciones territoriales de 1883 a cambio de una indemnización económica y la construcción de un ferrocarril entre Arica y La Paz. Quedaba pendiente el contencioso con Perú por la región de Tacna y Arica.

El presidente Pedro Montt, rodeado de sus ayudantes, participando de los festejos del Centenario de la Independencia en Buenos Aires, en agosto de 1910. Poco después, el político conservador fallecería, antes de completar su mandato presidencial.

Pedro Montt

Desde 1906, con la llegada a la presidencia de Pedro Montt (1846-1910) se mantuvo la orientación anterior, aunque con un sesgo más conservador, coincidiendo con el agitado clima social que alcanzó su cénit en 1907 con la matanza de obreros de Iquique, uno de los peores episodios de la historia del país. Llegó al poder apoyado por la Unión Nacional, integrada por los nacionales (tan adictos siempre a su familia), la derecha liberal y los radicales. Montt continuaba la tradición de una estirpe de políticos chilenos que en un siglo había alcanzado la presidencia en diferentes ocasiones y no se limitó a dejar toda la iniciativa al Parlamento. Así, promovió importantes infraestructuras ferroviarias, que en 1914 darían a Chile un total de 8 600 km con los que prácticamente se unía Puerto Montt por el sur y Tarapacá por el norte; también se ocupó de la reconstrucción de Valparaíso, arrasada por el terremoto de 1906.

Pero la conciencia de abandono de las necesidades del país por las sucesivas administraciones fue extendiéndose entre las capas ilustradas y comenzó a aflorar en la prensa y en libros muy

De Balmaceda al ocaso del ibañismo

En 1915, el cambio de mandato presidencial de Ramón Barros Luco a Juan Luis Sanfuentes marcó el último traspaso de la república parlamentaria, época en que la clase dirigente controló el gobierno por medio de los partidos políticos.

críticos que denunciaban los abusos, la corrupción, la entrega al capital extranjero de las mayores riquezas de la nación y el conformismo frente a la situación de postración del país. La reacción comenzó a fraguarse en la década de 1910 y se manifestó con fuerza en las elecciones de 1920. El desarrollo de nuevos partidos y de sindicatos, la aparición de políticos distintos o la creación en 1907 de una liga militar secreta de carácter nacionalista fueron un presagio de los acontecimientos del futuro próximo.

Ramón Barros Luco

Bajo el mandato presidencial de Ramón Barros Luco (1835-1919), que se inició en 1910, se dieron nuevas muestras del agotamiento a que había llegado el sistema y de su crónica inestabilidad parlamentaria. Las elecciones debieron anticiparse al fallecer el presidente Pedro Montt. En seis años se reunieron 19 gobiernos y 55 ministros. La elevada edad del mandatario al llegar a la presidencia, 75 años, acentuó la sensación de desgobierno en que parecía sumirse el país. Se facilitó así la reacción conservadora de 1915.

Juan Luis Sanfuentes

Ese año una coalición de conservadores, liberal-demócratas y nacionales elevó a la presidencia a un candidato derechista, Juan Luis Sanfuentes (1858-1939), hermano del aspirante de 1890.

Según lo previsto por la Constitución, dado que la elección presidencial era indirecta, la ausencia de un resultado definitivo en el colegio electoral trasladó la decisión al Congreso, favorable al candidato. El Senado, sin embargo, quedó en manos de la Alianza Liberal, que desplegó una firme oposición al presidente. El clima social tenso y la proliferación de huelgas, sobre todo en la región de Iquique, movió al gobierno a interesarse por una legislación laboral inexistente hasta entonces. Después de una visita de inspección al norte realizada por una comisión gubernamental que obligó a tomar conciencia de la situación dominante, en diciembre de 1916 se legisló la ley de accidentes de trabajo y un año después la de descanso dominical. Eran medidas necesarias pero para muchos insuficientes, y las demandas sociales fueron ganando protagonismo al final de la segunda década del siglo xx.

En las elecciones legislativas de 1918 la Alianza obtuvo la mayoría en el Congreso e impuso un breve gobierno reformista orientado por el ministro del Interior Arturo Alessandri. Este ministerio no consiguió sacar adelante sus proyectos pero logró atraer sobre su dirigente las esperanzas de cambio en las estructuras políticas.

La gran presencia del capital foráneo

La economía chilena descansó en la especialización minera con destino al mercado internacional. El crecimiento basado en la minería resulta más lento que el fundado sobre la producción de otros bienes, pero puede llegar a tener mayor alcance al desempeñar un papel de arrastre y ser menos prescindible. En contrapartida, este modelo de crecimiento supuso una gran dependencia de la evolución de los mercados exteriores.

La estructura de la explotación del salitre, que apuntara en la década de 1880, quedó reforzada en las décadas siguientes y sólo a partir de 1910 conoció alguna modificación que afectaba más a la composición del accionariado que al funcionamiento del sector. La alianza de capital extranjero y del nacional estuvo en la base del sistema. Las inversiones de capital británico en los nitratos chilenos se situaron entre las mayores realizadas en la minería del continente y constituyeron la mitad de las inversiones inglesas en sectores productivos latinoamericanos. En 1913 la inversión en nitratos ascendía a 28,9 millones de libras esterlinas. Era un buen exponente de la atracción que Chile ejercía sobre el capital inglés, y que lo llevó a ser en 1914 el cuarto destino de sus inversiones en América Latina.

También en 1914 Chile ocupaba el tercer lugar de las inversiones estadounidenses en América Latina, con 180 millones de dólares. En la década de 1910 los norteamericanos incrementaron su participación en el capital de las empresas salitreras hasta llegar a controlarlas en los años de la Primera Guerra Mundial. La utilización del nitrato sódico para la fabricación de explosivos y para la industria química acompañó

Celebración de un «tiro pampino» en una oficina salitrera del Norte Grande. El uso del nitrato sódico en la fabricación de explosivos hizo aumentar las inversiones norteamericanas en vísperas de la guerra europea.

el interés por estas inversiones. Concluida la Gran Guerra, la caída de los precios fue continua hasta producirse su colapso hacia 1920-1922, cuando se extendieron los nitratos sintéticos desarrollados por los alemanes, los cuales marcaron el final de la hegemonía del salitre.

Hasta llegar ese momento, el sector conoció diversas oscilaciones. Tras la contracción de 1890, que radicalizó la actitud de los industriales salitreros ante las críticas de Balmaceda a la situación de monopolio a la que se había llegado, el mercado se recuperó y en 1895 alcanzó a exportar 27,2 millones de quintales. En 1896 se produjo una fuerte depresión unida a la crisis finisecular de la agricultura europea. Como otras veces se recurrió a los acuerdos entre industriales para controlar la producción mediante la asignación de cuotas. Esta vez la recuperación de los precios sólo se produjo a partir de 1901 a través de la demanda estadounidense. En 1905 la exportación ascendía a 35,9 millones de quintales y en 1913 alcanzaba los 59,5 milllones, equivalente a cuatro veces lo exportado tras la incorporación del Norte Grande.

De Balmaceda al ocaso del ibañismo

Salitrera de Agua Santa, a 50 km de Mejillones (Antofagasta). La industria del nitrato se hundió tan abruptamente como había emergido, con la conclusión de la Primera Guerra Mundial. En pocos años, yacimientos, oficinas y ciudades fueron abandonados en el desierto atacameño.

El inicio de la Gran Guerra, en la que Chile se mantuvo neutral pese a la presión de Estados Unidos para que rompiera relaciones con los imperios centrales y pese a la postura de Perú y Bolivia en este mismo sentido, que de esa forma marcaban distancias ante eventuales reclamaciones territoriales, supuso inicialmente un fuerte retroceso de las exportaciones chilenas, con la consiguiente repercusión interior sobre su estructura productiva y comercial.

Los primeros clientes chilenos, Gran Bretaña y Alemania, estaban enfrentados y se señalaron nuevas prioridades a sus transportes trasoceánicos. La demanda de nitratos naturales cayó, tanto por el descenso de la actividad agraria durante la propia contienda como por el progresivo aislamiento germano que propició la investigación en nitratos sintéticos, fatales a la larga para la industria chilena. El hundimiento de la demanda y de los precios provocó el cierre de oficinas. Pasados los dos primeros años de guerra, los Estados Unidos, que se habían convertido en suministradores de material bélico a los aliados europeos antes de entrar ellos mismos en guerra en 1917, comenzaron a adquirir salitre con fines armamentísticos y contribuyeron a reflotar la minería. Se trataba de una prosperidad muy circunstancial, unida a la duración de las hostilidades. Los beneficios generados con el salitre fueron en buena parte destinados al pago de dividendos de las empresas matrices inglesas pero también se reinvirtieron en Chile en otras actividades económicas, como bancos nacionales, compañías de seguros, industrias de bienes de consumo, ferrocarriles, transporte urbano, etcétera. Las finanzas estuvieron bajo control mixto, de británicos y chilenos, que también conservaron un porcentaje apreciable de la propiedad de las salitreras. De este modo fue reforzándose una burguesía chilena, vinculada a la economía exterior más dinámica.

Crisis del nitrato y auge del cobre

La finalización de la guerra europea (1918) señaló la crisis definitiva de la industria del nitrato. El hundimiento del sector se produjo con tanta rapidez como fulgurante había sido su ascenso. Yacimientos y oficinas cerraron sus puertas. Los trabajadores perdieron sus empleos y en poco tiempo las ciudades levantadas en la pampa salitrera se despoblaron y fueron literalmente desmanteladas. La explotación de yacimientos carboníferos en la región central ejerció cierta atracción sobre los mineros desempleados. En cualquier caso, se inició un movimiento migratorio hacia el sur, bien hacia las nuevas minas o en busca de oportunidades en las ciudades.

El relevo al salitre lo tomó la minería del cobre, cuyos yacimientos estuvieron en buena medida desde fecha temprana en manos estadounidenses. La mina de El Teniente, una de las más emblemáticas, comenzó siendo explotada en 1906 por la Braden Copper Co. para ser traspasada a la Kennecott Copper Corporation. En 1916 la Anaconda Copper Mining era propietaria de Calama, Potrerillos y Chuquicamata, la mayor mina de cobre del mundo, situada como las anteriores en la provincia de Antofagasta. Entre los años 1905 y 1929 entre ambas compañías mineras pasaron a controlar la producción nacional, con inversiones superiores a los 400 millones de dólares. En tres lustros, hacia 1929, Chile aportaba el 18 por ciento del cobre al mercado mundial.

> **UNA GRAN OLEADA DE INMIGRANTES**
>
> Entre 1880 y 1914 llegaron al país medio millón de inmigrantes. Buena parte de la nueva población avecindada procedía de Perú y Bolivia y estuvo formada por campesinos que buscaban trabajo en la minería y en las actividades relacionadas con el auge del norte chileno, empleos que no exigían cualificación y que, ante la demanda de brazos, dieron lugar a empresas especializadas en reclutar trabajadores en otros países. La inmigración española se asentó en las ciudades y fue acaparando el pequeño comercio. Los italianos se inclinaron por la agricultura. El resto de los europeos llegados se interesó por la industria y el comercio hasta el punto de que en 1914 dos terceras partes de estos sectores estaban en manos de extranjeros residentes ∎

La Primera Guerra Mundial incidió también en el auge de las exportaciones cupríferas y del precio del mineral. El empleo del cobre para la fabricación de pólvora, latón y alambre atrajo la demanda de Estados Unidos. Al término de la conflagración se mantuvo aquel mercado, al que se destinó un tercio de las exportaciones totales chilenas. A la primera relación mercantil le siguió el interés financiero y por último, la inversión productiva. En 1929 Chile ocupaba el cuarto lugar por destino del capital estadounidense y representaba el trece por ciento del mismo. De manera paulatina fue reemplazando a los británicos con la adquisición de sus empresas sin que la entrada en el accionariado supusiera necesariamente la inyección de nuevos recursos ni la ampliación del capital social de las industrias.

El modo de operar de unos y otros inversores varió. Mientras los ingleses habían creado sociedades específicas para explotar los recursos latinoamericanos, los estadounidenses crearon filiales de sociedades multinacionales, cuyo centro de decisión se mantuvo en el país de origen. La estrategia de explotación se decidía dentro del conjunto del negocio en el que la filial chilena era un elemento más. En los períodos de crisis esa diferencia se haría notar.

Una sociedad en transición

A lo largo de la república parlamentaria se mantuvo una activa política inmigratoria que trató de favorecer la inmigración europea, sin que hasta 1914 se impusieran restricciones. El crecimiento de población fue, sin embargo, menor que en otras áreas latinoamericanas. El flujo de inmigrantes, si bien importante para el peso demográfico de Chile, que en 1900 tenía tres millones de habitantes, estuvo lejos del alcanzado por sus vecinos del cono sur atlántico.

Crecimiento demográfico y económico

El crecimiento demográfico natural proporcionó una cantidad de brazos que difícilmente podían ser absorbidos por el latifundio, dado que la estructura agrícola y ganadera se basaba en la explotación extensiva. Fueron creándose así «bolsas de pobreza» en las zonas rurales, en las que la producción para el autoconsumo se reveló insuficiente debido al aumento de la dimensión de la unidad familiar. La crisis de este sistema significó la paulatina pérdida de pequeñas explotaciones agrarias y del colonato, que en el pasado,

La inmigración europea, auspiciada por la república parlamentaria, fue considerable. Importantes contingentes de españoles, italianos, franceses, alemanes, entre otros, se incorporaban al Nuevo Mundo e iban dejando en él su impronta, especialmente en el pequeño comercio ciudadano.

desde antes de la Independencia, habían coexistido con las grandes haciendas hasta constituir la fisonomía rural tradicional. La quiebra de esas actividades independientes arrastró consigo la del artesanado que desenvolvía sus actividades al abrigo de la demanda local y que, con el declive de la pequeña agricultura, perdía su clientela.

El incremento de población y el desarrollo del norte minero y portuario trajo consigo una mayor demanda de productos alimenticios. Si hasta los años 1880 el cereal, la carne y las pieles se orientaron hacia la exportación, desde aquella fecha el crecimiento económico del país propició la producción para el consumo interno. La expansión de las explotaciones se hizo a costa de los pequeños propietarios, pero la incorporación de las tierras de éstos resultó insuficiente, por lo que la presión se extendió sobre las zonas ocupada por los indígenas mapuches e incluso sobre la otorgada a los inmigrantes europeos en la frontera, la Araucanía, en proceso de colonización.

El proceso de urbanización

El resultado de estas tensiones y de la falta de perspectivas laborales en el campo produjo un acentuado proceso de concentración urbana. Entre 1875 y 1902 la población urbana de Chile pasó del 27 al 43 por ciento. Santiago fue la ciudad que experimentó mayor crecimiento. Durante la etapa de prosperidad que siguió a la guerra del Pacífico atrajo a las principales fuerzas económicas del país.

La población de las ciudades creció en forma mucho más rápida que la construcción de viviendas. Santiago dobló sus habitantes acercándose a los seiscientos mil en 1920. El paisaje suburbial comenzó a ser frecuente en Santiago, Valparaíso y Concepción, cuyos habitantes habían de hacinarse en los conventillos, ubicados por lo general en calles sin luz ni alcantarillado. Las tres mayores ciudades del país desde inicios del siglo XX, a pesar de ello, experimentaron una profunda transformación urbanística y vieron levantarse numerosos edificios a la vez que se dotaban de servicios públicos esenciales.

Este crecimiento económico y urbano supuso la ampliación del mercado interior y el incremento de la demanda de productos de consumo. Para atender ese mercado fueron creándose pequeñas manufacturas, por lo general con poca y barata mano de obra, que encontraron en la guerra de 1914 unas condiciones especialmente favorables para su desarrollo. La interrupción en la importación de manufacturas europeas que hasta entonces surtían el país permitió que cobraran vuelo las industrias relacionadas con la alimentación y las bebidas, el textil, la piel, la madera, la fundición y diversos bienes de consumo. La producción de material de construcción y bienes de equipamiento comenzó a ocupar un lugar destacado entre las actividades económicas.

La buena marcha de las exportaciones mineras posibilitó la entrada de dinero y el movimiento del mercado nacional. La industria se asentó y se benefició de la buena red de comunicaciones trazada por el ferrocarril, que no sólo unía el extenso país sino que enlazaba con Bolivia y Argentina. Chile se abasteció internamente de numerosas manufacturas y comenzó a exportar algunas. Pero cuando el nitrato bajó de precio y luego se hundió, las industrias acusaron el golpe y pidieron fuertes aranceles protectores.

Muchos inmigrantes procedentes de Europa, presionados por los grandes hacendados, optaron por abandonar sus tierras e instalarse en las ciudades. Así, comenzaron a expandirse los suburbios de la capital, Santiago (en la imagen).

La aparición de una nueva clase media

Socialmente estos cambios dieron lugar a una mayor diversificación y a la aparición de nuevas clases medias urbanas formadas por profesionales, empleados de la industria y el comercio pero también de un Estado (burócratas, profesores, militares, etc.) que crecía al ritmo que lo hacían los derechos de exportación. Fue formándose también una clase media rural integrada por los pequeños propietarios agrícolas del centro y del sur que se extendió con el cultivo del trigo y la vid.

Unos y otros buscaron las mejores condiciones que favorecieran la movilidad social y un peso en la política que se correspondiera con el que habían pasado a ocupar en la estructura económica de la sociedad. La fundación de la Federación de Estudiantes de Chile en 1907 —un vivero de los futuros dirigentes— y su rápida politización fueron también un reflejo del peso adquirido por las clases medias.

El sistema político se mostraba impermeable a esas demandas y la élite terrateniente se había manifestado dispuesta a integrar en su seno a los pujantes hombres de negocios de la minería, la banca y el gran comercio, lo que había reforzado el poder de la oligarquía entendida como un escogido grupo privilegiado por su posición económica. Los usos sociales de la élite del país le distanciaban de la mayoría de una forma ostentosa. La britanización de las costumbres y la asunción de una idea de progreso constreñida a la acumulación de fortunas y al orden que debía asegurar el desenvolvimiento de las actividades, ofrecía cada vez más una imagen impostada en un país en transformación, en el que esta clase continuaba aferrada a un modelo que estaba entrando en franco declive. Las distancias con las clases medias y el resto de la población eran mayores en la medida en que también la prosperidad había permitido acumular fortunas más importantes y el control del Parlamento les había concedido una legislación favorable sin concesiones ni reformas.

El problema social

El desarrollo minero supuso a finales del siglo XIX la creación de sindicatos en torno al salitre, que a comienzos del siglo XX se extendieron a los trabajadores del cobre en el Norte Chico, a los del carbón en el centro, a los obreros de la lana y de la industria frigorífica en el sur. El desarrollo industrial que tuvo lugar a partir de la guerra mundial en ciudades como Santiago, Valparaíso y Concepción determinó también la aparición de trabajadores organizados.

Las condiciones de trabajo creadas en torno a la minería del Norte Grande, con la llegada masiva de una población de procedencia rural, sin recursos ni cualificación, empleada por empresas en muchos casos extranjeras a las que las concesiones de tierras y ferrocarriles y la propiedad de oficinas y almacenes las convirtió prácticamente en todopoderosas, dieron lugar a formas de explotación que recordaban los primeros tiempos de la Conquista.

Sin protección social de ningún género, el alza del salitre convirtió la producción en una carrera desaforada en la que los bajos salarios muchas veces eran pagados con «fichas» válidas únicamente en las pulperías de la propia empresa. El dominio de las industrias invadía esferas particulares y suplantaba al Estado.

▪ Con el correr del siglo XX, las clases medias se fueron fortaleciendo. Junto a los sectores urbanos (profesionales, burócratas y comerciantes), en el campo se formó una clase media de pequeños propietarios dedicados al cultivo de la vid y el trigo. En la fotografía, vendimia en la región de Tarapacá.

De Balmaceda al ocaso del ibañismo

El obrero del salitre vivía en campamentos azotados por las inclemencias del clima del norte, sin requisitos de higiene ni salud, como el que muestra la fotografía del centro. Las duras condiciones de vida del proletariado dieron nacimiento a manifestaciones y actos de resistencia obrera.

> **LAS PRIMERAS ASOCIACIONES OBRERAS**
>
> Desde los años 1870 existían asociaciones de artesanos. Hacia 1896 se creó el Centro Social Obrero, una sociedad de carácter mutualista destinada a proporcionar asistencia a los afiliados. Apenas un año después se creaba la Unión Socialista y el Partido Obrero, organizaciones políticas de incidencia limitada. Algunas de las primeras sociedades de oficio de carácter resistente se debieron a los inmigrantes que aportaban cierta experiencia organizativa y una ideología anarquista, próxima en sus denuncias y reivindicaciones al ámbito urbano de talleres y medianas empresas, en los que obreros y artesanos mantenían lazos culturales compartidos

Conflictividad social

Los primeros grandes conflictos sociales tuvieron lugar con la expansión de comienzos del siglo XX en la región central, más urbanizada. Tenían su origen tanto en las condiciones laborales como en el continuo crecimiento del costo de la vida en medio de un imparable proceso inflacionario que desde 1890 golpeaba, sobre todo, a los más pobres. En 1903 una huelga de los estibadores de Valparaíso se saldaba con 35 muertos. El Ejército debió emplearse a fondo para contener los disturbios ocasionados por el empleo de elementos afines a la patronal con los que se había pretendido romper la paralización del trabajo. Antes de que se restableciera el orden habían sido asaltados los locales de la Sociedad Sudamericana de Vapores y otros edificios comerciales y de la prensa.

En 1905 se produjo el primer gran acto de masas en la historia del país, que concentró en Santiago a más de cincuenta mil personas en contra de la carestía generada por las medidas de protección a la ganadería nacional que habían disparado el precio de la carne; la multitud fue atacada por la policía y por bandas armadas, lo que motivó la declaración de una huelga general en respuesta. El gobierno recurrió al Ejército y sólo tras tomar la ciudad logró restablecerse la situación, una semana después de haberse iniciado los incidentes. El balance de las actuaciones se cifró en sesenta muertos y más de trescientos heridos. Las huelgas hicieron su aparición en grandes sectores de la economía y el transporte a pesar de tratarse de una actividad ilegal y, por lo tanto, perseguida.

El descenso periódico en la exportación del salitre generó la paralización de la producción y desempleo obrero. En diciembre de 1907 numerosos trabajadores salieron de los campamentos mineros y se dirigieron a Iquique para reclamar soluciones. La ciudad les recibió con una huelga solidaria organizada por sus trabajadores, y fueron alojados en la escuela de Santa María, en donde elaboraron su pliego de peticiones que presentaron a los empresarios. Éstos se negaron a atenderlas, mientras fuerzas del Ejército rodeaban el poblado de los huelguistas y empleaban contra ellos armas de fuego. Las cifras ofi-

La república parlamentaria

Luis Emilio Recabarren, del gremio de los tipógrafos de Valparaíso, creía en un partido obrero opuesto a la pequeña política de alianzas del parlamentarismo. En esta línea fundó primero el Partido Obrero Socialista, que más tarde cambió su nombre por el de Partido Comunista.

ciales elevaron a dos mil el número de fallecidos en la peor masacre social ejecutada en la historia de la nación.

Las primeras organizaciones

Las reivindicaciones laborales fueron extendiéndose a la provincia de Tarapacá. De las peticiones concretas se pasó a formas organizativas estables y en 1909 se fundó la Federación Obrera de Chile (FOCH), el primer sindicato nacional masivo que dio sentido de unidad a los trabajadores chilenos. Su fuerza se concentró en el sector minero del nitrato y en el sur, pues la tradición anarquista subsistió por un tiempo entre los trabajadores de Santiago y Valparaíso. No obstante, como otras organizaciones de la misma época, la FOCH tuvo un contenido inicial próximo al sindicalismo revolucionario, aunque pronto se orientó en un sentido socialista.

En 1912 Luis Emilio Recabarren fundó el Partido Obrero Socialista y lo vinculó a la FOCH. Recabarren, un impresor, procedía del Partido Democrático, al que se había unido al poco tiempo de fundarse el mismo y por el que fue elegido diputado en 1906 por Antofagasta sin que pudiera tomar posesión de su acta en el Congreso por impedírselo éste. En 1909 se adhirió a la FOCH. Su labor como organizador y creador de numerosos periódicos obreros le convirtieron en una figura con creciente ascendiente entre los trabajadores. En 1919 encabezó la fracción revolucionaria de la FOCH que pasó a dirigir esta central; en 1921, cuando el sindicato sumaba treinta mil afiliados, consiguió que se sumara a la Internacional Sindical Roja. En 1922 fundó el Partido Comunista. Pese a la brevedad del período en que ocupó puestos de responsabilidad, la influencia de Recabarren en el movimiento obrero fue profunda y duradera.

La crisis salitrera de 1919 reavivó el clima de agitación social de los primeros años del siglo. La explotación minera prácticamente sólo podía llevarse a término con la presencia del ejército, mientras que el malestar se extendió a las industrias urbanas y al sector lanero meridional, ampliamente desarrollado en los años anteriores. Las huelgas y manifestaciones terminaron convirtiéndose en una cuestión de orden público, a

De Balmaceda al ocaso del ibañismo

menudo de tintes dramáticos, ya que dejaban un elevado número de víctimas mortales, tal y como sucedió con la huelga lanera de Puerto Natales, en Magallanes, de febrero de 1919, que arrojó quince muertos. En 1921 acontecimientos similares se produjeron en el norte, cuando el cierre de oficinas dejó sin trabajo a los obreros del salitre y un choque con la policía dejó un espeluznante saldo de 73 muertos.

La llamada «cuestión social» acompañó las tres décadas de la república parlamentaria y fue

La «cuestión social» acompañó los treinta años de vida política de la república parlamentaria. A medida que surgían nuevas demandas laborales y sociales entre la clase trabajadora (en la imagen, un obrero del sector minero), proliferaban las manifestaciones contra el gobierno oligárquico.

haciéndose cada vez más acusada a comienzos del siglo XX. El avance económico y las condiciones en que éste se produjo generaron grandes desequilibrios entre la población.

La primera respuesta de la oligarquía parlamentaria consistió en recurrir a la represión para acallar las protestas y los disturbios. La acentuación de los problemas no encontró fórmulas compensatorias ni actitudes conciliadoras; crecieron las manifestaciones contrarias al gobierno que provocaron una reacción más violenta. Pero la cuestión subsistió.

Avances en legislación social

La legislación social comenzó en Chile siendo tímida y rara vez cumplida. Antes de 1914 tan sólo se promulgó una ley sobre habitaciones obreras (1906) y una primera e insuficiente regulación del descanso dominical (1907). En los años de la guerra mundial, prósperos para la industria nacional, la presión sindical propició una nueva ley sobre descanso semanal, y también la promulgación de la denominada ley de la silla (1915), de la de accidentes de trabajo (1916) y una reglamentación de las huelgas (1917).

Los indicadores sociales de Chile colocaban al país muy por debajo de lo que su nivel económico apuntaba. Entre 1920 y 1924 la mortalidad infantil se situaba en el 250 por mil y era una de las más elevadas del continente americano. En 1910, coincidiendo con la celebración del Centenario de la Independencia, Alejandro Venegas, utilizando el seudónimo de Julio Valdés Canje, publicó un libro que sacudió la conciencia de la nación y causó indignación en los medios conservadores, *Sinceridad: Chile íntimo en 1910*. En él se exponía el abandono y la miseria en que vivía buena parte de la población mientras el poder político daba la espalda a sus problemas.

Una literatura crítica con el estado de cosas fue abriéndose paso. Recabarren publicó *Ricos y pobres*; Alberto Edwards Vives, *La fronda aristocrática* (una acerada denuncia del régimen nacido en 1891); Francisco Encina, *Nuestra inferioridad económica*. Había llegado la hora de hacer balance del parlamentarismo, de su representatividad, de la exclusión de las clases medias y de los trabajadores del protagonismo en la vida pública. La indiferencia del régimen político ante los problemas fue alentando un clima de repulsa y una respuesta populista en la que el nacionalismo pasó a desempeñar un papel movilizador entre sectores de la oficialidad. Sucesivamente se ensayaron soluciones civiles y militares en un período de progresiva inestabilidad que dominó los años 1920 y 1930, en que se osciló entre el reformismo y las alternativas autoritarias ■

Populismo y militarismo

Arturo Alessandri Palma (1868-1950) accedió a la presidencia de Chile en 1920 como candidato de la Alianza Liberal, que incluía a demócratas, radicales y liberales. Descendiente de italianos establecidos durante el siglo XIX, Alessandri pertenecía a la burguesía media agraria excluida de la responsabilidad de gobierno y a menudo sacrificada a los intereses de los grandes latifundistas cuyas propiedades no habían cesado de crecer. Había sido miembro de la Cámara de Diputados desde 1897 en las filas liberales, ministro en 1898 y había dirigido el gobierno durante algunos meses en 1918. Formaba parte del estamento político y, sin embargo, tuvo la habilidad de distanciarse de unas instituciones desgastadas y de una clase política desprestigiada. Desde su elección como senador por Tarapacá en 1915 se había labrado un prestigio como hostigador de la ineficacia y la corrupción política, a la vez que actuaba como defensor de dirigentes obreros en el norte del país.

El gobierno Alessandri

Alessandri asumió el liderazgo de las clases populares y se pronunció contra lo que despectivamente llamó la «chusma dorada». En su campaña, teñida de marcado populismo, ofreció crear un Ministerio de Asistencia Social, nacionalizar los servicios esenciales que se hallaran en manos extranjeras, desarrollar un mecanismo de control sobre la banca y la creación de un banco central, crear un sistema fiscal progresivo sobre la renta

Cartel de la candidatura de Arturo Alessandri a la presidencia de la República en 1920, en el cual se revela como el precursor de la propaganda con carga emotiva en el país, con el lema: «El odio nada engendra, ¡sólo el amor es fecundo!».

e implantar la instrucción primaria obligatoria, entre otras medidas. Su agresividad antioligárquica hizo que su discurso alcanzara una enorme difusión y que se movilizaran en su favor sectores del país hasta entonces postergados, en particular las clases medias y los trabajadores, las gentes de provincias y los hacendados agrícolas de las tierras del sur. Candidato de la Alianza, Alessandri expresaba las esperanzas de cambio de las emergentes clases medias, cada vez más firmes en sus demandas. El Partido Radical se convirtió en la fuerza mayoritaria dentro de esta coalición mientras los disminuidos liberales se escindieron. Los dirigentes tradicionales repudiaron el lenguaje y las amenazas proferidas por Alessandri y sus aliados, y formaron la Unión Nacional con los liberal-demócratas y los nacionales para postular a la presidencia a Luis Barros Borgoño, respaldado también por los conservadores. El resultado electoral del 25 de junio le fue favorable a la Alianza por muy estrecho margen sobre la derecha. La decisión pasó a un tribunal de honor que reconoció el triunfo de Alessandri por 177 votos a 176. El Congreso, donde los elementos contrarios a la Alianza eran mayoritarios contando las fracciones derechistas de los partidos de la propia Alianza, no se atrevió a enfrentarse con el sufragio popular y ratificó la proclamación, confiado en controlar el Ejecutivo y paralizar sus propuestas como venía haciéndose desde 1891 con las pretensiones gubernamentales juzgadas desfavorablemente.

Reforzamiento del poder presidencial

El presidente electo manifestó muy pronto que su mandato no sería una continuidad del régimen parlamentario que hacía tiempo ofrecía síntomas de arrastrar una vida precaria e ineficaz. Sus apoyos no procedían únicamente de las direcciones de los partidos aliados sino que contaba con suficiente respaldo popular como para pretender subvertir la inercia anterior. Para ello reclamó un reforzamiento del poder presidencial que le permitiera llevar adelante las reformas prometidas. Significaba el retorno al sentido original de la Constitución y el abandono del estricto parlamentarismo impuesto tras derrocarse a Balmaceda, movimiento en el que paradójicamente había participado siendo estudiante. El conflicto volvía a presentarse, aunque el país había cambiado tanto que los términos de la disputa distaron de polarizar a la opinión pública como en aquellos lejanos tiempos.

La Unión Nacional presentó una firme oposición en el Senado, donde era mayoritaria, bloqueando las reformas y provocando sucesivas caídas del ministerio. Hasta dieciséis gobiernos se sucedieron en cuatro años pese a disponer de mayoría en la Cámara de Diputados desde 1921. El presidente comenzó a elaborar ciertas reformas destinadas a limitar el obstruccionismo del Congreso y a dar satisfacción a las capas medias que disputaban el poder a la oligarquía.

El Partido Radical se convirtió en la fuerza política más sensible a las demandas de esos grupos crecidos con el desarrollo económico del país. La expansión urbana y su concentración habían cambiado la fisonomía tradicional de la población. En 1920 Santiago y Valparaíso reunían una cuarta parte de la población de Chile y diez ciudades más superaban los veinte mil habitantes, lo que aportaba casi otro diez por ciento del total. La reducción del analfabetismo había incrementado el cuerpo electoral. A la vez, los radicales hicieron de la universalización de la educación un rasgo distintivo de su programa, fieles a la idea iluminista de que la ilustración reforzaba a la ciudadanía y reducía los antagonismos. En 1920 consiguieron ver promulgada la ley de instrucción primaria obligatoria. Si bien subsistieron las fracciones tradicionales que constituían la derecha del partido, ganaron protagonismo los elementos reformistas más progresistas. También el Partido Democrático atra-

Junta del Partido Conservador, hacia 1920. Miembro de la Unión Nacional, el partido representaba a los grupos tradicionales, a los terratenientes, banqueros y grandes propietarios. Las nuevas ideologías y los cambios sociales que se percibían en Chile eran vistos con temor por los conservadores.

jo, aunque en menor medida, a la clase media y a lo más desposeídos. Por su parte, el movimiento obrero aprovechó las condiciones creadas por el triunfo de Alessandri, a cuya causa había contribuido, para reorganizarse, a la vez que se creaban organizaciones campesinas. Esta aproximación no fue recíproca, dado que el gobierno no dudó en emplear la fuerza en 1921 como hicieran sus predecesores ante una protesta desbordante del estrecho marco sindical. A la vez que actuaba así, Alessandri preparó un código de trabajo que el Congreso se negó a aprobar.

Las elecciones de 1924

En las elecciones legislativas de 1924 Alessandri trató de modificar la correlación de fuerzas que le era desfavorable. Para ello no dudó en involucrarse en las elecciones pidiendo el voto para la Alianza. Gracias a la movilización de apoyos, al uso partidista de la administración y a los recursos públicos utilizados, como no se conocía desde 1891, logró arrancar una mayoría. Con anterioridad a los comicios, había conseguido que una comisión parlamentaria consensuara ciertos cambios destinados a agilizar la labor del poder legislativo y a dotarle de mayor profesionalidad. A tal fin se aprobó que las mociones de censura fueran competencia exclusiva de la Cámara de Diputados, despojando al Senado de esa facultad, además se estableció un sistema mayoritario que pusiera término a la discusión de las iniciativas y acabara con el obstruccionismo, a la vez que se fijaron dietas a los parlamentarios.

Celebradas las elecciones, el presidente se encontró con una mayoría adicta pero en cambio poco disciplinada. La Unión Nacional, derrotada en las urnas, que había perdido el reducto del Senado, se dispuso a conspirar contra las reformas, no dudando en amparar sus actividades en una organización secreta denominada TEA (Tenacidad, Entusiamo y Abnegación), a la que consiguieron atraer al inspector general del ejército, el general Luis Altamirano. Los problemas no hacían sino acumularse.

La irrupción de los militares

La situación financiera del Estado comenzó a mostrarse altamente comprometida. En plena crisis económica, la aprobación del proyecto de ley por el que se establecían dietas a los parlamentarios provocó la indignación en una población que pasaba por dificultades. El descontento se extendió al ejército debido al atraso en el pago de haberes y en el aprovisionamiento de los cuarteles. Por vez primera en tres décadas las Fuerzas Armadas presionaron al poder civil. En la sesión del Senado en que se discutía la ley de

En esta fotografía, tomada con ocasión de un matrimonio familiar, Alessandri aparece rodeado, de izquierda a derecha, por Blanca Lyon Vial, Sofía Montes de Alessandri, Marta Alessandri Rodríguez y Olga Lyon Vial.

dietas, un grupo de jóvenes oficiales exteriorizó su oposición aplaudiendo a los impugnadores de la medida y cuando fueron conminados por el ministro de la Guerra a abandonar el recinto, lo hicieron golpeando los sables contra el suelo en señal de desafío. Alessandri reaccionó consultando al Ejército el estado de opinión y se inclinó por un acuerdo que permitiera conocer las demandas de la oficialidad para trasladarlas al Congreso, prometiendo cerrar éste si no daba su respaldo a las medidas. El poder civil comenzaba a ceder. Los jóvenes oficiales, liderados por el comandante Carlos Ibáñez del Campo, crearon una Junta Militar y Naval y se entrevistaron con el presidente el 5 de septiembre para darle traslado de sus exigencias.

De Balmaceda al ocaso del ibañismo

El general Luis Altamirano, cabeza de la intervención militar de septiembre de 1924, presidió la Junta de Gobierno que disolvió el Congreso y reemplazó a Alessandri. Las divisiones existentes en las Fuerzas Armadas no tardaron en aflorar con la «revolución de enero» de 1925.

Dimisión de Alessandri

Alessandri aceptó casi todas las demandas pero resistió, sin éxito, la destitución de los miembros del gobierno. Comenzó cesando al ministro de la Guerra y terminaron dimitiendo todos. El presidente designó entonces ministro del Interior a Luis Altamirano y aceptó que éste nombrara a otros dos generales para los puestos de Guerra y Hacienda. El Congreso, conminado por el «ruido de sables» instalado en el poder ejecutivo, aprobó cuantas medidas habían sido negociadas con la presidencia, entre las que se incluía la jornada de ocho horas, la supresión del trabajo infantil, la reglamentación del contrato colectivo, la ley de accidentes de trabajo y de seguro y la legalización de actividades sindicales.

A medida que veía cumplidas sus peticiones, la Junta Militar y Naval se iba reafirmando. Conseguidos sus objetivos corporativos, los militares reclamaron la disolución del Parlamento y la depuración política y administrativa del Estado. En esa tesitura, Alessandri dimitió y se asiló en la legación de Estados Unidos. El Senado rechazó la renuncia y concedió al presidente una licencia de seis meses pero éste tomó el camino del exilio. Se inauguraba de esta forma un curioso procedimiento por el que las renuncias presidenciales quedaban encubiertas por permisos otorgados por el Parlamento; en un futuro próximo se acudiría con rara frecuencia a emplearlo. Altamirano creó una Junta Militar de gobierno para asumir la dirección del país y el 12 de septiembre de 1924 cerró el Congreso y reconoció la dimisión del presidente.

La vuelta de Alessandri

Las primeras decisiones de la Junta pusieron en evidencia su orientación cercana a la Unión Nacional, lo cual no se correspondía con el movimiento predominante entre los militares que habían integrado la comisión que presionó al presidente.

La Junta presidida por Altamirano, después de relegar a los oficiales que habían protagonizado el movimiento anterior, convocó elecciones presidenciales y parlamentarias para mayo de 1925. La Alianza y los oficiales jóvenes reclamaron la reposición de Alessandri mientras los elementos conservadores, agrupados en una Unión Patriótica, comenzaron la campaña en favor de Ladislao Errázuriz.

Antes de la celebración de los comicios la división de las Fuerzas Armadas afloró a la superficie y se tradujo en el golpe del 23 de enero de 1925, la llamada «revolución de enero», llevado a cabo bajo la dirección de Ibáñez del Campo y del también comandante Marmaduke Grove Vallejo y en el transcurso del cual se apoderaron del palacio presidencial. La nueva Junta, presidida por Emilio Bello Codecido, decidió llamar a Alessandri, exiliado en Italia. El presidente reasumió sus funciones el 20 de marzo.

El golpe de Estado de septiembre de 1924 había señalado el final de la reorientación del régimen oligárquico emprendida en 1920 con la presidencia de Alessandri, con una apertura hacia las clases medias que permitiera ampliar su base. Los episodios de enero de 1925 mostraron también la división de las Fuerzas Armadas. En ambos casos, el Ejército manifestaba voluntad de intervención. Faltaba saber si se respetaría el marco constitucional y el orden civil.

Populismo y militarismo

Alessandri creó el Banco Central (a la izquierda), concediéndole el privilegio exclusivo de emisión y regulación del crédito.

Junto a estas líneas, Ibáñez del Campo, que participó en los pronunciamientos de 1925 que derrocaron a la junta presidida por Altamirano.

Alessandri aprovechó su regreso para emprender una reforma profunda del sistema político. Sin Congreso ni aparente oposición, elaboró una nueva carta constitucional a través de una comisión designada por él y la sometió a plebiscito de la nación el 30 agosto de 1925.

La Constitución de 1925 adoptaba un nítido presidencialismo, suprimía la responsabilidad del gobierno ante el Congreso y le otorgaba iniciativa legislativa, declaraba incompatible ser ministro y diputado, establecía la votación directa para la elección presidencial, creaba un tribunal electoral, determinaba plazos a la aprobación de los presupuestos y ampliaba a seis años el mandato presidencial. La ley confirmaba la separación entre la Iglesia y el Estado. La Constitución adoptaba una perspectiva reformista en lo político y lo social, reconociendo la función social de la propiedad y el derecho a la protección laboral y a la salud. En suma, se accedía a un presidencialismo de nuevo tipo. Tanto los radicales como los conservadores, por diferentes motivos, defendieron la abstención en la consulta popular. Los primeros eran partidarios de mantener el régimen parlamentario y los segundos rechazaban la caracterización del Estado laico y las concesiones sociales. Una minoría del cuerpo electoral ratificó el nuevo texto constitucional.

Los últimos meses de la presidencia de Alessandri —su mandato concluía en diciembre— fueron intensos en iniciativas y problemas. Creó el impuesto sobre la renta, introdujo proporcionalidad en las elecciones y negoció con el norteamericano Edwin Kemmerer un cambio en las relaciones con Estados Unidos. Quedaba por resolver la cuestión de la sucesión en la primera magistratura cuando sus poderes acababan de ser reforzados.

Segunda dimisión de Alessandri

En 1924 el Ejército se había convertido en árbitro de la situación política. Había conseguido imponer su programa, destituir y reponer al presidente. Después del golpe de enero, el entonces coronel Carlos Ibáñez pasó a ocupar un puesto clave. A su retorno, Alessandri lo mantuvo como ministro de Interior y después lo pasó a Guerra, sin que se atreviera a prescindir de quien había sido uno de los principales promotores de los golpes de 1924 y 1925 que le habían apartado del poder para devolvérselo después. Ibáñez había dirigido la Academia de Caballería. Carecía de antecedentes políticos y el móvil de sus acciones lo enmascaraba en el patriotismo, las dificultades por las que pasaba la nación y el sentido antipopular de la oligarquía tradicional.

De Balmaceda al ocaso del ibañismo

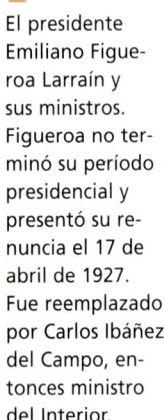

El presidente Emiliano Figueroa Larraín y sus ministros. Figueroa no terminó su período presidencial y presentó su renuncia el 17 de abril de 1927. Fue reemplazado por Carlos Ibáñez del Campo, entonces ministro del Interior.

A medida que se acercaba el momento de la designación de candidato a las elecciones presidenciales, Ibáñez iba ganando influencia y cuando algunos militares y ciertos elementos civiles le propusieron para el cargo aceptó la invitación. Siguiendo los hábitos establecidos, Alessandri le solicitó que abandonara el gobierno de modo que éste mantuviera la independencia ante los próximos comicios, pero Ibáñez no halló motivo de incompatibilidad y no abandonó el puesto que le permitía ejercer el control sobre ejército. El conflicto entre poderes volvía a comprometer la estabilidad política del país. El 1 de octubre el presidente nombró ministro de Interior con facultades de primer ministro a Luis Barros Borgoño, quien fuera candidato presidencial en 1920 por la Unión Nacional, con la pretensión de frenar toda ambición militarista. Un día después Alessandri presentaba la renuncia.

Emiliano Figueroa Larraín

La actuación del presidente dos veces dimisionario sirvió de revulsivo a la situación y cumplió parcialmente su objetivo. Ibáñez anunció que retiraría su candidatura si los partidos alcanzaban un acuerdo para presentar un aspirante único. Las principales fuerzas con representación parlamentaria optaron por Emiliano Figueroa Larraín (1866-1931), elevado a la presidencia en las elecciones que tuvieron lugar el 24 de octubre. La pauta de la complejidad de la situación la ofreció la existencia de una candidatura alternativa, que sin recursos ni tiempo, en nombre de una Unión Social Republicana de Asalariados presentó al ex ministro de Higiene José Santos Sala y obtuvo cerca del 30 por ciento de los votos.

Figueroa Larraín, hombre de elevada edad y fruto de un compromiso que esperaba evitar el predominio castrense, no tardó en someterse al Comité Militar y aceptó que Ibáñez continuara como ministro de Guerra a la vez que actuaba de verdadero ministro de Interior, pues empleaba sus esfuerzos en neutralizar a la oposición dirigiendo la represión contra los líderes obreros y de la izquierda política. Sin duda se había convertido en el hombre fuerte del país y no tardó en ponerlo de manifiesto.

En febrero de 1927, Ibáñez forzó la caída del ministro de Interior y su nombramiento para reemplazarle. En el nuevo cometido y dentro de su plan de depuración de las instituciones que manifestaban alguna hostilidad a sus disposiciones, reclamó la destitución del presidente de la Corte Suprema, a la sazón el hermano del presidente de la República. Figueroa se negó a acatar esa exigencia y en abril renunció al cargo cuando no se había cumplido año y medio desde su elección. El nuevo ministro de Interior asumió la vicepresidencia y con ella el poder interino. Pero en los cuarenta y cinco días de mandato, Ibáñez reorganizó la policía con la creación del Cuerpo de Carabineros y practicó una reforma universitaria destinada a restarle autonomía.

El gobierno de Ibáñez del Campo

Ante las perspectivas de elecciones presidenciales, José Santos Salas postuló la candidatura de Carlos Ibáñez (1877-1960), que se presentó como candidato único con el respaldo activo de su gobierno. Obtuvo el 97 por ciento de los votos. El populismo civil de Alessandri, de pretensiones regeneradoras y tolerante con las fuerzas populares, aunque severo en el mantenimiento del orden público, fue reemplazado por un populismo igualmente regenerador, de raíz militar, de carácter providencial, autoritario y marcadamente contrario a las organizaciones sindicales y políticas de la izquierda obrera y democrática.

El exilio y las detenciones se convirtieron en elementos disuasorios de la nueva política. Los agentes de seguridad pasaron a vigilar los movimientos de los líderes políticos. El Congreso se convirtió en una referencia marginal sin incidencia en la política nacional. La censura de prensa limitó el derecho constitucional. La depuración en la magistratura, el Ejército y la Armada pretendía erradicar la corrupción pero tuvo también connotaciones políticas.

Desde tales supuestos, el primer gobierno de Ibáñez del Campo acometió un amplio plan de reformas administrativas y económicas. Disponía para ello de una coyuntura económica favorable que comportó prosperidad en los negocios. Las obras públicas, financiadas por los numerosos empréstitos con el extranjero, en gran medida estadounidenses, y la educación se convirtie-

> **EL CRACK DE 1929**
>
> La prosperidad de Chile estaba basada en la exportación de sus recursos naturales, nitratos y cobre en primer lugar. La explotación de la minería y la dotación de servicios habían atraído cuantiosos capitales exteriores, tanto más notables cuanto mayor era la demanda externa.
>
> En 1929 la situación económica chilena se desplomó. La crisis mundial significó el final de un modelo de crecimiento. El crédito internacional desapareció y la demanda de mineral cayó arrastrando consigo a todo el sistema productivo y comercial del país. El desempleo creció en forma vertiginosa. Al sobrevenir la depresión, el populismo autoritario comenzó a deslizarse hacia la dictadura y se acrecentó el sentido represivo del régimen, al mismo tiempo que se suspendían las realizaciones de mayor proyección popular, imposibles ahora de financiar

ron en objetivo prioritario. La construcción de escuelas, carreteras, puertos y edificios públicos alcanzó un nivel notable en los años prósperos, entre 1925 y 1929. Se reguló la legislación laboral, se propició un asistencialismo estatal y se promovieron reformas de carácter paternalista. La reforma tributaria mejoró el nivel de ingresos de la Hacienda. Un populismo, en suma, respaldado por el Ejército y sin apenas protagonismo partidista, al precio de reducir las garantías y de perseguir a los opositores.

Ibáñez del Campo negoció con Perú y Bolivia el tratado de Lima, que ponía fin al contencioso de la guerra del Pacífico. El acuerdo de 1929 permitía que Tacna volviese a Perú y que Arica se integrara definitivamente en Chile a cambio de una compensación económica de seis millones de dólares. Los elementos ultrapatrióticos reprocharon al presidente que hubiera cedido parte del territorio incorporado en 1883.

De Balmaceda al ocaso del ibañismo

Los efectos de la crisis de 1929

Con la caída vertiginosa de la economía chilena a partir de la crisis de 1929, el malestar fue en aumento. Ante las elecciones parlamentarias de 1930 el presidente instó a los partidos a acordar entre ellos candidatos únicos para cada distrito, de modo que los comicios no tuvieron lugar; los partidos aceptaron la presión.

El gobierno trató de reducir los efectos de la crisis creando la Compañía de Salitres de Chile (Cosach) y suprimiendo los derechos de exportación. La medida, que en otras circunstancias hubiera servido para reducir el precio de la materia, únicamente sirvió para eliminar ingresos fiscales, agravando los problemas de la Hacienda Pública. Precisamente la dimisión del ministro de Hacienda en julio de 1931, cuando el pago de la deuda externa fue suspendido y en contrapartida quedaron en suspenso todos los empréstitos al país, puso de relieve las dificultades del régimen para sobrevivir. La amenaza de bancarrota se presentaba como una posibilidad real.

El reajuste de gobierno dio entrada a varios ministros de procedencia liberal que apenas días después presentaban la dimisión. Designado un nuevo ministerio «ibañista», la oposición se lanzó a una huelga nacional en medio de disposiciones violentas contra la población. Al generalizarse y radicalizarse la protesta iniciada el 22 de julio por los estudiantes universitarios, el gobierno dimitió y el 26 de julio de 1931 Ibáñez presentó la renuncia y cedió el poder al presidente del Senado, Pedro Opazo Letelier, quien designó como ministro del Interior y jefe de gobierno al radical Juan Esteban Montero.

Mientras Ibáñez huía a Argentina se convocaron elecciones para octubre. La ejecución del decreto por el que se reducían los sueldos de los funcionarios civiles y militares a la mitad tuvo entre otros efectos una sublevación de la Armada en septiembre de 1931, rápidamente sofocada por la Aviación y el Ejército de tierra.

Presidencia de Montero

En las elecciones presidenciales de 1931 se enfrentaron Juan Esteban Montero (1879-1948) y Arturo Alessandri, además de los candidatos con menores opciones, socialista y comunista. La victoria por amplia mayoría fue para Montero, pero la situación no dejó de empeorar. Se suspendió la conversión de billetes del Banco Central, se redujo el número de funcionarios y se estableció el racionamiento de carburante. El desempleo no cesó de crecer y las críticas al nuevo gobierno fueron en aumento. La crisis acabó produciendo la caída de los precios agrícolas y de la producción de bienes de consumo. Las medidas proteccionistas adoptadas para defender la industria nacional no resolvieron el problema y encarecieron el nivel de vida. El deterioro de las clases medias fue galopante.

La caída libre de la exportación del salitre y el cobre trató de frenarse, reduciendo los cupos exportadores y concertando acuerdos con otros países para establecer un control internacional de precios. La cuestión no fue tan sencilla esta vez, ya que los sectores mineros eran propiedad extranjera. En el caso de la minería la baja de los precios fue más acusada que la producción. Así, la exportación de cobre se redujo a casi la tercera parte y los precios cayeron más del 70 por ciento.

El descontento originado por la crisis económica hizo salir a la calle a los estudiantes, profesionales y empleados, para exigir la renuncia de Ibáñez del Campo. El presidente optó por la represión pero finalmente decidió abandonar el país.

La capacidad importadora del país cayó un 65 por ciento. La emisión monetaria con la que se quiso paliar la ausencia de crédito no hizo sino profundizar el proceso inflacionario. La evolución de la economía chilena después de la crisis de 1929 se pone de manifiesto observando algunas cifras. La exportación de salitre pasó de 3 233 321 toneladas en 1929 a 437 655 en 1933; el cobre pasó de 321 000 toneladas en 1929 a 103 000 en 1932. La disminución del comercio chileno fue drástica: entre 1930 y 1934 perdió el 80 por ciento de sus intercambios exteriores.

De la república socialista al autoritarismo conservador

El retorno al conservadurismo en plena crisis económica fue interrumpido por el Ejército. El 4 de junio de 1932 un levantamiento militar liderado por la Aviación provocaba la renuncia del presidente y la proclamación de una república socialista. El coronel Marmaduke Grove, comodoro del Aire y promotor, en su día, con Ibáñez del Campo del levantamiento de 1924, desempeñó un papel clave en la insurrección y en su orientación política, pero cedió el poder a una Junta formada por Eugenio Matte, Carlos Dávila (ibañista) y el general Arturo Puga.

La Junta decretó la disolución del Congreso designado fraudulentamente por Ibáñez en 1930, concedió una amnistía a los marinos sublevados en 1931, concedió el cogobierno a la universidad y readmitió a los estudiantes expulsados, propuso la nacionalización de la minería y la reforma agraria, decretó el control del comercio exterior, creó el impuesto sobre renta territorial, estableció comedores sociales para desempleados y organizó la concesión de créditos a pequeños propietarios, entre otras medidas de choque.

Los sectores económicos que se consideraron amenazados promovieron un contragolpe. El día 13 de junio dimitió Dávila tras acusar de comunistas a sus compañeros y el 16 un golpe destituyó a la Junta y dio lugar a otra presidida por el mismo Dávila, convertido en presidente provisional en julio, una vez que renunciaron sus compañeros. La equívoca «república socialista» había durado apenas doce días.

La interinidad que se abría no fue obstáculo para que Dávila pretendiera consolidarse en la presidencia y en los cien días en que mantuvo su dictadura se adoptaran medidas tendientes a regular la deuda y el abastecimiento de la población a precios razonables. La línea de gobierno adoptada abundaba en la visión intervencionista

y corporativa inaugurada por Ibáñez, quien pudo regresar del exilio pero al que no se entregó el poder. Se creó un Consejo de Economía Nacional, de carácter exclusivamente asesor y un Comisariado General de Subsistencias y Precios. Estas disposiciones demostraron una escasa eficacia. El intento de reformar la Constitución mediante la convocatoria de una Asamblea Constituyente se saldó con un nuevo movimiento militar promovido por el cuerpo de Aviación. El general Bartolomé Blanche asumió el poder, mientras Dávila se exiliaba en Estados Unidos.

El 30 de octubre de 1932 tuvieron lugar las elecciones presidenciales y parlamentarias bajo control militar. Frente al candidato progresista, Marmaduke Grove, la derecha y el centro lleva-

Juan Esteban Montero y su gabinete en 1931. El gobierno llegado al poder a finales de ese año duró pocos meses, hundido bajo los efectos de la crisis económica. Fue derrocado por el coronel Marmaduke Grove, quien instauró en Chile la efímera «república socialista».

De Balmaceda al ocaso del ibañismo

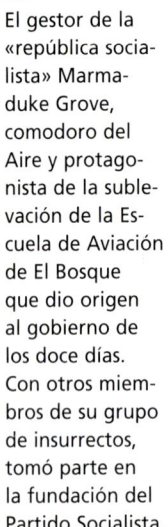

El gestor de la «república socialista» Marmaduke Grove, comodoro del Aire y protagonista de la sublevación de la Escuela de Aviación de El Bosque que dio origen al gobierno de los doce días. Con otros miembros de su grupo de insurrectos, tomó parte en la fundación del Partido Socialista.

ron a la presidencia a Arturo Alessandri Palma. Después de la accidentada etapa política vivida en Chile desde 1924, con cinco levantamientos militares, cuatro presidentes electos y seis más *de facto*, Alessandri representaba el retorno a la normalidad constitucional y la posibilidad de desarrollar la Constitución de 1925, aceptada ahora por el conservadurismo como una opción de contención a la fragmentación parlamentaria y al ascenso de los movimientos sociales, aun en medio de grandes tensiones como las que sacudieron el país en la década de 1930. Para crear una amplia base favorable a sus propuestas, promovió un gobierno civil de coalición entre liberales y radicales.

Esta vez las clases populares y los trabajadores en particular se mostraron críticos con el veterano populista en medio de una crisis para la que no se atisbaba salida. A los cuatro meses de acceder al poder, reclamó y obtuvo del Congreso facultades extraordinarias para suspender la Constitución medio año durante el cual se vigiló cualquier trama militar e ibañista a fin de acabar con toda tentación insurreccional. Pero se concedió además gran protagonismo a la Milicia Republicana, que con cincuenta mil alistados se convirtió en un formidable cuerpo paramilitar destinado a reprimir los brotes izquierdistas y las manifestaciones obreras.

La evolución del mercado mundial condujo en 1934 a disolver la Cosach y reemplazarla por la Corporación de Ventas de Salitre y Yodo, que intervendría asociada a las empresas privadas en la comercialización; el salitre quedó eximido de tributación y los beneficios estatales de la Corporación quedaron asignados a la deuda externa. Se pudo así reanudar el pago suspendido cuatro años antes. La creación de una Caja de Amortización a la que se asignaron determinados recursos vino a completar el plan de recuperación del crédito exterior.

Siguiendo con la intervención estatal en la economía, se creó una Comisión de Control de Cambios que ejerció la supervisión del movimiento de divisas y estableció una preferencia en el destino de las mismas. Las medidas fiscales inauguradas a comienzos de la década y la estabilización del mercado exterior posibilitaron la introducción de políticas keynesianas similares a las imperantes en Estados Unidos, basadas en la inversión pública en obras e infraestructuras, de modo que se generase empleo y se mejoraran los servicios e instalaciones del país. Escuelas, hospitales, carreteras, etcétera, se levantaron en municipios y ciudades.

Recuperación económica y control social

La recuperación económica empezó a dar algunos frutos. El crecimiento entre 1932 y 1939 llegó a ser del 25 por ciento, inferior sin embargo a la media latinoamericana, lo que se ha señalado como un rasgo distintivo de las economías mineras, en las que la reactivación resulta más

La Milicia Republicana, compuesta por jóvenes universitarios y profesionales, actuó como una organización paramilitar dedicada en sus orígenes a defender el orden constitucional y evitar nuevas asonadas de las Fuerzas Armadas.

Durante el segundo mandato de Alessandri se legitimó el gobierno civil y la democracia liberal. Entre otras reformas políticas, en 1934 se concedió a la mujer el voto en las elecciones municipales. En la imagen central, cartel de propaganda electoral para las municipales de ese año.

lenta que en las economías agroexportadoras. La mejora de resultados no fue acompañada por un descenso de los precios de los productos de primera necesidad. Entre 1929 y 1939 el costo de la vida se incrementó un 71 por ciento. La carestía y el autoritarismo fueron haciendo impopular la presidencia.

Alessandri mantuvo la actitud favorable a Estados Unidos inaugurada en la etapa de Ibáñez del Campo, tendiente a propiciar las inversiones exteriores. De la reordenación del sector minero como consecuencia de la crisis y de la baja de precios surgió una situación en la que el capital norteamericano vio reforzada su posición en la industria nacional.

Junto a las mencionadas medidas económicas se adoptaron reformas políticas, como la concesión de sufragio femenino en los comicios municipales en 1934, y se promulgaron nuevas leyes sociales, entre las que destacan la de salario mínimo y la de medicina preventiva (1938).

A los dos años de establecerse, el gobierno había conseguido asentarse y controlar la situación, aunque los indicios de conflictividad, acallados con el empleo de la milicia y el Ejército, revelaban un creciente malestar fruto de las dificultades por las que atravesaban numerosos sectores de la sociedad. Un motín de mineros en Huaquín en 1934 acabó en actos violentos y asaltos a propiedades; su aplastamiento por las Fuerzas Armadas dejó un saldo de casi doscientas víctimas y protestas generalizadas en medios de la oposición.

El reformismo se combinaba con una orientación conservadora, muy distinta de la adoptada en el primer mandato presidencial de Alessandri. En ello influía el cambio en el talante del presidente pero también el cambio producido en las condiciones que caracterizaban el momento social, con una agitación que hacía temer a las clases conservadoras por la seguridad de su posición. Desde el comienzo de su nueva presidencia cada vez parecía más claro que Alessandri había optado por reforzar la hegemonía de la oligarquía posponiendo las demandas de las capas medias de las que entre 1920 y 1924 había sido portavoz

Reformas y alternativas

El creciente derechismo de Alessandri y lo que se denunció como contemporización ante las ideas fascistas llevaron a los radicales a abandonar el gobierno en 1934. El problema social propiciaba la aproximación entre el Partido Liberal y los conservadores de la Alianza. En política exterior, el gobierno estrechó lazos con la Alemania de Hitler, a la vez que la influyente colonia alemana de Chile no ocultaba sus simpatías hacia los nazis. El panorama se tornaba cada vez más complejo.

El clima de crisis económica, el malestar de las clases medias y una polarización política similar a la de otros países, más semejante a la europea que a la del resto del continente, alentó la formación de nuevos partidos imbuidos de ideas nacionalistas y de extrema derecha. Sólo en 1932 se crearon tres partidos de corte fascista. El grupo más significativo fue el Movimiento Nacional Socialista de Chile, una entidad de simpatías nazis dirigida por Jorge González von Marées, quien creó brigadas uniformadas que protagonizaron numerosos actos violentos en contra de organizaciones de la izquierda y del resto de los partidos. En 1938 se transformó en Vanguardia Socialista Popular, llegando a reunir más de doce mil simpatizantes. En 1935 se fundó Acción Nacional, una agrupación de corte autoritario integrada por elementos procedentes de la Milicia Republicana. En 1937 se fusionó con otros grupos en la Acción Republicana. En las elecciones de ese año los grupos fascistas consiguieron dos escaños en la Cámara de Diputados. El ascenso de las opciones autoritarias fue manifiesto cuando en 1938 los sectores jóvenes del Partido Conservador se separaron para crear la Falange Nacional. En febrero de 1937 se aprobó la ley de Seguridad Interior del Estado destinada a ampliar el control del orden público mediante mecanismos represivos.

El Frente Popular

Ante la orientación que adoptaba la política gubernamental, los radicales, identificados plenamente con las demandas de las clases medias y que ya en 1931 habían sufrido una escisión (el Partido Radical Socialista) por su indefinición, buscaron la consolidación del orden democráti-

Desde su creación, en 1933, el Partido Socialista representó a las clases medias, cuya preponderancia fue paralela a la pérdida de poder que sufrió la oligarquía. En la imagen, los socialistas desfilando en la Marcha de la Libertad de 1937.

co y la práctica de reformas estableciendo una alianza con otros partidos centristas y con las fuerzas obreras moderadas.

En 1933 se había creado el Partido Socialista sobre la base del grupo insurreccional de Grove, que protagonizó el gobierno de los doce días, y de formaciones menores. Al margen de su origen, la línea que adoptó fue de tipo reformista y asumió el procedimiento electoral; en los primeros años practicó un populismo anticomunista que le llevó a frecuentes divergencias con este partido. En 1934 el Partido Socialista creó un Bloque de Izquierdas al que dos años más tarde se incorporó el Partido Radical.

Los comunistas, siguiendo la estrategia adoptada por el Komintern, comenzaron a reclamar un Frente Popular similar a los establecidos en Europa, para frenar el auge del fascismo y de las opciones autoritarias vinculadas en Chile a las esferas del gobierno. En 1937 se creó el Frente Popular con el respaldo de los partidos Radical, Demócratico, Radical Socialista, Socialista y Comunista, y de la Confederación de Trabajadores de Chile, el sindicato fundado en 1936 que pronto alcanzó la cifra de trescientos mil afiliados. Trabajadores, empleados, comerciantes, pero también hacendados del sur afines a los radicales, constituyeron su base social.

En las elecciones parlamentarias de 1937 el Frente Popular se acercó a la mayoría absoluta en el Congreso de Diputados, al conseguir 66 de los 125 escaños; en el Senado obtuvo 10 de los 25 puestos. La tendencia del voto se vio confirmada en los comicios municipales celebrados un año después, cuando el Frente Popular ganó en las grandes ciudades y centros provinciales.

A medida que se acercaban las elecciones presidenciales de 1938 el clima de confrontación iba en aumento. El temor ante un previsible triunfo de la izquierda hizo que la actividad de la extrema derecha fuera en aumento y que sus acciones contaran con la benevolencia o el respaldo de sectores tradicionales de la derecha. Las milicias se empleaban contra dirigentes opositores y los desórdenes a que daban lugar servían de pretexto a las autoridades para intervenir y desarticular el movimiento sindical.

La derecha, con el respaldo inicial de la Alianza popular libertadora, definida como ibañista a la vez que incluía un notable número de fascistas, presentó a Gustavo Ross. Ibáñez del Campo se convirtió también en candidato y recibió el respaldo de los nacionalsocialistas. El aspirante por el Frente Popular fue el radical Pedro Aguirre Cerda.

Sectores del Ejército se inclinaron por un golpe de Estado, rechazado tanto desde la Iglesia como desde la embajada estadounidense, que adivinaba en sus instigadores evidentes inclinaciones totalitarias. El 5 de septiembre tuvo lugar, sin embargo, un sangriento motín promovido por elementos nacionalsocialistas que se apoderaron de la Caja del Seguro Obrero, del edificio principal de la universidad y de diferentes emisoras de radio con la finalidad última de precipitar el derrocamiento del presidente y evitar las elecciones. El intercambio de disparos con el Ejército y los Carabineros terminó con el aplastamiento de la sublevación y el fusilamiento de los detenidos. Después de este trágico suceso, Ibáñez retiró su candidatura y reclamó el voto para el Frente Popular.

Promovido por el Partido Nacional Socialista, tuvo lugar el sangriento motín de la Caja del Seguro Obrero, en el que perdieron la vida 63 de sus miembros. El fin perseguido por los amotinados era provocar la caída de Alessandri e impedir las elecciones de 1938.

De Balmaceda al ocaso del ibañismo

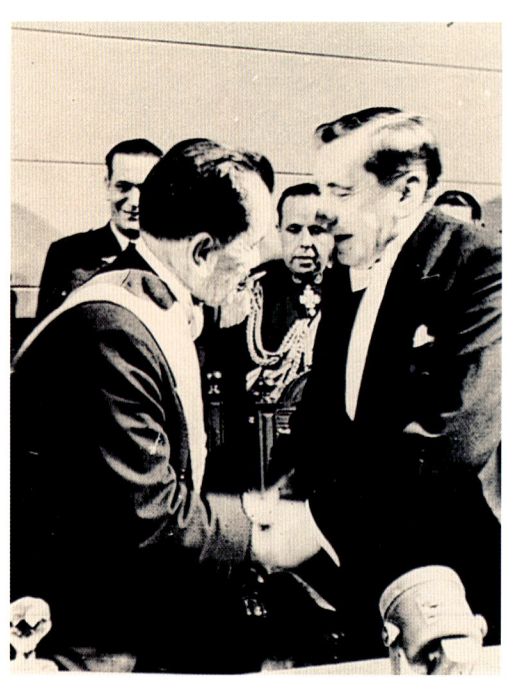

Pedro Aguirre Cerda, en la transmisión del mando presidencial, el 24 de diciembre de 1938. Con el gobierno del Frente Popular se inició en Chile un largo período de estabilidad política, en que el Partido Radical ejerció un papel preponderante.

El gobierno de Pedro Aguirre Cerda

El triunfo del Frente Popular en las elecciones del 25 de octubre de 1938 se produjo por estrecho margen, en torno al 50 por ciento de los sufragios. Por primera vez pudo considerarse desterrado el fraude electoral de los núcleos urbanos. Si bien en las grandes ciudades ganó la derecha, Aguirre Cerda consiguió amplia mayoría en las ciudades medias y en las zonas mineras. El programa del Frente no se inclinaba por transformaciones profundas de ningún tipo. Antes bien, declaraba la defensa de la democracia y de las libertades recortadas por la presidencia anterior, abogaba por la planificación, manifestaba la voluntad de ejercer cierto control sobre los monopolios extranjeros, defendía el desarrollo industrial y la necesidad de ampliar la legislación laboral, educativa y sanitaria.

Aguirre Cerda (1879-1941) había sido ministro de Instrucción Nacional con el presidente Juan Luis Sanfuentes y primer ministro del Interior de Alessandri en 1920; en calidad de tal, había promovido las reformas sociales destinadas a paliar los efectos de la depresión de comienzos de aquella década. Opuesto al gobierno dictatorial de Ibáñez, Aguirre Cerda se convirtió en el primero de una serie de presidentes radicales elegidos con el apoyo obrero. Su gobierno se organizó con cinco ministros radicales, tres socialistas, dos demócratas y un independiente, dejando fuera a los comunistas. Una de las primeras medidas adoptadas consistió en la excarcelación de los presos políticos.

Si el país había dado muestras de inclinarse hacia la izquierda, el Parlamento seguía en manos de la oposición y veía reforzado su número con el apoyo de algunos diputados de la derecha radical. Esa correlación de fuerzas hizo que el Congreso rechazara la legalización de los sindicatos de arrendatarios y asalariados rurales.

La inflación y la carestía seguían siendo los principales problemas. La negociación colectiva y la presión sindical a través de la huelga empujaron al alza los salarios motivando a su vez la profundización en la pendiente inflacionaria.

El gobierno llevó adelante un ambicioso plan de educación que supuso la creación de más de mil escuelas de enseñanza primaria, la reforma de la universidad y el desarrollo de la instrucción técnico industrial. La mejora del seguro obligatorio y el plan sanitario consiguieron elevar las condiciones de vida, pero todavía en esas fechas la mortalidad infantil en Chile era de 170 por mil y se situaba entre las más altas de América. Bajo el mandato de Aguirre Cerda se fijaron en 1940 los límites de la Antártica Chilena.

El inicio de la Segunda Guerra Mundial volvió a incidir sobre la situación interna. Las relaciones con Europa se hicieron más difíciles pero Chile mantuvo su neutralidad durante toda la contienda. Fue también una época favorable para impulsar las manufacturas nacionales. El gobierno las propició facilitando infraestructuras y avalando créditos a la empresa.

Las primeras diferencias internas de importancia en el Frente Popular se pusieron de manifiesto a finales de 1940, cuando el Partido Socialista, liderado ahora por Oscar Schnake, se retiró del gobierno. Las diferencias con los co-

LA CREACIÓN DE LA CORFO

Cuando apenas había asumido el gobierno Aguirre Cerda, un terremoto asoló la región entre Talca y el Biobío. Este desastre natural arrasó ciudades y amplias zonas de cultivo, dejando un elevado número de víctimas. La destrucción comprometió la acción de gobierno y condicionó buena parte de los proyectos. De inmediato hubo que crear la Corporación de Reconstrucción y Auxilio y la Corporación de Fomento de la Producción (Corfo), con la que el gobierno buscó promover la electrificación, el desarrollo siderúrgico y la fabricación nacional. Las obras abarcaron también la construcción de canales de regadío y en el plan agrario aprobado se incluyó la importación de ganado de razas mejoradas así como la creación de mataderos frigoríficos ■

La ciudad de Chillán, totalmente destruida por el terremoto del 24 de enero de 1939, que devastó cuatro provincias.

munistas por la dirección de la central sindical estuvo en la base de la ruptura. Ello no fue obstáculo para que en las elecciones parlamentarias de 1941 el Frente obtuviera mayoría absoluta. El camino de las reformas sociales parecía despejarse cuando el 23 de noviembre de ese año falleció inesperadamente Aguirre Cerda.

Ríos y González Videla

Ibáñez del Campo, cuyos partidarios no habían dejado de conspirar, se apresuró a presentar su candidatura haciendo gala de un discurso abiertamente autoritario. Las fuerzas gubernamentales se agruparon en una Alianza Democrática y presentaron a Juan Antonio Ríos (1888-1946), que a diferencia de Aguirre Cerda procedía de la derecha de Partido Radical. La contención del extremismo autoritario obligaba a la izquierda a adoptar una actitud claramente defensiva. El 1 de febrero de 1942 Juan Antonio Ríos se convirtió en el nuevo presidente y prescindió de la aritmética parlamentaria para constituir un gobierno técnico con personas afines. Decidido a impulsar una política industrializadora, buscó la colaboración estadounidense y su gobierno promovió la creación de la Empresa Nacional de Petróleos, la empresa Nacional de Electricidad y la Compañía de Acero del Pacífico. Después de un viaje por el exterior y con la salud quebrantada, falleció en junio de 1946. Por segunda vez consecutiva el mandato de un presidente radical se veía interrumpido por la muerte de su titular.

Gabriel González Videla gobernó al principio con los partidos de izquierda que lo habían llevado a la presidencia, pero más tarde dio un giro político, declaró fuera de la ley al Partido Comunista y rompió relaciones con la Unión Soviética.

De Balmaceda al ocaso del ibañismo

Expresión acabada del caudillismo populista, Carlos Ibáñez del Campo tanto en sus discursos como en sus realizaciones admitía lecturas ambiguas, en las que sectores sociales muy distintos y con problemas opuestos proyectaban soluciones providenciales.

En septiembre de 1946 fue elegido presidente Gabriel González Videla, apoyado por una coalición de radicales y comunistas, si bien una vez en el poder buscó el apoyo parlamentario de los liberales. En estos comicios, por primera vez, el conservadurismo tradicional comenzó a dejar paso a otro socialcristiano. También fue la primera ocasión en la que tres comunistas entraron en el gobierno, si bien se reequilibró con ministros liberales en compensación al respaldo recibido en el Congreso. El programa de González Videla comprendía la nacionalización de dos líneas de ferrocarriles y la expropiación de algunos latifundios. Pero la derecha y la Acción Chilena Anticomunista denunciaron el carácter revolucionario que la presencia comunista añadía al gobierno.

El inicio de la guerra fría en 1947 rompió la frágil coalición entre radicales, liberales y comunistas. El posicionamiento presidencial facilitó además el acuerdo con los estadounidenses por el que se concedían ventajas arancelarias al cobre chileno y se otorgaban 25 millones de dólares para promover los planes de industrialización. El presidente favoreció además la iniciativa privada e invirtió en buena medida una tendencia inaugurada dos décadas antes. El considerable consumo de recursos públicos en el fomento de sectores estatales dejó finalmente a las empresas en manos de la oligarquía nacional, fortalecida y modernizada en ese proceso en el que había desempeñado un papel secundario.

La salida de los ministros comunistas del gobierno se produjo después de que éstos obtuvieran un destacado avance en las elecciones municipales de abril de 1947. González Videla formó un gabinete exclusivamente con radicales. La movilización sindical y política contra estas medidas y contra el creciente clima de hostilidad llevaron al presidente a formar un gobierno de unidad nacional que promulgó la ley de defensa permanente de la democracia con la que se ilegalizó en 1948 al Partido Comunista, que por entonces contaba con más de 26 000 afiliados que fueron eliminados de los registros electorales. La adopción de esta medida repercutió también en el resto de la izquierda. Los socialistas, que en 1946 habían adoptado una orientación marxista, se dividieron entre partidarios y contrarios a la ilegalización; estos últimos, liderados por el que fuera ministro de Sanidad con Aguirre Cerda, Salvador Allende, arrastraron consigo al sector más numeroso. El giro de 1947 quedó ratificado en las urnas en las elecciones parlamentarias de 1949, ganadas por una mayoría liberal conservadora, en las que, sin embargo, volvió a mostrarse la fuerza del populismo encabezado por Ibáñez del Campo, que salió elegido senador por Santiago.

Los ibañistas no habían renunciado a tomar el poder por cualquier medio. Asociados a la Acción Chilena Anticomunista y con elementos militares proclives, intentaron derribar al gobierno en 1948 y 1951 mediante sendas conjuras que fueron descubiertas. La oportunidad les llegó a través del voto popular en 1952.

La plataforma antipolítica

Carlos Ibáñez despertaba en el país las emociones más encontradas. La honestidad y la sobriedad personal, el carácter taciturno y autoritario, eran considerados valores contrapuestos a los de los políticos tradicionales. Recibía adhesiones de sectores populares y de capas medias. Sobre todo aspiraba a redimir a estas últimas en contra del poder cerrado de la oligarquía y de la agitación de los primeros. Tan pronto contaba con las simpatías de algún sector socialista o gremialista como era postulado para los más altos cargos por fuerzas de la extrema derecha. Siempre tenía a su favor elementos de las fuerzas armadas, bien por connivencia ideológica o porque veían en él un nacionalista regenerador.

El antiparlamentarismo del que Ibáñez hacía gala encontraba eco en quienes se consideraban abandonados por unos dirigentes políticos entregados a la retórica e incapaces de resolver las dificultades del país. Otra cosa iba a ser que con métodos distintos llegaran a resolverse los problemas. En su favor tenía las actuaciones de los primeros años de su anterior mandato, cuando la bonanza económica y los créditos internacionales inundaron el país de obras públicas. La población parecía olvidar los efectos de la deuda entonces contraída, la supresión de libertades y el modo en que acabó su presidencia.

En 1952 Carlos Ibáñez se convirtió en candidato de un conglomerado de fuerzas políticas encabezado por el Partido Democrático al que se sumaron facciones radicales y socialistas, grupos ibañistas diferentes entre sí, un partido agrario y el Partido Femenino que aspiraba a recoger el voto de la mujer, reconocido en 1949 y que por vez primera se tenía en cuenta en unas elecciones presidenciales. La plataforma antipolítica del candidato suponía la ruptura con las formaciones parlamentarias más sólidas y representativas de la opinión.

El segundo período de Ibáñez

Ibáñez salió elegido con el 47 por ciento de los votos. Su segundo período presidencial fue muy distinto del anterior. En primer lugar, y percibiendo los cambios que se habían producido en Chile y en el contexto internacional, se atuvo a lo dictado por la Constitución de 1925 e incluso derogó la ley de defensa permanente de la democracia dictada por su predecesor. Ibáñez pro-

Ibáñez del Campo rodeado de sus ministros, en 1952. La «escoba» para barrer a los políticos y eliminar la corrupción de la administración pública había sido el eslogan de su campaña, lema con el que logró el apoyo del electorado independiente.

puso la nacionalización de la minería y de la industria del cobre, y una reforma agraria que ampliase el mercado nacional y resolviese la cuestión de la tierra. Chile había experimentado desde finales del siglo XIX un proceso de concentración de la propiedad rural hasta el punto de que en 1955 el 89 por ciento de la tierra cultivable se concentraba en el nueve por ciento de las explotaciones agrarias; en contrapartida, el valle Central, proveedor de la ciudad de productos hortícolas, mantenía un minifundismo en ocasiones difícil de sostener.

Ninguna de estas reformas salieron adelante. La oposición del Congreso frenó casi todos sus proyectos y obligó a continuos cambios ministeriales ante el desencanto de sus seguidores que reclamaban medidas de fuerza si era preciso. Algunas disposiciones permiten cuestionar el alcance de las proclamadas intenciones antioligárquicas y su acérrimo nacionalismo. En 1955 introdujo un nuevo sistema tributario sobre el cobre destinado a primar la producción, mayoritariamente en manos extranjeras; las primas crecían conforme aumentaba la extracción de mineral de modo que el estímulo suponía invertir la proporcionalidad fiscal. Por otro lado, creó el salario mínimo campesino y un subsidio familiar, y prestó especial atención a las regiones agrarias y más abandonadas del país y a la promoción de viviendas.

El alza continua de los precios generó protestas y huelgas promovidas por una fortalecida Central Única de Trabajadores, creada en 1953. Ante los disturbios, Ibáñez no dudó en emplear la fuerza e incluso se avino a negociar con un grupo de jóvenes oficiales que habían formado un grupo, la Recta Vía, dispuesto a irrumpir en la vida pública para acallar la oposición social y parlamentaria. Esas conversaciones debieron interrumpirse súbitamente cuando la jerarquía militar las descubrió y juzgó inaceptable que se hubiera saltado la cadena de mando.

El declive del «ibañismo» fue parejo a la evolución del período presidencial. De los dos primeros años, llenos de iniciativas inaplicables y de una amplia reforma de las instituciones, con la creación de numerosos organismos, entre ellos un Ministerio de Minería, apenas fue quedando sino un repliegue a los intereses que se había propuesto combatir. La desilusión de sus partidarios explica la extinción del movimiento.

Los comicios de 1958 señalaron en ese sentido el final de una larga etapa de transición inaugurada en 1920, en la que los partidos formados en la república parlamentaria por lo general quedaron superados por nuevas situaciones. El triunfo del independiente Jorge Alessandri liderando a las derechas resulta indicativo, y no menos lo fue la formación de un frente de izquierda (Frente de Acción Popular) integrado por comunistas y socialistas, con Salvador Allende como candidato, o la irrupción de los democristianos de Eduardo Frei, mientras los radicales quedaban muy atrás en las preferencias electorales.

La
historia reciente

La historia reciente

Del Frente Democrático a la Unidad Popular

Tras fracasar en su gestión económica, el gobierno de Carlos Ibáñez del Campo fue sucedido por el del Frente Democrático, vencedor en las elecciones de 1958 e integrado por los partidos Conservador, Liberal y parte del Radical.

Las elecciones de 1958

El Frente Democrático llevaba como candidato a presidente a Jorge Alessandri Rodríguez (1896-1986), hijo del ex presidente Arturo Alessandri Palma. Con una larga trayectoria política, Alessandri Rodríguez superó por estrecho margen a Salvador Allende Gossens, socialista, quien encabezaba la lista del Frente de Acción Popular (FRAP), formado por los partidos Socialista de Chile, Democrático Nacional, Comunista, Socialista Popular, Democrático, y del Trabajo. Otros candidatos fueron Luis Bossay, por el Partido Radical, y Antonio Zamorano, el «cura de Catapilco», sacerdote católico que, se supone, fue apoyado por cierto sector del Partido Comunista, y su rol consistió en restarle votos a Allende.

El gobierno de Jorge Alessandri

El plan de gobierno de Alessandri (1958-1964), que apuntaba a detener el proceso inflacionario, estaba centrado en las siguientes medidas: expansión de la inversión en obras públicas, vivienda, agro e industria; incremento de la producción industrial; y política restrictiva de reajustes salariales. Para sustentar este programa se recurrió a créditos con el exterior, especial-

En la página opuesta, Patricio Aylwin toma posesión como presidente de la República en 1990.

Jorge Alessandri Rodríguez, candidato a la presidencia del país por el Frente Democrático, resultó triunfador en las elecciones de 1958. Abajo, Alessandri durante un mitin en la ciudad de Temuco, La Araucanía.

Resultado de las elecciones de 1958

Partido	votos	%
Frente Democrático (Jorge Alessandri Rodríguez)	389 909	31,6
FRAP (Salvador Allende Gossens)	356 493	28,9
Falange Nacional (Eduardo Frei Montalva)	255 769	20,7
Partido Radical (Luis Bossay)	192 077	15,5
Antonio Zamorano	41 304	3,3

Abstención: 274 552 votantes

La historia reciente

La viticultura, una de las principales actividades agrícolas en el país, formó parte de los sectores que experimentaron cambios a partir de la reforma agraria que se puso en marcha en 1962. En la fotografía, escena de viñedos de la época.

mente los promovidos en el marco de la «Alianza para el Progreso», impulsada por el presidente de Estados Unidos, John F. Kennedy.

En 1960 el gobierno creó el Ministerio de Economía, Fomento y Reconstrucción, que permitiría afrontar los desastres de los cataclismos sísmicos de ese mismo año, y cambió el signo monetario (de peso a escudo, equiparando este último al dólar), como parte de la política antiinflacionaria. Las dificultades en la balanza de pagos, el excesivo endeudamiento externo, producto de los créditos que financiaron gran parte de las obras gubernamentales, y el drástico descenso de las reservas de divisas (provocado no sólo por el citado cataclismo, sino también por el retiro de los depósitos de la empresa privada), llevaron al gobierno en 1962 a devaluar el escudo, en un esfuerzo por detener el alza inflacionaria que se había desatado el año anterior. Se tomaron medidas como aplicar una política de freno a la cesantía mediante la apertura de créditos a la industria en general y de estímulo a la industria pesquera del norte, con el fin de reimpulsar el puerto, pretendiendo de esta manera encauzar las bajas laborales producidas con el cierre de algunas de las oficinas salitreras. Además, se apoyó el desarrollo de la industria petro-

> **EL DÍA EN QUE CHILE SE ESTREMECIÓ**
>
> El día 21 de mayo de 1960, un terremoto de magnitud 7,25 (escala de Richter) y de intensidad 10 (escala de Mercali) asoló las provincias de Ñuble, Concepción y Arauco, con epicentro en Concepción.
>
> Horas después, un segundo terremoto seguido de maremoto, con epicentro en Valdivia, uno de los más fuertes del planeta en el siglo XX, que registró una magnitud de 8,75 e intensidad 11, amenazó con hacer desaparecer las provincias de Valdivia, Osorno y Chiloé. Como resultado, desaparecieron 342 personas y se hundieron aproximadamente dos metros bajo el nivel del mar varios cientos de kilómetros cuadrados de tierras agrícolas. La desaparición del desagüe natural del lago Riñihue hizo que fuera necesario el envío de un equipo especial de ingenieros y técnicos con el fin de abrir el paso de las aguas en un trabajo contra reloj para evitar la inminente desaparición de los pueblos a lo largo de los ríos Valdivia, San Pedro y Calle-Calle y de la mismísima ciudad de Valdivia.
>
> Los costos exactos del desastre aún permanecen incalculados; pero se estiman aproximadamente 550 millones de dólares en pérdidas. En la reparación de los daños, el Estado chileno invirtió 136,4 millones de dólares procedentes del extranjero bajo la forma de donativos y 292,6 millones de las arcas fiscales.

lera, que al final del mandato de Alessandri Rodríguez, satisfacía un poco más del 75 por ciento de las necesidades del país.

Política agraria

El gobierno de Alessandri impulsó la producción agrícola, entre otros motivos, en un esfuerzo por detener el proceso migratorio del campo

Del Frente Democrático a la Unidad Popular

Entre los logros del período de gobierno de Jorge Alessandri figuró la terminación del tramo chileno de la carretera Panamericana, que une las ciudades de Arica y Puerto Montt, distantes entre sí 3 235 km.

a las ciudades. Con este fin promulgó, en 1962, la ley 15 020 de Reforma Agraria, que intentaba modificar la tenencia de la tierra por medio de la expropiación y subdivisión de grandes extensiones inexplotadas, o deficientemente explotadas, para ser entregadas en arrendamiento a los campesinos, mientras que los propietarios conservarían unas 80 000 hectáreas de riego. Por la misma ley se crearon tres dependencias estatales: la Corporación de Reforma Agraria (Cora), el Consejo Superior de Fomento Agropecuario y el Instituto de Desarrollo Agropecuario (Indap), cuya función era regular la puesta en marcha de la reforma agraria y otorgar créditos agrícolas. Si bien la oposición objetó que el proceso de implementación de esta ley fue lento, al final del mandato de Alessandri se habían entregado en arrendamiento aproximadamente tres millones de hectáreas.

Logros y fracasos de la política de Alessandri

Durante el mandato de Alessandri se llevaron a cabo diversas obras públicas; entre las más importantes destaca la terminación de la carretera Panamericana (3 235 km), que comunica las ciudades de Arica y Puerto Montt, y la habilitación de un transbordador que cruza el canal de Chacao y llega a la isla de Chiloé.

En cuanto a la enseñanza, el gobierno entregó un total de mil nuevas escuelas primarias y aumentó en un millón de metros cuadrados la superficie destinada a la instrucción pública; estableció mejoras en la alimentación escolar, logrando que un 77 por ciento de los estudiantes de escuelas públicas y privadas recibieran desayuno y un 35 por ciento almuerzo. En el área social se impulsó el ahorro mediante la creación de las Asociaciones de Ahorro y Préstamo; y, a través de las Cajas de Previsión y el Instituto de la Vivienda Rural (Corvi), entre 1959 y 1963 el gobierno entregó 130 000 viviendas, cumpliendo, de esta manera, su promesa electoral.

Pero, por otra parte, durante el período Alessandri no se produjeron ajustes salariales que permitieran a las clases desposeídas hacer frente a la inflación. Esto, sumado a que el producto de la industria alcanzaba apenas un 13 por ciento (mientras que con los gobiernos radicales había logrado un récord de 39,3 %), llevó al gobierno a toparse no sólo con la dura crítica de sus antiguos aliados, sino también a tener que enfrentarse con el creciente descontento expresado en la férrea oposición de los sindicatos.

La historia reciente

La política de alianzas

Alessandri se desligó pronto de los sectores que lo habían apoyado, en parte para evitar verse sometido a las presiones partidarias debidas a la naturaleza irreconciliable de sus posiciones. Hacia finales de su mandato, conservadores, liberales y fracciones del radicalismo, se unieron bajo el rótulo Frente Nacional Antimarxista para combatir a la izquierda, que, organizada en el FRAP, se había convertido en un férreo opositor en las cámaras a las medidas de Alessandri. Por su parte, la Falange y el Partido Social Cristiano, unidos como Partido Demócrata Cristiano, iniciaron su propia carrera presentándose como un sector moderado, cuyas propuestas no eran muy distintas de las del FRAP. En septiembre de 1962 el descontento social se expresaba en amplias movilizaciones populares. En efecto, ciento cincuenta mil personas, procedentes, en su mayoría, de los sectores más pobres y de clase media (obreros, profesores, estudiantes, empleados), estaban en huelga y exigían el fin de la «dictadura económica». Sin embargo, un grueso sector del radicalismo continuaba apoyando las medidas gubernamentales, desoyendo el descontento popular y preparándose para las elecciones de 1964, para las cuales el Frente Nacional Antimarxista lanzó como candidato a Julio Durán, con la esperanza de que la Democracia Cristiana se les uniría oponiéndose al FRAP.

Las elecciones de 1964 y el triunfo democratacristiano

El conservadurismo inició una agresiva campaña en los medios de comunicación masiva y mediante afiches callejeros, alertando sobre el inminente «peligro comunista», el que se ilustraba con imágenes de la revolución cubana y las invasiones soviéticas a Hungría y Checoslovaquia. Este alegato, que pretendía convencer a la población de que se encontraba ante la disyuntiva de escoger entre la democracia y el comunismo, fue bautizado como «campaña del terror».

Tres candidatos se presentaron a las elecciones de 1964: por el FRAP, Salvador Allende Gossens, quien acudía a los comicios por tercera vez; por el Frente Democrático, Julio Durán; y por la Democracia Cristiana, Eduardo Frei Montalva. Ante el desconcierto generalizado por el posible triunfo del FRAP, sectores del Partido Radical se plegaron a éste, mientras que ciertos grupos del conservadurismo apoyaron al candidato de la Democracia Cristiana. En un clima de inquietud y violencia, el 4 de septiembre de 1964 se celebraron las elecciones que llevaron a Frei Montalva (1911-1982) a la presidencia del país.

Eduardo Frei, en el centro, triunfante candidato democristiano en las elecciones de 1964, hace el gesto de la victoria durante uno de los actos políticos del cierre de la campaña. Frei inició su gobierno bajo el lema «todo tiene que cambiar».

Resultado de las elecciones de 1964

Partido	votos	%
Democracia Cristiana (Eduardo Frei Montalva)	1 409 012	56,1
FRAP (Salvador Allende Gossens)	977 902	38,9
Frente Democrático (Julio Durán)	125 233	5,0

Abstención: 384 424 votantes

La «REVOLUCIÓN EN LIBERTAD»

Son varias las fuentes de inspiración de esta doctrina: el pensamiento de Teillard de Chardin, que daba unidad al pensamiento democrático cristiano internacional; el modelo de justicia y caridad difundido por el Centro Roberto Bellarmino de la Compañía de Jesús y la doctrina social de la Iglesia católica que impulsaba la Universidad de Lovaina (Bélgica), una de las más prestigiosas de Europa. Este corpus teórico fue recogido por Eduardo Frei Montalva y sus colaboradores más estrechos, entre los cuales estaban Bernardo Leighton, Rafael Agustín Gumucio, Manuel Garretón Walker e Ignacio Palma Vicuña, que modelaron una avanzada democrática de principios cristianos que Frei bautizó

Frei, jefe de la Democracia Cristiana, en el despacho presidencial que ocuparía durante el período 1964-1970.

«revolución en libertad». El título hace alusión al logro de una serie de reivindicaciones sociales dentro de un esquema democrático cuyas antípodas (y esto era un clima que se había venido forjando desde el gobierno de Gabriel González Videla) era el «totalitarismo comunista» de los socialismos reales.

En sus aspectos fundamentales, el modelo democratacristiano se centró en el programa de «promoción popular», a través del cual se diseñaron políticas destinadas a superar la marginalidad, mejorar las condiciones de consumo de las clases más desposeídas, dar acceso a la educación a amplios sectores, frenar a la cesantía, chilenizar el cobre y profundizar la reforma agraria ■

La «revolución en libertad»

Aunque contaba con una mayoría abrumadora, Eduardo Frei Montalva, líder de la Democracia Cristiana y creador de la doctrina «revolución en libertad», en la que habría de basar su gobierno, inició su período con minoría en ambas cámaras; sin embargo, en las elecciones parlamentarias de marzo de 1965, su partido logró una mayoría aplastante en la Cámara de Diputados, obteniendo 82 representantes; no así en el Senado, donde sólo contó con trece; por lo tanto, para llevar a cabo su plan de gobierno, Frei tuvo que actuar con suma prudencia y cautela a fin de lograr que sus proyectos fuesen refrendados por la cámara alta.

El programa de gobierno de Frei (1964-1970) se centraba en lo que se denominó «plan de promoción popular», que contemplaba, en el campo social, un agresivo proyecto de disminución del analfabetismo, que en ese momento ascendía al 16 por ciento de la población, y en la creación de una Consejería Nacional de Promoción Popular que desarrollara mecanismos de organización de la ciudadanía, principalmente a través de las Juntas de Vecinos y los Centros de Madres. En el terreno económico, este plan contemplaba la profundización de la ley de Reforma Agraria y la «chilenización» de la gran minería del cobre, considerada por el presidente la «viga maestra de la economía», puesto que dicho rubro soportaría los vastos programas sociales de su mandato.

Reforma agraria

Si bien el gobierno de Alessandri había promulgado la ley de Reforma Agraria, ésta se había llevado a cabo con suma timidez. En este campo, el plan de Frei requería de una reforma de la Constitución que primero definiese claramente la función social de la propiedad, y segundo, permitiese al Estado el pago diferido de las expropiaciones. La consulta al Senado se realizó en 1965, pero éste sólo aprobó las reformas, gracias al apoyo de la izquierda, en julio de 1967. A partir de este momento se aceleró el proceso, expropiándose 1 319 fundos con una superficie aproximada de 300 000 hectáreas de riego y 3,1 millones de hectáreas de secano, lo que permitió la creación de 910 «asentamientos campesinos» para 29 139 familias. Este proceso fue criticado por la izquierda, que consideraba que el problema del latifundio aún no se había resuelto y que, por lo tanto, la política gubernamental de reforma agraria era insuficiente. Por su parte, la derecha centró sus críticas en la excesiva burocracia y la tardanza registrada en el pago diferido de las expropiaciones.

«Chilenización» del cobre

Este programa condujo, de un modo gradual, a la adquisición estatal del 51 por ciento de la gran minería del cobre. A través de una inversión del orden de los 650 millones de dólares, se pretendía, por una parte, que el Estado chileno aumentase la producción y refinase el metal en su territorio, y por otra, se buscaba incorporar a Chile en la comercialización del cobre en el extranjero y mejorar las condiciones de vida de los trabajadores del sector. La izquierda, sin embargo, se opuso en las discusiones parlamentarias, por considerarla una medida insuficiente ante las graves necesidades del país.

El proceso se realizó en dos fases: la primera, «chilenización» del cobre, a partir de 1965, consistió en tres acuerdos que condujeron a la adquisición del 30 por ciento de las acciones de Minera Andina (el 70 % restante se lo adjudicó la Cerro Corp.); a la compra del 25 por ciento de las acciones de la mina Exótica, propiedad de la Anaconda Company; y a la suscripción de un acuerdo con la Braden Copper conducente a la

adquisición del 51 por ciento de las acciones de la mina El Teniente, que había sido traspasada a la empresa Kennecott Co. La segunda fase o «nacionalización pactada del cobre», llevada a cabo a partir de 1969, contemplaba la compra del 51 por ciento de las acciones de la Anaconda Company (minas de Chuquicamata, El Salvador y Potrerillos), y la adquisición pactada del restante 49 por ciento en 1972, ya en el siguiente período presidencial. La Corporación del Cobre (Codelco) pasó a responsabilizarse por las ventas y producción del mineral y, gracias a una política de liberación de impuestos para la im-

Trabajadores de la Corporación del Cobre (Codelco), la institución que centralizaría el proceso de «chilenización» del mineral, que sería el inicio para llegar a la nacionalización del cobre en forma pactada con los capitales extranjeros. Codelco pasó a hacerse cargo de la producción y las ventas del «metal rojo».

portación de maquinarias, la pequeña, mediana y gran industria del cobre modernizaron sus instalaciones y yacimientos.

Política educacional

Dos reformas animaron la política educacional del presidente Frei; por la primera se aumentó de seis a ocho años el período destinado a la educación básica; por la segunda, se dividió la educación secundaria en dos áreas, científico-humanista y técnico-profesional. Por otra parte, la fuerte inversión estatal en el área educación, equivalente al 22 por ciento del presupuesto nacional, permitió desarrollar un agresivo plan de construcción de establecimientos educacionales (2 987 nuevas escuelas). Estas medidas redundaron en un aumento de la matrícula de la educación primaria de un 46 por ciento durante el sexenio; la educación secundaria duplicó las matrículas científico-humanísticas y triplicó las técnicas. Bajo su mandato se entrenó al 70 por ciento del profesorado de educación secundaria en cursos destinados al estudio de los problemas relacionados con la orientación vocacional de los educandos. En ese mismo contexto se creó el Instituto de Capacitación Profesional (Inacap), dedicado a la preparación de obreros carentes de calificación.

Política económica

Durante el gobierno de Eduardo Frei se inició un proceso de integración a la comunidad comercial latinoamericana a través del «Consenso Latinoamericano de Viña del Mar» y luego de la «Comisión Especial de Coordinación Latinoamericana» del Pacto Andino.

El plan de chilenización del cobre surtió los efectos esperados y de este modo se logró, en los seis años de gobierno de Frei, un aumento del producto geográfico bruto de un 5 por ciento. Por otra parte, condujo a un superávit en la balanza de pagos equivalente a 168 millones de dólares en 1969 y a un descenso en el endeudamiento de 200 millones de dólares a tan sólo 91 millones. Al igual que los gobiernos anteriores, el de Frei se esforzó por frenar la inflación, que había llegado al 38,5 por ciento en 1964. Para ello, implementó una política de reducción gradual de los precios que concedía reajustes similares a los del año precedente; así se logró reducir la inflación al 17 por ciento en 1966. Sin embargo, esta política comenzó a naufragar en 1967 y la inflación aumentó al 21,9 por ciento, desbordándose en 1968, con un 27,9, y al finalizar su mandato, en 1970, con un 34,9 por ciento. Ello abrió las puertas al descontento de las clases trabajadoras, que se tradujo en una serie de huelgas convocadas por la Central Única de Trabajadores

El gobierno de Allende

Durante el mandato presidencial del democratacristiano Eduardo Frei Montalva se había producido una reorganización en el panorama político nacional: el radicalismo, que había continuado su política de apoyo a sectores incluso excluyentes entre sí, se separó en 1969 del ala derechista y reapareció como Democracia Radical, para luego unirse a la coalición de partidos que integraba la izquierda.

Ésta, que había actuado hasta entonces como Frente de Acción Popular (FRAP), se reorganizó en la Unidad Popular (UP), que reunía a los partidos Socialista, Comunista, Democracia Radical y al Movimiento Agrario Popular Unitario (MAPU), que había nacido en 1969 de una escisión de la Democracia Cristiana y seguía la línea del comunismo chino. La izquierda más radicalizada estaba representada por el Movimiento de Izquierda Revolucionaria (MIR), que había surgido en la Universidad de Concepción en 1965 de la unión de grupos procedentes de las Juventudes Comunistas (JJCC) y del Partido Socialista.

La derecha, por su parte, creó en 1966 el Partido Nacional, el cual radicalizó su oposición a las medidas sociales del gobierno de Frei. Por otra parte, en 1968 se produjo la reforma universitaria, inspirada en el movimiento del Mayo francés, que condujo al estudiantado a tener participación en los claustros universitarios.

Cuando en 1970 se presentó como candidato a la presidencia de la República por la Unidad Popular (la coalición que agrupaba a diversos partidos de la izquierda), Salvador Allende ya había optado al cargo en tres ocasiones. En la imagen, Allende en la campaña electoral de 1964, en la que fue vencido por Frei.

Resultado de las elecciones de 1970

Candidato	votos	%
Salvador Allende (Unidad Popular)	1 070 334	36,6
Jorge Alessandri (Independiente)	1 031 159	35,3
Radomiro Tomic (Partido Demócrata Cristiano)	821 801	28,1

Blancos y nulos: 31 505 votos
Abstención: 584 958 votantes

El doctor Allende, electo en los comicios presidenciales de 1970, tuvo que firmar un Pacto de garantías constitucionales antes de ser refrendado como presidente por el Congreso, el 27 de octubre de ese año.

Las elecciones de 1970 y el Pacto de garantías constitucionales

En este marco de cambios políticos, el 4 de septiembre de 1970 se llevaron a cabo las elecciones que dieron el triunfo a la Unidad Popular.

El 7 de octubre, Salvador Allende, candidato de la Unidad Popular, debió firmar con la Democracia Cristiana un Pacto de garantías constitucionales, en un ambiente beligerante y de gran inquietud, especialmente por la irreconciliabilidad de los sectores en pugna: la Unidad Popular, el Partido Nacional, una Democracia Cristiana debilitada por su reciente escisión y un sector de extrema izquierda, el MIR, que se venía caracterizando por acciones de carácter terrorista. Este Pacto contemplaba los siguientes puntos fundamentales para la vida política y social del país: plena vigencia del Estado de derecho; mantenimiento del ejercicio de la autoridad a través de los tres poderes del Estado (ejecutivo, legislativo y judicial) y preservación de su autonomía; libertad de expresión; mantenimiento de la organización y el funcionamiento independiente de los partidos políticos; preservación de la libertad de reunión, asociación y circulación; respeto a la autonomía de los sindicatos, juntas de vecinos y otras formas de organización popular; mantenimiento del carácter pluralista y democrático de la educación primaria, secundaria y superior; consideración de las Fuerzas Armadas y de Carabineros de Chile como únicos garantes de la convivencia democrática y custodios de la seguridad nacional: respeto y mantenimiento de su estructura orgánica, jerarquías, sistemas de selección, requisitos y normas disciplinarias, asegurándoseles, además, el equipamiento necesario para resguardar el orden público y mantener la seguridad nacional, no pudiendo el gobierno destinar parte de su presupuesto a la formación de Fuerzas Armadas paralelas ni tampoco reorientar las actividades de las mismas ni las de los Carabineros hacia otras tareas ajenas a su función específica.

La subida al poder de Allende

Debido a que Allende obtuvo un porcentaje de votos inferior al requerido, el Congreso debió confirmarlo como presidente de la República el 27 de octubre, con 153 votos a favor.

El 3 de noviembre Salvador Allende (1909-1973) asumió la presidencia del país, comprometiéndose a cumplir con el programa de gobierno que había propuesto al electorado. Este programa, basado en la doctrina que se denominó «socialismo en libertad», estaba centrado en la necesidad de disolver las estructuras del sub-

La historia reciente

desarrollo en el marco institucional democrático, por medio de la plena utilización de los recursos y de las instalaciones ociosas o subutilizadas, con el objeto de asegurar la satisfacción de las necesidades de toda la población chilena, sin exclusiones.

El camino hacia el cambio político y económico

El programa que Allende comenzó a implementar al asumir el poder y que recibió el sobrenombre de «las cuarenta medidas fundamentales», puede resumirse en las siguientes grandes líneas de acción: reajuste del salario mínimo en un 66 por ciento y del sueldo mínimo en un 35 por ciento; congelamiento de precios de artículos de primera necesidad; disminución de la cesantía; programa de construcción de viviendas; control de la inflación; estimulación a la producción nacional; mejoramiento de los servicios estatales de salud; distribución gratuita de leche a infantes y escolares; creación de un sistema único de seguridad social; profundización de la reforma agraria; nacionalización del cobre, el salitre y el carbón; estatización de las grandes industrias del acero y del cemento, de la compañía de teléfonos, así como de la banca.

Para llevar a cabo la reorganización de la economía nacional, el programa contemplaba tres categorías de la propiedad: propiedad social (el Estado estaba facultado mediante ley, y para cada caso, a estatizar una empresa considerada de interés social); propiedad privada; y propiedad mixta (el Estado participaba con un porcentaje de las acciones de la empresa). Esta reorganización tripartita de la propiedad fue confirmada por el Congreso mediante una reforma constitucional en el año 1972.

Hacia la nacionalización del cobre

Entre 1965 y 1970, el Estado chileno había obtenido créditos extranjeros por un monto de 580 millones de dólares, destinados a la modernización de las empresas y de las minas; figuraba co-

El presidente Allende, de visita en los talleres de composición del diario «El Siglo», poco después de haber asumido su puesto al frente de la República. En su primer año de gobierno se nacionalizaron el cobre, el salitre y el carbón.

mo aval de la deuda total y había sido el único deudor que había realizado desembolsos, mientras tanto las empresas habían contabilizado ingresos por un total de 602 millones de dólares y habían acumulado una deuda de 632 millones.

El programa de chilenización del cobre había pagado por las acciones adquiridas un precio muy superior al fijado en los libros de las propias empresas. Así, la Braden Company, dueña de El Teniente, cobró como la Kennecott Co. un total de 81 millones de dólares, mientras que el valor en libros era de 72 millones. Además, El Teniente, bajo la administración de la Kennecott, había obtenido créditos del Eximbank por un total de 100 millones de dólares para ampliaciones del mineral, con una cláusula que obligaba al Estado chileno a cancelar el total de la deuda en el caso de que no se cumpliera el contrato de administración.

El gobierno de Allende consideraba que el primer paso en el camino hacia la independencia económica con el exterior debía ser la nacionalización del cobre, ya que éste constituiría el «sueldo de Chile». El proceso se realizó mediante reforma constitucional aprobada unánimemente por el Congreso Nacional con la ley del 16 de julio de 1971, que fijaba la expropiación de los derechos de las empresas Anaconda Company y Kennecott Copper Corporation, así como las minas de Chuquicamata, El Salvador y El Teniente.

El procedimiento y el pago de indemnizaciones a las empresas generaron conflictos en las relaciones con Estados Unidos, puesto que contravenía el convenio establecido en el mandato de Frei, según el cual el Estado chileno adquiriría progresivamente el porcentaje restante de las acciones de la gran minería del cobre y mientras tanto, y por un período de once años, ésta debería permanecer bajo la administración de las empresas norteamericanas.

Estatización de la banca

La Corporación de Fomento de la Producción (Corfo) llevó a cabo la estatización, que contemplaba la adquisición de las acciones, y la intervención de bancos e instituciones financieras, bajo la tutela del Banco Central, de la propia Corfo y de la Dirección de Presupuesto, organismos que destinaron su atención a los programas del área social, aunque el gobierno tenía proyectada la creación de un banco nacional que centralizaría las operaciones financieras y el control crediticio, pero que nunca entró en funciones. El Banco del Estado, por su parte, se dedicó a los créditos agropecuarios. A finales de 1971, el gobierno controlaba el 95 por ciento de las colocaciones y de los depósitos bancarios.

Política social: salud, educación y vivienda

El programa en el campo de la sanidad tendía a la creación del Servicio Único de Salud (SUS), que vincularía las actividades preventivas y las curativas apoyándose en la tesis de que la salud es «un derecho inalienable del hombre».

Con este fin, el Estado realizó fuertes inversiones en equipamiento e instalaciones, a la vez que otorgó reajustes salariales para los trabajadores de la salud, como incentivo para incorporarse a los servicios del Estado.

Asimismo se implementaron diversos planes de salud infantil, materno-infantil y ocupacional. Entre los de mayor impacto se hallaba el programa alimentario, que contemplaba la entrega de medio litro de leche diario a cada niño chileno, y se cumplió en un 81,7 por ciento, distribuyéndose un total de 42 594 toneladas de leche en polvo que significaron el 1,6 por ciento del presupuesto nacional.

En el ámbito educativo, la política gubernamental se centró en tres áreas: educación preescolar, educación primaria o básica y educación industrial para trabajadores. En la educación preescolar se instauraron jornadas completas para niños de entre 0 y 6 años, que incluían alimentación, educación y atención de salud. En la educación primaria, se aspiró a la obtención del 100 por ciento de escolaridad para los niños de entre 6 y 14 años. Hacia fines de 1972 este objetivo se logró casi en su totalidad gracias a la creación de 230 escuelas, entre las de áreas urba-

Pancarta desplegada por el Movimiento Campesino Revolucionario, que apoyó la expropiación de varios millones de hectáreas cultivables durante el primer año del gobierno de la Unidad Popular. La idea de favorecer a la clase trabajadora animó la expropiación de grandes latifundios mediante la reforma agraria.

nas y las rurales. El Estado mantuvo 6 784 colegios, con una matrícula de 2,3 millones de alumnos. Como complemento, el gobierno se ocupó de actualizar a dos mil profesores, además de los 2 600 egresados de la Dirección de Educación Primaria y Normal. Por otra parte, dotó a la población escolar de 6,5 millones de textos escolares. Para 1973, estaba previsto incorporar al sistema educacional a otros ciento veinte mil niños más, mediante la creación de 250 escuelas. En lo que respecta a la educación para trabajadores, hacia finales de 1972 se pusieron en funcionamiento doce escuelas vespertinas que atendían a un total de 3 306 adultos, y se logró dar enseñanza a cerca de cien mil trabajadores en la campaña para eliminar el analfabetismo.

Por otra parte, ante un déficit estimado en setecientas mil viviendas que satisfacerían las necesidades habitacionales de 3,5 millones de habitantes, el Estado ideó un programa por etapas, que incluía la urbanización de extensas áreas («proyecto sitio»); la edificación estatal de viviendas y el otorgamiento de créditos para la autoconstrucción dirigida por monitores especializados («proyecto emergencia»); y el saneamiento o regulación de títulos de dominio por ocupaciones indebidas.

Por otra parte, el gobierno completó casi en su totalidad el programa de construcción de viviendas que había quedado inconcluso en el mandato del presidente Frei Montalva, equivalente a 30 418 nuevas casas; además, inició la construcción de 100 030 viviendas, de las cuales alcanzó a entregar 28 626. Se urbanizaron vastas áreas, con 1 448 774 metros de colectores de alcantarillado, 494 271 metros de redes de agua potable, 3 634 272 metros cuadrados de calzadas, 1 172 774 metros cuadrados de aceras y 581 080 metros de soleras.

Estos proyectos masivos de edificación y urbanización se vieron obstaculizados tanto por el Congreso Nacional, que vetaba los presupuestos, como por las compañías constructoras, que se vieron afectadas por la huelga de los camioneros o «paro de octubre», o directamente porque ellas se adherían a las paralizaciones en contra del gobierno.

Conflictos políticos, sociales y económicos

El primer año del gobierno Allende arrojó resultados positivos: el producto bruto había aumentado en un 8,6 por ciento; la inflación se había reducido de un 34,9 por ciento en 1970 a un 22,1 por ciento; la reforma agraria había expropiado alrededor de 10 millones de hectáreas, equivalentes a casi la mitad de toda la tierra agrícola del país, conservando los propietarios, las 80 000 hectáreas de riego contempladas en los gobiernos de Alessandri y Frei. Es de destacar el hecho de que el 70 por ciento de las expropiaciones agrarias se realizaron durante el gobierno de Allende (1970-1973), en tanto que el 30 por ciento restante se realizaron en el mandato de Frei.

Pero en 1972 la crisis se hizo sentir a través de la restricción del crédito extranjero, proveniente

El gobierno de Allende

En octubre de 1972, los estudiantes universitarios se hicieron solidarios con las huelgas que se realizaron para apoyar al gobierno y protestar por las actividades de grupos derechistas. El gobierno de Allende vio dificultada su tarea por una persistente campaña de oposición.

especialmente de Estados Unidos, con lo que el gobierno se vio obligado a obtener créditos del bloque socialista. El país se enfrentaba a un déficit fiscal de un 41,5 por ciento; el programa de estatización se había reducido de 252 industrias del área social a sólo 91; la producción industrial había bajado a un 7 por ciento y los sueldos y salarios se habían reducido como medida para contener la inflación, que a mediados de 1972 llegaba a un 163,4 por ciento. En 1973 la situación se tornó intolerable; en el mes de julio la inflación había llegado a 323 por ciento. Si bien el Estado manejaba la banca, los créditos no estaban siendo utilizados en la producción sino en el consumo, lo que que hizo que la producción industrial se redujera a un 3 por ciento. A pesar de controlar el 85 por ciento de las exportaciones, el sesenta por ciento de la importación y el 30 por ciento de la distribución industrial, el Estado no lograba poner coto a la especulación, lo que dio lugar al crecimiento del «mercado negro» que, en la práctica, condujo al desabastecimiento, incluso de artículos de primera necesidad. Este estado de cosas generó un creciente descontento popular que se expresaba en manifestaciones callejeras opositoras al gobierno e, incluso, al enfrentamiento, también en las calles, de sectores sociales que ya eran definitivamente irreconciliables.

En el plano político-social, uno de los primeros sucesos que debió enfrentar el gobierno del presidente Allende fue el asesinato del comandante en jefe del Ejército, general René Schneider, que se produjo el 22 de octubre de 1970. Tras este violento suceso, el general Carlos Prats González se hizo cargo de la jefatura de las Fuerzas Armadas. El 8 de julio de 1971, un segundo asesinato, en esta ocasión del ex vicepresidente de la República y ministro del Interior del presidente Frei, Edmundo Pérez Sucovich, marcó el inicio de la oleada de violencia en la que se vio sumergido el país, con el consiguiente debilitamiento de las frágiles relaciones entre la Democracia Cristiana y la Unidad Popular.

La historia reciente

La huelga decretada por la Confederación de Dueños de Camiones en octubre de 1972, a la que se sumaron los comerciantes, médicos y empleados bancarios, logró la virtual paralización del país. Más de trescientos vehículos se concentraron en el aparcamiento de Reñaca para apoyar el paro.

En marzo de 1973, la Unidad Popular obtuvo el 43,49 por ciento de las votaciones en las elecciones parlamentarias, con lo que se esperaba agilizar el desarrollo de los programas de gobierno, especialmente en lo concerniente a las estatizaciones, puesto que se enfrentaba a una creciente presión de los sindicatos. Por otra parte, la oposición sumada contaba con el 56,51 por ciento de los sufragios restantes. La Unidad Popular había gobernado con una minoría en el Senado, lo que condujo al presidente a operar con vetos al Congreso y mediante decretos con fuerza de ley, puesto que éste había impugnado sistemáticamente sus ministros hasta el punto de hacer casi flaquear el gabinete presidencial en abril de 1972.

Los disturbios, huelgas y movilizaciones generalizadas de octubre de 1972, que incluyeron a profesionales, estudiantes y obreros de casi todos los sectores de la actividad del país, llevaron al gobierno a formar, el 2 de noviembre, un gabinete cívico-militar presidido por el comandante en jefe de las Fuerzas Armadas, general Carlos Prats, quien asumió la cartera del Interior. Las primeras medidas del nuevo gabinete estuvieron centradas en la restitución del orden público y en lograr el abandono de la huelga en un plazo no superior a las 48 horas, para iniciar de inmediato conversaciones conducentes a la resolución de los conflictos. Por su parte, el Ministerio de Hacienda, ante el desabastecimiento de artículos de toda especie y la aparición de un creciente mercado negro que se afirmaba en el acaparamiento de los mismos, propició la creación de las Juntas de Abastecimientos y Precios (JAP), organizaciones vecinales destinadas a cooperar con la Dirección de Industria y Comercio (Dirinco), la que, a su vez, fiscalizaba la acción del comercio. Las JAP fueron duramente criticadas no sólo por la oposición, sino también por sectores de gobierno, acusadas de acciones ilegales tales como participar del mercado negro y de arrogarse funciones que por ley sólo correspondían a Dirinco.

El final de una etapa

Ante el frustrado intento de golpe de Estado del 29 de junio, conocido como «El Tancazo», el presidente Allende pidió al general Prats que asumiera nuevamente el cargo de ministro del Interior y que reorganizara un gabinete cívico-militar; tarea que no pudo cumplir porque las Fuerzas Armadas se negaron a participar en el gobierno. Mientras tanto, para la ciudadanía se hacía evidente que el país enfrentaba el serio riesgo de un golpe de Estado.

El gobierno de Allende

EL ÚLTIMO DÍA DEL GOBIERNO POPULAR

Dada la intensidad de la crisis que atravesaba el país, el presidente Allende y sus colaboradores habían estudiado la posibilidad de convocar un plebiscito al objeto de conocer el grado de adhesión al gobierno y si éste debía finalizar inmediatamente, adelantando las elecciones presidenciales, o si podía terminar su período constitucional.

Al amanecer del 11 de septiembre, el presidente Allende se reunió con sus colaboradores en el palacio presidencial de La Moneda para analizar la situación, puesto que ya se había confirmado el estallido de un golpe de Estado. A las nueve de la mañana, el Ministerio de Defensa estaba en manos de los insurrectos, desde donde exigían la inmediata renuncia del gobierno y su sumisión a la Junta Militar. El Palacio se encontraba rodeado por tanques y efectivos de las Fuerzas Armadas, y había comandos de francotiradores apostados estratégicamente en las azoteas de los edificios que rodean la Casa de Gobierno. Los medios de comunicación fueron intervenidos, salvo el canal de la Corporación de Televisión de la Universidad Católica y Radio Nacional.

El presidente se negó a entregar su renuncia y, tras un sentido último discurso al pueblo, él y su grupo se prepararon a resistir. A las 11 horas de la mañana se inició un intenso bombardeo aéreo al Palacio; a continuación, un grupo de militares ingresó en el derruido edificio, deteniendo a algunos funcionarios, liberando a otros y hallando el cadáver del presidente, que se había quitado la vida.

A las 13 horas, la ciudad de Santiago se encontraba en manos de las Fuerzas Armadas; horas después, todo el país. Comenzaba así un período de *régimen de facto* que duraría 17 años. ■

En septiembre de 1973, poco antes del golpe de Estado, Salvador Allende saluda por última vez desde el balcón de su despacho presidencial en el Palacio de la Moneda.

En agosto de 1973, el cardenal Raúl Silva Henríquez intentó, sin éxito, lograr un entendimiento entre la Democracia Cristiana y el gobierno, que llevara a la pacificación de los ánimos. Patricio Aylwin Azócar, dirigente de la DC, rechazó la propuesta de Salvador Allende de crear un gabinete que satisficiera a su propio partido, por considerarla una maniobra dilatoria. Por su parte, la propuesta de Aylwin, también fue rechazada por la UP, ya que implicaba la sumisión del presidente de la República al comandante en jefe de las Fuerzas Armadas.

Ante este fracaso en las negociaciones, Allende convocó a los comandantes en jefe de las Fuerzas Armadas y al director de los Carabineros para conformar un gabinete que denominó «de seguridad nacional» y que asumió funciones el 9 de agosto de 1973. Tres semanas después, los comandantes en jefe presentaron al presidente sus expedientes de retiro de las Fuerzas Armadas. Allende nombró nuevos comandantes en jefe en el Ejército y la Fuerza Aérea: Augusto Pinochet Ugarte y Gustavo Leigh Guzmán, respectivamente. El 11 de septiembre de 1973, estos mismos encabezaban el golpe de Estado que daba fin al gobierno de Salvador Allende y a la experiencia de un «socialismo en libertad» ■

Del golpe de Estado a la normalización democrática

El 11 de septiembre de 1973 se constituyó una Junta de Gobierno encabezada por el general Augusto Pinochet (n. 1915) e integrada por el general Gustavo Leigh, el almirante José T. Merino y el director de Carabineros general César Mendoza. En un principio, la dirección de la Junta sería rotativa, pero este acuerdo desapareció por decreto-ley de junio de 1974, por el que Pinochet asumió el poder ejecutivo como «Jefe Supremo de la Nación». En diciembre del mismo año, un nuevo decreto cambió el título por el de «Presidente de la República» y le confirió todas las atribuciones que la Constitución de 1925 otorgaba al cargo presidencial. En 1978, fue removido el general Leigh y sustituido por el general Fernando Mathei. El general Mendoza renunció como miembro de la Junta en 1985.

En 1980 fue dictada una nueva Constitución, la «Constitución del ochenta», sometida a plebiscito aquel mismo año, que rige al país, aunque con ciertas reformas llevadas a cabo por los gobiernos democráticos posteriores a 1990.

Las medidas de la Junta Militar

Entre las primeras medidas tomadas por la Junta estuvo la emisión de «bandos», a través de los cuales fueron declarados el estado de sitio, el toque de queda, la censura de prensa, la disolución del Congreso, el receso de los partidos políticos y la prohibición de toda manifestación opositora al nuevo gobierno. Se suprimió la Constitución de 1925 y se la sustituyó por «actas constitucionales» como nuevo marco institucional.

En pocos días, tras el golpe de Estado del 11 de septiembre de 1973, la Junta Militar se hizo con el control absoluto del país y dispuso de las más amplias facultades para afianzarse en el mando e impedir cualquier manifestación política. Las libertades civiles fueron restringidas, las universidades intervenidas y los medios de comunicación censurados. Todo el poder público

El resplandor de los incendios provocados por los bombardeos del Ejército iluminaba vivamente la fachada del Palacio de la Moneda durante el largo mediodía del 11 de septiembre de 1973. Los militares destruyeron La Moneda con misiles desde cazas a reacción: allí murió Salvador Allende.

fue concentrado en manos del gobierno encabezado por Augusto Pinochet, quien contó a lo largo de su gestión con el apoyo sin fisuras de las Fuerzas Armadas y del Orden. Siguiendo la teoría de la Seguridad Nacional, los militares consideraron que el país se encontraba en estado de guerra para combatir a un enemigo encarnado no sólo en el marxismo y los grupos armados, sino en toda fuerza opositora. Así, además de los principales dirigentes de la Unidad Popular, fueron detenidos numerosos sindicalistas, líderes estudiantiles, militantes socialistas, comunistas y de la izquierda en general. Según denuncias de los organismos de derechos humanos, miles de chilenos sufrieron torturas, otros se asilaron en las embajadas y otros más se vieron obligados a abandonar el país para emprender la vía del exilio. Según estimaciones, ya que no existen cifras oficiales, el número de muertos por la represión oscila entre dos y cuatro mil.

El principal agente represivo fue la DINA (Dirección de Inteligencia), creada por decreto ley en 1974, bajo la dirección de Manuel Contreras Sepúlveda. Este organismo persiguió dentro y fuera de las fronteras del país a los opositores del régimen militar y se denunció que fue responsable del atentado en que perdió la vida el general Carlos Prats, asesinado en 1974 en Buenos Aires. Pero el caso que más repercusiones tuvo en el ámbito internacional fue el de Orlando Letelier, ex ministro de Defensa y de Asuntos Exteriores del gobierno de Salvador Allende, muerto en Washington en 1976 mediante explosión de un coche bomba. La justicia estadounidense presentó serias pruebas contra el general Manuel Contreras, quien ya durante la democracia sería condenado a seis años de prisión. La Organización de las Naciones Unidas emitió una dura condena de la violación de los derechos humanos en Chile.

Un viraje en la economía nacional

El gobierno militar reemplazó la política estatista de desarrollo, representada principalmente por la Corfo, por el establecimiento de una economía de libre mercado, propugnada por un sector de economistas vinculados a la Universidad de Chicago, conocido como los «Chicago Boys». En este modelo económico, el Estado pasa a desempeñar un rol subsidiario del sector privado y el desarrollo económico de la nación a estar regido por las «leyes del mercado». En el marco de esta política económica, entre 1973 y 1980, la Junta cambió el sistema monetario de escudo a peso, mantuvo bajos aranceles para la importación y exportación de productos no tradicionales, un dólar depreciado y equivalente a 39 pesos, e inició una política de incentivo a la inversión de capitales extranjeros. Una de las primeras medidas fue el retiro de Chile del Pacto Andino, que tuvo lugar en 1975, a fin de poder ofrecer a la inversión extranjera las mismas garantías que a los inversionistas nacionales, lo que en la práctica se tradujo en la ausencia de restricciones a la inversión extranjera.

Entre 1974 y 1988 el gobierno procedió a otorgar facilidades crediticias y tributarias a la banca privada. El descenso de los impuestos para las importaciones hizo pasar estos tributos del 220 por ciento al 10 por ciento, con el consecuente aumento en las importaciones y la drástica reducción en los puestos de trabajo. Asimis-

El general Augusto Pinochet, que tras el golpe de Estado de 1973 ocupó la presidencia del país entre diciembre de 1974 y marzo de 1990, hace el saludo en una parada militar.

mo, y como medida tendiente a favorecer la descentralización y a dar mayor autonomía al desarrollo, en 1974 se reorganizó el país en 13 regiones, dejando de lado la estructura provincial.

Por otra parte, a través de la Corfo, se inició una política de desestatización de empresas, según los mecanismos de venta y «devolución» de éstas, conocido como política de «modernización del Estado». Entre 1974 y 1979 se traspasaron al sector privado, incluyendo capitales extranjeros, 486 empresas sobre un total de 507 empresas estatales. En 1980 sólo quedaban 15. Entre las empresas estatales que se conservaron está la Corporación del Cobre (Codelco), por su notable aporte a la defensa nacional, equivalente al 10 por ciento de sus utilidades anuales.

> **LA CONSTITUCIÓN DE 1980**
>
> Redactada por un conjunto de personalidades del ámbito jurídico, que presidió el ex presidente Jorge Alessandri Rodríguez, la nueva carta constitucional debía legitimar el nuevo orden económico social y afianzar el gobierno militar.
>
> En esencia, esta nueva Carta Magna postula el sistema presidencialista de gobierno; disminuye las facultades del Congreso entregando al Ejecutivo la elaboración de los proyectos de ley; consagra al Estado como subsidiario en lo económico, social y educacional; crea el Tribunal Constitucional para dirimir ante eventuales conflictos entre los poderes legislativo y ejecutivo; crea el Consejo de Seguridad del Estado, presidido por el presidente de la República; sustituye el sistema proporcional electoral por uno binominal que favorece a las grandes colectividades políticas; establece el sistema de «segunda vuelta» cuando no se ha logrado mayoría absoluta en las elecciones presidenciales, y fija el período presidencial en ocho años.

Las cifras oficiales indican que entre 1974 y 1979, la inflación decayó del 600 por ciento a un 39 por ciento. El sector de las exportaciones no tradicionales registró en 1988 un incremento del 60 por ciento de sus utilidades.

El modelo de los «Chicago Boys»

Entre 1979 y 1983 el país atravesó una grave crisis económica. Se inició con el descenso dramático de la producción industrial, que condujo a la Sociedad de Fomento Fabril (Sofofa) a anunciar en 1980 la quiebra de 427 empresas. A inicios de 1981, Chile contaba con una deuda externa de más de 11 000 millones de dólares, hecho que lo convertía en el país con la deuda externa per capita más alta del mundo. En 1982, ante el virtual quiebre de la banca privada, el gobierno militar procedió a conceder préstamos, por intermedio del Banco Central, estimados en 5 000 millones de dólares, repartidos entre veinte bancos, que se encontraban técnicamente «quebrados». Estos préstamos son conocidos hoy con el nombre de «deuda subordinada».

En junio de 1982, el Ministerio de Hacienda reconoció públicamente que el Estado chileno estaba al borde de la quiebra, indicando que la deuda externa superaba los 16 000 millones de dólares, y procediendo a devaluar el peso en un 18 por ciento, con una escala de devaluación progresiva de un 0,8 por ciento diaria, si bien posteriormente procedió a «congelarlo» por un período de tres años.

A partir de 1982 comenzó un lento proceso de recuperación económica centrado principalmente en la exportación de productos no tradicionales de origen agroforestal. En el campo agrícola se inició una agresiva política de investigación, tecnificación e industrialización del agro con miras a generar una producción competitiva en los mercados internacionales, especialmente Europa, Estados Unidos y Asia. Uno de los factores que incidió positivamente en este proceso fue, además de los bajos aranceles y franquicias tributarias, la progresiva desaparición del latifundio y su sustitución por pequeñas unidades productivas. El sector forestal se vio impulsado gracias a la inyección de capitales extranjeros y a la tecnificación de sus sistemas de producción.

Otro aspecto que incidió positivamente en la tecnificación de los procesos productivos y en el auge de las exportaciones fue la fijación de un dólar flotante a partir de 1985. Además, se reforzó la política de modernización del Estado, que contemplaba la privatización de las empresas estatales y los servicios sociales, de la salud y de la educación.

Estas medidas llevaron a que la economía chilena fuera considerada a partir de 1988 sólida y rentable, lo que ha convertido a Chile en un país atractivo para la inversión extranjera.

El camino para el retorno a la democracia

En la medida en que el régimen militar se afianzaba en el poder, la izquierda desarticulada y la Democracia Cristiana se reorganizaban en el exilio, y dentro del país en la clandestinidad, para constituir una oposición al gobierno, apoyados por algunos gobiernos extranjeros, principalmente europeos, que rechazaban el régimen militar. A través de este movimiento, conocido como «Solidaridad con Chile», se captaban fondos para subvencionar a diversos Organismos No Gubernamentales (ONG), que prestaban ayuda social y humanitaria, realizaban investigación en el campo de las ciencias sociales y actuaban en el ámbito de los derechos humanos.

A partir de 1983, aprovechando cierta flexibilización por parte del gobierno, se fue generando en la población un movimiento social de resistencia, alentado, sobre todo, por la creciente pauperización de la clase media y los sectores más desposeídos. Su principal expresión fueron las manifestaciones callejeras, inicialmente protestas pacíficas pero que se tornaron violentas en la medida en que el gobierno respondía con la represión de la fuerza pública. Otro mecanismo de rechazo popular al régimen fue el «golpeteo de ollas» al anochecer, que envolvía las ciudades del país en un ruido ensordecedor.

Mientras tanto, la oposición política, encabezada principalmente por la Democracia Cristiana y el Partido Socialista, que desde 1979 había comenzado un proceso de renovación ideológica, producto de las experiencias vividas, fueron esforzándose progresivamente por resolver la problemática por vías pacíficas. Finalmente establecieron una alianza con otros partidos políticos menores para impulsar el retorno a la democracia, a través de la llamada «campaña por elecciones libres».

El plebiscito de 1988

Estas acciones llevaron al gobierno a anunciar elecciones para 1989, pero, previamente, el 5 de octubre de 1988, se realizaría un plebiscito popular para determinar si el país quería o no prolongar el período presidencial de Pinochet. Si la voluntad popular se manifestaba por la negativa, el general Pinochet mantendría la presidencia hasta marzo de 1990, fecha en la que pasaría a desempeñarse únicamente como comandante en jefe de las Fuerzas Armadas hasta 1998. El pueblo debía votar por un «sí» o un «no» al general Pinochet. La derecha apoyó la candidatura del

Frente al Palacio de la Moneda, un ciudadano lee los titulares de «La Tercera», que informan de los resultados del plebiscito que acabó con más de tres lustros de régimen militar. El triunfo del «no» significaba la convocatoria de elecciones democráticas.

general, en lo que se conoció como «continuismo»; la oposición, por su parte, se agrupó en la Concertación de Partidos por la Democracia (la «Concertación»), constituida por los partidos Demócrata Cristiano, Socialista, Demócrata Social, la Alianza Humanista Verde y el Partido Por la Democracia (PPD). Los resultados del plebiscito, que fue observado por enviados de las Naciones Unidas, otorgaron el triunfo al «no», con un 55 por ciento de los sufragios.

Las elecciones generales de 1989

Tras el fracaso de Pinochet, la derecha se reorganizó. Sus principales agrupaciones fueron los partidos Renovación Nacional (RN), de centro derecha, que sustituyó al antiguo Partido Nacional; Unión Demócrata Independiente (UDI) y el nuevo partido de centro-derecha, de carácter populista, la Unión de Centro Centro (UCC).

A las elecciones del 11 de diciembre de 1989 se presentaron tres candidatos: Hernán Büchi, ex ministro de Economía del general Pinochet; Francisco Javier Errázuriz, fundador de la Unión de Centro Centro; y el líder de la coalición Concertación de Partidos por la Democracia, Patricio Aylwin Azócar (n. 1918), quien fue el vencedor.

El gobierno de Aylwin

El mandato de Aylwin (1990-1994), cuyo gabinete se formó con políticos de la Concertación, se basó en cuatro principios fundamentales: continuidad del modelo económico instaurado por el gobierno militar; puesta en marcha de las instituciones democráticas; promoción de la justicia social y logro de la reconciliación nacional.

Continuidad del modelo económico

Con el retorno a la democracia, Chile gozó nuevamente de la confianza internacional que le permitió la obtención de nuevas líneas de crédito y programas de donaciones, así como un nuevo crecimiento del comercio exterior; asimismo se renovaron los esfuerzos por mejorar el comercio con los países asiáticos. En el marco de la Asociación Latinoamericana de Integración (Aladi) se lograron acuerdos bilaterales con México, Argentina, Bolivia y Venezuela para desarrollar un programa de rebajas arancelarias puesto en marcha en junio de 1991, y se iniciaron conversaciones con Colombia y con Brasil para el mismo propósito. Se inició la construcción de un oleoducto entre Argentina y Chile que uniría las ciudades de Neuquén y San Vicente, respectivamente. También se establecieron conversaciones con el país vecino para la construcción de un gaseoducto que provea a nuestro país de gas natural para consumo urbano e industrial.

Por otra parte, el gobierno chileno logró postergar el vencimiento de los pagos de la deuda externa, que en 1991 alcanzaba los 18 000 millones de dólares, y creó una serie de bonos que fueron vendidos a un Club de Bancos extranjeros por un monto de 320 millones de dólares.

Al finalizar su mandato, el producto geográfico bruto (PGB) había crecido en un 10,4 por ciento, las exportaciones un 12,3 por ciento real y la inflación se había reducido a un 12,7 por ciento anual (en contraste con el 39 % heredado del régimen militar). Por otra parte, el nuevo gobierno democrático se esforzó en impulsar el ahorro nacional, lográndose en este sentido una tasa de ahorro del 18,7 por ciento del PGB,

Resultado de las elecciones de 1989

Candidato	votos	%
Patricio Aylwin (Concertación de Partidos por la Democracia)	3 849 584	55,2
Hernán Büchi (Independiente)	2 051 674	29,4
Francisco Javier Errázuriz (Unión de Centro Centro)	1 076 825	15,4

mientras que el ahorro total nacional de la década de 1980 no superó el 9,5 por ciento del PGB. Asimismo, cerró con un superávit en la balanza de pagos equivalente a 2 500 millones de dólares, en tanto que la inversión en capitales fijos había crecido hasta llegar a un 23,3 por ciento del PGB, de los que el 5 por ciento correspondió a inversión pública, el 14,8 por ciento a la empresa privada y el 3,5 por ciento restante a inversionistas extranjeros. Por su parte, el desempleo había descendido a menos de un 5 por ciento, el salario mínimo había ascendido a un 27,8 por ciento real y se había rescatado de la extrema pobreza y de la marginalidad a setecientos mil pobres. Sin embargo, a pesar de estas cifras alentadoras, la distribución de la riqueza continuaba siendo desfavorable para aproximadamente un tercio de la población chilena.

Instituciones democráticas y promoción de la justicia social

En este sentido, el gobierno de Aylwin se esforzó en profundizar las instituciones democráticas mediante la descentralización regional y comunal del país; sin embargo, este esfuerzo por fortalecer las instituciones democráticas se vio obstaculizado cuando en 1992 el Senado se negó a aprobar el proyecto de reforma constitucional que suprimía la figura de los «senadores designados», según la cual pasarían a formar parte de esta bancada los ex presidentes de la República, de la Corte Suprema y los ex jefes de las Fuerzas Armadas y de Carabineros.

Asimismo, en un esfuerzo por integrar a la institucionalidad democrática sectores largamente olvidados y promover la justicia social, el gobierno creó en 1990 el Servicio Nacional de la Mujer (Sernam), dependiente del Ministerio de Planificación y Cooperación, en cuyo programa inicial desarrolló los siguientes planes y programas: Centro de Información de los Derechos de la Mujer, Plan Nacional de Apoyo a las Mujeres de Escasos Recursos, Programa Nacional de Apoyo a Mujeres Jefas de Hogar, Programa de Capacitación para el Trabajo, Programa de Centros de Atención de Hijos de Trabajadoras Temporeras y el Programa Nacional de Prevención de la Violencia Intrafamiliar. En el mismo sentido, el gobierno Aylwin creó el Instituto Nacional de la Juventud (INJ), también dependiente del Ministerio de Planificación y Cooperación, dedicado al estudio, puesta en marcha y desarrollo de políticas sociales dedicadas a los jóvenes, entre las que se cuentan las políticas de capacitación y servicio social, y de recreación y uso del tiempo libre para jóvenes de alto riesgo.

Vista del puerto de Valparaíso, principal vía de acceso y salida comercial de Chile, y uno de los símbolos del proceso de recuperación económica vivido en el último decenio.

En el plano de la educación, el gobierno inició un doble programa de mejoramiento de la educación. Por una parte, creó el Programa de Modernización de la Escuela Media Técnico-Profesional y Capacitación de Jóvenes, centrado básicamente en asegurar la inserción laboral de los educandos y que fue dividido en tres subprogramas: Programa de Emergencia, en el que el gobierno contó con el apoyo de donaciones extranjeras procedentes de España e Italia, por un monto total de 4 millones de dólares, y una línea de crédito de 12 millones de dólares abierta por el gobierno italiano, ambas con el objeto de financiar programas de modernización, recuperación e implementación de equipos, así como el mejoramiento de infraestructura; Programa de Mejoramiento de la Calidad de la Enseñanza, donde el gobierno se abocó a la tarea de articular la currícula de la educación municipalizada con las exigencias de los sectores productivos y empresariales, adquisición de equipos y perfeccionamiento docente; y el Programa de Capacitación de Jóvenes Desocupados, en coordinación con el Servicio Nacional de Capacitación y Empleo (Sence) y el Instituto Nacional de la Juventud, centrado en integración de los establecimientos educacionales sobre la base de la modernización de equipos, talleres y laboratorios, optimizando el uso de esos recursos. Estos programas resultaron exitosos en la medida en que al finalizar el gobierno de Aylwin, las matrículas en el campo técnico-profesional se habían incrementado casi en un 30 por ciento, en tanto que las matrículas en el campo científico-humanista habían descendido en un 24 por ciento. Por otra parte, el gobierno creó el Programa de Mejoramiento de la Calidad y Equidad de la Educación (Proyecto MECE), dividido en los siguientes planes: un Programa de 900 Escuelas, dedicado al perfeccionamiento docente y al mejoramiento de infraestructura y mobiliario, por un monto de 4 600 millones de dólares y que cubrió las necesidades de 1 400 escuelas de enseñanza básica y media a lo largo del país; un Programa de Educación de Adultos, dedicado a la alfabetización y a la creación de 23 centros integrados de educación de adultos, cubriendo una demanda de 25 000 adultos de regiones; un programa de adquisición y donación de textos escolares para la educación municipalizada, que sólo en el primer año significó una inversión de 837 380 millones de pesos, y que al final del gobierno había llegado al 100 por ciento de los textos de uso escolar entre tercer año básico y cuarto año de enseñanza media; y un programa alimentario en conjunto con la Junta Nacional de Auxilio Escolar y Becas (Junaeb) por un total de ochocientas mil raciones de desayunos y almuerzos escolares. Finalmente, en el campo de la educación parvularia y preescolar, el gobierno finalizó con la atención a un total 123 534 niños y con la creación de 526 Centros Abiertos para el cuidado de los niños de madres jefes de hogar.

En el campo de la vivienda, el gobierno obtuvo Fondo Internacional para la Vivienda por un total de 41 686 509 millones de dólares en donaciones procedentes de Dinamarca, Países Bajos, Suecia, Noruega e Italia, gracias al cual el gobierno otorgó un promedio anual de noventa mil viviendas, pavimentó 600 km y construyó 500 km de calles, dejando iniciado un agresivo plan de satisfacción de las necesidades de vivienda que tenía el país y que habría de continuar el siguiente gobierno. En el campo de la salud, se entregaron tres nuevos hospitales, ubicados en regiones, se inició la construcción de otros cuatro, y se desarrollaron programas de mejoramiento de los servicios de urgencia y de la atención primaria por un monto de 75 millones de dólares obtenidos de fuente bilateral y 150 millones procedentes del Banco Mundial.

La reconciliación nacional

El gobierno democrático abocó sus esfuerzos a reencauzar las relaciones cívico-militares. Por un lado, mediante la lucha contra el terrorismo, a través del Consejo de Seguridad del Estado, con la cooperación de Carabineros e Investigaciones.

Modernos edificios destinados a oficinas, en Santiago: el auge de la construcción fue uno de los indicadores del despegue de la economía chilena a partir del gobierno de Patricio Aylwin. La economía del país se ha insertado cada vez más fuertemente en la economía mundial.

Por otro lado, mediante el estímulo a los Tribunales de Justicia para sancionar los delitos de violaciones a los derechos humanos. Para ello, se constituyó la «Comisión Rettig», dedicada a investigar las denuncias al respecto, centrada en los casos de detenidos desaparecidos y que evacuó sus informes en marzo de 1991.

Como resultado de esta gestión, el 8 de febrero de 1992 el gobierno creó la Corporación Nacional de Reparación y Reconciliación destinada a la otorgación de reparaciones a los familiares de las víctimas. Por este medio se beneficiaron un total aproximado de 4 100 familiares entre cónyuges, madres, padres e hijos de las víctimas. Asimismo, gracias a la reforma constitucional que otorgó al presidente de la República el derecho a indulto, Aylwin indultó a 141 presos políticos con remisión o conmutación de las penas y liberó a otros 224.

Por otra parte, en agosto de 1990, el gobierno creó la Oficina Nacional del Retorno (ONR), dependiente del Ministerio de Justicia, dedicada principalmente a la tramitación expedita de la recuperación de la nacionalidad, en el caso de los chilenos exiliados, y la obtención de la misma, en el caso de cónyuges y familiares habidos en el extranjero; a otorgar asistencia jurídica, a facilitar la reinserción laboral y educacional, a otorgar equivalencia de títulos profesionales y a ofrecer asistencia en salud mental a los retornados. A finales de 1993 habían retornado algo más de cuarenta mil personas de las doscientas cincuenta mil que —se calcula— abandonaron el país rumbo al exilio.

La historia reciente

La gestión de Eduardo Frei Ruiz-Tagle se caracterizó por una agresiva campaña de erradicación de la extrema pobreza y por la modernización del Estado.

La continuación del proceso democrático con Frei Ruiz-Tagle

La afirmación democrática del pueblo chileno se expresó en las elecciones municipales de 1992 y las presidenciales de diciembre de 1993. A estas últimas se presentaron seis candidatos, resultando vencedor el democratacristiano Eduardo Frei Ruiz-Tagle (n. 1942).

Una de las prioridades de su gobierno fue la reforma de la Constitución de 1980 para democratizar el Senado y suprimir la figura de los senadores designados. Pero la modificación se vio rechazada en sucesivas oportunidades y las elecciones legislativas de diciembre de 1997 no proporcionaron la mayoría necesaria para llevarla a cabo. De esta forma, Augusto Pinochet, quien cesó al año siguiente como Comandante en jefe del Ejército tras 25 años de mandato, asumió el puesto de senador vitalicio, pese a la oposición de los sectores democráticos.

Crecimiento e inserción internacional

El nuevo gobierno, caracterizado por una política de continuidad con el gobierno anterior, se abocó a asegurar el crecimiento económico, profundizar la inserción internacional del país y avanzar en la modernización del Estado. En este sentido, el gobierno se propuso lograr nuevos socios comerciales. A tal fin se reemprendieron las conversaciones diplomáticas inciadas por George Bush y Patricio Aylwin en 1992 con Estados Unidos, México y Canadá para asociarse a la North American Free Trade Asociation (NAFTA), pero el resultado de las negociaciones fue infructuoso. En 1996 Chile firmó un convenio en calidad de miembro asociado al Mercado Común del Sur (Mercosur) y pasó a integrar el Foro de Cooperación Económica del Asia-Pacífico (APEC). Asimismo entró a formar parte de la Organización Mundial del Comercio y el número total de países importadores de productos chilenos aumentó a cincuenta.

El caso Pinochet

En 1998, la detención de Augusto Pinochet en Londres desató una profunda crisis, la mayor por las que atravesó la transición democrática. En el mes de octubre, durante una estadía en la capital británica para ser intervenido quirúrgicamente, Pinochet fue detenido por la policía de aquel país a instancias de Baltasar Garzón, quien solicitó su extradición a España bajo la acusación de crímenes cometidos durante la dictadura. La diligencia y la sorpresa del trámite del juez español conmocionaron al mundo entero y provocaron un sinnúmero de reacciones políticas en Chile. Comenzó entonces un largo proceso político-judicial, durante el cual las autoridades chilenas exigieron al Reino Unido y a España el respeto a la soberanía nacional en lo que consideraban un asunto interno e hicieron repetidos llamamientos a la calma al pueblo chileno, que veía nuevamente abiertas las heridas sufridas en su historia reciente.

Dos meses después de la detención el ministro británico de Interior, Jack Straw, resolvió tramitar la solicitud de extradición y en marzo de 1999 los jueces de la Cámara de los Lores británica dictaron una definitiva sentencia que negaba la inmunidad diplomática de Pinochet a los delitos cometidos después de 1988, fecha en que Gran Bretaña incorporó a su legislación la Convención de las Naciones Unidas sobre la tortura. Los esfuerzos del gobierno chileno para conseguir el retorno del general a Chile se concretaron en las presiones diplomáticas ejercidas ante España y el Reino Unido y en la decisión de Eduardo Frei de no concurrir a la Cumbre Iberoamericana de La Habana. Después de que el presidente del tribunal penal de la londinense Bow Street diera luz verde a la extradición, el gobierno chileno pidió la libertad de Pinochet por razones de salud. Ante el informe elaborado por los médicos británicos en el que concluían que el general no estaba en condiciones de afrontar un juicio, Straw decidió suspender el proceso de extradición y poner en libertad al senador vitalicio. Después de 503 días de detención, Pinochet abandonó el Reino Unido el 2 de marzo de 2000.

Las últimas elecciones del milenio

Cumplido ya el segundo sexenio de la transición democrática, dos grandes conglomerados políticos se enfrentaron por la presidencia: la Concertación de Partidos por la Democracia, liderada por el ex ministro Ricardo Lagos, abogado socialista, y la Alianza por Chile, encabezada por el economista Joaquín Lavín, dirigente de la Unión Demócrata Independiente y alcalde de Las Condes. Durante la campaña, ambos candidatos abogaron por la continuidad del modelo económico, si bien desde enfoques diferentes, ya que Lavín puso el énfasis en una gestión eficiente y en las recetas del neoliberalismo, mientras que Lagos partió de una perspectiva social, adjudicándole al Estado un papel regulador para proteger a los más pobres. En la primera vuelta, a finales de 1999, el recuento arrojó un virtual empate entre el candidato por la Concertación y el líder de la Alianza, lo que forzó a una segunda ronda, celebrada el 16 de enero de 2000. El reñido enfrentamiento, en que los resultados se pelearon voto a voto, concedió finalmente el triunfo a Lagos en ocho de las trece regiones, aunque por una estrecha diferencia. En la ceremonia de asunción del mando, el tercer presidente de la Concertación pronunció un discurso cargado de simbolismos en el que enfatizó la idea de que será el presidente de todos los chilenos, sean «de centro, de izquierda o de derecha, civiles o militares». Entre los temas pendientes de la transición Lagos concedió especial relevancia a la necesidad de dotar al país de una Constitución aprobada por todos los sectores, generando así las condiciones para cerrar el proceso iniciado con el plebiscito de 1988.

A comienzos del año 2000, en la que se considera una de las elecciones más reñidas de la historia chilena, obtuvo la victoria el socialista Ricardo Lagos, quien se convirtió así en el tercer presidente de la Concertación por la Democracia.

El desafío chileno

El presidente encargado de inaugurar el Chile del siglo XXI deberá enfrentarse a un desafío de características poco frecuentes en el espectro político latinoamericano. Este desafío puede resumirse en un tema que ha sido señalado desde los más diversos ámbitos de la vida chilena, aunque hayan variado los acentos, el orden de los factores o las soluciones propuestas: la evidente desproporción entre, por un lado, el despegue económico y la creciente credibilidad financiera experimentados por el país en los últimos veinte años, sobre todo en el decenio de los noventa, y la escasa correspondencia, por otro lado, de estos logros con la evolución de los campos de actividad más sensibles a la sociedad civil, tales como la educación, la sanidad pública y la diversificación y crecimiento de los medios. Amplios sectores de opinión a mediados de los años noventa hicieron de Chile el ejemplo máximo de las ventajas del liberalismo económico y de la imparable globalización de los mercados. Pero, a finales de 1997 la crisis financiera frenó la demanda de productos chilenos en el Sudeste Asiático, poniendo en jaque la pujante economía del país hasta hacerla entrar en un período recesivo que se mantendría durante todo el año 1998 y gran parte de 1999. La paulatina recesión de los últimos años obligó a efectuar un análisis más mesurado y realista de los acontecimientos. Entonces se vio que, si bien Chile había experimentado un crecimiento sostenido durante trece años, cercano al 7 por ciento, bajado la inflación de dos dígitos a uno y mantenido las tasas de desempleo en niveles aceptables (8,4 por ciento para finales de 1999), en general «el jaguar latinoamericano», como se le llamaba a Chile, no resistía ser comparado con los «tigres asiáticos», con los que había sido homologado.

Ahora bien, si se compara la situación chilena con la de los países del área, el panorama es mucho más esperanzador. Pese a que las múltiples expectativas de desarrollo social y saneamiento administrativo barajadas para el sexenio de Frei no se cumplieron, Chile alcanzó en 1999 el puesto 34º entre los 174 países del mundo analizados por las Naciones Unidas para determinar el llamado Índice de Desarrollo Humano, lo que situó al país a la cabeza de las naciones latinoamericanas en la materia. Con respecto al llamado cono sur, la comparación es francamente positiva. Colocado siempre en el medio de la enorme Argentina y el pequeño y monoproductor Uruguay, Chile atraviesa una situación singular y en ciertos aspectos de arbitraje que nunca había disfrutado hasta la actualidad. Herederos los tres países de los gobiernos militares entronizados en los años setenta, Chile salió de ese trance con una propuesta específica que ha sido y es motivo de polémicas, pero que se tradujo en una indudable y envidiable estabilidad. La entrada como socio preferencial pero al mismo tiempo autónomo en la compleja y estimulante estructura económica del Mercosur da a Chile no sólo la posibilidad de convertirse en el representante del ente de cara al Pacífico, sino en el interlocutor natural con los restantes países sudamericanos. Como puntal de un proceso de saneamiento en el maltratado panorama general de las economías continentales y en la voluntad de llevar a cabo los cambios sociales que sean necesarios para afrontar un futuro más equilibrado, Chile tiene frente a sí una circunstancia plena de estímulos para el siglo XXI.

■ ■ ■ ■

Las instituciones

AURORA DE CHILE
PERIODICO
MINISTERIAL, Y POLITICO,

No. 1. Jueves, 13 de Febrero, de 1812. Tomo 1.

NOCIONES FUNDAMENTALES SOBRE LOS DERECHOS DE LOS PUEBLOS.

TODOS los hombres nacen con un principio de sociabilidad, que tarde ò temprano se desembuelve. La debilidad, y larga duracion de su infancia, la perfectibilidad de su espiritu, el amór maternal, el agradecimiento y la ternura, que de él nacen, la facultad de la palabra, los acontecimientos naturales, que pueden acercar, y reunir de mil modos à los hombres errantes y libres: todo prueba que el hombre està destinado por la naturaleza à la sociedad.

El fuera infelíz en este nuebo estado, si viviese sin reglas, sin sujecion, y sin leyes, que conservasen el órden. ¿Pero quien podia dar, y establecer estas leyes, quando todos eran iguales? Sin duda el cuerpo de los asociados, que formaban un pacto entre si de sujetarse à ciertas reglas establecidas por ellos mismos para conservar la tranquilidad interior, y la permanencia del nuebo cuerpo, que formaban. Asi pues el instinto, y la necesidad, que los conducia al estado social, debia dirigir necesariamente todas las leyes morales, y politicas al resultado del órden, de la seguridad, y de una existencia mas larga y mas feliz para cada uno de los individuos, y para todo el cuerpo social. Todos los hombres, decia Aristoteles, inclinados por su naturaleza à deséar su comodidad, solicitaron, en conseqüencia de esta inclinacion, una situacion nueba, un nuebo estado de cosas, que pudiese procurarles los mayores bienes posibles: tal fué el origen de la sociedad.

El órden y libertad no pueden conservarse sin un govierno: y por esto la misma esperanza de vivir tranquilos, y dichosos, protegidos de la violencia en lo interior, y de los insultos hostiles, compelió à los hombres ya reunidos à depender, por un consentimiento libre, de una autoridad pública. En virtud de este consentimiento se erigió la *Protestad Suprema*, y su exercicio se confió à uno, ò à muchos individuos del mismo cuerpo social.

En este gran cuerpo hai siempre una fuerza central, constituida por la voluntad de la nacion para conservar la seguridad, la felicidad, y la conservacion de todos, y prevenir los grandes inconvenientes que hacerian de las pasiones: y se observa tambien una fuerza centrifuga, que proviene de los esfuerzos, injusticias, y violencias de los pueblos vecinos, por las quales obran unos sobre otros para extenderse, y agrandarse à costa del mas debil; à menos que cada uno se haga respetar por la fuerza. Por este principio la historia nos presenta à cada paso la esclabitud, los estragos, la atrocidad, la miseria, y el exterminio de la espesie humana. De aqui es que no se encuentra algun pueblo, que no haya sufrido la tirania, la violencia de otro mas fuerte.

Este estado de los pueblos es el origen de la monarquia, por que en la guerra necesitaron de un caudillo, que los conduxese à la victoria. En los antiguos tiempos, dice Aristoteles, el valor, la pericia, y la felicidad en los combates elevaron à los capitanes, por el reconocimiento, y utilidad pública, à la potestad real.

No tuvo otro origen la monarquia española. Los Reyes Godos ¿que fueron en su principio sino Capitanes de un pueblo conquistador? ¿Y de qué le huviera servido al Infante Don Pelayo decender de los Reyes Godos, si los españoles no huviesen conocido en él los talentos, y virtudes necesarias para restaurar la nacion, y reconquitar su libertad?

Establescamos pues como un principio, que la autoridad suprema trahe su origen del libre consentimiento de los pueblos, que podemos llamar pacto, ò alianza social.

En todo pacto intervienen condiciones, y las del pacto social no se distinguen de los fines de la asociacion.

Los contratantes son el pueblo, y la autoridad executiva. En la monarquia son el pueblo, y el rey.

El rey se obliga à garantir y conservar la seguridad, la propiedad, la libertad, y el órden. En esta garantía se comprehenden todos los deberes del monarca.

El pueblo se obliga à la obediencia, y á proporcionar al rey todos los medios necesarios para defenderlo, y conservar el órden interior. Este es el principio de los deberes del pueblo.

El pacto social exige por su naturaleza que se determine el modo con que hade exercerse la autoridad pública: en que casos, y en que tiempos se hade oir al pueblo; quando se le háde dar cuenta de las

Las Constituciones chilenas

Una vez finalizado el proceso de Independencia, la naciente república se abocó a la tarea de buscar un modelo institucional adecuado. La gran influencia ejercida por Europa y Estados Unidos en materia de organización política motivó la imitación indiscriminada de sus modelos constitucionales, los cuales, sin embargo, buscaban establecer fórmulas de ordenamiento de sociedades muy distintas a las americanas.

La historia de los textos constitucionales en Chile

El precedente más temprano de modelo constitucional en el país se remonta al Reglamento Constitucional de 1812. Decretado durante el gobierno de José Miguel Carrera (1811-1813), mantuvo formalmente la fidelidad al rey español.

Por otra parte, proponía la formación de un Senado, el mantenimiento de los cabildos y de la religión católica. En uno de sus párrafos, anulaba explícitamente cualquier ordenanza emanada del exterior y la persecución a todo aquel que la obedeciera. Interpretaciones posteriores han querido ver en este punto una velada declaración de Independencia.

Las medidas tomadas por Carrera causaron la preocupación del entonces virrey del Perú, Fernando de Abascal, quien las consideró demasiado autonomistas y despachó con celeridad cuerpos armados a fin de someter los movimientos juntistas de Buenos Aires y Santiago de Chile. De este modo se inició la serie de campañas militares que en 1818 culminarían con la Independencia definitiva del territorio chileno.

Durante el gobierno de Bernardo O'Higgins (1817-1823) se dictaron las Constituciones de 1818 y 1822. La primera presentaba un carácter autoritario, pues no se fijaba un término al mandato del director supremo, lo que, en la práctica, legalizaba una dictadura permanente. La segunda, nacida a raíz de las presiones ejercidas por la aristocracia, fijó un final para el mandato de O'Higgins, pero éste se aseguró que existiese el derecho a la reelección inmediata y hubiese presencia en el Senado de magistrados designados entre los ex funcionarios de gobierno.

El período comprendido entre 1823 y 1830 fue testigo de esforzados intentos de aplicación de modelos constitucionales. Aunque los resultados obtenidos fueron bastante limitados, e incluso hasta negativos, se destacan al menos tres ensayos fundamentales correspondientes a los años 1823, 1826 y 1828.

La Constitución de 1823

Bajo el gobierno de Ramón Freire (1823-1826) e impulsada por el jurista Juan Egaña —quien se inspiraba en la idea ilustrada de que bastaba con la aplicación de la ley para su obediencia—, en 1823 se promulgó la «Constitución moralista», así llamada porque pretendía controlar a la ciudadanía en cuanto a su moralidad, incluso en ciertos aspectos de la vida privada. Esta Carta Magna, cuya evidente intención era terminar

Camilo Henríquez fue uno de los inspiradores y forjadores de la Independencia de Chile. Se trataba de un fraile de la Buena Muerte, que desde su periódico «La Aurora de Chile» explicó, polemizó, atacó y, sobre todo, puso en la picota a las fuerzas renuentes a las nuevas ideas liberales. En esta página del periódico se exponen las «Nociones generales sobre los derechos de los pueblos». Dentro de la estructuración de cualquier Estado democrático, la Constitución o Carta Magna ocupa un lugar preeminente.

Las instituciones

Junto a estas líneas, Juan Egaña, jurista y patriota chileno que inspiró la Constitución de 1823, la «Constitución moralista», derogada en 1824.

José Miguel Infante (a la derecha) fue el principal teórico de las «leyes federales» de 1826, que sólo funcionaron como un litigio entre el poder parlamentario y el ejecutivo y también tuvieron corta vigencia.

con el desorden cívico e imponer la rectitud tanto pública como privada, resultó impopular desde un principio. Otro factor en contra para su aplicación fue el engorroso sistema de relaciones entre el Ejecutivo y el poder legislativo, mediatizado por una institución, la Cámara Nacional, árbitro entre ambos poderes. La Constitución de 1823 fue derogada al año siguiente.

La carta constitucional de 1826

A imitación del modelo estadounidense, la mayoría liberal con que contaba el Congreso aprobó en 1826 ensayar el modelo federal. Esta estructura no llegó a tener carácter de Constitución propiamente dicha, por lo que se la conoce como «leyes federales». El padre intelectual del proyecto fue José Miguel Infante. Su aplicación fue un verdadero despropósito, pues la nominación de la mayoría de las magistraturas y funciones se basaba en la elección popular, lo cual provocó violentos desórdenes en el momento de la publicación de los resultados. También generó disputas por la delimitación de las fronteras entre provincias y tampoco logró la esperada autonomía regional ni el fin del centralismo. Estos hechos le costaron al presidente del país Manuel Blanco Encalada su salida del cargo.

La Constitución de 1828

En 1828, bajo el gobierno de Francisco Antonio Pinto (1827-1829) se dictó la «Constitución liberal». Se la ha considerado como un modelo de perfección en cuanto a estructura, si bien esa misma perfección resultó un obstáculo para su aplicación a la realidad nacional. El ideólogo de la nueva Constitución fue José Joaquín de Mora, de nacionalidad española y oficial mayor del Ministerio de Estado. En esta Carta Magna, el poder legislativo era de carácter bicameral; se establecía un Congreso Nacional compuesto por una Cámara de Senadores y una Cámara de Diputados. Una característica reseñable de este documento es que por primera vez se oficializaba el concepto de presidente de la República y se instituía el cargo de vicepresidente. El presidente de la nación duraría cinco años en el cargo, sin derecho a reelección, y tampoco podría utilizar las denominadas «facultades extraordinarias»,

Las Constituciones chilenas

> **UN MODELO DE ESTADO FEDERAL**
>
> Las «leyes federales» de 1826 provocaron el aumento del desorden institucional. Pretendieron ser una copia del modelo estadounidense, pero no se realizó una adaptación de las mismas a la idiosincrasia chilena. Su puesta en práctica se realizó muy apresuradamente: de hecho, fue aprobada por una mayoría liberal que no esperó una confirmación más acabada.
>
> Se dividió el país en ocho provincias, cuyos límites tampoco fueron claramente establecidos. La intención de que cada zona tuviese un mayor grado de autonomía, para acabar con el centralismo de Santiago, no obtuvo los resultados esperados dada la escasez de recursos económicos regionales provocada por la guerra de Independencia. Su fracaso provocó el descrédito absoluto de los partidarios del federalismo y ya no se volvió a intentar otro experimento de similar índole ∎

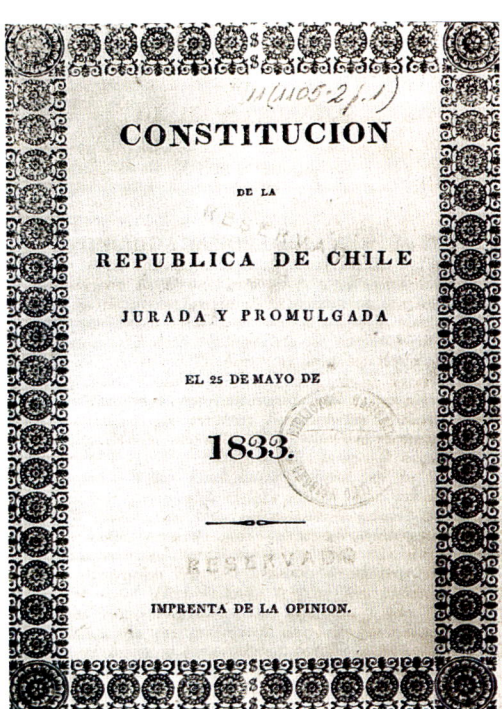

La Constitución de 1833, la que mayor vigencia ha tenido en la historia de Chile, era llamada «Constitución autoritaria o conservadora». Su ideario se inspiró en Diego Portales. La redactaron Mariano Egaña y Manuel Gandarillas.

atribuciones que daban una gran autoridad al Ejecutivo en caso de grave emergencia o conmoción; el derecho a veto del presidente sólo tendría carácter suspensivo. Esta Constitución contemplaba el derecho de propiedad, seguridad jurídica y libertades en general, aspectos que las constituciones más modernas han conservado.

La Carta Magna de 1833

Con posterioridad a los conflictos de 1829-1830 entre liberales y conservadores, de los que estos últimos salieron victoriosos, se estableció una de las cartas fundamentales que mayor estabilidad ha dado al país. Promulgada en 1833 y conocida como «Constitución autoritaria o conservadora», mantuvo su vigencia hasta 1925. Estaba inspirada en el ideario del ministro Diego Portales y le dieron forma jurídica dos grandes personajes: Mariano Egaña, hijo del jurista que elaboró la Constitución de 1823, y Manuel Gandarillas. El primero era partidario de la ideología conservadora y el segundo de la liberal. La nueva carta constitucional, de fuerte rasgo autoritario (sello distintivo que perduraría hasta iniciarse un proceso paulatino de reformas flexibilizadoras), expresaba el grado de evolución histórica y la mentalidad que predominaba en la época en la joven nación chilena. Basándose en ella, los gobiernos conservadores (o «pelucones») gobernaron sin grandes contratiempos hasta 1861.

Según la Constitución de 1833, el presidente de la República podía gobernar por cinco años; tenía derecho a reelección inmediata; designaba y removía a ministros, embajadores y cónsules; nombraba a los magistrados de los tribunales superiores y vigilaba su conducta y desempeño; además era el comandante de las Fuerzas Armadas. En caso de guerra o conmoción interna, el gobierno podía apelar al uso de facultades extraordinarias, previa autorización del Congreso; ejercía el derecho de patronato sobre la Iglesia; podía colegislar junto al Congreso; poseía derecho a veto en la formación de las leyes y contro-

Las instituciones

Considerado el organizador de la República, Diego Portales (en la imagen) diseñó un sistema de administración pública que fue perfeccionado por Manuel Montt y llegó a ser un modelo en Hispanoamérica.

laba el funcionamiento de las municipalidades o cabildos a través de los gobernadores respectivos. Consagraba el sufragio censitario, según el cual sólo tenían derecho a voto los poseedores de un bien raíz o de un capital dado. El poder presidencial era omnímodo, llegándose a la calificación oficial de «Jefe Supremo de la Nación».

El procedimiento para reformar esta Constitución era bastante complejo, puesto que se necesitaba el acuerdo de dos congresos sucesivos; esto ayuda a entender que el texto original no sufriera modificaciones hasta 1871, año en que se estableció la primera reforma importante: la prohibición en la reelección inmediata del presidente de la República, procedimiento por el cual cuatro mandatarios entre 1831 y 1871 habían gobernado diez años cada uno.

El ideario portaliano

Diego Portales (1793-1837) fue un hombre singular en la historia chilena. Su accionar e ideología marcaron un precedente de tal fuerza que muchos le consideran, aún hoy, el estructurador de la República. De aquí que se hable generalmente del «ideario portaliano».

A Portales le preocupaba profundamente la situación de las repúblicas americanas, que habían caído en una grave anarquía y desorden. Chile no había sido la excepción; sin embargo, su proceso de ajuste fue relativamente breve y no acarreó grandes derramamientos de sangre ni pérdidas materiales de consideración, como ocurrió en la gran mayoría de los emergentes estados latinoamericanos.

En opinión de Portales, Chile no podía entrar inmediatamente en el sistema democrático debido a la falta de madurez cívica de los ciudadanos; era necesario un proceso de transición por el cual se lograría la deseada madurez; sólo entonces podría advenir la democracia en plenitud. El período de transición enseñaría a los ciudadanos a asumir las responsabilidades inherentes a una correcta forma de llevar los asuntos de una república estable y en camino al desarrollo. La transición tendría un carácter autoritario, el gobierno sería centralizado y unitario para evitar los caudillismos o gobiernos personalistas y los intentos federalistas, pues ambas cosas las consideraba nefastas para el país. Los funcionarios de gobierno debían ser modelos de conducta y honorabilidad. El Ejecutivo debía dejar de lado sus propias ideologías y procurar sólo el beneficio del pueblo; de ahí la idea de «impersonalidad» que caracterizó a esta estructura de pensamiento político.

A pesar de ser partidario de una autoridad fuerte, Portales estaba de acuerdo con la idea de una oposición política al Ejecutivo; sin embargo, esta oposición debería cumplir el requisito de la «constructividad», ya que de lo contrario sólo alteraría el desarrollo armónico de la nación. Una vez lograda la madurez ciudadana, la democracia podría instalarse en forma sólida.

Otros aspectos del pensamiento portaliano tenían relación directa con la idea de hacer de Chile una potencia en la zona del Pacífico y, por otro lado, una posición crítica con respecto a las pretensiones político-policiales de Estados Unidos en el continente americano; esto último, a partir de la promulgación de la llamada «doctrina Monroe» de 1823, mediante la cual Estados Unidos se autoerigía en guardián de la libertad americana, rechazando de plano y en forma amenazante una posible intervención de cualquier potencia europea. A Portales este planteamiento le parecía tremendamente peligroso, puesto que nadie había pedido a los estadounidenses el desempeño de tan singular rol.

«Mandar a los que mandan», era la frase favorita de Portales. Su táctica política consistía en maniobrar desde el fondo del poder, sin hacerse notar. Murió asesinado a manos de oficiales del ejército que no estaban de acuerdo con su política internacional. Con el asesinato de Portales, el país perdió a uno de sus más destacados ideólogos; sin embargo, su legado permaneció.

Pugna entre los poderes ejecutivo y legislativo

En el transcurso de las décadas de gobierno autoritario, la sociedad chilena sufrió cambios, en especial en los círculos que detentaban la cultura y la riqueza. Las nuevas ideas del liberalismo habían ido tomando fuerza entre los opositores al autoritarismo; la adhesión a esta filosofía por parte de ciertos sectores de los «pelucones» permitió que se hicieran reformas a la Constitución. A partir de 1874 se le introdujeron una serie de cambios que tuvieron como finalidad liberalizarla. Algunas de estas reformas fueron relativas al quórum necesario para el funcionamiento más expedito de las cámaras y por ende para la mayor celeridad legislativa; también concernían a la ciudadanía, al número de diputados y a la libertad de asociación y reunión. Se estableció que para tener derecho a voto bastaría saber leer y escribir, terminando así con el antiguo sistema del voto censitario.

El proceso vivido a partir de la flexibilización de la carta fundamental de 1833 explica la paulatina pérdida de autoridad del Ejecutivo frente al poder legislativo. El Congreso, según la propia Constitución, poseía un arma formidable frente a los poderes del presidente; éstas fueron las llamadas «leyes periódicas», que debían ser aprobadas anualmente o cada 18 meses como máximo. Se referían al presupuesto, las Fuerzas Armadas (de tierra y mar) y las contribuciones.

LA LUCHA ARMADA ENTRE EL EJECUTIVO Y EL LEGISLATIVO: LA GUERRA CIVIL DE 1891

La guerra civil de 1891 provocó un quiebre profundo en la sociedad chilena. Fue el enfrentamiento de las familias de alcurnia que se desangraron en los campos de batalla y generaron odios y venganzas que duraron largo tiempo. La política de sistemática obstrucción a la iniciativa del Ejecutivo en materia legal por parte del Congreso provocó en el presidente Balmaceda una reacción extrema: declarar unilateralmente la ley de Presupuesto del año anterior sin la necesaria aprobación del Congreso, hecho que fue considerado por éste como la implantación de una dictadura. El poder legislativo lo declaró inconstitucional y se llegó a las armas. Según expresión de un contemporáneo, fue una lucha entre «rotos acaballerados y caballeros arrotados».

A raíz de la victoria del poder legislativo, el presidente se asiló en la embajada argentina y justo el día en que finalizaba su período de gobierno puso fin a su vida. De esta manera se abrió la puerta para el dominio sin contrapeso del poder legislativo sobre el Ejecutivo, etapa histórica caracterizada por la falta de interés en los asuntos sociales y una desmedida preocupación por aspectos teóricos sobre la lucha entre el Estado y la Iglesia, y otros de índole educacional ■

Las instituciones

Arturo Alessandri Palma, el «león de Tarapacá», fue el llamado a dirimir la lucha que se había larvado entre el Congreso y el Ejecutivo. Participó activamente, junto con José Maza, en la elaboración de la Constitución de 1925, que devolvía al poder ejecutivo buena parte de su antigua autoridad.

El Ejecutivo debía someter los proyectos de ley en estas materias a la aprobación del Legislativo. Aprovechando esta facultad más otras prerrogativas, como el voto de censura y la acusación ministerial, el Congreso fue paulatinamente adquiriendo mayor poder, pues derribaba en forma sistemática los gabinetes ministeriales.

Esta situación alcanzó su punto álgido bajo la presidencia de José Manuel Balmaceda (1886-1891), al estallar la guerra civil (1891) que enfrentó a los partidarios del Congreso con los del Ejecutivo, y en la que obtuvieron la victoria los primeros. Este triunfo marcó el inicio del predominio del Parlamento sobre el poder ejecutivo, etapa denominada «parlamentaria», que va de 1891 a 1925 (fecha en que se promulgó la nueva Constitución que reemplazó a la de 1833, que se había ido desvirtuando poco a poco).

Antecedentes de la Constitución de 1925

En 1924 la situación política había hecho crisis: el atraso en el pago de los sueldos a funcionarios civiles y militares y las desigualdades sociales no parecían conmover a los congresales, los cuales promulgaron la ley de «dieta parlamentaria», una especie de sueldo con cargo al Estado, que les permitía desempeñar con tranquilidad su trabajo político. Ante esta situación, el 5 de septiembre el bloque de los militares reaccionó con indignación, episodio conocido como el «ruido de sables». El presidente Arturo Alessandri Palma presentó su renuncia y se marchó a Europa, sin perder su categoría de presidente en ejercicio. En tal condición, a su regreso exigió un cambio urgente de carácter constitucional como requisito para continuar gobernando y detener los excesos en que había incurrido el parlamentarismo. De esta manera comenzó a gestarse la nueva Constitución.

La carta fundamental de 1925

Esta nueva Carta Magna devolvió al Ejecutivo gran parte de su antigua autoridad, sin caer en el autoritarismo. Separó definitivamente a la Iglesia del Estado, terminando con los roces y desencuentros que habían caracterizado la relación entre ambos. El despacho de las leyes periódicas ya no dependió del Congreso y se estableció una nueva instancia arbitral a fin de garantizar los comicios denominada Tribunal Calificador de Elecciones (Tricel). Mediante el Decreto Supremo n.º 1 422, de fecha 7 de abril de 1925, Alessandri designó una Comisión consultiva en la que estaban representados todos los grupos políticos de entonces, con lo que pretendía alcanzar el mayor grado de objetividad política. Esta Comisión debería derivar en la constitución de una Asamblea Constituyente, proyecto éste que finalmente fue desechado.

Los autores intelectuales de la Constitución de 1925 fueron el propio Alessandri y su ministro José Maza. Posteriormente el texto fue sometido a plebiscito, que, convocado por decreto-ley n.º 461, del 3 de agosto de 1925, se llevó a efecto el 30 de agosto. La nueva Constitución se promulgó oficialmente el 18 de septiembre de 1925. Esta nueva carta constitucional estuvo vigente hasta el 11 de septiembre de 1973, fecha del golpe de Estado («pronunciamiento militar»

Con la Constitución de 1925 se logró una estabilidad que ayudó al país a pasar airoso los años que en otras partes del globo fueron funestos. Arturo Alessandri (aquí, en la firma de la Carta Magna) impuso una nueva manera de hacer política; iracundo, populista y gran parlamentario, fue el reflejo liberal del mundo civilizado que le tocó vivir.

o «golpe militar») que acabó con el gobierno del presidente Salvador Allende Gossens.

El «pronunciamiento» o «golpe militar» de 1973

En opinión de las Fuerzas Armadas y del Orden, y del sector político que ambas apoyaban, el gobierno presidido por Salvador Allende había incurrido en graves faltas a la ley y a la Constitución, generando un estado de desorden que había sumido al país en el caos. Opinaban, además, que la realidad económica del momento era crítica, ya que se habían alcanzado tasas inflacionarias muy altas y los programas de avance social y económico del gobierno no habían fructificado. Por otra parte, consideraban que los equipos humanos que rodeaban al mandatario se caracterizaban por su ineptitud.

Sin embargo, todos estos argumentos escondían el temor de los militares a la imposición de un sistema de carácter marxista que amenazaba los intereses económicos de los grupos tradicionalmente dominantes. Por otro lado, algunos sectores temían el estallido de una guerra civil, ya que las posiciones políticas se habían polarizado fuertemente.

La apelación a las Fuerzas Armadas se tornó insistente por parte de los grupos más afectados, hasta que éstas decidieron terminar con el gobierno de la Unidad Popular. El probable triunfo de Allende en el plebiscito que había convocado el 4 de septiembre para consultar al país si debía seguir presidiendo la nación, llevó a la oposición a adelantar su contundente acción.

El 11 de septiembre de 1973, las Fuerzas Armadas y las Fuerzas de Orden y Seguridad Pública (Carabineros y Policía de Investigaciones) tomaron posiciones y declararon públicamente su intención de poner punto final a las circunstancias existentes. El Palacio de la Moneda, sede del gobierno, fue bombardeado por tierra y aire, y asaltado. El presidente Allende se negó a rendirse y a aceptar la proposición de los militares de salir del país en un avión junto a su familia, y decidió permanecer en La Moneda. Esta determinación le costó la vida. La Junta Militar proclamó que su proceder era institucional y que, por tanto, el término «pronunciamiento» era el más adecuado para definir aquella acción.

A través de una serie de comunicados por radio, el nuevo gobierno de facto fue delimitando sus políticas tanto teóricas como prácticas.

Las instituciones

Tras el golpe de Estado del 11 de septiembre de 1973 el gobierno de la nación quedó en manos de una Junta Militar en la que, desde un principio, descolló la figura de Augusto Pinochet. El nuevo régimen asumió los poderes legislativo y ejecutivo.

Potestades estatales de la Junta Militar de 1973 a 1981

Con fecha 18 de septiembre de 1973, se promulgó un decreto-ley que establecía que los comandantes en jefe de las tres ramas de las Fuerzas Armadas (de tierra, mar y aire), más el de los Carabineros, se habían constituido en Junta de Gobierno, asumiendo el mando supremo de la nación, y se comprometían, en un principio, a respetar la Constitución de 1925 —que finalmente sería suprimida— y el poder judicial. En noviembre de 1973, la Junta asumió el ejercicio de los poderes constitucionales ejecutivo y legislativo, mientras que el poder judicial continuaba con las atribuciones correspondientes que le conferían la Constitución y las leyes. Las medidas más importantes del período tendieron a la desintegración del antiguo orden constitucional, dándole un poder ilimitado al gobierno:

• Disolución del Congreso Nacional.
• Proscripción de la Unidad Popular. Esta medida significó también la expropiación de sus bienes muebles e inmuebles.
• Receso obligado de todos los partidos políticos no incluidos en la Unidad Popular.
• Caducidad de todos los registros electorales.
• Nombramiento de rectores-delegados en todas las universidades de Chile.
• La actividad sindical comenzó a ser regida por una serie de normas transitorias. (Cabe destacar que en el «bando» n.º 1, promulgado en el momento del pronunciamiento, había existido una declaración de compromiso en cuanto a respetar los derechos laborales logrados hasta entonces).
• Disolución del Tribunal Constitucional.

El mecanismo por el cual la Junta Militar comenzó a hacer efectiva su labor de gobierno fue el de los decretos-leyes. Jurídicamente, un gobierno puede funcionar mediante estos referentes, siempre y cuando esté en receso el poder legislativo, condición que en este caso se cumplía. Se estableció que si cualquiera de esos decretos era contrario o modificaba en algún sentido el texto constitucional, se entendía que la carta fundamental también se modificaba en el sentido dado por el decreto respectivo. Este procedimiento era legal, según la Junta, por cuanto se estaba actuando mediante la potestad constituyente asumida por ella misma.

Las «actas constitucionales»

En noviembre de 1973 se designó una comisión que tuvo por objeto la elaboración de un anteproyecto para dictar una nueva Constitución política. Esta comisión preparó unos documentos jurídicos que recibieron el nombre de «actas constitucionales», las cuales, en materias concretas, serían capítulos de la nueva Constitución. Mediante estas actas se creó el Consejo de Estado, especie de cuerpo consultor del presidente de la República, cargo que había recaído en el comandante en jefe del Ejército, Augusto Pinochet Ugarte. La misma Junta de Gobierno había decidido que la jerarquía en el mando debía ser ejercida por orden de precedencia y antigüedad en cuanto a la existencia de cada Fuerza Armada. Se designó entonces al comandante en jefe del Ejército como presidente de la Junta y, en su misma calidad, asumió la presidencia de la República. Otras innovaciones introducidas por estas actas tenían como objeto definir la institucionalidad chilena, los derechos y los deberes constitucionales y los regímenes de emergencia. La idea era que con el sucesivo desarrollo de estos cuerpos jurídicos se llegara finalmente a establecer una estructura única y definitiva que diera forma a una nueva Constitución.

La Constitución de 1980

A pesar de que la fecha establecida para dar término al período de elaboración de «actas constitucionales» se fijó para diciembre de 1979, se estimó que la situación del país estaba ya madura para adelantar el proceso de dictado de una Constitución definitiva. Los autores intelectuales del nuevo cuerpo jurídico fueron: Enrique Ortúzar, Jaime Guzmán, Raúl Bertelsen, Gustavo Lorca, Juan de Dios Carmona, Alicia Romo y Luz Bulnes.

La génesis de la Carta Magna

El anteproyecto fue entregado al Consejo de Estado, que se dedicó a su estudio entre 1978 y 1980. En este último año dio su aprobación, pero propuso un período de transición que debería prolongarse por cinco años más. La estructura definitiva quedó conformada por 120 artículos permanentes y 29 transitorios. Terminada esta etapa, se convocó a plebiscito ciudadano para aprobar o rechazar el proyecto en cuestión. Los votos en blanco se tomarían como sinónimo de aprobación, según el decreto-ley que estableció las reglas para el plebiscito. Éste se realizó el 11 de septiembre de 1980 sin tener la oposición al régimen ninguna posibilidad de pronunciarse en contra públicamente. Los cómputos establecidos arrojaron una victoria para la aprobación de la nueva carta fundamental, por lo que el 21 de octubre fue promulgada oficialmente.

Características generales del nuevo texto constitucional

Los rasgos generales de esta nueva Constitución son los siguientes: es escrita, sumaria (varios aspectos se tratan sólo en forma sintética), rígida y autoritaria, pues otorga un gran poder al Ejecutivo (diversas reformas posteriores flexibilizaron en parte esta situación inicial).

Un análisis más acabado de este nuevo cuerpo constitucional permite establecer que se buscaba como objetivo primordial restablecer el autoritarismo portaliano. De hecho la figura del antiguo estadista resultó emblemática para los miembros de la Junta y muy especialmente para el general Pinochet, que pensaba que la situación de entonces era similar a la que debió enfrentar el ministro Portales: un desorden que debía solucionarse por la vía del autoritarismo. El 30 de julio de 1989 un referéndum votó a favor de la reforma constitucional, al objeto de acomodar la Carta Magna a la transición democrática que por entonces iniciaba el país ■

Fotografía tomada desde el Hotel Carrera Hilton, en Santiago, que muestra la Plaza de la Constitución y la hermosa fachada del Palacio de la Moneda, edificio levantado a finales del siglo XVIII según planos del arquitecto italiano Toesca y que hoy es sede de la presidencia nacional.

Las instituciones

LA NACIONALIDAD CHILENA

Según la Constitución, son chilenos los nacidos en el territorio de Chile, excepto los hijos de extranjeros que se encuentren en el país en servicio de su gobierno y los hijos de extranjeros transeúntes; los casos anteriores podrán optar a la nacionalidad chilena. También se especifica en el texto fundamental que son ciudadanos chilenos:

En el país impera el *ius soli* (derecho de suelo), por lo que son chilenos todos los nacidos en territorio de Chile.

• Los hijos de padre o madre chilenos que se hallen al servicio de Chile en territorio extranjero, que se considerarán a todos los efectos como nacidos en territorio nacional.
• Los hijos de padre o madre chilenos nacidos en territorio extranjero por el sólo hecho de avecindarse por más de un año en Chile.
• Los extranjeros que obtuvieren carta de nacionalización en conformidad a la ley, renunciando expresamente a su nacionalidad anterior. No se exigirá tal renuncia a los nacidos en país extranjero que, en virtud de un tratado internacional, conceda este mismo beneficio a los chilenos.

Los nacionalizados en conformidad a este artículo podrán optar a cargos públicos de elección popular sólo después de cinco años de estar en posesión de sus cartas de nacionalización.
• Los que obtuvieren especial gracia de nacionalización por ley.

Estará a cargo de la ley la reglamentación de los procedimientos de opción por la nacionalidad chilena; de otorgamiento, negativa y cancelación de las cartas de nacionalización y la formación de un registro de todos estos actos.

Las causales de pérdida de la nacionalidad chilena son:
• Por nacionalización en país extranjero, con excepción de los casos 1º, 2º y 3º del artículo anterior que hubieren obtenido otra nacionalidad sin renunciar a su nacionalidad chilena y de acuerdo con lo establecido en el n.º 4 del mismo artículo. La causal de pérdida señalada precedentemente no rige respecto de los chilenos que, en virtud de disposiciones constitucionales, legales o administrativas del Estado en cuyo territorio residan, adopten la nacionalidad extranjera como condición de su permanencia en él o de igualdad jurídica en el ejercicio de los derechos civiles con los nacionales del país.
• Por decreto supremo en caso de prestación de servicios durante una guerra exterior a enemigos de Chile o de sus aliados.
• Por sentencia judicial condenatoria por delitos contra la dignidad de la patria o los intereses esenciales y permanentes del Estado.
• Por cancelación de la carta de nacionalización.
• Por ley que revoque la nacionalización concedida por gracia.

Las personas afectadas por las disposiciones anteriores sólo podrán ser rehabilitadas por ley. La persona afectada por acto o resolución de autoridad administrativa que la prive de la nacionalidad chilena o se la desconozca, podrá recurrir ante la Corte Suprema. Por último, son ciudadanos los chilenos que hayan cumplido dieciocho años de edad y no hayan sido condenados a pena aflictiva ∎

Los órganos del gobierno

Desde los inicios de la historia de Chile, la dirección del gobierno fue ejercida por líderes que cumplieron la misma función aunque poseyeran títulos diferentes.

El cargo presidencial

Durante la etapa colonial, lo que sería en un futuro el territorio chileno se denominó «Gobernación» y «Capitanía General». El principal funcionario del gobierno cumplía entonces dos funciones: como gobernador, ejercía el mando civil, y como capitán general, comandaba los cuerpos encargados de la defensa.

Como no existía una clara delimitación entre los roles de las instituciones de la administración hispana, además de estas atribuciones el gobernador del Reino era al mismo tiempo presidente del cabildo, presidente de la Real Audiencia y juez, entre otras funciones. A los efectos de una definición, se pueden considerar como gobernadores todos aquellos funcionarios que ejercieron la máxima autoridad gubernamental durante la Colonia, desde Pedro de Valdivia (1541) hasta García Carrasco (1810).

Durante el período de dominio hispánico hay que distinguir dos etapas: por un lado, los siglos XVI y XVII, que se caracterizaron por una lucha permanente por la sobrevivencia frente a los indígenas primero y a los piratas y fenómenos telúricos después. Todo esto sumado a la escasez crónica de presupuesto fiscal. Por otro lado, el siglo XVIII se caracterizó por la influencia de las ideas ilustradas y por el advenimiento de la dinastía de los Borbones al trono español, lo que significó un cambio profundo en la filosofía del gobierno monárquico y en las políticas de desarrollo, sobre todo en materia de obras públicas y educación. Los gobernadores de esa centuria se dedicaron a fundar ciudades, hospitales y centros de instrucción, y junto con ello, impulsaron la centralización del poder político. Hasta 1810 los gobernadores continuaron con sus gestiones materiales.

La Plaza de Armas fue el centro político del país desde 1541: el cabildo, la Real Audiencia y la catedral hacían de este espacio un lugar muy frecuentado. Arriba, la estatua ecuestre de Valdivia.

Las instituciones

Bernardo O'Higgins, director supremo entre los años 1817 a 1823. Junto con los hermanos Carrera, y también contra ellos, llevó a cabo el levantamiento de 1810. El 15 de diciembre de ese año la Junta de Gobierno, presidida por Juan Martínez de Rozas, convocó a elecciones para constituir una cámara de representantes, lo que prueba que para aquellos patriotas la labor legislativa era el fundamento primordial de la política.

Gobernantes bajo la República

1826	Manuel Blanco Encalada
1826	Agustín Eyzaguirre
1827	Ramón Freire Serrano
1827-1829	Francisco Antonio Pinto Díaz
1830-1831	José Tomás Ovalle Bezanilla
1831-1841	Joaquín Prieto Vial
1841-1851	Manuel Bulnes Prieto
1851-1861	Manuel Montt Torres
1861-1871	José Joaquín Pérez Mascayano
1871-1876	Federico Errázuriz Zañartu
1876-1881	Aníbal Pinto Garmendia
1881-1886	Domingo Santa María González
1886-1891	José Manuel Balmaceda Fernández
1891-1896	Jorge Montt Álvarez
1896-1901	Federico Errázuriz Echaurren
1901-1906	Germán Riesco Errázuriz
1906-1910	Pedro Montt Montt
1910-1915	Ramón Barros Luco
1915-1920	Juan Luis Sanfuentes Andonaegui
1920-1925	Arturo Alessandri Palma
1925	Luis Barros Borgoño
1925-1927	Emiliano Figueroa Larraín
1927-1931	Carlos Ibáñez del Campo
1931-1932	Juan E. Montero Rodríguez
1932-1938	Arturo Alessandri Palma
1938-1941	Pedro Aguirre Cerda
1941-1942	Jerónimo Méndez Arancibia
1942-1946	Juan Antonio Ríos Morales
1946-1952	Gabriel González Videla
1952-1958	Carlos Ibáñez del Campo
1958-1964	Jorge Alessandri Rodríguez
1964-1970	Eduardo Frei Montalva
1970-1973	Salvador Allende Gossens
1973-1990	Augusto Pinochet Ugarte
1990-1994	Patricio Aylwin Azócar
1994-2000	Eduardo Frei Ruiz-Tagle
2000-	Ricardo Lagos Escobar

Ejercieron temporalmente la presidencia: Francisco Ramón Vicuña Larraín (1829), Francisco Ruiz-Tagle Portales (1830), Fernando Errázuriz Aldunate (1831), Elías Fernández Albano (1910), Emiliano Figueroa Larraín (1910), Luis Altamirano Talavera (1924), Pedro Opaso Letelier (1931), Manuel Trucco Franzani (1931), Carlos Dávila Espinoza (1932), Bartolomé Blanche (1932), Abraham Oyanedel (1932) y Alfredo Duhalde (1946).

El advenimiento de la Independencia estableció cambios fundamentales: la Primera Junta de Gobierno y el Primer Congreso Nacional fueron las instancias que reemplazaron a los gobernadores de la época colonial.

La etapa del caudillismo se vivió en Chile con los gobiernos de José Miguel Carrera (1811-1813) y Bernardo O'Higgins (1817-1823). Una de las transformaciones fundamentales fue la instauración del cargo de director supremo, una especie de gobernador plenipotenciario, que fue ocupado por Francisco de la Lastra (1814), Bernardo O'Higgins y Ramón Freire (1823-1826). En 1826 se estableció el cargo de presidente de la República, que en aquel momento recayó en Manuel Blanco Encalada.

Las atribuciones constitucionales del presidente

Según la Constitución vigente, el gobierno y administración del Estado corresponden al presidente de la República, que es el jefe del Estado.

Su autoridad se extiende a todo cuanto tiene por objeto la conservación del orden público en el interior y la seguridad exterior de la República, de acuerdo a la Constitución y las leyes. Deberá, por lo menos una vez al año, dar cuenta al país del estado administrativo y político de la nación.

Para ser elegido presidente de la República se requiere haber nacido en el territorio de Chile, tener cumplidos cuarenta años de edad y poseer las cualidades necesarias para ser ciudadano con derecho a sufragio. El mandatario durará en el ejercicio de sus funciones por espacio de seis años (tema éste actualmente en discusión).

La elección presidencial

El presidente será elegido en votación directa y por mayoría absoluta de los sufragios válidamente emitidos. La elección se realizará en la forma que determine la ley. Si a la elección de presidente se presentaran más de dos candidatos y ninguno de ellos obtuviera más de la mitad de los sufragios válidamente emitidos, se procederá a una nueva elección, la cual se verificará, en la forma que determine la ley, quince días después que el Tribunal Calificador, dentro del plazo establecido, haga la correspondiente declaración. Esta elección se circunscribirá a los dos candidatos con las dos mayorías relativas más altas.

Si el presidente se hallara impedido para tomar posesión del cargo, lo asumirá, mientras tanto, con el título de vicepresidente de la República, el presidente del Senado, a falta de éste, el presidente de la Corte Suprema, y a falta de éste, el presidente de la Cámara de Diputados.

Si por impedimento temporal, sea por enfermedad, ausencia del territorio u otro grave motivo, el presidente de la República no pudiera ejercer su cargo, le subrogará, con el título de vicepresidente de la República, el ministro titular a quien corresponda de acuerdo con el orden de precedencia legal. Si éste faltara, las subrogaciones correspondientes seguirán el orden de los ministros en funciones. A falta de todos ellos, lo harán, en este orden, el presidente del Senado, el de la Corte Suprema y el de la Cámara de Diputados. El presidente cesará en su cargo el mismo día en que se complete su período y le sucederá el recientemente elegido en la convocatoria electoral.

ETAPAS CONSTITUCIONALES DE LA REPÚBLICA DE CHILE

- «Anarquía» o búsqueda de la institucionalidad: es el período histórico que abarca de 1823 a 1830.
- La «república conservadora» o «autoritaria» (1831-1861), cuya base legal fue la carta constitucional de 1833.
- La «república liberal» (1861-1891), caracterizada por la paulatina flexibilización de la carta fundamental de 1833: el Ejecutivo fue perdiendo gradualmente su autoridad.
- La «república parlamentaria», cuya principal característica fue el dominio sin contrapeso del poder legislativo sobre el Ejecutivo. Este período comenzó con la victoria del Congreso sobre el presidente José Manuel Balmaceda en la guerra civil de 1891.
- La «república presidencial», establecida a partir de la Constitución de 1925 y por la cual el Ejecutivo recuperó parte de su antigua autoridad. Esta Constitución estuvo vigente hasta 1973.
- El «régimen militar», que se puede subdividir en dos etapas: la Junta Militar de Gobierno (1973-1980) y la presidencia del general Augusto Pinochet (1980-1990).
- La transición a la democracia (1990-1994), con el gobierno de Patricio Aylwin.
- Democracia: los gobiernos de Eduardo Frei (1994-2000) y Ricardo Lagos ∎

Los ministros de Estado

El término «ministro», en el marco concreto de la historia de Chile, se remonta a la época de la ascensión de la dinastía borbónica a la Corona

Las instituciones

Cuando Mariano Egaña y Manuel Gandarillas se propusieron redactar el texto de la Constitución de 1833, ambos estaban al corriente sobre los peligros de las tiranías. Gandarillas (en la imagen) fue ministro de Hacienda con el presidente Freire y pasó luego al Ministerio de Interior.

española. Esta dinastía, de origen francés, cuyo primer representante en el gobierno hispano fue Felipe V (nieto de Luis XIV), puso en práctica las ideas del despotismo ilustrado en cuanto al desarrollo material de los ciudadanos.

La política desarrollista de los Borbones vivió su punto más alto en tiempos del rey Carlos III (1759-1788) y en Chile con el gobernador Ambrosio O'Higgins (1788-1796), posteriormente virrey del Perú. La idea central era intentar sacar del marasmo económico al Imperio español y revitalizarlo con medidas adecuadas.

La dinastía de los Borbones estaba ligada directamente a la centralización del poder. En efecto, bajo los Habsburgos, los monarcas estaban secundados por un sistema de instituciones de carácter colegiado, o sea formado por grupos de funcionarios que discutían los asuntos que debían ser presentados para la decisión final del rey. Al asumir el poder esta nueva dinastía, el sistema de instituciones colegiadas fue reemplazado por los ministros —cargo de origen netamente francés—, definidos como funcionarios responsables directamente ante el rey, y a cargo, cada uno de ellos, de una materia de gobierno específica: hacienda, guerra y marina, relaciones exteriores, entre otras. En la práctica, esto significó un aumento de los poderes políticos del monarca, ya que las instancias de discusión sufrieron una notable merma, agilizándose en grado sumo la puesta en práctica de las políticas reales.

Grandes ministros de la República durante el siglo XIX

Desde la estabilización de la República, en 1831, una pléyade de destacadas figuras políticas desempeñaron, desde diferentes carteras, un papel fundamental en el incipiente desarrollo de Chile, llevando a la nación a uno de los puestos más altos en el ámbito latinoamericano. Los casos más representativos han sido:
• Joaquín Tocornal Jiménez (1788-1865), ministro del Interior y gran colaborador de Diego Portales, pacificó las áreas rurales al derrotar a

los bandoleros que asolaban el sur. Fundó la Escuela de Medicina en 1833, la Escuela de Farmacia y la Escuela de Obstetricia (1834).
• Manuel Rengifo Cárdenas (1793-1845). Economista, político y diplomático, conocido como «el mago de las finanzas», estabilizó la economía como ministro de Hacienda del presidente José Joaquín Prieto, estableciendo el impuesto agrícola llamado «catastro» y los almacenes francos en Valparaíso, y estimulando la importación de bienes útiles a Chile mediante la rebaja de aranceles. Desarrolló también la Marina mercante nacional, equilibró la deuda interna y consiguió el aplazamiento de la externa. Gracias a estas medidas y el pronto pago de intereses, Chile adquirió fama de país serio y políticamente estable ante los acreedores británicos.
• Mariano Egaña Fabres (1793-1846). Político y jurisconsulto. Entre 1824 y 1829 fue ministro plenipotenciario ante diversas cortes europeas y residió en París y Londres. En 1836 fue ministro ante la Confederación peruano-boliviana. Participó como redactor de la Constitución de 1833 junto a Manuel Gandarillas.

La pareja constituida por el presidente Manuel Montt (junto a estas líneas) y su ministro Antonio Varas (a su lado) contribuyó al desarrollo de las instituciones del Estado en el decenio 1851-1861. Maestro y magistrado, Montt fue un político precoz y un estadista impecable que halló en Varas a alguien muy parecido a él, con un profundo pragmatismo.

- Manuel Montt Torres (1809-1880). Fue subsecretario de Interior y ministro con J. J. Prieto y luego con Manuel Bulnes. Su fuerte personalidad lo hizo un gran consejero de gobierno: siempre mantuvo la idea portaliana del gobierno abstracto e impersonal. Fundó la Escuela Normal de Preceptores (1842), encargó a Andrés Bello la elaboración de las bases para una universidad nacional, participó en la fundación de la Escuela de Artes y Oficios (1849). En 1843 aprobó los planos para la construcción de una penitenciaría. Llegó a la presidencia de la República en 1851 y gobernó hasta 1861. En el cargo se destacó por su autoritarismo y el adelanto material.
- Antonio Varas de la Barra (1817-1886). Gran orador, agrimensor y abogado. Fue ministro con M. Bulnes, Manuel Montt y Aníbal Pinto. Autoritario y progresista, siguió la huella de Montt. Como ministro de este último, impulsó la construcción del ferrocarril Santiago-Valparaíso, la construcción del ferrocarril al sur, la modernización de los sistemas de alumbrado público y el desarrollo de la tracción animal en los «carros de sangre» (1857), la puesta en marcha del servicio de correos y telégrafos (1852), la fundación de la Caja de Crédito Hipotecario (1855). Se destacó también como líder del grupo denominado «patronalista» o partidario del predominio de la autoridad civil sobre la religiosa.

Las funciones ministeriales

Los ministros de Estado son los colaboradores directos e inmediatos del presidente de la República en el gobierno y la administración del Estado. La ley determina el número y organización de los ministerios, así como también el orden de precedencia de los ministros titulares. Para ocupar este cargo ministerial se requiere ser chileno, tener cumplidos veintiún años de edad y reunir los requisitos generales para el ingreso a la administración pública.

Los reglamentos y decretos del presidente de la República deben firmarse por el ministro respectivo y no son obedecidos sin este requisito esencial. Los ministros son responsables individualmente de los actos que firman y solidariamente de los que suscriben o acuerdan con los restantes ministros.

Los ministros pueden asistir a las sesiones de la Cámara de Diputados o del Senado y tomar parte en los debates, con preferencia para hacer uso de la palabra, pero sin derecho a voto. Durante la votación pueden rectificar los conceptos emitidos por cualquier diputado o senador al fundamentar su voto.

El Consejo de Estado

Durante el régimen militar, el Consejo de Estado fue una institución destinada al asesoramiento del entonces presidente Pinochet; también sirvió en los asuntos de la administración civil del Estado. En rigor, se trataba de un cuerpo consultivo de carácter supremo para la asesoría en asuntos trascendentes. Su preocupación fundamental, en cuanto a la temática, eran los proyectos de reforma constitucional, proyectos de ley y tratados de carácter internacional.

Se instituyó por el decreto-ley 1 319 del 9 de enero de 1976 y no por la Constitución de 1980. Su vigencia era temporal, es decir, sólo debía permanecer mientras durase el llamado «período de transición» a la nueva institucionalidad. Dado su carácter de consejo asesor, el Ejecutivo no tenía la obligación de seguir fielmente sus dictámenes y tampoco el presidente estaba obligado a su previa consulta. En caso de pedir esta asesoría, las discusiones tenían carácter secreto, al igual que los dictámenes.

El Consejo de Estado constituía una institución de larga tradición en la historia nacional, puesto que su trayectoria arranca de la carta fundamental de 1833. Actualmente su función es desempeñada por el Senado.

Los «estados jurídicos de excepción»

Se definen como los mecanismos que permiten mantener la estabilidad institucional del Estado cuando éste se ve sometido a circunstancias de grave emergencia. Los «estados jurídicos de excepción» tan sólo se ponen en funcionamiento siempre y cuando la situación sea de tal gravedad que justifique tomar estas medidas. Poseen, por lo tanto, características de excepcionalidad y duran hasta que el período de emergencia se ha superado. Son mecanismos que limitan las libertades ciudadanas y dan mayor autoridad al sistema administrativo. Por ende, poseen un carácter restrictivo. En sí mismas, estas formas jurídicas no constituyen castigos por alguna determinada conducta delictual, sino que son preventivas para evitar el agravamiento de las situaciones que provocan inestabilidad; aunque es evidente que la restricción de los derechos y libertades públicas conlleva, en forma automática, la disminución de la efectividad de los recursos de defensa constitucional a los que puede apelar cualquier ciudadano en circunstancias de normalidad institucional.

Estas medidas de resguardo poseen ciertos límites. Los recursos de protección y amparo pueden ser interpuestos ante actitudes o conductas que se pueden considerar vejatorias por parte de la autoridad, pudiéndose también interponer demandas si así lo amerita el caso.

Según la carta fundamental de 1980, los estados jurídicos de excepción son cuatro:
• Estado de asamblea. Es declarado por el Ejecutivo, de acuerdo con el Consejo de Seguridad Nacional, en caso de guerra externa. Puede afectar a todo o a una parte del territorio nacional. El Ejecutivo queda facultado para suspender o restringir las libertades personales, el derecho de reunión, la libertad de información y de opinión y la libertad de trabajo. Podrá restringir el derecho de asociación y sindicación, censurar la correspondencia y comunicaciones, requisar bienes y limitar el ejercicio del derecho de propiedad.
• Estado de sitio. Es declarado por el presidente en acuerdo con el Congreso. Se procede así en caso de guerra interna o conmoción interior. Se puede declarar el Estado de sitio en todo o parte del territorio chileno. El presidente queda facultado para trasladar a las personas de un punto a otro del país, arrestarlas en sus propias casas o en lugares que no sean cárceles ni en otros que estén destinados a la detención o prisión de reos comunes. Tiene derecho a suspender o restringir

el derecho de reunión y limitar el normal ejercicio de las libertades de locomoción, información y opinión. La medida de traslado deberá cumplirse en localidades urbanas que reúnan las condiciones que la ley determine.
- Estado de emergencia. Es declarado por el presidente y el Consejo de Seguridad Nacional en caso de grave alteración del orden público, daño o peligro para la seguridad nacional, ya sea debido a causas internas o externas. El Ejecutivo podrá restringir el ejercicio de la libertad de locomoción y el derecho de reunión.
- Estado de catástrofe. Es declarado por el presidente y el Consejo de Seguridad Nacional en caso de calamidad o catástrofe pública. Mediante su aplicación, el presidente podrá restringir la circulación de las personas y el transporte de mercaderías, y las libertades de trabajo, información y opinión y de reunión. Podrá requisar bienes y establecer limitaciones al ejercicio del derecho de propiedad y adoptar todas las medidas extraordinarias de carácter administrativo que estime necesarias. En caso de calamidad pública, el Ejecutivo, junto con el Consejo de Seguridad Nacional, puede declarar la zona afectada u otra que lo requiera como consecuencia de la calamidad producida, en estado de catástrofe.

El presidente de la nación puede decretar simultáneamente dos o más estados de excepción si concurren las causales que permiten su declaración. Declarado el estado de emergencia o de catástrofe, las zonas respectivas quedarán bajo la dependencia inmediata del jefe de la Defensa Nacional que el gobierno designe, quien asumirá el mando con las atribuciones y deberes que la ley señale.

Entre las medidas que adoptó el régimen militar de Augusto Pinochet se halla la descentralización de las instituciones del Estado. Por ejemplo, la mudanza del Congreso Nacional a Valparaíso. En la fotografía, el nuevo edificio parlamentario.

El Congreso Nacional

Está formada por dos cámaras de representación: la Cámara de Diputados y el Senado. Ambas concurren a la formación de leyes de conformidad con la Constitución y tienen las demás atribuciones que la carta fundamental establece.

Cámara de Diputados

Está compuesta por 120 miembros, que son elegidos en votación directa. Se renueva totalmente cada cuatro años. Son requisitos para ser diputado: ser ciudadano con derecho a sufragio, tener cumplidos veintiún años de edad, haber cursado la enseñanza media completa y tener residencia en la región a la que pertenezca el distrito electoral en un plazo no inferior a dos años, contado hacia atrás desde el día de la consulta electoral.

Las instituciones

Las atribuciones de la Cámara de Diputados

A la Cámara de Diputados le compete fiscalizar los actos del gobierno y declarar si «ha lugar» o no las acusaciones en contra del presidente, ministros, magistrados, contralor general, generales y almirantes, intendentes y gobernadores. El acusado quedará suspendido de sus funciones desde el momento que la Cámara declare que ha lugar la acusación. Esta suspensión cesará si el Senado desestima la acusación.

Senado

Está compuesto por miembros elegidos en votación directa por circunscripciones senatoriales, considerándose las trece regiones del país. Cada región constituirá una circunscripción, con la excepción de seis de ellas, que serán divididas, cada una, en dos circunscripciones por la ley orgánica respectiva. A cada circunscripción le corresponde elegir dos senadores. Los senadores elegidos por votación directa durarán ocho años en sus respectivos cargos y se renovarán alternadamente cada cuatro años, correspondiendo hacerlo en un período a los representantes de las regiones de número impar y en el siguiente a los de las regiones de número par y la Región Metropolitana. Son requisitos para desempeñar el cargo de senador: ser ciudadano con derecho a sufragio, tener dos años de residencia en la respectiva región contados hacia atrás desde el día de la elección, haber cursado la enseñanza media completa y tener cumplidos cuarenta años de edad en el momento de la elección.

El Senado está integrado también por los «senadores designados». Son senadores por derecho propio y en forma vitalicia, aunque se les pueden aplicar causales de cesación, los ex presidentes de la República que hayan desempeñado el cargo durante seis años en forma continua. También dos ex ministros de la Corte Suprema; un ex contralor general de la República y un ex comandante en jefe de cada una de las Fuerzas Armadas; un ex director general de Carabineros; un ex rector

de universidad estatal o reconocida por el Estado y un ex ministro de Estado. Desde el segundo al último caso, las funciones serán por ocho años. No podrán ser designados quienes hayan sido destituidos por el Senado. Las elecciones de diputados y senadores en que corresponda elegir por votación directa se harán conjuntamente.

Las atribuciones del Senado

• Conocer las acusaciones entabladas por la Cámara de Diputados. El Senado actuará como jurado y emitirá el fallo.

• Decidir si ha o no lugar la admisión de las acciones judiciales que cualquier persona pretenda iniciar en contra de algún ministro de Estado, debido a perjuicios causados por éste en el desempeño de su cargo.

• Conocer de las contiendas suscitadas entre autoridades políticas o administrativas y los tribunales superiores de justicia.

• Otorgar la rehabilitación de la ciudadanía.

• Prestar o negar su consentimiento a los actos del presidente de la República.

En el grabado, interior del antiguo Congreso Nacional en Santiago. La reproducción, del siglo XIX, es obra de Melton Prior para «The Illustrated London News» y permite observar la majestuosidad de la antigua sala legislativa.

- Otorgar su acuerdo para que el presidente de la República pueda salir del país por más de treinta días o en los últimos noventa de su mandato.
- Declarar la inhabilidad del presidente de la República o del presidente electo por impedimento físico o mental que lo incapacite para el cumplimiento de sus funciones.
- Dar su dictamen al presidente de la nación en los casos en que éste lo solicite.

Atribuciones exclusivas del Congreso

Aprobar o desechar los tratados internacionales que le presentara el presidente de la República antes de su ratificación, y pronunciarse respecto al estado de sitio.

Normas comunes para ambas cámaras

Los cargos de diputados y senadores son incompatibles entre sí y con todo empleo o comisión retribuidos con fondos del fisco, de las municipalidades, de las entidades fiscales autónomas, semifiscales o de las empresas del Estado o en las que el fisco tenga intervención por aportes de capital y con toda otra función o comisión de la misma naturaleza. Quedan exceptuados los empleos docentes y las funciones o comisiones de igual carácter de la enseñanza superior, media y especial. Por el solo hecho de resultar electo, el diputado o senador cesará en el otro cargo, empleo, función o comisión incompatible que desempeñe, desde el momento de su proclamación por el Tribunal Calificador.

Cesará en el cargo el diputado o senador que se ausentara del país por más de treinta días sin permiso de la Cámara a la que pertenezca, o en receso de ella, de su presidente. También lo hará el diputado o senador que durante su ejercicio celebrara o caucionara contratos con el Estado, el que actuara como abogado o mandatario en cualquier clase de juicio contra el fisco, o como procurador o agente en gestiones particulares de carácter administrativo, en la provisión de empleos públicos, consejerías, funciones o comisiones de similar naturaleza. En la misma sanción incurrirá el que acepte ser director de banco o de alguna sociedad anónima, o ejercer cargos de similar importancia en estas actividades.

Los diputados y senadores percibirán como única renta una dieta equivalente a la remuneración de un ministro de Estado incluidas todas las asignaciones que a éstos correspondan.

La formación de una ley

Una ley puede originarse en la Cámara de Diputados, en el Senado, por medio de un mensaje dirigido por el presidente de la República o bien por moción de cualquiera de sus miembros.

Las leyes sobre tributos, presupuestos públicos y reclutamiento, sólo pueden originarse en la Cámara de Diputados. Las leyes sobre amnistía e indultos generales, sólo pueden tener su origen en el Senado. El presidente de la nación tiene autoridad exclusiva para expedir proyectos de ley en relación con la alteración de la división política o administrativa, o con la administración financiera o presupuestaria del Estado, incluyendo las modificaciones de los Presupuestos

El poder judicial

A través de la historia nacional, las diferentes cartas fundamentales, que han establecido el basamento institucional del país, han cautelado la independencia del poder judicial con respecto a la autoridad del Ejecutivo. La Constitución de 1925 definió a la estructura jurídica como un poder propiamente dicho, enfatizando su carácter independiente.

Las funciones del poder judicial

Las funciones del poder judicial establecidas por la Constitución vigente son las siguientes:
• Facultad de conocer las causas civiles y criminales, resolverlas y hacer ejecutar lo juzgado. Esta atribución es exclusiva de los tribunales, establecidos por ley. Ni el presidente ni el Congreso Nacional pueden ejercer atribuciones de la misma índole.
• Cuando se reclame su competencia, no podrá excusarse de ejercer su autoridad, aun en ausencia de ley respecto a la materia tratada.
• Para hacer cumplir lo dispuesto por sus resoluciones, el poder judicial puede impartir órdenes a la fuerza pública o ejercer los medios de acción conducentes de que dispusieren.
• La autoridad requerida deberá cumplir sin ningún otro trámite el mandato requerido, sin poder calificar su fundamento u oportunidad, ni la justicia o legalidad de la resolución que se trate de ejecutar.
• Los ministros y fiscales de la Corte Suprema serán nombrados por el presidente de la República, eligiéndolos de una nómina de cinco personas que propondrá la misma Corte Suprema.
• Los ministros y fiscales de las Cortes de Apelaciones serán designados por el presidente de la nación, mediante una terna que será presentada por la Corte Suprema.
• Los jueces serán personalmente responsables por los delitos de cohecho, falta de observancia en materia de las leyes que reglan el procedimiento, denegación y torcida administración de justicia, y de toda prevaricación en que incurran en el desempeño de sus funciones. Tratándose de los miembros de la Corte Suprema, la ley determinará los casos y el modo de hacer efectiva esta responsabilidad.
• Los jueces permanecerán en sus cargos durante su buen comportamiento, pero los inferiores desempeñarán su respectiva judicatura por el tiempo que determinen las leyes. No obstante lo anterior, los jueces cesarán en sus funciones al cumplir los 75 años de edad, o por renuncia o incapacidad legal sobreviviente, o en caso de ser depuestos de sus destinos por causa legalmente sentenciada.
• La norma relativa a la edad no regirá para el presidente de la Corte Suprema, que continuará en su cargo hasta el término de su período.
• La Corte Suprema por requerimiento del presidente de la República, a solicitud de parte interesada, o de oficio, podrá declarar que los jueces no han tenido buen comportamiento y, previo informe del inculpado y de la Corte de

Apelaciones respectiva, en su caso, acordar su remoción por la mayoría del total de sus componentes. Estos acuerdos se comunicarán al presidente de la nación para su cumplimiento.
• La Corte Suprema tiene la superintendencia directiva, correccional y económica de todos los tribunales del país. Se exceptúan de esta norma el Tribunal Constitucional, el Tribunal Calificador de Elecciones, los tribunales electorales regionales, así como los tribunales militares en tiempo de guerra.

movilidad no es absoluta y se encuentra reglamentada en la carta fundamental.
• Responsabilidad. Los jueces son absolutamente responsables de las decisiones y conductas seguidas en el desempeño de sus funciones, estableciéndose las sanciones del caso para las faltas en el cumplimiento de su deber.
• Generación de sus miembros. Mediante designaciones del Ejecutivo, basadas en listas de tres y cinco candidatos denominadas, respectivamente, ternas y quinas, presentadas por la misma Corte

El edificio de los Tribunales de Justicia y sede de la Corte Suprema fue construido en Santiago entre los años 1907 y 1929. Obra de Emilio Doyer, Alberto Shade y Emilio Jequier, es de estilo neoclásico francés. Su interior alberga un hall de tres pisos de altura que cruza el edificio en toda su longitud. Cuenta también con una hermosa bóveda de estructura metálica y cristal.

Los principios del poder judicial

Los grandes principios sustentadores del poder judicial son:
• Independencia. Plena autonomía institucional y de decisión respecto a los poderes ejecutivo y legislativo.
• Legalidad. Los tribunales deben estar establecidos por ley.
• Inamovilidad. El juez no puede ser removido de su cargo por otra autoridad estatal. Esta ina-

Suprema. La Constitución de 1980 estableció la posibilidad de que se postulasen personas ajenas a la carrera judicial, siempre y cuando cumplan ciertos requisitos de exigencia.
• Inexcusabilidad. Los jueces deben resolver siempre los asuntos sometidos a su competencia, aun cuando no exista ley al respecto. En tales casos deben proceder según los principios que guían el espíritu general de la legislación y la equidad natural ∎

Otros organismos de carácter constitucional

Entre los organismos de carácter constitucional, aparte de los ya referidos, hay que citar la Contraloría General de la República, el Tribunal Constitucional, el Consejo de Seguridad Nacional y las Fuerzas Armadas.

Contraloría General de la República

Es la institución encargada del control del ingreso y la inversión de los fondos públicos. Durante el período de la Colonia, la institución de la Real Hacienda y el Tribunal Mayor de Cuentas se encargaron de dicha función. Este tribunal se mantuvo hasta 1927, cuando sufrió un proceso de reemplazo y modernización por la ahora denominada Contraloría General de la República, nacida gracias a la gestión de la misión económica norteamericana Kemmerer, que fue enviada a Chile en esa época.

Desde 1943 la Contraloría General es un organismo autónomo, carácter que fue confirmado en la carta fundamental de 1980. Su rango equivale a un verdadero poder del Estado, pues en las materias de su competencia y sobre ella no existe entidad de rango superior.

Funciones de la Contraloría General

• Controlar la legalidad de los actos de la administración.
• Fiscalizar el ingreso y la inversión de los fondos del fisco, municipalidades y demás organismos y servicios que determinen las leyes.
• Llevar la contabilidad general de la nación.
• Examinar y juzgar las cuentas de las personas que tengan a su cargo bienes de estas entidades.
• El contralor general de la República será designado por el presidente del país, con acuerdo de la mayoría de los senadores; será inamovible de su cargo y cesará al cumplir 75 años de edad, salvo si es acusado constitucionalmente por notable abandono de sus funciones.

Tribunal Constitucional

Se define como el organismo encargado de resguardar el principio de la supremacía constitucional, que es fundamento de la vigencia del Estado de derecho.

Funciones

• Ejercer el control sobre la constitucionalidad de las leyes orgánicas constitucionales antes de su promulgación y de las leyes que interpreten algún precepto de la Constitución.
• Resolver las cuestiones sobre constitucionalidad de proyectos de ley, reforma constitucional y tratados sometidos a la aprobación del Congreso.
• Resolver cuestiones suscitadas acerca de constitucionalidad de un decreto con fuerza de ley.
• Resolver asuntos de constitucionalidad en relación a convocatoria de plebiscito.
• Resolver en cuanto a reclamos en caso de que el presidente de la República no promulgue una ley cuando deba hacerlo, promulgue un texto diverso del que constitucionalmente corresponda o dicte un decreto inconstitucional.

Otros organismos de carácter constitucional

- Resolver sobre la inconstitucionalidad de un decreto o resolución del presidente de la República que la Contraloría haya representado por estimarlo inconstitucional.
- Declarar la inconstitucionalidad de las organizaciones y de los movimientos o partidos políticos, como asimismo la responsabilidad de las personas que hubieren tenido participación en los hechos que motivaron la declaración de inconstitucionalidad. Si la persona afectada fuese el presidente de la nación o el presidente electo

la declaración requerirá acuerdo del Senado por la mayoría de sus miembros en ejercicio.
- Resolver sobre las inhabilidades constitucionales o legales que afecten a una persona para ser designado ministro de Estado, o permanecer en dicho cargo desempeñando simultáneamente otras funciones.
- Pronunciarse sobre las inhabilidades, incompatibilidades y causales de cesación en el cargo de los parlamentarios.

Consejo de Seguridad Nacional

Tiene como misión fundamental servir como organismo consultivo del presidente de la República con el objeto de cooperar en el mantenimiento de la seguridad nacional, es decir, el conjunto de medidas para garantizar la estabilidad institucional, paz interior y seguridad exterior del Estado.

Las funciones del Consejo de Seguridad Nacional

Las funciones del Consejo son las siguientes:
- Asesorar al presidente de la República en cualquier materia vinculada a la seguridad nacional.
- Hacer presente su opinión al presidente de la República, al Congreso Nacional o al Tribunal Constitucional frente a algún hecho, acto o materia que a su juicio atente gravemente en contra de las bases de la institucionalidad o pueda comprometer la seguridad nacional.
- Recabar de las autoridades y funcionarios de la administración los antecedentes relacionados con la seguridad exterior e interior del Estado.

La composición del Consejo de Seguridad Nacional

El Consejo de Seguridad Nacional está compuesto por el presidente de la República, el presidente del Senado, el presidente de la Corte Suprema, el contralor general de la República y los comandantes en jefe de las Fuerzas Armadas y las Fuerzas de Orden.

Las Fuerzas Armadas

Las fuerzas dependientes del ministerio encargado de la defensa nacional están constituidas única y exclusivamente por las Fuerzas Armadas y por las Fuerzas de Orden y Seguridad Pública.

Las Fuerzas Armadas están integradas por el Ejército, la Armada y la Fuerza Aérea. Son esenciales para la seguridad nacional y garantizan el orden institucional de la República. Las Fuerzas de Orden y Seguridad Pública están integradas sólo por el Cuerpo de Carabineros y la

Dentro del esquema general de las instituciones chilenas, la Contraloría General de la República representa un intermedio necesario entre el poder legislativo y el ejecutivo. Su función es controlar el ingreso y la inversión de los fondos del fisco. En la fotografía, edificio de la Contraloría en Santiago.

Las instituciones

Policía de Investigaciones. En su calidad de cuerpos armados, son esencialmente obedientes y no deliberantes.

Los comandantes en jefe del Ejército, de la Armada y de la Fuerza Aérea y el general director de Carabineros son designados por el presidente de la República de entre los cinco oficiales generales de mayor antigüedad, que reúnan las cualidades que los respectivos estatutos institucionales exijan para tales cargos; durarán cuatro años en el desempeño de sus funciones, no podrán ser nombrados para un nuevo período y gozarán de inamovilidad en el cargo.

En casos calificados, el presidente de la República, con acuerdo del Consejo de Seguridad Nacional, podrá llamar a retiro a los comandantes en jefe.

Banco Central

Esta institución fue creada en Chile en 1925. Se define como un organismo autónomo, con patrimonio propio, de carácter técnico, cuya composición, organización y funciones están determinadas por una ley orgánica constitucional. En términos económicos, un banco central es la autoridad monetaria de la nación, pues regula la emisión de dinero, establece normas para las reservas obligatorias de los bancos comerciales, fija normativas sobre tasas de interés, compra y vende títulos y valores para regular la cantidad de medios de pago.

En la Constitución de 1980 se establece que el Banco Central sólo podrá efectuar operaciones con instituciones financieras públicas o privadas; no otorgará a éstas su garantía, ni adquirirá documentos del Estado, sus organismos o empresas. Ningún gasto público o préstamo se financiará con créditos directos o indirectos suyos. No podrá adoptar ningún acuerdo que signifique, de una manera directa o indirecta, establecer normas o requisitos diferentes o discriminatorios en relación a personas, instituciones o entidades que realicen operaciones de igual naturaleza.

La importancia de la Armada, instituto de larga tradición en el seno de la defensa nacional, ha demostrado una índole especial, tanto en la paz como en los conflictos armados en los que ha tenido que intervenir. Así como el Ejército es deudor de una escuela de carácter germánico y la Fuerza Aérea de uno de tipo estadounidense, la Armada fue creada con un estilo marcadamente británico.

Gobierno y administración interior del Estado

El Estado de Chile es unitario. Su territorio se divide en regiones. La ley propenderá a que su administración sea funcional y territorialmente descentralizada.

Regionalización

Se define así el proceso por el cual el régimen militar se abocó a la tarea de terminar con la vieja tradición centralista del país. Se pueden hallar algunos antecedentes a partir de 1950, cuando se estableció un plan de regionalización desarrollado por la Corporación de Fomento de la Producción (Corfo), que quedó detallado en la obra *Geografía Económica de Chile*, y en el que se dividía el país en grandes zonas regionales: Norte Grande, Norte Chico, Núcleo Central, Concepción y La Frontera, Los Lagos y Los Canales.

En 1968, la Oficina de Planificación Nacional (Odeplan) aplicó la teoría de los «polos de desarrollo» y estableció una división en once regiones más una zona metropolitana.

En 1974, el régimen militar, a través de un organismo especialmente creado para la reorganización territorial y administrativa denominado Comisión Nacional para la Reforma Administrativa (Conara), estableció una división en doce regiones más una región metropolitana, refrendada jurídicamente por los decretos-leyes n.º 573 y 575 de julio de 1974. Basado en la idea de la autosuficiencia, este proyecto contemplaba que cada zona pudiese buscar su desarrollo en forma autónoma a través de la explotación de los pro-

Vista parcial del edificio de la municipalidad de Copiapó, en la Región de Atacama. Las municipalidades están constituidas por el alcalde y un Consejo municipal. Su objetivo es atender las necesidades de la comunidad.

pios recursos, definiéndose la región como «un centro geográfico y administrativo de carácter homogéneo en cuanto a paisaje, recursos y población». Otro principio fundamental radica en la participación comunitaria: el ciudadano es el motor de la actividad local.

Estructura orgánica regional

La Constitución de 1980 establece que, para el gobierno y la administración interior del Estado, el territorio de la República se divide en regio-

Las instituciones

> **UN ESQUEMA DE PODER JERÁRQUICO**
>
> A pesar de la idea de descentralización, el esquema original, que se mantiene en gran medida, tiene un carácter jerárquico y verticalista, lo que provoca una contradicción profunda con el planteamiento de autonomía regional. De mayor a menor jerarquía, las autoridades administrativas se ordenan como sigue:
>
> Presidente de la República
> Ministro del Interior
> Intendente regional
> Gobernador provincial
> Alcalde ■

nes y éstas a su vez en provincias. A los efectos de la administración local, las provincias se dividirán en comunas.

Administración regional, provincial y comunal

El gobierno y la administración superior de cada región reside en un intendente (de exclusiva confianza del presidente de la República), que es quien formula la política de desarrollo regional, supervigila, coordina y fiscaliza los servicios públicos, con excepción de la Contraloría General de la República y tribunales de justicia. En cada región debe haber un Consejo regional de desarrollo, de carácter asesor, presidido por el intendente e integrado por los gobernadores de las provincias respectivas, por un representante de cada una de las ramas de las Fuerzas Armadas y Carabineros que tengan asiento en la región, y por miembros designados por los principales organismos públicos y privados que ejerzan actividades en el área territorial. El sector privado tendrá representación mayoritaria en dicho consejo.

Por su parte, el gobierno y la administración superior de cada provincia reside en un gobernador, subordinado al intendente respectivo. El gobernador ejerce la supervigilancia de los servicios públicos existentes en la provincia. Los gobernadores podrán designar delegados para el ejercicio de sus facultades.

Finalmente, la administración local de cada comuna o agrupación de comunas que determine la ley reside en la municipalidad. Ésta se constituye por el alcalde y el Consejo municipal respectivo. Las municipalidades son corporaciones de derecho público, con personalidad jurídica y patrimonio propio. Su objetivo es satisfacer las necesidades de la comunidad local y asegurar su participación en el progreso económico, social y cultural de la comuna. En cada municipalidad debe haber un Consejo de desarrollo comunal, de carácter asesor, presidido por el alcalde e integrado por representantes de las organizaciones comunitarias de carácter territorial y funcional y de las actividades relevantes realizadas dentro de la propia comuna.

■ ■ ■ ■

Cultura
tradicional chilena

Cultura tradicional chilena

Cultura mapuche en la época prehispánica

La palabra «mapuche» proviene de *mapu* (tierra) y *che* (gente), en lengua mapudungun. En el período prehispánico, esta «gente de la tierra» constituía un conjunto de tribus cuyo territorio abarcaba desde la cordillera de los Andes hasta la costa, y, de norte a sur, del río Aconcagua al seno de Reloncaví.

La identidad mapuche

Los mapuches nunca formaron una unidad política; sin embargo, sus tradiciones, costumbres, lengua y religión les otorgaron una identidad cultural. Formaban el grupo más numeroso de entre los que habitaban el Chile prehispánico; este hecho, unido a que los conquistadores españoles se mezclaron profusamente con ellos, dio lugar a un acelerado proceso de mestizaje. Por esta razón se ha definido tradicionalmente a la nación chilena como una comunidad nacida de la unión del español con el mapuche.

El grupo que durante mayor tiempo conservó su cultura fue el que habitaba entre los ríos Itata y Toltén, debido a la resistencia que opuso primero a los conquistadores incas, luego a los españoles y por último al propio gobierno republicano chileno. Fue el principal protagonista de la guerra de Arauco.

El hábitat

Por lo general, los mapuches elegían como hábitat las márgenes de los ríos. A partir del contacto con los españoles subdividieron su territorio en distritos repartidos en la costa (Lavquen-Mapu), el valle central (Lelvun-Mapu) y la Precordillera (Inapire-Mapu). Cada una de estas zonas se denominaba «vutalmapu». Cuando un grave peligro afectaba a un vutalmapu, se agrupaban en «aillarehues» o uniones de tribus, como sucedió, por ejemplo, cuando se produjo la penetración hispana, empeñada en una política de fundación de ciudades.

La unidad básica de los mapuches era el grupo familiar, luego seguía el «lov» o grupo de familias descendientes de un antepasado común, y por encima de éste el «levo», que agrupaba las familias descendientes de distintos antepasados, es decir, una tribu. Las agrupaciones de levos constituían los aillarehues.

La agricultura

Estos pueblos practicaban la agricultura y realizaban intercambios con los grupos cazadores y recolectores de los valles cordilleranos. La agricultura tenía un carácter diferente de acuerdo con los distintos espacios habitados. En la región del Mapocho poseían el sistema del riego artificial con canales de regadío, mientras que más al sur utilizaron el sistema de la quema y la tala, con una producción de subsistencia.

Los mapuches que habitaron entre el Itata y el Toltén también han sido denominados araucanos, y se distinguieron por sus prácticas de canibalismo ritual, pues pensaban que al comer el corazón de su víctima adquirirían el valor del

Escena en una chingana, típica taberna con canto y baile. En la cueca, quizá la más tradicional de las danzas chilenas, se representa el cortejo amoroso del hombre a la mujer. De ritmo vivo, los bailarines llevan un pañuelo en la mano derecha con el que trazan distintas figuras circulares, con vueltas y medias vueltas.

enemigo sacrificado; por esta razón los sacrificios se realizaban con los prisioneros que habían demostrado mayor valor en el campo de batalla.

Como en todo pueblo tribal, eran frecuentes entre ellos las disputas por cuestiones de territorio y asuntos familiares. Esta característica ha dado paso al mito de la marcada belicosidad del pueblo mapuche, pero no se han tomado en cuenta las variadas formas de concertar la paz que utilizaron.

La religión

En general, la cultura mapuche reconocía un mundo poblado por espíritus y dioses que asumían una especie de jerarquía según las capacidades de poder de cada uno. Este politeísmo se sintetizaba en la naturaleza, que había sido creada —junto con las especies vivas— por un dios todopoderoso; deidad suprema que recibía el nombre de Neguechén o Pillán Neguechén. Este dios creador poseía características de los dos sexos, vivía en las alturas celestiales y en sus manos estaba la facultad de conceder la vida y la muerte. El fuego y el trueno eran manifestaciones propias de Neguechén, al igual que los fenómenos sísmicos y volcánicos, considerados como representación de su ira. Expresaba y generaba sentimientos ambivalentes, pues era tan temido como amado. Las almas de los guerreros muertos marchaban junto a él, asumiendo la forma de nubes. Cuando la jerarquía del guerrero era mayor, el dios lo transformaba en un volcán.

Deidades especializadas

Los cometas estaban divinizados en la figura de un ente llamado Cherruve, espíritu ígneo en forma de bola de fuego, temido porque se lo consideraba anunciador de calamidades y pestes.

EL ACERVO

A mediados del siglo pasado surgió en Inglaterra el interés por el estudio de las tradiciones y la sabiduría popular. Este conjunto de estudios recibió el nombre de «folclore». Su definición tradicional es «lo que el pueblo sabe y lo que se sabe de él», entendiéndose por pueblo a los grupos sociales o clases sin educación sistemática que desarrollan un tipo de conocimiento o sabiduría que resulta de la mezcla de la experiencia vital con elementos o creencias preconcebidas de carácter fantástico y que no siguen los patrones de la lógica convencional.

Es una realidad que el acervo o conjunto de tradiciones, conocimientos, técnicas y leyendas ha ido desapareciendo paulatinamente ante el avance arrollador del progreso; por ejemplo, las formas de la alfarería se fueron adaptando a los gustos del turista, la música tradicional se perdió entre acordes foráneos. Es un proceso de carácter general para las zonas que han tenido un mayor desarrollo urbano, conservándose las costumbres con mayor fuerza en las áreas más apartadas. Algunos estudiosos han querido ver en esto no una pérdida sino una transformación; así el folclore sería una expresión esencialmente dinámica, que se va adaptando al cambio histórico, y, por lo tanto, se produciría una folclorización de bienes culturales que en su origen no son propiamente folclóricos.

En Chile los rasgos originales de los objetos nativos se han perdido, sobre todo en lo que respecta a la variedad cromática (amarillo, negro, blanco, rojo, etcétera). La producción artesanal disminuyó debido a la elaboración de carácter industrial y masivo, que ha hecho que el trabajo manual quedara relegado a zonas rurales muy específicas, como es el caso de la cerámica aymará, que ha conservado ciertos rasgos históricos: monocromía violácea, zoomorfismo... ■

Cultura mapuche en la época prehispánica

Los fenómenos atmosféricos se representaban a través de Meulén, dios de los vientos, que poseía una personalidad algo traviesa, pues desencadenaba remolinos de viento y huracanes, pero no era peligroso sino más bien amistoso con los hombres.

Shompalhue era el espíritu que habitaba en los lagos y que, de vez en cuando, tenía la costumbre de raptar a una muchacha joven, dando en compensación una gran cantidad de peces; también provocaba mal tiempo en las superficies lacustres. El Huitralnahue era un espíritu protector de los terrenos que poseían dueño y castigaba a quienes intentaban atravesarlos sin autorización. Marepuantu era una deidad relacionada con el sol, pues se lo consideraba hijo de éste y se lo simbolizaba por medio del amanecer o sol levante, en cuya dirección se hacían las rogativas.

Hueñauca era una deidad infernal rodeada de seres de la misma índole y tenía la forma de un macho cabrío; resguardaba el volcán Osorno. Nguenco, con forma de sapo, era el señor de las aguas interiores: lagunas, lagos y fuentes. El océano se representaba mediante Nguenlafquen, una nutria marina que no se podía capturar, pues el que lo hiciera sería perseguido por las aguas del mar. Se le rezaban oraciones para que la pesca fuera abundante.

Los «familiares» eran seres personales que hacían prosperar a quienes los poseían. Tenían la apariencia de un ser humano deforme o de un animal, generalmente un gato o una serpiente. El cuidado entre un familiar y la persona que lo poseía debía ser mutuo y exclusivo. Un familiar no podía ser visto por otra persona que no fuera su dueño. Mientras estas condiciones se mantenían, la prosperidad acompañaba al individuo.

Entre los mapuches los fenómenos sísmicos y volcánicos eran manifestaciones de la ira de los dioses. En la imagen, representación del volcán de Antuco, situado en la Región del Biobío, en la cordillera Central de Chile.

Cultura tradicional chilena

El Bien y el Mal

Como en todas las configuraciones cosmogónicas de la humanidad, junto al Bien se encontraba su antítesis, el Mal. En la cultura religiosa mapuche existían una serie de espíritus abiertamente maléficos. Entre los más característicos estaban:

Guecube, que llevaba el mal a los hombres de forma permanente; su lucha contra las fuerzas protectoras era eterna. Se le achacaban tanto las enfermedades, accidentes y catástrofes como las pestes. Estaba en todas partes, y asumía la forma de animales y hombres. Las «machis» (hechiceras) tenían una ardua tarea para proteger a las comunidades de estos seres, apelando a rogativas, hierbas, conjuros, etcétera. Otras definiciones los caracterizaban como espíritus ayudantes de los brujos.

Cuchivilu era una mezcla entre zorro y culebra, que habitaba en los ríos y lagos. Este monstruo poseía una fuerza sorprendente, con la cual mataba hombres y animales llevándolos al fondo de las aguas. Poseía una enorme garra en su cola.

El Huallepén era un ser deforme y pequeño, con cabeza de ovino. Causaba terror, y si una mujer lo veía quedaba predispuesta a tener hijos mal formados. Sólo poseía sexo masculino y se reproducía con ovejas y vacas.

El Trelque correspondía a lo que en versiones campesinas más modernas se denominó «la Manta» o «el Cuero»: animal con la forma de un cuero de oveja o vaca extendido, de cuyos bordes nacía una hilera de uñas muy cortantes. Vivía en los ríos y atrapaba y ahogaba a quienes se cruzaban con él.

El Quetronamún era un enano que caminaba a saltos, pues poseía una sola pierna. Causaba desgracia al que se encontrara con él.

El Pihuychén era un vampiro que se alimentaba sorbiendo la sangre de los seres vivos, principalmente hombres y animales, que morían lentamente por consunción. Algunas versiones lo mostraban con cuerpo de serpiente y otras de murciélago. Se le llamaba también Chon-Chon.

El Kod-Kod, o más conocido por Colo Colo, era un engendro nacido de un huevo güero (muerto) empollado por una serpiente; el resultado era una especie de ratón emplumado de horrible apariencia. Subsistía alimentándose de la saliva de aquellos que estaban dormidos, quienes morían lentamente sin percatarse.

El Chinifilu poseía la curiosa virtud de enriquecer a quien fuera capaz de cortarle una de sus dos colas. Se representaba con una serpiente con cuernos y doble cola.

La música y los bailes

La música de los mapuches poseía, en general, tonalidad y ritmo monocordes; era adecuada para las ceremonias, en las que muchas veces miembros de la tribu se sumergían en estados de trance. Para el mapuche la danza y la música eran puentes de contacto directo con la naturaleza y los dioses; por lo tanto, en su vida cotidiana resultaba un nexo Tierra-Espíritu de carácter fundamental.

Los instrumentos cubrían una amplia gama de tipos, desde los membráfonos a los idiófonos, y se utilizaban según la ocasión y solemnidad de ésta. Es necesario advertir que los instrumentos se diferenciaban por sexo: nunca un hombre podía ejecutar uno de carácter femenino y viceversa. Esta prohibición era aún más severa en el caso de las mujeres.

Danzas mapuches

Las funciones de bailes y danzas eran, en general, mágico-religiosas, pero también servían para celebrar acontecimientos de la vida cotidiana.

Los mapuches usaban una gran variedad de instrumentos diferenciados por géneros, por lo cual hombres y mujeres sólo podían usar aquellos que correspondían a su sexo, como el ejecutante de tambor de la imagen.

En la danza se daba la oportunidad tanto para la catarsis colectiva como para la expresión de los sentimientos más individuales. El trabajo, la vida y la muerte, el combate contra el mal físico y espiritual, encontraban su expresión colectiva en distintos tipos de danzas, que reflejaban los sentimientos del pueblo mapuche; en el cortejo amoroso, por ejemplo, también jugaba un papel importante el baile, expresándose recatada o audazmente según las circunstancias.

La música cumplía, además, la función de imitar a la naturaleza a través de danzas que representaban aves y animales, como el *Choiquepurun*, que imitaba los movimientos del avestruz.

Fiestas y juegos

En circunstancias diversas, los mapuches acostumbraban a reunirse y hacer gran consumo de comida y bebida; en estas fiestas se cantaba y bailaba. Los participantes vestían ornamentos característicos para la ocasión y sus rostros lucían pinturas y tatuajes especiales, elaborados a partir de vegetales y barro. Durante la conquista española adoptaron algunas vestimentas de los blancos, que utilizaban a manera de disfraces.

Las reuniones festivas que se realizaban con ocasión de algún trabajo colectivo recibían el nombre de «cahuines». Había varios tipos de cahuines; los más corrientes eran: malarcahuin (construcción de cercas), nuincahuin (trilla), quiñelovcahuin (siembra), rucancahuin (construcción de la ruca) y uneltuncahin (marcar las reses).

Una festividad de carácter religioso era el guillatún. Consistía en una rogativa de la comunidad encabezada por la machi. Se acompañaba de bailes, comida y chicha.

Jugar y demostrar

Otra forma de festejo eran los juegos, que, además de cumplir la función de divertir, servían principalmente para medir la destreza. Entre éstos destacaba la chueca o palín, que se jugaba con mazas curvas de madera y bolas de piedra o madera. Los jugadores se alineaban en una cancha, o espacio de hasta 200 metros de largo agrupados en dos bandos, cada uno compuesto de hasta veinte individuos. El objetivo era llevar la bola con el mazo hasta el campo rival y anotar puntos. El entusiasmo despertado por este juego era enorme, pues una partida se continuaba a veces durante días, con gran concurrencia de público. En rigor, constituía una especie de juego de guerra, pues se desarrollaba con gran violencia y agresividad, y más de un participante quedaba tendido en el campo. Ya bajo influencia española se adoptó la costumbre de establecer apuestas previas al partido. Esta práctica está todavía vigente en las comunidades rurales mapuches que se esfuerzan por mantener sus tradiciones.

El guillatún, ceremonia solemne de los mapuches para pedir a la divinidad lluvia o bonanza, era encabezado por la «machi», la curandera, que tenía un papel preponderante en la vida del pueblo.

Cultura tradicional chilena

Fiesta del rodeo en Temuco. Los campesinos chilenos adoptaron, con ligeras variantes, muchas de las diversiones indígenas, integradas a veces en el trabajo, como en las denominadas «fiestas-faenas».

Reservada al adorno femenino, la platería demuestra la pericia alcanzada en este arte por los mapuches, que desconocían la metalurgia hasta la llegada de los españoles.

Pelota y proyectil
Otro de los juegos típicos de los mapuches era el de pelota. Presentaba distintas variantes. La denominada «pilmatun», consistía en golpear a los miembros del equipo rival con una pelota impulsada con la palma de la mano; los jugadores debían hacer prodigios de agilidad para evitar ser tocados por el balón. En otra variante se trataba de empujar el balón con los pies, de forma semejante al fútbol. En ambos tipos de juego se utilizaban balones de material liviano, como vejigas infladas, paja, etcétera.

La influencia de las fiestas indígenas es importante en la cultura chilena. Uno de los resultados culturales del mestizaje fue la adaptación de algunas de estas costumbres por los campesinos. El cahuin dio origen a las «fiestas-faenas» del campo chileno: el rodeo, la trilla y la vendimia, etcétera. En cuanto a las danzas, varias de ellas aún se continúan practicando, ya sea en su forma original o adaptadas. Gran parte de esta tarea de preservación cultural ha sido asumida por los llamados «grupos de proyección folclórica» que intentan, desde una óptica artística, preservar los cantos, bailes y danzas del país en general.

Artesanía mapuche

Los mapuches desconocían la metalurgia, pero el contacto con los españoles les permitió aprender las técnicas de la platería, tarea para la que demostraron una extraordinaria facilidad de aprendizaje, y que se convirtió en el punto más importante de su artesanía. Curiosamente reservaron este tipo de trabajo para adorno femenino y no lo incorporaron a la vida cotidiana, conservando para ésta sus antiguos materiales y técnicas, bastante primitivas. Existen algunos trabajos como cuchillos, lanzas y frenos equinos en plata, pero es la excepción que confirma la regla.

Las piezas más características del trabajo en plata son el «trapelacucha», adorno pectoral, consistente en dos o tres cadenitas en línea paralela, que sostienen una cruz de puntas ovoides; el «trarilonco», cadena de discos similares a las monedas que se usa sobre la frente; los «chaguay», adornos de las orejas, y el «siquel», otro tipo de adorno pectoral, que puede alcanzar más de treinta centímetros de largo y está rematado en discos de plata o figuras antropomorfas.

Cultura chilena colonial y republicana

La «tertulia» fue la reunión social por excelencia durante las etapas colonial y republicana. Era la oportunidad para conversar, enterarse de las últimas noticias y aprovechar para consumir algunas exquisiteces preparadas por la dueña de la casa, complementadas con licores también especialmente preparados para la ocasión.

Música y danza

El canto y el baile eran compañeros inseparables de toda tertulia que se respetase. Algunas de las danzas más bailadas de este período fueron el fandango, la sirilla, el cuando, el vals, el minué, la cuadrilla, la gavota, la sajuriana, la refalosa y la zamacueca; estas dos últimas practicadas por los estratos más populares. La zamacueca constituyó posteriormente la base del baile nacional chileno, llamado cueca.

La zamacueca la bailaba el estrato mestizo de la población, es decir, el verdadero pueblo chileno. Parece ser que provenía de tierras peruanas; en Chile adoptó una forma propia, la cueca. Se han efectuado múltiples estudios acerca de la cueca y se han descubierto raíces africanas, árabes y peruanas, entre otras. En la época de la independencia americana se conocía como «chilena» a lo largo de la costa del Pacífico, así como también en Argentina. Los términos de zamba, zambacueca, zamacueca y cueca chilena parecen indicar la evolución de un sólo tipo de danza con variantes según la región. La coreografía de esta danza consiste en variadas figuras, que convencionalmente son un paseo preliminar, una vuelta, un siete, un semicírculo, un ocho, vuelta y fin; de cualquier manera el orden de las figuras es totalmente libre y no necesariamente son estas figuras, pues en la verdadera cueca se privilegia la libre expresión de los bailarines.

La cueca, derivada de la zamacueca, era bailada por las clases populares, junto con el fandango, la cuadrilla o la sajuriana. Aunque se han detectado en ella orígenes africanos, árabes y peruanos, a comienzos del siglo XIX era conocida como «chilena».

El juego de la chueca se desarrollaba entre dos bandos, cada uno de los cuales procuraba que una bola, impulsada con un palo, superase una determinada raya del campo contrario.

Pausas en el baile

El descanso entre una cueca y otra se denomina «aro», y es aprovechado por los danzantes para combatir la sed con un vaso de chicha o vino. Lo más importante es que se demuestre que es un baile de conquista, en donde se realiza un símil del gallo y la gallina, un juego en que las expresiones corporales y faciales sirven de códigos amorosos.

La cueca sufrió también variaciones regionales. Existen una cueca típica del norte, una central y otra sureña; también una cueca urbana y otra rural. En la actualidad, la cueca ha sido suplantada por otras expresiones musicales, incluso durante las festividades patrias, en que son fundamentalmente de origen tropical. Algunos estudiosos están de acuerdo en que la cumbia (baile del folclore colombiano) ha pasado a formar parte del folclore chileno, junto con la música mexicana, sobre todo en las áreas rurales y sectores más populares de las ciudades.

Los juegos

La llegada de los españoles provocó una mezcla de tradiciones, adaptaciones y cambios, en lo relativo a juegos, entretenimientos y costumbres. Se cree que los juegos de naipes fueron uno de los primeros tipos de diversiones que introdujeron. Alcanzaron tal popularidad que en 1594 el cabildo de Santiago estableció el estanco sobre ellos, es decir, la venta exclusiva por parte de la institución edilicia. El juego de naipes más popular en la primera etapa colonial fue el llamado «dobladilla», porque se doblaba la ganancia con la repetición de una carta. Este juego fue rápidamente adoptado por los indígenas. En el siglo XVII entraron otras dos variantes de juegos de cartas: «la primera» y «el treinta por fuerza». Posteriormente llegaron «la brisca», «la malilla» y «el monte». Fue tal la aceptación que tuvieron entre los indígenas este tipo de juegos que las autoridades coloniales debieron prohibirlos, bajo pena de severos castigos. Lo que había comenzado siendo una simple forma de entretenimiento terminó convirtiéndose en enfrentamiento, en el que menudeaban las apuestas y las riñas de final sangriento.

Los juegos de dados también fueron populares. Los cubos debían ser lanzados tres veces, con el objeto de reunir el máximo puntaje. La variante nacional surgida del juego primigenio se denominó «cacho» y se jugaba en bares y restaurantes de concurrencia principalmente masculina.

Huesos al aire

Un juego muy antiguo en Chile, y típicamente español, era el de la «taba». Se lanzaban al aire huesos de pata de cordero, que tienen la particularidad de tener cuatro caras. Acertaba el que adivinaba la cara que quedaba hacia arriba. También desde épocas muy remotas se practicaban las riñas de gallos, que consistían en combates entre ejemplares de gallos especialmente escogidos y entrenados. El encuentro podía tener tres finales: muerte de uno de los gallos, empate y abandono. Esta práctica fue prohibida y restablecida varias veces durante la Colonia, siendo definitivamente prohibida durante el gobierno de Bernardo O'Higgins (1817-1823). Sin embargo, a pesar de estas medidas, en ciertas zonas del país, sobre todo rurales, se continúa practicando.

Cultura chilena colonial y republicana

Las corridas de toros eran habituales en el Chile colonial y primeros tiempos del período republicano, y fueron también prohibidas por el director supremo O'Higgins. En un principio se las consideraba signo de distinción social y se realizaban a caballo. La plaza de armas fue el primer espacio habilitado a tal efecto; luego se abrieron otros recintos que pasaron a denominarse «plazas de toros».

Uno de los entretenimientos más populares de la época colonial lo constituían las «canchas de bolas», de las que existieron muchísimas. El juego que se practicaba en ellas tenía un gran parecido con el billar, ya que se utilizaban varas de madera para empujar la pelota, que debía pasar por una argolla de metal, empotrada en el suelo. De este entretenimiento no participaba la aristocracia.

Vascos y más

Un juego de pelota, similar al voleibol, también fue practicado por los españoles desde la primera época de la Colonia. El balón era lanzado a través de una cuerda colocada entre los jugadores y se golpeaba con la mano. Con la llegada de población vasca, a finales del siglo XVII y todo el siglo XVIII, sufrió una modificación y comenzó a practicarse la «pelota vasca», hoy denominada «frontón», ya que se lanza contra una pared; pero su práctica es ahora relativamente restringida.

En el juego de cañas, también introducido por los colonizadores, se enfrentaban dos equipos de jinetes. Cada caballero llevaba un escudo y una vara de madera a manera de lanza, que debía ser arrojada al jugador contrario. En el juego de sortijas, el jinete debía ensartar una argolla que colgaba de un poste a la máxima velocidad que le permitiese su cabalgadura. En ambos tipos de juego hay claras reminiscencias de la Edad Media y su espíritu guerrero; de hecho, estos juegos no llegaron a ser populares y actualmente se conservan sólo como muestras de habilidad de algunos cuerpos de jinetes pertenecientes a la Fuerzas Armadas.

Rayuela y chueca

La «rayuela» es un juego que ha perdurado hasta el día de hoy, tanto en el ámbito rural como urbano. Consiste en lanzar tejos (círculos de metal) hacia una línea que puede ser un cordel o una raya de tiza o tierra. El jugador debe lanzar el tejo de tal forma que éste quede sobre la línea. La tradición dice que nació en los cuarteles militares durante la Colonia.

A pesar de que sus incidencias solían acabar en violentas disputas, el juego de la chueca siguió practicándose hasta los primeros tiempos de la República.

Cultura tradicional chilena

El juego indígena de la chueca siguió practicándose, tanto por blancos como por nativos, y causando una serie de problemas, por lo que fue prohibido incluso por la Iglesia. Sin embargo, su popularidad era tal que no se pudo hacer más que reglamentarlo y vigilar la conducta de los jugadores. En general, este tipo de juego degeneraba en altercados, muchas veces con víctimas, lo que causaba la preocupación de las autoridades, pero como pagaban impuestos al cabildo se mantuvieron hasta la primera época de la República, cuando la mayoría de ellos desapareció.

Otras diversiones

El centro de reunión del pueblo, por excelencia, era la «chingana», especie de construcción muy primitiva, realizada con tablones. Se levantaban en las zonas de extramuros de la ciudad o en callejas apartadas. La gente cantaba, bebía y comía, amenizando la reunión con música y baile. Por cierto que a veces se convertían en lugares bastante peligrosos. La versión rural de la chingana se llamaba «ramada», debido a que estaba construida con ramas. Actualmente se denomina así a los establecimientos de carácter temporal que se instalan con ocasión de las fiestas patrias, donde se expenden licores y comidas. También se las denomina «fondas».

Los «bodegones» eran sitios, también populares, en los que se expendía alimento a bajo precio y en abundancia, y también alcohol. Estos locales han desaparecido, pero existe una versión moderna similar, denominada «picada», donde se puede comer y beber bien por un precio relativamente barato.

Fiestas rurales

Las actividades rurales dieron origen a cierto tipo de celebraciones en las cuales se combinaba el trabajo con la diversión y la música; eran las llamadas «fiesta-faena», algunas de las cuales se siguen realizando. Entre éstas, tal vez la más tradicional sea el rodeo. Éste nació de la actividad de separación del ganado y posterior marca del

mismo. Las maniobras realizadas para tales eventos dieron origen a una serie de figuras que se transformaron en pruebas de habilidad. Las diferentes maneras de llevar tanto a los vacunos como al caballo se volvieron formas competitivas, medidas por jueces que otorgan puntajes. El espacio utilizado, un círculo de cuarenta metros de diámetro, aproximadamente, se denomina «medialuna»; los espectadores observan sentados en una tribuna circular. Por un portón sale el novillo (vaca joven) que es perseguido por una pareja de huasos montados; la habilidad consiste en detener al animal, arrinconándolo en un punto exacto de la medialuna, mediante la «atajada» o empellón de la cabalgadura contra la res. Según el lugar del cuerpo del animal donde se haya realizado la atajada es el puntaje asignado. Como el golpe es bastante fuerte, el borde de la medialuna tiene una protección para que la res no se lastime; existe una reglamentación muy estricta, respetada en todos los torneos.

La celebración del rodeo se complementa con exhibiciones, que también se premian, de la ha-

Cultura chilena colonial y republicana

La felicidad del trigo

La trilla, o sea el proceso mediante el cual se separa el grano de trigo de la paja, también daba lugar a una fiesta. Tradicionalmente se conoció esta faena como la «trilla a yeguas», pues se realizaba con un «piño» (manada) de yeguas que pisoteaba las gavillas, corriendo en círculo, alentadas por jinetes que las avivaban. Existía un complemento musical a esta faena, pues en lo alto del montículo de trigo (parva) que se iba formando, se colocaba una mujer con guitarra —llamada «cantora»— que, acompañada por arpistas, animaba la tarea con cantos y gritos alusivos. También se bailaba la cueca y se consumían abundantemente comidas y bebidas.

Personajes populares o típicos

Son muy pocos los personajes callejeros populares que sobreviven en la posmodernidad; sin embargo, éstos tuvieron en Chile un gran protagonismo. El suplementero, llamado también diariero o canillita, es el vendedor de diarios y periódicos, que se moviliza a pie recorriendo siempre un mismo sector. Vocea su producto de una manera muy característica, enfatizando algunas letras del nombre del diario o periódico. Su origen se remonta a la guerra del Pacífico (1879-1883), cuando las noticias acerca de ella circulaban en hojas sueltas que eran anticipos o suplementos del diario principal. Estas hojas eran repartidas por niños que pasaron a llamarse suplementeros. Hoy ya no son niños sino adultos y cada vez son menos, ya que han sido desplazados por los kioscos de periódicos y revistas.

Servicios de otra época

El afilador de cuchillos es otro de estos personajes que está en vías de extinción. Antaño era característico el silbato con el que llamaba la atención del vecindario, para ofrecer su trabajo. Andaba con un carrito, encima del cual estaba instalada la piedra de afilar, que giraba a gran velocidad sacando chispas del metal. Después éste fue reemplazado por una bicicleta.

Los vendedores callejeros, como los suplementeros o canillitas y los maniceros, hoy prácticamente desaparecidos, eran algunas de las figuras más habituales y emblemáticas de la vida ciudadana.

bilidad de los huasos sobre sus monturas; deben ejecutar figuras predeterminadas con limpieza y elegancia. Estas maniobras reciben el nombre oficial de «movimientos a la rienda».

La fiesta de la vendimia

Otra fiesta-faena muy importante, que se remonta a la época colonial, se realiza durante la vendimia. Se trata de la recolección de la uva. En primavera despuntan los primeros brotes y los granos crecen rápidamente. Luego los vendimiadores, con grandes canastos, se dan a la tarea de recolección. La segunda etapa consiste en moler la uva, lo que en algunos lugares aún se realiza con los pies («pisar la uva»). El líquido se guarda en grandes toneles o barriles, de los cuales se obtendrán, después de un largo tiempo de guarda y fermentación, los diferentes tipos de vino. Su carácter de fiesta ya no tiene la misma importancia que tuvo en la Colonia, época en la cual los vendimiadores bebían subrepticiamente el mosto, por lo que al finalizar la jornada estaban ebrios y comenzaba la diversión.

Cultura tradicional chilena

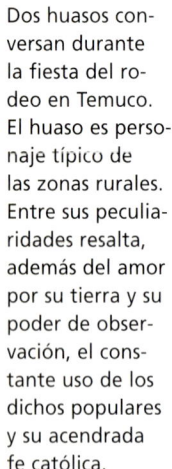

Dos huasos conversan durante la fiesta del rodeo en Temuco. El huaso es personaje típico de las zonas rurales. Entre sus peculiaridades resalta, además del amor por su tierra y su poder de observación, el constante uso de los dichos populares y su acendrada fe católica.

Adiós al maní y al organillo

Uno de los personajes callejeros ya desaparecido es el manicero, que empujaba un carrito en forma de barco o tren, que emitía un típico silbido provocado por el vapor de la cocción del maní. Los maniceros recorrían los barrios, generalmente de noche. Actualmente el maní se vende durante el día en puestos en que además de esta mercadería tienen otros productos como dulces, chocolates, etcétera.

El organillero es otro de estos simpáticos personajes callejeros, ya muy difícil de hallar. Se instalaba con su instrumento en cualquier esquina y con una manivela sacaba las notas del organillo. Llevaba también un mono pequeño, vestido con chaleco y gorro, que sacaba unos trocitos de papel —«la suerte»— que presagiaban el destino de la gente. Era muy popular entre los niños, pues también vendía molinillos de papel y pelotas de aserrín.

El huaso

En el área rural el personaje típico es el huaso, hombre del campo chileno. Tiene un gran amor a la tierra, es observador y habla sentenciosamente, apelando en forma constante a los dichos de la sabiduría popular. El huaso patrón, el dueño del fundo, revela en su vestimenta el origen español: chaquetilla corta acinturada, casi sin solapas, con botones en los laterales y en las mangas; chaleco abierto; camisa blanca; faja de color en la cintura (antiguamente más colorida). Calza botas altas de cuero negro, que llegan más arriba de la rodilla. Remata el vestuario con grandes espuelas de plata. Se cubre con un sombrero de ala ancha y recta, típicamente español (cordobés). Su cabalgadura muestra arreos de plata y madera tallada. El lazo en la silla es un elemento infaltable. El huaso modesto, peón o inquilino, viste camisa a cuadros, faja y pantalones arremangados hasta la rodilla; calza sandalias denominadas «ojotas». Es alegre pero fiero en la lucha. De viva religiosidad, es respetuoso de la tradición católica, herencia cultural hispánica.

En la época veraniega aparece el motero. El nombre de este personaje proviene de que vende «mote con huesillos», que no sólo quita la sed sino también el hambre. El mote es tanto grano de maíz como de trigo, cocido y pelado; los huesillos son duraznos secados al sol. El jugo es el agua en que se han hervido los huesillos con azúcar. Esta infusión es muy solicitada y los vendedores la distribuyen mediante carritos ubicados en puntos de gran concurrencia.

El lustrabotas es un personaje de carácter universal que se encuentra también en las urbes nacionales. Se instala en sitios de gran afluencia pública, principalmente paseos peatonales. En la actualidad se encuentran organizados y afiliados en sindicatos. Lucen uniformes entregados por las empresas fabricantes de betún de zapatos.

Leyendas y tradiciones

Las leyendas y tradiciones son fiel reflejo de las creencias populares así como de los acontecimientos que poseen un sustento real, por ejemplo, ciertos hechos históricos como las expediciones corsarias, la guerra de Independencia, o las empresas de búsqueda de riquezas minerales. También son muy comunes las leyendas de lugares misteriosos y seres fantásticos.

Parece haber una cierta base común en las leyendas, pues algunos elementos tales como el diablo, las ciudades perdidas, los tesoros enterrados y los personajes humanos que han sufrido alguna transformación por fuerzas sobrenaturales son bastante recurrentes.

El diablo

En Chile existen infinidad de leyendas referidas al diablo. Se dice que los cambios repentinos y extraordinarios de fortuna se deben a la venta que el individuo hace de su alma al diablo, que tuerce el destino del sujeto hacia la riqueza, pero éste debe suscribir un contrato por el cual, en una fecha determinada, Satanás vendrá a buscarlo. Si el individuo se arrepiente del pacto realizado, debe hacer ciertas maniobras denominadas «contras». Una de las más tradicionales es la de las «palabras redobladas», un encadenamiento de frases en verso. Se supone que es una especie de combate lingüístico con el demonio, al que se derrota si el sujeto es capaz de decir la versificación completa. Según la tradición popular, la laguna de Tagua-Tagua la secó el diablo, después de haber hecho un pacto con un vecino de la región. Para ello partió una montaña y de esta manera el agua fluyó hacia el mar. Otra creencia popular establece que si el ataúd de un difunto pesa mucho, es que ha vendido su alma al diablo.

El maligno elegante

En todas las leyendas que lo aluden, el diablo viste correcto traje negro y luce un diente de oro; puede aparecer también en la forma de un macho cabrío o un enorme perro negro. Otras leyendas lo personifican como un sujeto común y corriente e incluso a veces en la forma de un bebé que se resiste a ser bautizado y desaparece en una nube de azufre. Este final es idéntico para cualquier forma que asuma el demonio. En los sectores rurales chilenos el diablo recibe diversos nombres: Malo, Mandinga, Enemigo, Malvado, Demonio, Tiznado, Maldito, Cachudo, etcétera.

Piedras y rocas

Originadas en cultos antiquísimos de origen precolombino, las leyendas de piedras y rocas tuvieron un carácter sagrado para muchas culturas indígenas americanas: el pueblo cree en las piedras y sus virtudes mágicas. Esta veneración se conoce como litolatría.

No es de extrañar que en una cultura como la mapuche, cuyo pueblo creía en la eficacia mágica de piedras y rocas, la estatuaria ejecutada en estos materiales tuviera tan amplia difusión.

Cultura tradicional chilena

> **TESOROS ESCONDIDOS**
>
> Una leyenda muy extendida es la del «entierro de Carelmapu». Según ésta, cuando el corsario holandés Brouwer asoló el sur de Chile y obligó a la población a huir, mucha gente enterró sus bienes, por lo que se cree que hay grandes riquezas ocultas; de hecho se encontró un cofre con monedas. De los jesuitas que estaban en Ocoa se dice que, cuando fueron expulsados en 1767, enterraron sus bienes.
>
> Tesoro de Puerto Viejo: Según la leyenda, se localizaría entre Copiapó y Caldera. Habría sido enterrado por los españoles.
>
> Tesoro de Drake: Se cree que después del saqueo de Valparaíso, el célebre corsario sir Francis Drake enfiló hacia la zona norte y habría enterrado, en las costas de Arica, las riquezas obtenidas en el puerto de la zona central del país. ■

En Chile hay dos leyendas famosas relacionadas con rocas; una tiene su escenario en Chiloé, donde hay una enorme piedra en la cual los lobos marinos toman el sol. Se cuenta que en las noches de tormenta se ven luces, se oyen campanas y gemidos. La otra tiene como protagonista al cerro Bramador. Según la creencia popular, este cerro emite un cierto sonido desde su base, porque en su interior existe un tesoro y el sonido espanta a los ambiciosos que desean buscarlo.

Ciudades desaparecidas y tesoros ocultos

Las leyendas de ciudades perdidas son patrimonio de la humanidad ya que se encuentran en todos los repertorios folclóricos del mundo. En Chile la leyenda más famosa de este tipo es la de la «ciudad de los Césares», mítico lugar ubicado en el sur, en un punto impreciso en plena cordillera. Está construida a la orilla de un lago entre un cerro de diamante y otro de oro. Posee una magnífica edificación, toda de oro y plata; sus habitantes son inmortales. Si alguien entra en ella, al salir pierde la memoria. Está cubierta permanentemente por una niebla protectora y sólo es visible el Viernes Santo. Se supone que se la podrá ver cuando llegue el fin del mundo.

Tesoros escondidos

Se les denomina también entierros o «tapados» y son fuente de muchas leyendas. Según éstas, debido a la falta de lugares seguros de resguardo, cuando las circunstancias históricas se tornaban difíciles, la gente de recursos procedía a enterrar parte de su riqueza, esperando la normalización de los tiempos. También las cavidades de las murallas sirvieron para tales efectos.

Una variante del entierro es el «derrotero minero», tesoro defendido por un genio sobrenatural que asume distintas formas animales. A veces el guardián de tal tesoro puede ser un brujo.

Tradiciones y leyendas locales
Chiloé

Una región que sobresale por sus tradiciones es Chiloé. Este archipiélago fue conquistado en 1567 y en 1776 pasó a ser gobernado directamente por el Virreinato del Perú. La población indígena precolombina estuvo formada en su mayor parte por los cuncos, que habitaron el norte y centro de la isla grande, localizada a un costado del borde continental. En 1826 Chiloé fue incorporada a la República después de las victorias patriotas de Pudeto y Bellavista.

Entre las leyendas más conocidas de esta zona está la de el *Trauco*, un ser de horripilante aspecto, de unos ochenta centímetros de alto, que vive en los bosques y porta un hacha con la que golpea los troncos de los árboles. Se especializa en perseguir a las mujeres y especialmente a las doncellas; sumerge a sus víctimas en un sueño profundo, durante el cual tiene relaciones sexua-

Leyendas y tradiciones

les con ellas. Su mirada causa parálisis y deformidades. Se le hace huir insultándolo o contando los sueños que él provoca y que son obviamente de carácter sexual. A este personaje se lo responsabiliza de todos los embarazos ocurridos durante los períodos en que los maridos se encuentran fuera de la isla.

Niños, sirenas y animales

Otras leyendas muy extendidas en estas islas son:

El *Invunche* responde a la figura de un niño capturado por brujos y deformado mediante torcimientos: el rostro mira hacia atrás y sus extremidades están retorcidas; una de sus piernas aparece pegada a la espalda, por eso camina apoyándose en las manos y en su única pierna útil. Como no posee la facultad del habla, lanza gritos parecidos a los de un chivato. Se alimenta con carne humana y su función es vigilar la entrada de la «caverna de los brujos» (cueva de Quicaví). También es portador de daños y maleficios.

La *Pincoya* es una sirena que deambula con su marido, el *Pincoy*, por el mar. Se encuentra también en ríos y lagos. La fertilidad de las aguas depende de ella, pues atrae o aleja a los peces y mariscos. Es un ser alegre y la pesca debe tener por ende este carácter. Cuando se la percibe danzando, es señal de abundancia.

La *Manta* es un animal que mora en el fondo de los ríos y lagunas. Si alguien entra en las aguas, lo envuelve y arrastra hacia el fondo, donde lo devora. Su nombre proviene de su apariencia de cuero extendido de vacuno. Esta leyenda también aparece en localidades ubicadas más al norte de Chiloé.

El *Caleuche* es un buque fantasma que navega por los canales de Chiloé y aparece de noche en el horizonte brillantemente iluminado, en medio de una densa neblina. A su paso se escucha música y se ve movimiento. Su tripulación está compuesta por brujos y los que mueren ahogados pasan a formar parte de ella. Por esta causa el Caleuche puede navegar también en forma submarina.

Mujer, serpiente y ave

La *Fiura* es un monstruo con apariencia de mujer. Se caracteriza por estar siempre bailando y peinando su cabellera con un peine de plata. Si se le mira deforma a la víctima. Sólo algunas machis tienen la capacidad de luchar con ella. Habita cerca de los charcos de agua, pues tiene la costumbre de mirarse en ellos.

El *Peuchen* es una especie de serpiente voladora que petrifica a sus víctimas y les succiona la sangre, atacando a hombres y ovejas. Cambia de aspecto y puede adoptar la forma de un ave o de un pez. Aparece también en la mitología mapuche.

El *Basilisco* es un monstruo con forma de serpiente y cresta de gallo. Habita en espacios localizados debajo de las casas y se alimenta de la saliva de sus moradores, que van muriendo lentamente.

El *Chucao* es un ave pequeña, de unos veinte centímetros de largo, pecho anaranjado y patas largas, muy común en la isla de Chiloé. De ella se dice que es un pájaro agorero, pues sus trinos indican buenos o malos augurios; si trina hacia el lado derecho es señal de buena suerte, si lo hace hacia el izquierdo, de mala.

Las *Ánimas de Cucao* son almas en pena que se manifiestan a través de lamentos, especie de ruegos para que el barquero mitológico (Templicahue) las lleve al otro extremo, donde están la paz y la vida eterna.

Isla de Pascua

Se cree que fue poblada por primera vez alrededor del siglo V de nuestra era, cuando grupos de navegantes provenientes de la Polinesia habrían desembarcado en la isla. Gran parte de su desarrollo permanece en la más absoluta oscuridad, y se han elaborado varias teorías respecto a lo que ha

Las numerosas leyendas de ciudades perdidas, como «la ciudad de los Césares», con sus inseparables tesoros ocultos, en ocasiones se hacen realidad en Chile, con la aparición de cofres como el de la imagen.

sido su evolución. Fue descubierta en 1722 por el navegante holandés Jacob Roggeveen el día de Pascua de Resurrección, de ahí su nombre. En la lengua de los nativos se la llama Tepito-o-te-henúa o Rapa Nui. En 1888 pasó a ser dominio de Chile. Este evento salvó a la población pascuense de la extinción total, ya que sólo quedaban algunos pocos centenares de nativos. Actualmente constituye uno de los principales centros arqueológicos y turísticos del país y es un núcleo arqueológico a nivel mundial.

Nada menos que Dios y el Diablo

Es otra zona muy rica en leyendas y tradiciones; entre las más difundidas se encuentran:

Make-Make, creador del mundo: Make-Make había creado la Tierra, animales y plantas, pero como se sentía solo, pensó en crear un ser que hablase y pensase igual que él. Fecundó la piedra, sin resultados. Fecundó el agua y creó los peces. Fecundó entonces la tierra y nació el hombre. Contento con su creación, se dio cuenta de que el hombre necesitaba compañía y así nació la mujer.

Aku-Aku: una tarde de mucho calor, unos demonios se despojaron de su vestuario y se acostaron a dormir una siesta. Un joven pasó por el lugar y vio que sus cuerpos eran esqueletos. Un demonio atisbó al joven y despertó a sus compañeros, que capturaron al testigo de su desnudez, preocupados por el hecho de que si éste hablaba, quedarían en ridículo ante la comunidad; por tanto, le hicieron jurar que no revelaría nada de lo que había visto. Cuando se vio libre de ellos, el joven talló la forma de los demonios en una madera, como medio de comunicar a los suyos lo que había visto. Esta figurilla, denominada Aku-Aku, que representa a un diablo con forma de esqueleto, ha sido reproducida infinidad de veces.

Tarapacá

Los *Payachatas*: los montes Payachatas representan a una pareja de enamorados, un príncipe y una princesa de dos tribus antagónicas, que quisieron casarse y fueron asesinados para evitar la unión. La naturaleza sepultó a los dos pueblos formando dos lagos: Chungará y Cotacotani. En el lugar del entierro de la pareja noble se levantaron los volcanes Parinacota y Pomerape.

Coquimbo

Cerro La Torre: lugar de encuentro de los brujos. Desde su cima vuelan en la noche de San Juan para reunirse en las cuevas de Salamanca y celebrar sus aquelarres.

Aconcagua

Cerro del Inca: se levanta junto a la laguna homónima en la cordillera. La forma de su cumbre, semejante a un rostro humano, engendró la leyenda de que allí yace el espíritu de un «Curaca» o gobernador provincial inca, que vigila los antiguos territorios del imperio. Una vez al año, la figura del noble inca se refleja en el fondo del lago.

Valparaíso

La Piedra feliz: roca alta, ubicada en el balneario Las Torpederas. Durante años fue tradicional en este lugar el suicidio de los desencantados del amor, que se lanzaban desde la altura hacia el mar, donde eran recibidos por un suelo de algas ubicado en la base del peñón. Se cuenta que las cabezas de los muertos se asoman entre las algas incitando al potencial suicida.

Santiago

La *Calchona*: es un espíritu que pena y asume la forma de una oveja nocturna, asustando a los que se encuentran con ella. Posee un tamaño descomunal. Ataca principalmente a los desobedientes e infieles.

O'Higgins

Monstruo de la laguna Tagua-Tagua: es una bestia acuática, con escamas y alas que captura animales.

Leyendas y tradiciones

Colonizada por los polinesios hacia el siglo V y envuelta desde siempre en el misterio, la isla de Pascua o Rapa Nui fue descubierta en 1722 por el navegante holandés Jacobo Roggeveen. Los *moai* (en la foto), estatuas gigantes esculpidas en piedra y ubicadas en la ladera del volcán Rano-Raraku, constituyen un elemento de enorme atractivo turístico y de incalculable valor arqueológico.

Colchagua

Las Vegas del Flaco: la leyenda cuenta que un grupo de mineros iba con una recua de mulas. Uno de los animales debió ser abandonado por estar enfermo. Al volver tiempo después, hallaron a la mula gorda y en perfecto estado de salud. Desde entonces se le adjudicó a esos campos un poder milagroso. El nombre del lugar se debe al estado en que se encontraba el animal al ser abandonado.

Curicó

El entierro de los doblones españoles: Hace mucho tiempo, en los alrededores de los Queñes, se encontró un pequeño cofre con doblones españoles, monedas de la época de la Independencia. Para los lugareños la lógica del suceso era sencilla: el espíritu custodio había posibilitado este acto maravilloso a una persona de su elección.

Talca

El *Huallepén*: es un animal anfibio, con cabeza de ternero y cuerpo ovino. Es peligroso si está en el agua, pues ataca a hombres y animales. También es perjudicial para las mujeres embarazadas. En tierra es inofensivo.

Maule

La *Piedra de los Enamorados*: roca en cuyo interior se percibe el perfil de un hombre y de una mujer convertidos en piedra por un maleficio. Según otras versiones, esta piedra tiene propiedades casamenteras, pues las parejas que pasan por allí se casan antes del año.

Linares

El *manantial de Panimávida*: Durante el período colonial, un vagabundo muy enfermo y con llagas arribó a un manantial. Comenzó a bañarse todos los días y el agua lo fue sanando.

Concepción

Laguna de las tres Pascualas: el nombre de esta laguna proviene de la leyenda que cuenta que tres mujeres amaban al mismo hombre y al no ser correspondidas se suicidaron en la laguna en donde trabajaban como lavanderas. Otra versión habla de un forastero que enamoró a las tres mujeres, citándolas una noche pues no sabía con cuál casarse. Al ser llamadas, éstas entraron en el agua, ahogándose. La voz del amante aún se oye en la noche de San Juan.

Arauco

El *Copihue*: Se cuenta que un duende, que habitaba en la montaña, bajaba para tomar el licor de los indígenas e iba dejando pequeñas brasas sacadas de los volcanes como indicadores para volver, pero luego como se emborrachaba olvidaba retirarlas. Más tarde fue castigado por los espíritus benéficos y no se le permitió llevar al destierro las lamparillas, que quedaron en la montaña para siempre.

Cautín

Estero de las Damas: Durante la Colonia, la ciudad de Imperial fue atacada por los indígenas. Los españoles arrojaron todas las riquezas a la laguna del Espejo. Las mujeres lanzaron sus joyas al estero que surtía de agua a la laguna; de ahí el nombre del lugar.

Valdivia

La *campana de oro del Valdivia*: los indígenas, en sus guerras contra los españoles, capturaron mucho oro, pero, como éste les recordaba el trabajo esclavo a que habían sido sometidos, lo lanzaron al río. Parte del botín estaba constituido por varias campanas de oro de las iglesias destruidas. Se dice que una de ellas aún resuena en las profundidades del río durante todas las tardes.

Llanquihue

Cascada El Velo de la Novia: impresionante caída de agua que parece un velo de novia. Los enamorados que llegan al lugar deben beber tres sorbos de agua si desean casarse ■

La artesanía chilena

La artesanía tiene un origen fundamentalmente práctico: servir a la solución de problemas cotidianos mediante la fabricación de una serie de artefactos que sirven para transportar, guardar, comer y beber. De esta manera, es un reflejo de los diferentes niveles de evolución de la comunidad humana. Así, de construcciones muy toscas se pasa por distintos grados de perfeccionamiento hasta que el objeto, además de cumplir con la función para la que ha sido destinado, se transforma y adquiere el valor de una pieza artística, que es la representación de la estructura estético-mental de una cultura específica.

El desarrollo artesanal no sólo debe entenderse en términos de pura funcionalidad. La vida espiritual y religiosa contribuye a la construcción de símbolos que, materializados, se transforman en piezas artísticas delicadamente trabajadas. Las artesanías cubren entonces toda la gama de actividades del ser humano, representando su quehacer y su sentir.

Los materiales

El medio ambiente resulta un factor fundamental para entender los distintos tipos de artesanía, pues en ellos se plasma la utilización y transformación de los diferentes materiales que se encuentran presentes en la naturaleza. Cada comunidad trabaja con mayor énfasis los elementos naturales que encuentra a su alcance; sin embargo, esto también depende de la capacidad tecnológica de explotación que posea esa

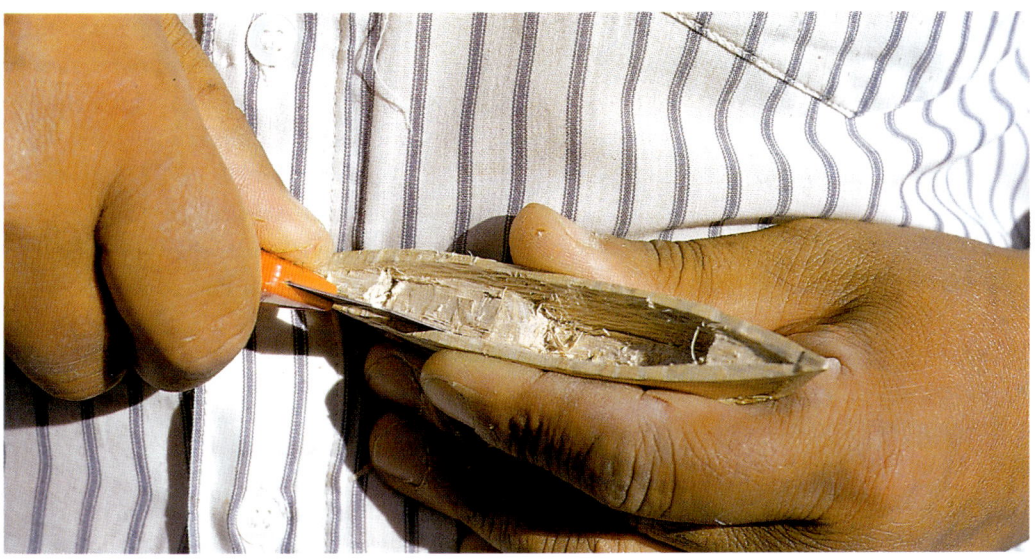

Aunque primordialmente orientada a solventar las necesidades inmediatas de la vida cotidiana, la artesanía se eleva a veces al nivel de obra de arte. En la imagen, las manos de un artesano dan forma de barca a un trozo de madera.

Cultura tradicional chilena

La cestería tiene su máxima expresión en la zona de Temuco, donde se privilegia el uso del mimbre por encima del coirón o la pita.

A la derecha, un ejemplo de artesanía en greda y cerámica; una de las particularidades de la Región del Biobío, en la zona central de Chile.

comunidad. En el caso chileno una parte importante de su territorio ha poseído históricamente grandes riquezas minerales; sin embargo, los grupos indígenas allí instalados no alcanzaron un gran nivel de trabajo metalúrgico; pero, en cambio, hacia el sur el predominio de la tierra (greda) y de los elementos vegetales es casi total en la artesanía de la zona, que destaca por su cerámica y cestería.

Cestería

Estudios antropológicos e históricos revelan que el desarrollo de la cestería es muy anterior al de la cerámica; los elementos vegetales fueron las primeras materias que el hombre tuvo al alcance de la mano, y esto incluso se comprueba en zonas en donde estos materiales son relativamente escasos, como en los núcleos geográficos de clima árido.

En Chile, la cestería denominada de «aduja» es la más difundida. Se hace un cordón de fibras vegetales, trenzado de tal manera que se logra un resistente entramado, y se lo liga en forma de espiral. Ejemplos de este tipo de técnica son: el chayhue, para colar chicha; el quelco, cesto para transportar; el balai, que sirve para lavar el mote; el gañue, para medir las especias. Las técnicas más utilizadas hoy en día son la pilhua, especie de malla de círculos enlazados entre sí; el entramado en ajedrez, y el apareado o sarga.

La cestería utilitaria tiene su máxima representación en la llamada «cestería en boqui», planta sureña, que posee una duración mucho mayor que el mimbre. Esta planta se recoge en la temporada invernal y se trabaja con cuchillo y punzón, cuando el material está aún verde. Otros materiales utilizados son el coirón, la pita, el chupón, el junquillo, la ñocha y el mimbre.

La artesanía chilena

La cerámica pomairina ha necesitado adaptarse, incluso en sus colores, a las demandas del mercado. En la foto de la izquierda, un ceramista en su taller.

Popularizada a principios de siglo, la cerámica de Quinchamalí se distingue por sus decoraciones blancas sobre fondo negro.

La paja de trigo se utiliza para elaborar objetos de adorno por su aspecto delicado y la variedad cromática que permite obtener.

Cestería mapuche

Si se establece una línea geográfico-artesanal que cubra el país de norte a sur se comprueba que los trabajos de cestería son escasos en el norte, con excepción de La Serena, donde se elaboran productos de mimbre para uso doméstico. Es a partir de la zona central que la cestería se hace mucho más elaborada y alcanza su máxima expresión en la zona mapuche, sobre todo en Temuco, donde se trabaja especialmente el mimbre. San Juan de la Costa, Arauco y Cautín son otros importantes centros de esta producción artesanal.

Hualqui, a treinta kilómetros de Concepción, es otro centro artesanal, uno de los más antiguos de Chile. Sus obras se distinguen por el cordón entramado de chupón y coironcillo. Paneras, fuentes, cestos, etcétera, se fabrican de esta forma. Este tipo de manufactura es una herencia directa de la tradición indígena, que habitaba en los cerros de la zona.

Cerámica

Las técnicas cerámicas se desarrollan actualmente en cinco zonas bien caracterizadas: Pomaire y Talagante (área de Santiago); Quinchamalí (área de Chillán); Florida (área de Concepción), y localidades muy pequeñas de la cultura mapuche.

La cerámica pomairina es la más conocida y destacada. Se distingue por su tonalidad roja y su brillante superficie. Ha sufrido notables cambios, forzados por la demanda del mercado: colores dorados y figuras de cromaticidad negra. La greda se obtiene mediante la «pella», sustancia de carácter graso que se remoja y se la trabaja hasta que queda una pasta moldeable, a la que se agrega arena y barro para facilitar la cocción. Modelada la pieza, se le da una mano de «colo», un líquido lechoso que le da el brillo característico a la superficie. La cerámica se cuece en hornos de ladrillo de forma cilíndrica.

Decoración y color

La cerámica de Quinchamalí, de greda negra con decoraciones blancas, se hizo popular a comienzos de este siglo. El material se satura con agua y se ablanda mediante la acción de los pies desnudos; después se hace un rodete, que en jerga local se denomina «lulo», del cual sale el producto final, que se deja secar y se alisa con una pieza de cuero. Finalmente se impregna la figura con colo y se abrillanta con piedras de río. Con agujas metálicas se dibujan los adornos. El color negro se obtiene mediante guano húmedo aplicado a la pieza que está al rojo, la cual se impregna de humo negro.

En Florida el color de la cerámica es un aladrillado claro. Las piezas más comunes son pailas, ollas y jarros de variados tamaños, así como yerbateros y azucareros; también se realizan variedad de figuras antropomorfas y zoomorfas, además de la típica pieza llamada «jarro-pato», de herencia indígena. Estos objetos son cambiados por alimento en vez de dinero.

Un renacimiento

La peculiar cerámica de Talagante, que había desaparecido por completo, actualmente ha renacido. Se caracteriza por los colores vivos y por la representación de aspectos típicos de la vida campesina y popular (escenas con varios personas y animales). Las formas son ingenuas y muy decorativas.

La cerámica de la zona propiamente indígena es similar en técnica a la de las áreas anteriormente descritas: las piezas se secan al sol y se pulen con piedra lisa. Los objetos que más se trabajan son jarros, cántaros y formas pequeñas que representan cerdos, perros, caballos y gallinas. Según los antecedentes arqueológicos, la cerámica más antigua de esta zona (entre los ríos Itata y Toltén) tenía características bastante diferentes en lo que se refiere al color.

Las manos de una machi araucana en pleno trabajo de tejido. La aportación española perfeccionó unas técnicas textiles que, salvo excepciones en el norte del país, eran bastante rudimentarias.

Textiles

Esta artesanía es resultado de un equilibrio entre la herencia indígena y la española. Los tejidos indígenas, en general, eran elementales, pero hacia el norte las técnicas textiles alcanzaron un gran refinamiento, como lo demuestran piezas de tejido precolombino que aún impresionan por su belleza y riqueza. En la actualidad, esta tarea se desarrolla en pequeños pueblos interiores de Arica y Antofagasta.

En la localidad de Peine se realizan textiles de lana de auquénidos (llama, vicuña, alpaca, etcétera), como frazadas, ponchos o bolsos, en tonalidades verdes, azules y moradas, principalmente, en los que se reproducen elementos de la cultura inca como el rombo, la escalera y el zig-zag.

En las áreas mapuches los tejidos contemporáneos muestran un fino hilado, figuras rectilíneas y colores parejos con figuras en forma de cruz, rombo, zig-zag, etcétera.

El telar araucano es el llamado «huitral», consistente en cuatro trozos de madera que se cruzan en los extremos, y tiene una altura de un poco más de dos metros. Este trabajo artesanal es esencialmente femenino. Se tejen de esta forma los «chamales» o mantas femeninas y masculinas, ponchos y frazadas, así como también los famosos «choapinos», especie de alfombras, muy codiciadas en el mercado por la calidad del tejido.

El trabajo textil chilote posee características propias; hay presencia de elementos indígenas con otros copiados del extranjero, quizás en los viajes realizados por los habitantes. Los principales centros artesanales de la isla son Quinchao, Chaigue y Llingua.

Otras artesanías

La cultura «huasa» de la zona central ha permitido el desarrollo de una artesanía dirigida a satisfacer las labores campestres. Estos elementos

Un huitral, típico telar araucano. De poco más de dos metros de altura, está formado por cuatro trozos de madera cruzados en los extremos. En la imagen de la izquierda, una tejedora mapuche realiza una tarea mayoritariamente femenina.

En la artesanía textil se emplean diversos tipos de lana de auquénidos (llama, alpaca, guanaco y vicuña) con los que se realizan tanto mantas como prendas de vestir (ponchos, etc.) u objetos de decoración (alfombras, etc.).

FOR REFERENCE

Do Not Take From This Room

863   10/17/01

Reference
FREEPORT MEMORIAL LIBRARY
FREEPORT, NEW YORK
PHONE: 379-3274

GAYLORD M